牛　津
生涯发展手册

背景、理论与实践

［英］彼得·J. 罗伯逊（Peter J. Robertson）

［英］特里斯特里姆·胡利（Tristram Hooley）　　主编

［英］菲尔·麦卡什（Phil McCash）

北森生涯研究院　　译

世界图书出版公司
北京·广州·上海·西安

图书在版编目（CIP）数据

牛津生涯发展手册：背景、理论与实践 /（英）彼得·J.罗伯逊，（英）特里斯特里姆·胡利，（英）菲尔·麦卡什主编；北森生涯研究院译 . —北京：世界图书出版有限公司北京分公司，2023.11（2024.7 重印）
ISBN 978-7-5232-0638-6

Ⅰ．①牛… Ⅱ．①彼…②特…③菲…④北… Ⅲ．①职业选择—研究 Ⅳ．① C913.2

中国国家版本馆 CIP 数据核字（2023）第 131369 号

The Oxford Handbook of Career Development was originally published in English in 2021. This translation is published by arrangement with Oxford University Press. Beijing World Publishing Corporation is solely responsible for this translation from the original work and Oxford University Press shall have no liability for any errors, omissions or inaccuracies or ambiguities in such translation or for any losses caused by reliance thereon.

《牛津生涯发展手册：背景、理论与实践》最初由牛津大学出版社于 2021 年以英文出版。世界图书出版有限公司北京分公司对本翻译版本全权负责，牛津大学出版社不对本翻译版本中的任何错误、遗漏和表述不清，以及因本翻译版本造成的损失承担任何责任。

书　　名	牛津生涯发展手册：背景、理论与实践	
	NIUJIN SHENGYA FAZHAN SHOUCE	
主　　编	［英］彼得·J.罗伯逊　　［英］特里斯特里姆·胡利	
	［英］菲尔·麦卡什	
译　　者	北森生涯研究院	
责任编辑	刘天天　　程　曦	
责任校对	尹天怡　　李　博	
出版发行	世界图书出版有限公司北京分公司	
地　　址	北京市东城区朝内大街 137 号	
邮　　编	100010	
电　　话	010-64038355（发行）　　64033507（总编室）	
网　　址	http://www.wpcbj.com.cn	
邮　　箱	wpcbjst@vip.163.com	
销　　售	新华书店	
印　　刷	北京建宏印刷有限公司	
开　　本	787mm×1092mm　1/16	
印　　张	35.5	
字　　数	520 千字	
版　　次	2023 年 11 月第 1 版	
印　　次	2024 年 7 月第 2 次印刷	
版权登记	01-2023-0289	
国际书号	ISBN 978-7-5232-0638-6	
定　　价	98.00 元	

编写团队

（按姓氏字母为序）

萨吉马·阿拉文德（Sajma Aravind），诺言基金会，印度班加罗尔

吉迪恩·阿鲁曼尼（Gideon Arulmani），诺言基金会，印度班加罗尔

安东尼·巴恩斯（Anthony Barnes），国家生涯教育与咨询研究所，英国英格兰

芭芭拉·巴索（Barbara Bassot），坎特伯雷基督教堂大学，英国坎特伯雷

詹妮·比姆罗斯（Jenny Bimrose），华威大学，英国考文垂

戴维·L.布鲁斯坦（David L. Blustein），波士顿学院，美国马萨诸塞州栗树山

蒂博尔·博尔·贝利－佩奇（Tibor Bors Borbély-Pecze），约翰·卫斯理神学院，匈牙利布达佩斯

杰森·布朗（Jason Brown），南昆士兰大学，澳大利亚昆士兰州图文巴市

保罗·米格尔·卡多佐（Paulo Miguel Cardoso），埃武拉大学，葡萄牙埃武拉

瓦妮莎·多德（Vanessa Dodd），诺丁汉特伦特大学，英国诺丁汉

玛丽亚·爱德华达·杜阿尔特（Maria Eduarda Duarte），里斯本大学，葡萄牙里斯本

惠特尼·埃尔比（Whitney Erby），波士顿学院，美国马萨诸塞州栗树山

约翰·高夫（John Gough），华威大学，英国考文垂

休·冈茨（Hugh Gunz），多伦多大学，加拿大安大略州多伦多

埃伦·R.古托夫斯基（Ellen R. Gutowski），波士顿学院，美国马萨诸塞州栗树山

萨拉·哈默（Sara Hammer），南昆士兰大学，澳大利亚昆士兰州图文巴

迈克尔·希利（Michael Healy），南昆士兰大学，澳大利亚昆士兰州图文巴

特里斯特里姆·胡利（Tristram Hooley），德比大学，英国德比

巴里·A.欧文（Barrie A. Irving），爱丁堡纳皮尔大学，英国苏格兰爱丁堡

埃尔纳兹·卡舍夫帕克德尔（Elnaz Kashefpakdel），教育与雇主，英国伦敦

莫林·E.肯尼（Maureen E. Kenny），波士顿学院，美国马萨诸塞州栗树山

萨钦·库马（Sachin Kumar），政府教师教育学院，印度达兰萨拉

凯特·麦肯齐·戴维（Kate Mackenzie Davey），伦敦大学伯克贝克学院，英国伦敦

沃尔夫冈·迈尔霍费尔（Wolfgang Mayrhofer），维也纳经济与商业大学，奥地利维也纳

约翰·麦卡锡（John McCarthy），国际生涯发展和公共政策中心法国

菲尔·麦卡什（Phil McCash），华威大学，英国考文垂

彼得·麦基尔文（Peter McIlveen），南昆士兰大学，澳大利亚昆士兰州图文巴

西奥本·尼瑞（Siobhan Neary），德比大学，英国德比

克里斯蒂安·珀西（Christian Percy），德比大学，英国德比

哈沙·N. 佩雷拉（Harsha N. Perera），内华达大学，美国拉斯维加斯

阿什利·E. 波克拉（Ashley E. Poklar），克利夫兰州立大学，美国俄亥俄州克利夫兰

马塞洛·阿方索·里贝罗（Marcelo Afonso Ribeiro），圣保罗大学，巴西圣保罗

彼得·J. 罗伯逊（Peter J. Robertson），爱丁堡纳皮尔大学，英国苏格兰爱丁堡

杰罗姆·罗西尔（Jérôme Rossier），洛桑大学，瑞士洛桑

苏尼塔·什雷斯塔（Sunita Shrestha），安塔朗社会心理学研究与培训机构，尼泊尔加德满都

汤姆·斯汤顿（Tom Staunton），德比大学，英国德比

格雷厄姆·B. 斯特德（Graham B. Stead），克利夫兰州立大学，美国俄亥俄州克利夫兰

罗纳德·G. 苏塔纳（Ronald G. Sultana），马耳他大学，马耳他姆西达

马里邦·维雷（Maribon Viray），马丁·路德基督教大学，印度梅加拉亚

托尼·瓦茨（Tony Watts），国家生涯教育和咨询研究所，英国英格兰

苏珊·C. 惠斯顿（Susan C. Whiston），印第安纳大学，美国印第安纳州

茱莉亚·耶茨（Julia Yates），伦敦大学城市学院，英国伦敦

推荐语
（按姓氏笔画为序）

《牛津生涯发展手册》以国际化、跨学科的视角，深入探讨生涯发展理论与实践，为我国读者提供了一个全球化的视野，帮助我们在复杂多变的社会、经济和政治环境下，理解生涯发展规律，应对挑战。无论你是教育者、咨询师、人力资源从业者、政策制定者还是研究者，这本书都将为你提供宝贵的知识和实践指导，帮助你更好地应对生涯发展中的问题，促进个人成长和发展。

——庄明科 | 北京大学学生心理健康教育与
咨询中心副主任、副教授

国内高校生涯教育发展 20 余年，在教育实践中积累了大量经验，但对生涯发展领域理论研究还不够专业、系统，缺乏符合中国优秀传统文化和社会主义核心价值观背景下的本土化理论。本书的出版恰逢其时，为广大生涯教育从业者、爱好者翻译了原汁原味的西方理论，必将成为读者们床头案边的必备之作，帮助从业者在此基础上吸收和借鉴前人研究成果，发现和创造出更加适合中国国情、社情和职业文化与价值观的生涯发展理论。

——朱炜 | 武汉大学学生就业指导与服务中心副主任

本书汇集了世界生涯发展领域顶尖学者们的研究与洞见，从跨学科、多元的视角描绘了生涯发展领域的最新进展与未来方向，系统介绍了生涯发展所处的背景、理论进展和实践方向，是生涯教育、生涯辅导必备的参考书籍，也是一本生涯教育工作者的导航手册。

——吴芳珍｜金华职业技术学院就业处副处长、创业学院副院长

"牛津手册"系列通常被认为是对某个特定研究领域的权威性综述，《牛津生涯发展手册：背景、理论与实践》也不例外，它汇集了40多位世界级生涯发展领域的权威对这个领域的深入思考和研究的总结。该手册对于当今中国生涯发展的研究和实务均有很好的借鉴作用。一方面，它为中国学者提供了最新、最全面、最权威的对该领域研究的概貌，可以说是提供了一站式的资源。另一方面，疫情后中国大学生和研究生的就业形势严峻，广大生涯教育的实践工作者也急需基于研究的指导性意见和建议，该手册及时满足了这一需求。本人强烈推荐《牛津生涯发展手册》。

——范津砚｜美国奥本大学心理系教授

生涯发展与每个人、每个组织都息息相关。面对百年未有之大变局的宏观背景，生涯发展面临着重大的改变，而传统的生涯理论在解释预测生涯发展方面也遭遇极大挑战。生涯发展不仅是一个值得理论探讨、学术研究的大课题，也是一个广阔的实践领域，生涯发展的实践也与以往有很大不同。总之新的时代需要我们对生涯问题进行新的思考。

《牛津生涯发展手册》汇聚全球42位顶尖学者的最新研究成果，以跨学科的多重视角，从生涯发展的背景理论实践对生涯发展做了深度探讨和重新思考，展现了学者与时俱进的真知灼见。这本书不论是对于关注生涯发展的个体，还是渴望留住人才的组织，或者制定政策的官员，

以及从事研究的学者，都极具指导意义和参考价值。

——周文霞 ｜ 中国人民大学劳动人事学院教授

《牛津生涯发展手册：背景、理论与实践》一书追寻了全球 42 位学者视野宽广、跨学科、多元化的生涯发展研究成果，足以洞见世界生涯发展的历史、当下与未来，为各级各类生涯发展教育的从业者提供了研究范例和独到见解，为读者打开了国际化、跨领域的研究视野，亦对我国生涯发展教育理论的本土化研究多有助益。

——董世洪 ｜ 浙江大学就业指导与服务中心主任

中国正处在经济结构转型升级的关键时期，如何科学提升职业生涯开发与管理的成效、做到人尽其才，成为社会各界共同关心的问题。《牛津生涯发展手册》中文版作为一部兼具科学性、前瞻性、多元性、实践性的佳作，将为中国情境下的职业生涯科学研究、政策制定、工商管理、教书育人等活动提供重要的理论基础和实践指导。

——管延军 ｜ 宁波诺丁汉大学商学院教授

推荐序 一

智能革命带来了前所未有的技术、工业和社会创新的激增，改变着人类社会和经济的发展模式，让我们进入了无边界、快速变化的后现代社会，可识别和可预测的职业轨迹越来越少，传统的生涯发展路径和脚本正在消失。人们将 21 世纪的生涯隐喻为意义的载体，载着个体进入未知的领域。面对新的生涯隐喻和生命历程的个性化，生涯发展又意味着什么？在越来越不可预测的社会环境中，一个人要如何安身立命，如何在这个世界上找到自己的位置，同时又能对社会有益，从而让自己具有内在的满足感和意义感呢？

这些问题吸引并挑战着生涯领域的专业人士，该领域的许多学者正在以具有前瞻性的方式回答此类问题。然而，生涯既是一个学术领域，同时也是一个实务领域。也就是说，它致力于理解工作行为，同时也将这种理解应用于丰富人们生活的实践活动。这个领域需要有才能的人扮演研究者和实务工作者这两种角色，并且需要他们相互之间有良好的沟通，以便学术研究能够对实务工作做出反应，而实务工作又能以不断发展的科学为依据。此外，也有越来越多的人意识到，该领域需要将更多的力量投入倡导和影响公共政策方面，以期从政策层面做出结构性的改变。

对生涯领域的研究者和实务工作者来说，这本《牛津生涯发展手册》的翻译出版恰逢其时，它将有助于我们跳脱专业视角的局限，了解我们开展研究和实践的背景，了解政策、文化等因素对我们所开展工作的影响，从更加综合和宏观的视角理解我们工作的意义和价值。本书汇集了该领域数十位学者的深入研究与思考，以跨文化和跨学科的视角回应了在目前复杂多变的社会背景下，如何以理论和研究发现为基础，进行积极的生涯探索和实践，从而帮助人们应对生涯发展所面临的困惑和挑战。第一部分强调了生涯发展的背景，在关注个体层面生涯发展的同时，也强调了其在组织和社会层面的表现，及其与经济、教育、公共政策和社会文化的关系。在第二部分，本书呈现了在社会背景下生涯发展领域丰富的理论图景，以及关于生涯发展的跨文化对话。而在第三部分，我们看到了关于生涯发展专业的探讨，看到了以背景理解为基础、以生涯理论为支撑的实践行动与研究。

不同的生涯理论和实践干预都建立在其所处时代的社会背景之上，以回应人们为什么要致力于生涯发展的研究，回应人们所面临的生涯选择和困惑——这是一个永恒的话题，个体的生涯发展本质上都是为了追寻自我内在的意义。另外，帮助人们获得生涯发展并取得成功也一直是改善人类状况和促进社会公平的重要途径。希望本书可以为生涯领域的研究者、实务工作者，以及政策倡导者和制定者们提供行动的方向和依据，以帮助更多人在社会生活中勇敢迈进，获得满足和幸福；帮助他们在追寻生命意义的旅程中积极行动，绽放生命之光。

乔志宏

北京师范大学

推荐序　二

国际经济局势瞬息万变，新型冠状病毒全球大流行，从全球经济到生活日常，疫情彻底颠覆人类习以为常的运作模式。疫情扩大了网络教学、网络购物、居家工作等生活新貌。生涯路线与框架逐渐瓦解，释放出宽广的社会空间，鼓励更多人走出传统，离开典型，创造工作职位，勇敢闯出自己的生涯光彩。

后疫情时代的经济特征是：（1）新经贸秩序重整——区域整合形态逐渐由纯粹市场开放，转向开放市场与供应链调整并重整；（2）金融与实体经济脱钩——大量流动性推动金融资产价格上涨，但实体经济复苏脚步缓慢；（3）社会不确定性增加——疫情导致贫富差距增大，民众对未来不确定感提升。为了回应这种经济情势，后疫情时期的个人生涯特征转变成：没定性是优势、非典性雇用是典型、斜杠生涯是常态、混沌生涯是标配。

VUCA（乌卡）是指多变（Volatility）、不确定（Uncertainty）、复杂（Complexity）且模糊（Ambiguity）的环境时代、环境特征。随着乌卡时代的来临，以往大家熟悉与适应的规则、秩序正在或已经被解构，袭面而来的是不断的失序感与失控感。其实，解构亦可以成为重构的前奏，因为在个体面临更多生存与发展危机时也拥有了更多展现自我、发展自我的机会与空间，重点是要能够主动地去积累与创造资本，努力实现与打造个性化的发展路径。

虽然后疫情时代貌似吊诡多变和混沌未明，但是微软和领英的CEO 都同意：我们正处于"大洗牌"（Great Reshuffle）而不是"大辞职"（Great Resignation）之中。纳代莱（Satya Nadella）和罗斯兰斯基（Ryan Roslansky）认为如果你现在想吸引和留住员工，能区别两者至关重要。意思是说，如果你认为这是"大辞职"，可能会陷入被动挨打的手忙脚乱之中；若你认为这是"大洗牌"，你就能审慎乐观、掌握机会，趁机淘汰与换新。

霍尔（D. T. Hall）早在 1976 年，就有如预言家般地提出"多变化生涯"（Portean Career），意指在生涯发展上着重自我管理与自我价值，以价值驱动（value-driven）和自我导向（self-directed）为轴心，重视个人在职业生涯的参与权，以整体的生命发展历程来调整方向，看重心理上的满足感与安适感，而非薪资、职衔、权力等外在声望。而亚瑟（M.B. Authur）接着也在 1994 年提出"无边界生涯"（Boundaryless Career），强调跨越组织机构与雇用的条件限制，以自身能力，脱离组织架构的"边界"，自主安排职业生涯发展。与此同时，零工经济（Gig Economy）是伴随着网络系统与技术发展蹿升而起，进行信息分发与流程组织，使得个人能以自雇者身份承接短期工作为生的经济模式。零工经济并不是打零工，而是一种新型的雇佣关系，平台代替企业，成为"用工"的接体。这些都表征出"变是唯一不变"的真理，故而"应变力"成为职业生涯发展的核心能力。

然而，职业生涯发展到底是要"全力以赴"，还是也要留心"无意之间"？西方的理性生涯决定，在目标明确之后，总是强调心无旁骛、全神贯注、全力以赴，这有其道理，值得遵从。而东方的全局生涯决定，却重视即使目标明确，也总是会发生"谋事在人，成事在天""尽人事，听天命""冥冥之中"等情况，总留了一线空间，给天意，给命运，给不可测的风云变幻。反而更能响应后疫情时代极需"应变力"的社会现状。

《牛津生涯发展手册》的生涯理论纳入文化差异与区域经济特色，而且涵盖社会学、心理学、教育学、经济学、管理学，甚至政治学、哲学等领域的研究视角。正可以符应迪拜的"未来博物馆"在玻璃幕墙上镌刻的迪拜酋长谢赫·穆罕默德（Sheikh Mohammed）的一句话："未来属于那些能够想象它、设计它并实现它的人。未来不是等来的，而是创造出来的。"

本书丰厚的内容充分回应了目前复杂多变的形势，并以研究和学术发现的客观规律为基础，进行生涯发展的积极探索和实践，提供多元的应对策略与方法，给出了非常周全、稳固的地基，足以作为生涯发展相关的教育者、咨询师、人力资源从业者、政策制定者和研究者开展教学与实践的指南针。是以为文推荐。

黄素菲

台湾师范大学教育心理与辅导研究所

译者序

我们为什么要工作?

我们要度过怎样的一生?

如何让孩子应对未来的挑战?

如何帮助青年走出迷茫?

如何促进人的持续成长?

什么是有效的解决办法?

…………

在不确定的世界中,为了追寻这些拷问灵魂的答案,我们意外与《牛津生涯发展手册》相遇,亦如偶然学习理论所主张的,意外之事有时比预先计划之事对我们的影响更大,更能让我们获得内在成长。因此,我们希望将它分享给更多的同人,携手点亮中国人的生涯之路。

本书汇集世界生涯发展领域 42 位顶尖学者的深入研究与思考,展现了生涯发展领域广博而深厚的图景,探讨了生涯发展所处的背景、理论进展和实践方向,为教育者、咨询师、人力资源从业者、政策制定者和研究者开展生涯发展工作提供了洞见和灵感。

生涯发展无时无刻不在陪伴着我们,但往往当它流动变化时,我们才会意识到。同时,作为一门关于人生的学问,生涯发展涉及方方面面,包括社会学、心理学、教育学、管理学等诸多领域。因此,我们需要专门研究并理解生涯发展的复杂性,要以国际化、跨学科的视野广度了解生涯发展涉及的议题，代入不同时代、不同国家学者的研究视角，领悟不同地区和文化的普遍性与特殊性，辩证地看待过去和当前的生涯现象，实事求是、创造性地提出生涯发展工作方案。

当今中国迈入新时代，我们希望以中国式现代化开辟一条新的发展道路，为人类探索更好的社会制度提供中国方案。在现代性处境下，越来越多的人躲入世俗文化的潮流来确认自我价值，人们的信念感和使命感往往被虚荣、攀比、自卑、焦虑、孤独等心理意识所遮蔽，造成了意义感的枯竭，如何"认识你自己""成为你自己"日益成为时代的呼声。

在当前重要的时代节点，我们必须深刻理解全面发展、个性发展和自由发展的关系，必须帮助个人厘清"我是谁""我从哪里来""我要往哪里去"等人生基本问题。在促进共同富裕的基础上，我们要推动人们认知社会现代化与人的现代化、个人梦想与社会理想、劳动创造与劳动享受、物质幸福与精神幸福等之间的辩证关系，引导人们挣脱世俗功利的束缚，从本真意义及超功利的境界出发，寻求自身的"真实需要"，在领悟时代责任和历史使命中感知人生意义，明确自己的社会角色和个人使命，为追寻美好生活提供价值导航，进而塑造新时代中国人的精神家园。

对人生意义的思索和追寻是古今中外的共同议题。我国自古就有"修身齐家治国平天下"的人生追求，有"志于学""而立""不惑""知天命"的修为过程，有"自然""功利""道德""天地"的人生境界。西方的哲学家们同样倾注了极大的热情和心血探寻人生的奥秘，提出了很多极富启发性的人生哲理。近一百年来，伴随科学技术的快速发展、研究方法的突破，西方的研究者们开展了关于生涯发展的实证研究，成果丰硕。文明在交流互鉴中发展，我们应以兼容并包的精神，与这些先贤、学者展开跨越时空的思想对话，不仅反身思考自己的人生选择、指引行动，而且思考如何因地、因时、因人采取一种或多种措施开展有益的干预工作，促成他人更好地生活。

本书是一本具有"学术范儿"的领域概述，"啃"起来可能略显乏味，且限于篇幅难以展开详述丰富而深入的发现。但我们相信，当你静心深入其中，关于人力资本理论、真实教育、生涯发展政策、组织生涯发展、社会公正、文化相关、干预实践等议题的辩证思考将吸引你的探索，我们建议并期待你沿着参考文献的线索，利用主题索引进行深入的研究。

北森生涯自创立至今已逾二十年，我们很开心地看到越来越多的人关注并投入到生涯发展行业，推动它为更多人所知、获得更好的发展。这是一个有爱、助人的行业，我们有幸推动它的发展，也在其中获得滋养，找到自己的价值所在。

翻译国外专业著作是一项需要细心、耐心的"良心活"，尤其对于就职于商业机构的我们，往往需要在工作之余抽出时间以高质量完成。但与此同时，这项劳动让我们获益颇多、备感力量，不只是在其中学习，更是再次感受生涯发展事业的魅力，也不辜负我们满怀热忱翻译此书的初衷。

本书翻译过程中，魏琳奕负责翻译了序言、第 2 章、第 4 章、第 8 章、第 10 章、第 14—17 章、索引，李佳宇负责翻译了第 1 章、第 3 章、第 6 章、第 9 章、第 11—13 章、第 22—23 章，李子馨负责翻译了导言、第 5 章，禚星彤负责翻译了第 7 章，赵海楠负责翻译了第 18 章，王璐和程丽丽负责翻译了第 19 章，何毓恒负责翻译了第 20 章，戈兆鑫负责翻译了第 21 章，魏宇和贾惠负责翻译了第 24 章。另外，于冬娟负责了第 6—8 章的校对，刘晓和王茹男负责了第 9—10 章的校对，魏琳奕和李佳宇负责了其他章节中非本人翻译部分的校对，李子馨和常晓敏协助完成了校对工作，我负责统稿，对全书格式、参考文献等做了统一处理。最后，我和子馨、晓敏做了通读、定稿工作。

在译著即将出版之际，感谢北森生涯联合创始人王朝晖和总裁张爱民给予的资源支持，感谢世界图书出版公司对我们翻译工作的信任和付出，感谢本译著的责任编辑刘天天、程曦付出的辛勤劳动。

最后，尽管我们竭尽全力，但限于精力和能力，翻译中的缺憾和错误在所难免，敬请读者指正。

李人龙

2023 年 3 月于北京

目　录

前言

托尼·瓦茨（Tony Watts）
英国国家生涯教育和咨询研究所的创始人和终身研究员

生涯发展意义重大。它对个人来说十分重要，很大程度上决定了人们的身份认同、从学习和工作中获得的成就感和幸福感，以及对其所在社会的贡献。生涯发展对学习和工作组织也十分重要，很大程度上决定了组织利用、培养学生和工作者的才能与动机的程度。它对社会来说同样重要，很大程度上决定了社会优化其公民的人力资源和社会正义感的程度。

生涯发展错综复杂。它跨越了组织边界，作用于个人和社会结构的连接处，涉及学习和工作之间的过渡。因此，它有被边缘化的风险。然而，也正是因此，生涯发展是社会结构和人们生活的重要润滑剂。

正是这些思考激发了我和国家生涯教育和咨询研究所（National Institute of Career Education and Counselling, NICEC）的同仁撰写《重新思考生涯教育和指导：理论、政策和实践》，该书于 1996 年出版。我们五人经过数年紧密合作，得以写出一本既能传达各自声音，又具备一个强有力的共同框架的著作。该书 1996 年版的部分内容仍有价值，但很多内容已经过时。此外，该书显然以英国为重点，这对于该书的一致性而言是优势，但对于其范围和影响而言却是局限。

这就是我对这本新书的出版满怀热忱的原因。此书汇集了近年来大大促进我们深入理解生涯发展内容和工作方式的研究。与 1996 年版相比，它还有几个优点：具有更强的跨学科性，从更广泛的文化角度出发，并更具社会批判性。

　　基于以上原因，无论是对于从业者、政策制定者，还是研究人员，只要认识到了生涯发展的重要性，希望加强对其的理解并更有效地参与其中，我都强烈推荐此书。

导言：
重新思考生涯发展

菲尔·麦卡什（Phil McCash），崔斯特瑞姆·胡利（Tristram Hooley），彼得·J.
罗伯逊（Peter J. Robertson）

摘要　本章向读者们介绍《牛津生涯发展手册》和生涯发展领域。 1
该领域的起源与职业指导、差异心理学、互动社会学和生活历程发展等
有关。关于"生涯发展"一词，本书围绕三个相互关联的主题来解释：
生涯发展的广泛背景（包括政府政策）；涉及生涯相关经验、现象和行
为的广泛理论；广泛的生涯辅助性实践（包括一对一工作和团体辅导）。
本章还阐述了本书的灵感来源和目标，并指明了与该领域术语相关的挑
战。编辑们力图为生涯发展领域提供最前沿的参考，并开展跨学科、具
有国际视野的对话，以探讨当前的主要观点、辩论和争议。本书分为三
个部分：第一部分探讨了经济、教育和公共政策方面的实践背景；第二
部分侧重于概念，探讨了生涯发展领域丰富的理论图景；第三部分转向
实践，将想法转化为行动，以支持个人和团体的生涯发展。

关键词　生涯，生涯发展，职业理论，跨学科，职业指导

生涯发展领域的起源

生涯发展领域有多种起源，在不同的国家起源不同，因此确有必要

在英语国家和西欧之外进一步探索其发展过程。它的学术起源主要源自心理学、社会学以及这两个学科之间的对话。其政策和实践的起源，源自应对重大社会和经济的挑战。

纵观历史，人们经历了人生的考验、磨难和成功的喜悦，在其间相互扶持，并回顾这个历程。这个历程通常发生在特定的家庭、教育、宗教、工作和社区环境中，在维系社会和社会演变中发挥着关键作用。例如，古印度的大学为学生毕业后的生活提供指导和宗教心理支持（Sharma & Sharma，2004）。还有大量的经典著作似乎与生涯相关的主题有关。例如，柏拉图的《理想国》是古希腊苏格拉底式对话体著作，设想了基于护国者、卫国者和生产者三个阶级的劳动分工（Plato，1974），还包括令人回味的讲述灵魂和个人生活方式之间的关联的"厄尔神话"[①]。再举一个例子，《道德经》是一本公元前4世纪中国的智慧经典，它提倡通过无为、沉思和明辨使人过上安静的生活（Lao Tzu，1963）。古代文学中还有无数这样的例子，许多伟大的宗教传统和哲学传统都包含生涯相关主题的学说，例如正确的生活、公共服务和事业。

此外，还有一些小说、戏剧、诗歌和艺术与生涯主题息息相关。例如米格尔·德·塞万提斯、乔治·艾略特、列夫·托尔斯泰和亨利·詹姆斯的小说多次提到与生涯相关的话题，如情境、关系、职业、文化、社会影响和时间的流逝。而且，正如苏丹娜（Sultana，2014）指出，在卡尔·马克思1835年的中学毕业论文《青年在选择职业时的考虑》中，生涯发展的局限性和可能性也困扰着年轻的卡尔·马克思。

虽然这种文化习俗和文献记载充满了我们现在视为与生涯相关的主题，但要认为它们属于生涯发展领域，那就有些不合时宜了。正是在过

---

① 厄尔神话讲述了士兵厄尔的故事，他去往了冥界。但当他复活后，他被派回来告诉人类在来世等待他们的是什么。厄尔描述了一个来世，在那里正义的人得到奖赏，邪恶的人受到惩罚。灵魂会重生到一个新的身体和新的生活中，他们选择的新生活反映了他们在前世的生活方式和死亡时的灵魂状态。——译者注

去 150 年里，社会信仰和实践不断变化的背景下，我们才得以对生涯发展领域现代的、正式的演变追根溯源。在本部分中，我们确定了这一演变过程的四个重要的早期分支：职业指导、差异心理学、互动社会学和生活历程发展。

职业指导

职业指导运动的起源可追溯到 19 世纪末至 20 世纪初。快速的工业化、城市化和国家教育系统的出现给社会带来了巨大挑战。职业选择变得更加复杂，从学校到就业的过渡中也出现了新的问题。个人必须设法应对那些随着工业和城市发展而出现的新型社会组织形式。现代性也对从前安抚人心的宗教、政治和心理信仰提出了质疑。职业指导的出现对这些挑战进行了务实且理智的回应。其先驱是社会改革者和创新者。

在美国，弗兰克·帕森斯（Frank Parsons）在波士顿创办了一个职业指导中心，并就这一主题撰写了一本具有里程碑意义的书——《选择职业》（*Choosing a Vocation*）（Parsons, 1909）。这本书提出了职业选择的三重匹配过程：了解自己，理解不同工作领域的要求，以及理解它们之间的"真实联系"。这本书对美国职业指导运动的影响之大是有据可查的（Savickas, 2009）。很明显，帕森斯的工作是由为弱势群体开展社会运动的热情所激发的（Mann, 1950；O'Brien, 2001）。帕森斯的许多关注点，如个人评估、职业信息的使用以及对社会公正的促进，仍然是该领域当前研究和实践的中心主题。对一些人来说，帕森斯作为"职业指导之父"的角色如同一个起源神话般令人满意。当然，实际的故事要复杂得多，职业指导运动有多重起源，甚至同一时代的不同国家都有各自的源头。

最早在职业指导方面制定公共政策的一些尝试是在英国进行的。1904 年，玛丽亚·奥格尔维·戈登（Maria Ogilvie Gordon）提议在英国的地方教育部门和学校董事会设立教育信息和职业介绍所，以支持

3

离校生找到合适的工作 (Heginbotham, 1951)。她出版了《专为青年人编写的商业、工业和专业领域的就业手册》(*Handbook of Employments Specially Prepared for the Use of Boys and Girls on Entering the Trades, Industries, and Professions*)(Ogilvie Gordon, 1908)。大约在这个时候，英国政府建立了一个公共就业服务机构，将求职者和雇主聚集在一起，但其"劳工介绍"体系未能充分满足年轻人的需求。因此，随后的立法，特别是《教育（就业选择）法》(1910)，试图实现奥格尔维·戈登的愿景。于是就业和教育政策之间的长期对话就此展开，国家和地方政府也开始参与为青年提供专业就业支持的服务。随着时间的推移，生涯服务从这些工作中脱颖而出，拥有了区别于公共就业服务独一无二的独立身份。

尽管职业指导在世界范围内的发展在英语文献中记载较少，但了解它们同样重要。这些发展在很大程度上是独立发生的，可以用以下例子来说明。在挪威，职业指导局于 1897 年开设 (Kjargard, 2020)。奥地利在 1898 年至 1934 年间建立了 30 多个儿童指导所，他们借鉴了阿尔弗雷德·阿德勒 (Alfred Adler) 的精神分析理论 (Ansbacher & Ansbacher, 1956)。德国于 1908 年开设了职业咨询部门，给学校的信息寻求者提供支持 (Savickas, 2008)。在印度，第一个职业指导实验室于 1915 年在加尔各答大学开设 (Sharma & Sharma, 2004)。最后，1910 年至 1915 年间，日本也引入了职业指导部门 (Watanabe & Herr, 1983)。

差异心理学

差异心理学影响力日益增长，为职业指导提供了科学的视角。心理测量技术来源于教育心理学家的智力测试，这种技术以统计学的发展为基础。早期阶段，心理测量学家将他们的方法应用于职业选择问题。在英国，有许多这样的科学理性主义职业指导方法的先驱者（特别是 Burt, 1924），其中，C. S. 梅耶斯 (C. S. Myers) 于 1921 年创建的国家工业心理学研究所成了方向的重点（Peck, 2004）。在美国，这种科学方法与帕森斯的理论相结合，并对后者进行了补充。在哈佛大学，德国应用心理学家雨果·明斯特伯格（Hugo Münsterberg）强调了职业选择问题，并于1910年提出一种关于职业的早期理论，这一理论将思想、感觉和行为三个因素结合起来（Porfeli, 2009）。心理测量学技术在第一次世界大战期间（以及后来在"二战"期间）的征兵中得到进一步发展。此外，在20世纪20年代到30年代，明尼苏达大学使用计算、事实判断、灵巧性和职业兴趣等方面的测试，对求职者进行了大规模的测评和工作安置（Moore et al., 2008）。

互动社会学

可以说，对生涯的正式研究始于20世纪20年代到30年代间芝加哥大学率先开办的社会学系。克利福德·肖（Clifford Shaw）的《杰克·罗勒：一个犯罪男孩的自述》（*The Jack-Roller: A Delinquent Boy's Own Story*）（Shaw, 1930/1966）和《犯罪生涯的自然史》（*The Natural History of a Delinquent Career*）（Shaw, 1931）可能是第一批有组织、有意识地使用"生涯"一词的学术文章。"生涯"原本指代中产阶级工作，肖扩大了其通俗含义，使其涵盖主流社会边缘人群的非工作角色。肖没有把重点放在有偿的中产阶级工作上，而是放在当时被称为犯罪的社会现象上。他的研究还以丰富、广泛地使用生活史为特色，因而可以从当事人的视角看待生涯展开的历程。

此外，埃弗雷特·C. 休斯在题为《人格类型和劳动分工》（Hughes, 1928）和《机构办公室和个人》（Hughes, 1937）的两篇文章中，提出了第一个明确的生涯理论，作为对生涯发展进行批判性解释的概念基础。这些技术词汇包括集体生活、文化、生态、群体、互动、突发事件、召唤/使命、模式、角色、意义、仪式、办公室、阶段、地位和形式。在《机构办公室和个人》中，休斯（Hughes, 1937, pp. 64—67）提出了对生涯的最早系统定义之一，他断言，生涯是由所有社会阶层的男性和女性的工作和非工作活动（"职业"和"业余爱好"）组成的。他将生涯称为"移动的视角"，在这种视角中，人们参照他人、制度形式和社会结构来定位自己，并解释他们生活的意义。他还进一步讨论了对生涯的研究有助于理解社会的本质和"运转机制"。

肖和休斯受到芝加哥社会学家罗伯特·帕克、欧内斯特·伯吉斯、乔治·赫伯特·米德和赫伯特·布鲁默的影响（Blumer, 1969；Mead, 1967；Park, 1915；Park & Burgess, 1921；另见 Barley, 1989）。他们还（特别是通过帕克）借鉴了德国社会学家格奥尔格·齐美尔（Georg Simmel）的解释主义方法，将职业生涯看作一个涉及差异性和边缘性主题的、持续的社会互动过程，并使用生涯理论去构建一个社会生活的解释性规则。他们还从与该大学社会服务管理学院相关学者的合作中受益，例如简·亚当斯（Jane Addams）、弗洛伦斯·凯利（Florence Kelly）和埃迪斯·阿伯特（Edith Abbott），他们是社会工作、方法论、城市知识以及理论与实践结合的先驱（Shaw, 2010）。他们的影响体现在肖和休斯对个案史的使用、对社会福利的关注以及与社会边缘人群的接触中。

肖和休斯的工作对生涯发展领域的意义有三方面。第一，依据平等主义的术语，生涯被重新设想为一种动态的视角，所有个体都可通过这种动态的视角来解释他们生活的意义。第二，生涯的范围从微观社会学扩展到社会的构成，从而大大扩展了其组织和政治范围。第三，另一拨芝加哥学派的学者以他们的工作为基础，将生涯作为一个关键的互动主义术语，这一术语跨越了主观 / 客观、个人 / 社会、私人 / 公共、成功 / 失败、工作 / 非工作，以及熟悉 / 陌生的传统界限（见 Becker, 1966；Goffman, 1961/1968）。在当时，"芝加哥学派社会学"的创新学术成果偶尔会受到忽视，但现在这些成果被认为是生涯理论的核心传统之一（另见 Barley, 1989；Gunz & Mayrhofer, 2018；Hodkinson, 2009；Law, 2009；McCash, 2018；Moore et al., 2008；Roberts,

1980；Savickas，1996；Super，1980）。

生活历程发展

自古以来，哲学家、剧作家和艺术家都十分关注生活历程方面的研究。在 20 世纪初，心理学家和社会学家首次将这方面的研究正式化。本节重点介绍与生涯发展领域起源特别相关的四项贡献。第一个贡献与德国心理学家夏洛特·布勒（Charlotte Bühler）有关，她开创了一种终生视角的心理学方法，以回应她认为当时在心理学中很流行的还原论方法。在一篇题为《传记研究中的生活曲线》的文章中，布勒（Bühler，1935）系统地分析了数百本众多个人传记，包括企业主、工厂工人等。她设想出生活周期中的不同阶段，从积极扩张的准备阶段，到稳定的规范阶段，再到结果检验阶段，以及最后放弃活动和职位的脱离阶段。她从整体的生活周期角度看待生涯，并认为这些观点可以加强对生涯发展的支持。第二个贡献与早期生涯模式的研究之一有关。在《美国社区的职业流动性》（*Occupational Mobility in an American Community*）一书中，社会学家珀西·E. 戴维森和 H. 杜威·安德森（Davidson & Anderson，1937）就一项针对加利福尼亚州圣何塞居民的研究作出了报告。他们开发了一个生涯模式的视觉和理论呈现形式，作为参与家庭、教育和工作的对比模式——即经历家庭环境、小学、中学、大学、第一份工作和更多正式工作的时间路径。第三，在德尔波特·米勒和威廉·福姆的著作《产业社会学》（*Industrial Sociology*）（Miller & Form，1951）中，他们对生涯模式提出了一种更宽泛的见解，确定了尝试和稳定的交替阶段，以及生涯模式的四种主要类型：稳定型、标准型、不稳定型和复杂尝试型。第四，社会心理学家唐纳德·舒伯综合了上述所有心理学和社会学方法，构思出一个更深入、更广博的生涯模式研究。他提出了第一个全面的生涯发展理论，并将其与职业指导实践联系起来（Super，1954，1957）。

6

这些研究的意义在于它们强调了生涯发展的阶段性和终身性。它们区分了个人多种不同工作的经历和整个生涯的经历。这种生涯被认为与家庭经历、教育参与和工作角色的对比模式有关。这些研究将职业指导实践的范围从为当事人匹配工作，拓展到帮助当事人学会准备并参与由多种角色、情境、经历和生命主题组成的整个职业生涯。

总结

这篇简短的文献回顾将生涯发展领域的起源定位在四个截然不同的方面：职业指导、差异心理学、互动社会学和生活历程发展。可以理解的是，也许该领域的一些文献只关注其中一个分支，甚至只关注一个元素，而这让人们怀疑它是否真的能代表一个领域。然而，这种分散和孤立的程度可能被夸大了。在早期（另见 Ginzberg et al.，1951；Super，1957）和当代（另见 Arthur et al.，1989；Gunz & Mayrhofer，2018；Patton & McMahon，1998）都有一些重要的整合性文献，试图综合该领域的各个环节。本书旨在进一步促进这种整合的过程。

什么是生涯发展？

在本书中，**生涯发展**一词被用作一个关键的组织概念。这个术语和所有术语一样并不完美，因此需要进一步讨论和解释。生涯发展被视为一个跨学科领域，最初来自社会学和心理学学科。它与教育和组织研究有重要的联系，也与经济学、文学研究、文化研究、历史、地理、哲学和许多其他学科的各个方面有联系。严格地说，生涯发展本身既不是一门学科，也不是另一门学科的某个分支。相反，它是一个跨学科领域，其中包含一系列不同的传统、主题、理论、认识论和本体论的交叉。在不同的国家，不同的学科和传统占据主导地位。本书的目标之一是增加跨学科对话的数量，并将该领域的各种讨论汇集在一起。

之所以选择**生涯发展**一词，是因为这个词涉及三个相互关联主题的讨论：生涯发展的广泛背景（包括政府政策），与生涯相关的经历、现象和行为的理论，以及广泛的生涯辅助性实践（包括一对一工作和团体辅导）。在本节中，我们将结合背景、理论和实践这三个主题对该领域进行简要的讨论。

背景

生涯发展应放在一定的环境背景中，而不能光从个人主义的角度来看待。所有个人都应被视为广泛的生涯发展体系的一部分。这种更宏观的背景包括地理、政治决策、劳动力市场、社会经济地位、教育和媒体。例如，生涯不仅仅是从无限的职业和生活方式的菜单中选择我们想要的东西，我们的生涯是由我们生活的地方和社区塑造的。地理关系和家庭关系决定了向我们开放的机会，并影响着我们的行为和期望。我们会做出生涯决策，但并不完全是在自己选择的情境下做出的。机会结构是由政治经济塑造的。生涯发展不仅仅是一系列个人的选择，还是个人与社会互动的体现。在生涯发展中我们的心理与社会交织在一起，它关系到我们如何与教育系统、企业、组织和国家等社会机构进行互动。

生涯发展理论

生涯发展理论试图解释与生涯相关的各种经历、现象和行为，包括负面经历，如欺凌、不确定性或种族歧视；它也与积极的经历有关，如帮助他人、获得尊重和个人成就。生涯发展理论试图将更宏观的背景与生涯发展的感觉体验联系起来。虽然从不太规范的意义上来说，"development"这个词通常与提高或改善有关，但它也可能意味着出现或产生。因此，虽然个人不一定看得到他们的生涯稳定、逐步改善，但毫无疑问，他们仍然可以看到生涯在出现和产生这一意义上的发展。不是每个人都会遭遇相同的经历，或以相同的顺序经历各个阶段，但是我们出生并最终死亡，在这之间，我们大多数人都会长大、变老，经历挫折，并找到新的机会。

我们的生涯是我们走过的人生道路，因此，时间的概念对生涯至关重要。我们的生涯至少在两个时间维度上运作。我们每天都要做出生涯选择：我应该在办公室待到更晚还是回家陪伴家人？我应该完成我的课程作业还是去酒吧？我应该躺在床上还是起床去上班？这些都是**横向**的生涯决策，即我们在一项活动与另一项活动之间进行权衡。但是，生涯的概念也增加了另一组决策——除了横向的决策之外，我们还要做出**纵向**的生涯决策：现在更加努力地工作可能有利于在未来迎来更多机会；另外，学习深造可能会使我们暂时失去赚钱的机会，但最终可能会增加我们长远的赚钱能力和掌控生活的能力。制定我们的生涯是一场介于现在和未来之间的对话，而我们的过去塑造了这种对话发生的方式。在本书中，我们讨论了大量的生涯发展理论，这些理论反映的是文献中迥异的传统。我们还要求撰稿人将现有的想法整合到新方法中，推进该领域发展。

实践

有目的的辅助性干预措施，包括一对一工作和团体辅导，在生涯发展领域形成了丰富而重要的文献。在其他文章中，这种干预措施可能被称为生涯咨询、生涯教练或生涯指导。然而，在本书的大部分内容中，我们都会避免使用这个术语，因为它通常指的是一对一的干预措施而不是团体辅导。我们使用**生涯发展服务**等词语以涵盖个人和团体的工作。这种术语方面的争议对任何一个寻求生涯发展支持的人都提出了一个更大的问题。在生涯中寻求帮助的公民会遇到一系列令人困惑的术语，例如生涯咨询师、生涯教练、生涯顾问、生涯指导顾问、生涯教师、生涯发展专业人员、指导工作者、咨询师、教练、生活教练、工作教练、心理学家等。一份基于英国职业分类大典的研究报告发现，生涯发展工作者使用的职位名称超过 100 个（Neary et al., 2014）。由于从事各种其他职业的个人也会提供生涯发展服务，比如管理人员、培训师、学习和发展专业人员、教师和讲师等，这些都进一步增强了这种复杂性。此外，以非正式的方式接受生涯发展支持是日常生活的一部分。因为生涯对我们的生活至关重要，所以我们会不可避免地与朋友、家人、同事和点头之交谈论这件事，尽管他们"缺乏"专业资格，也不是从业者，但他们还是会为我们提供信息、建议和想法，从而形成一种生涯发展帮助。

在本书中，我们鼓励尽可能包容地使用术语，希望每一章都能面向从事生涯发展支持的个人，无论他们的职务或角色如何。如前所述，我们鼓励本书的撰稿人在提到有目的的辅助性干预措施时，使用**生涯发展支持**和**生涯发展服务**等术语。在某些情况下，撰稿人也会选择使用其他术语（例如**生涯制定**、**生涯咨询**、**生涯指导**或**生涯教育**）。在这些情况下，我们鼓励他们解释使用的术语并说明为什么这些术语是合适的。

我们为什么写这本书

生涯不是我们决定选择一份工作而放弃另一份工作的时刻，实际上，它深深地融入我们生活的方方面面。我们的生涯是持续进行的，在社会和政治背景下发展，这些背景提供了截然不同的机会，也设立了多种多样的边界。生涯就在我们身边，我们无法逃避，因为它描绘了我们的生活、学习和工作是如何交汇的。生涯对世界各地人们的生活和所处社会都很重要。作为《牛津生涯发展手册》的编辑和撰稿人，我们也不例外。我们是对生涯发展感兴趣的研究者、创作者和思考者，在理解本书中的理论、研究和模型的同时，我们还体验了自己的职业生涯。既然每个人都有自己的生涯，而这对个人和社会都很重要，那么我们必须了解生涯是如何运作的，并考虑如何进行有益的干预。这就是我们对能够

9

呈现本书感到非常高兴的原因之一。

我们决定编辑本书源于这样一种信念：生涯发展是我们理解社会经历的核心。生涯是一个框架，用以解释社会现实和个人在其中的地位；还可用来采取更具体的行动，即帮助个人的实际干预措施。生涯发展工作是以研究和学术为基础的积极实践。因此，本书旨在加深我们对生涯发展的理解，并为推动生涯发展干预措施提供见解和灵感。

本书是从我们的教学、研究、会议旅行以及我们个人和职业生活的所有其他方面中构思和整理而来。因此，它与我们的个人经历、地位和生涯目标有关。这也是一种社会行为，是我们与我们的学术团体（我们都是其中一员）、与国家生涯教育和咨询研究所（NICEC）以及与更广阔的生涯发展领域进行的互动中的一部分。本书旨在介入生涯发展的过去、现在和未来更深远的对话，并将其延续下去。

在本节中，我们将结合现有学术成果描述本书的灵感。然后，我们将继续讨论与生涯发展相关的核心基础设想。这些设想涉及包容性、学习的核心地位、国际主义、与当代讨论的联系、跨学科性和多元化。

灵感

本书的灵感来自 NICEC 在 2016 年组织的一次会议。本书的所有编辑和许多撰稿人都参加了这次会议，在那里我们挑战自己"重新思考全球化世界的生涯发展"。这次会议是为了纪念《重新思考生涯教育和指导：理论、政策和实践》（*Rethinking Careers Education and Guidance: Theory, Policy and Practice*，后简称《重新思考》）（Watts et al., 1996），对我们中的许多人来说，这本书一直是生涯领域的试金石。本书最初的目的是修订《重新思考》，并在 NICEC 会议讨论的基础上更进一步，但很快就超越了最初的目的，因为我们认识到有必要使《牛津生涯发展手册》更加国际化和跨学科，也有必要认识到当前体现该领域特性的多重传统和视角。

《重新思考》（*Rethinking*）是 20 世纪 90 年代英国的一本里程碑式 　10
的著作，它表达了参与 NICEC 的学者 20 多年来的思考、研究和积极行
动。这本书是一次将生涯发展工作定位到咨询心理学的子学科之外的强
有力尝试。《重新思考》借鉴了教育学、组织研究、经济学、管理学、
社会学和政治经济学的知识，发现了学习在生涯发展工作中发挥着核心
作用，同时发展了新的生涯学习理论来支持这一点（Law，1996a）。

在《重新思考》一书中，人们认识到，生涯发展不可避免地具有
政治性，个人的行为方式受到他们所处的环境和社会及公共政策体系
的制约（Killeen，1996a；Watts，1996a，1996b）。此外，在汇集各种
不同的学科传统时，《重新思考》还认识到生涯发展的终身性和多语境
性。生涯发展活动总是处于某种情境中，例如学校（Law，1996b）、学
院（Hawthorn，1996）、大学（Watts，1996c）、企业（Kidd，1996）以
及生涯和公共就业服务（Killeen & Kidd，1996）。在每种情境下，生涯
发展工作都需要与其他一系列职能部门争夺时间、资源和优先级。然而，
如果每个地方的生涯发展工作潜力能够被充分发挥，这也会为个人和社
会提供巨大的好处（Killeen，1996b）。《重新思考》的出版为该领域做
出了独特的贡献，因为这本书能够在总结该领域的发展现状的同时指出
未来前进的方向，这也正是我们希望本书能够做到的。

同时，我们也认可许多其他多作者共著书籍在生涯发展方面做
出的巨大贡献。在《重新思考》之前（例如：Arthur et al.，1989；
Brown & Brooks，1990；Watts et al.，1981）和之后（例如：Arthur &
McMahon，2019；Arulmani et al.，2014；Athanasou & Perera，2019；
Collin & Young，2000；Gunz & Peiperl，2008；Lent & Brown，2013；
Maree，2019）有很多试图汇集该领域研究成果的尝试，令人印象深
刻。在计划和撰写《牛津生涯发展手册》时，我们参考了以上所有书
目，还包括其他书籍。还有一些重要文献聚焦于独立议题，例如社会
公正（Hooley et al.，2018a，2019）和关键的地理环境（Cohen-Scali et

al., 2017；Sultana, 2017)。本书试图汇集各种学者的研究，总结进入二十一世纪第三个十年时生涯发展的现状，并以此为基础深入发展。

在"牛津手册"系列中，还有许多与本书和生涯发展领域相交叉的重要的相关贡献，这些书的内容包括专注于有意义工作（Yeoman et al., 2019)、参与组织（Wilkinson et al., 2010)、人事心理学（Cartwright & Cooper, 2009)、技能和培训（Warhurst et al., 2017)、工作心理学（Blustein, 2013)和终身学习（London, 2011)。这些"牛津手册"具有权威性，其在相关主题领域的存在为本书创造了理想的背景。"牛津手册"汇集了一系列来自该学科领军人物的特约文章，批判性地研究关键概念，并塑造相关领域的未来。本书力求在生涯发展领域做到这一点，既考察个人如何在环境中发展和实现其生涯，也研究可能用于支持他们的干预措施。

生涯发展是一个包容性的术语

生涯发展是一个包容性的术语，关系到每一个人，与其阶级、性别、性取向、能力、位置或种族无关。生涯发展不只与那些准备从事中产阶级、自愿、有偿的工作并在其中获得晋升的个人有关。正如瓦茨（Watts, 2015, p. 31)曾指出的那样，生涯是"非常模糊的"。这个概念并不限于组织或职业内的晋级。它包含非常广泛的活动，包括正式或非正式的有偿工作、学习、家务、护理工作、志愿或社区工作、政治活动等，还包括宗教实践、休闲兴趣、健康维护、家庭时间和放松。生涯发展是一个关键概念，因为它汇集并整合了所有这些重要活动。在我们看来，人们只有一个生涯，终其一生都投入到各种活动、情境和角色。

学习的中心地位

无论是在理论还是实践层面，学习都是生涯发展的核心。学习有助于我们了解或好或坏的生涯经历，还有助于我们将各种形式的生涯发展工作视为一种广义的教育事业，参与者的生涯学习是其中的核心问题（Hooley et al., 2018b; Krumboltz, 2009; Law, 1996a; Patton & McMahon, 1998）。这为理解和构建辅助性活动（包括一对一工作和团体辅导）的范围提供了统一的话语体系。

国际视野

我们在整本书中都采用了一种鲜明的国际主义视角。例如，我们试图避免里贝罗和丰萨蒂（Ribeiro & Fonçatti, 2018）所描述的自上而下的"地区主义全球化"（即在一种文化背景下选取当地的实践，如将北美职业咨询不加调整地在全球范围内使用）。我们吸纳了来自全球 14 个国家的撰稿人，要求他们面向全球读者而写作、认可国际化背景，并认识到生涯发展的情境性。

与重要辩论和争议的联系

12

在本书中，我们试图指出并参与当前的辩论和争议，例如关于生涯发展性质的讨论（Arulmani, 2014; Blustein, 2013; Gunz & Mayrhofer, 2018）、工作和生涯的未来（Hooley, 2019）、影响该领域的各种相互矛盾的理论传统（Hooley et al., 2018b; Juntunen et. al., 2019; Leung, 2008）、不同干预措施和方法的有效性的证据（Hooley, 2017; Kashefpakdel & Percy, 2017; Whiston et al., 2019），以及围绕该领域公共政策投入程度水平的激烈政治辩论（Inter-Agency Working Group on Work-based Learning, 2020; International Centre for Career Development and Public Policy, 2019）。

跨学科性

本书属于"牛津手册"系列中的心理学学科领域。我们试图充分认识生涯发展的心理学本质，但我们的研究是在跨学科方法的背景下进行的，因为心理学只是助力我们理解生涯发展的学科之一，社会学、组织研究、教育学和其他学科都是如此。因此，我们鼓励撰稿人从任意相关学科出发来探讨生涯发展，同时指出其他学科的影响。此外，虽然一些类似的书籍提出了一系列不同的理论和方法，但我们要求撰稿人将其整合，并接触各种学科、观点和传统。

多元化

《牛津生涯发展手册》虽然希望推动该领域向前发展，但并不打算解决所有的争论和问题。这在一定程度上源于我们作为编辑的自身经验。我们对于本书目的和宗旨达成了共识，但我们也有各具特色的议题、传统、认识论、关注点，等等。在此基础上，我们认为本书应该承认立场和观点的多样性。因此，我们有意识地采取多元化的视角，认可并尊重不同的理论、民族和文化传统。不过，我们已经试图将不同的视角纳入彼此之间的有力对话。我们要求撰稿人参与关键的辩论、站在特定立场、构建新观点。

13　本书的结构

本书共分为三个部分：背景、理论与实践。背景指的是生涯是如何通过与所处环境的相互作用而形成的。理论指的是该领域丰富的理论图景。实践指的是支持个人和团体生涯发展的活动。在此，我们依次对每个部分进行概述。

背景

在任何生涯发展的研究中，情境都很重要。生涯经验并不具有普适性，相反，它们受到环境的影响和制约。在这里，我们主要关注经济、社会政治和制度等方面的因素。

生涯可以被理解为个人活动与经济相互作用的关键点。因此，第 1 章强调了对经济不平等现象加剧和体面工作减少的担忧。作者认为，这些问题是国际上普遍关注的，存在于世界各地。古托夫斯基等人基于对有偿工作机会的质量的关注，直接引出了一个可用于理解生涯发展的概念。珀西和多德在第 2 章中探讨了生涯发展干预对一个国家经济生活的贡献。他们阐述了这种想法面临的挑战和证据。

生涯发展的一个重要政治维度是它与公共政策的关系。在发达国家，许多生涯干预都是由国家直接或间接开展的。然而，尽管人们普遍认为对个体生涯的支持是一种具有更广泛社会效益的"公共产品"，但确保公民充分获得生涯发展服务对于所有国家仍然具有挑战性。麦卡锡和博布雷·佩奇在第 6 章中描绘了生涯发展服务公共政策的演变。尽管一些有影响力的国际机构推动了这项政策，但他们发现，专门针对生涯发展支持的公共政策作为制定政策主要推动力的附属，仍处于边缘地位。罗伯逊在第 7 章中进一步关注了公共政策的目标。大多数研究发现，政府对生涯的干预往往旨在促进劳动力市场的有效运转、促进教育系统运作（及其与就业的联系）以及促进社会公平。罗伯逊为潜在的公共政策的社会理想目标勾勒出一个广阔图景，并强调了福祉、刑事司法和环境目标等方面的潜力。

生涯发生于机构内部和机构之间，而机构对政府政策进行调节。本书有三个章节探讨了教育系统及其与就业的联系对生涯发展的重要作用。胡利在第 3 章中对以下这种做法提出了疑问，即教育系统将生涯发展工作嵌入高度政治化的人力资本发展项目，使个体生涯从根本上成为一种对社会的经济贡献。苏丹娜在第 5 章中选取了类似的主题，并提出生涯发展学习是如何与当前的政治经济相结合，以及生涯发展教育可能存在哪些更为关键和真实的形式。珀西和卡舍夫帕克德尔在第 4 章中通过详细探讨雇主与教育机构对接，以合作促进生涯发展学习等各种方式来进行关于生涯教育的讨论。

14 **理论**

本书的第二部分探讨了支撑生涯发展领域的概念和理论。对于那些进入该领域的人来说，现有理论的范围可能令人困惑。耶茨在第 8 章中调查了约 40 种理论方法，为生涯发展领域的研究提供了一个好的开端。她没有按传统的时间顺序进行叙述，而是确定了四个反复出现的关键概念：身份认同、环境、生涯学习和生涯心理资源。

生涯理论最主要的流派之一将关注的重点放在组织内外专业人员和管理人员的生涯经历上。麦肯兹·戴维在第 9 章中阐述了这一学术流派的演变——它起源于商学院心理学家的研究，并批判了该流派的局限性。组织生涯理论不断发展，并成为各类思想的丰富源泉。冈茨和迈尔霍费尔在第 10 章中为该流派研究传统的方向提供了示例，并提出了一个社会年代学框架，旨在整合生涯的空间、时间和本体维度。

许多生涯发展理论致力于认识个体内部、劳动力市场和更广泛社会的变化和复杂性。但是，这一出发点虽然得到了广泛的认同，却能将理论家们引向不同的方向。罗西尔、卡多佐和杜阿尔特在第 11 章中提出了目前最具影响力的个人生涯发展方法之一——叙事咨询的应用——它深深扎根于马可·萨维科斯（Mark Savickas）和基恩·吉查尔特（Jean Guichard）的研究以及更广泛的叙事理论。这种方法的目的是使个人能够重新构想自己的生涯并适应变化。相比之下，欧文在第 12 章中则对实现辩证的社会公正提出了明确的政治途径，来应对工作场所的不平等和不稳定。对于欧文来说，这种应对的形式应该是批判性教育，使个人能够挑战环境的局限。

在过去十年中，生涯思想最引人注目的发展之一是对文化日益敏感。因此，我们特别强调了这一新兴方向。来自世界各地的许多学者都将生涯视为一种基本文化现象，并且依据各人所处的位置不同，这种现象看起来也会不一样。斯特德和波克拉在第 16 章中批判了研究不同文化的生涯时一味使用西方思想框架的现象。里贝罗在第 15 章中提供了一个案例来说明产生于发展中国家的生涯理论的价值，以补充（而不是取代）当下的主流理论。阿鲁曼尼、库玛尔、什雷斯塔、维雷和阿拉文德在第 14 章中应用文化准备视角来理解印度传统手工业者适应全球化经济的经验。麦卡什在第 13 章中在生涯和教育研究中采取了一种整合性方法，并提出生涯发展的文化学习理论，他以文化学习联盟的形式将文化学习理论与创新实践联系起来。

实践

虽然生涯发展的实践以背景理解和理论基础为支撑，但它需要有自己的侧重点。也许我们应该从多元的角度来谈论实践——因为生涯发展干预可以来自各种各样的专业背景，包括组织发展、人力资源、咨询、教育、就业支持以及社会和青年工作。事实上，"专业"的概念需要加以检验。高夫和尼瑞在第 17 章中研究了生涯发展从业者试图将自己从事的工作定义为一种职业，并与国家建立认可这种身份的关系时所面临的挑战。

比姆罗斯在第 19 章中探讨了生涯发展从业者作为知识型专业人员的一个关键问题，并重点讨论了劳动力市场信息的作用。她认为，生涯发展专业人员使用的许多通用性辅助技能是很多行业共有的，正是这些用于处理劳动力市场知识的技能体现了生涯发展从业人员带来的独特贡献。

许多生涯发展实践都是在咨询范式下进行的。对于这部分从业者来说，罗杰斯方法对服务使用者和服务提供者之间的关系有很大影响。巴索在第 22 章中审视了"以来访者为中心"的传统，并基于对文化和背景敏感的理论批判了这种传统。麦基尔文、佩雷拉、布朗、希利和哈默在第 21 章中着眼于生涯发展实践的另一个关键方面，即对个人进行评估以了解其生涯发展需求的过程。他们认为，生涯评估需要被看作生涯

15

发展实践中一个技术性的、不可或缺的要素，而且是可以通过多种方式来进行的。

生涯发展实践的另一个重要分支来自教育方法。巴恩斯在第 18 章中通过借鉴生涯发展理论和学习迁移理论之间的联系，重点关注学校和学院的生涯教育。他探索了从更宏大的生涯教育计划中达成显著的进步成果的潜在可能，并描述了有效教学、学习和评估的理论方法，这些方法可以帮助学习者改变他们的自我认识、与他人的关系、行动潜力和世界观。

生涯发展服务提供者与服务对象之间的沟通越来越多地受到数字技术的影响，无论这种服务被称为咨询还是教育。胡利和斯汤顿在第 20 章中总结了不同的隐喻，人们可以通过这些隐喻理解技术在该领域的作用和潜力。他们分析了指导从业者选用新技术的三种不同教育学立场。

当然，所有这些不同的生涯发展实践方法只有在有效时才有价值。有效性问题不仅对方法的选择和设计至关重要，在决策者和资助者就提供生涯发展服务进行的谈判中也必不可少。惠斯顿在第 23 章中研究了个人生涯咨询有效性的证据，她讨论了来自元分析的证据，认为元分析对于该领域的研究整合十分有说服力。罗伯逊在第 24 章中对评估生涯发展干预的方法论以及复杂的概念、定义和方法论挑战进行了更广泛的概述。他提出了循证实践方法，企图将研究证据与不同地区、不同情境且务实的从业者理解结合起来。

最后的话

生涯发展政策、理论和实践都是动态的，处于不断变化的过程中。在本书中，我们试图在进入二十一世纪第三个十年时，掌握该领域研究的前沿观点。我们的目标是为未来的讨论和辩论提供一个更强大、更综合的平台。我们希望自己已经通过汇集这些国际学者和撰稿人实现了这一目标。生涯发展对我们来说当然很重要，无论身在何处，我们都希望这本书可以帮助您在生活中向前迈进，并对他人的生活产生积极的影响。

参考文献

Ansbacher, H. L., & Ansbacher, R. R. (Eds.) (1956). *The individual psychology of Alfred Adler: A systematic presentation in selections from his writings*. New York, NY: Basic Books.

Arthur, M. B., Hall, D. T., & Lawrence, B. S. (Eds.) (1989). *Handbook of career theory*. Cambridge, UK: Cambridge University Press.

Arthur, N., & McMahon, M. (Eds.) (2019). *Contemporary theories of career development: International perspectives*. Abingdon, UK: Routledge.

Arulmani, G. (2014). The cultural preparation process model and career development. In G. Arulmani, A. J. Bakshi, F. T. L. Leong, & A. G. Watts (Eds.), *Handbook of career development: International perspectives* (pp. 81–103). New York, NY: Springer.

Arulmani, G., Bakshi, A. J., Leong, F. T., & Watts, A. G. (Eds.) (2014). *Handbook of career development. International perspectives*. New York, NY: Springer.

Athanasou, J. A., & Perera, H. N. (Eds.) (2019). *International handbook of career guidance*. Cham, Switzerland: Springer.

Barley, S. R. (1989). Careers, identities, and institutions: The legacy of the Chicago School of Sociology. In M. B. Arthur, D. T. Hall, & B. S. Lawrence (Eds.), *Handbook of career theory* (pp. 41–65). Cambridge, UK: Cambridge University Press.

Becker, H. S. (1966). *Outsiders: Studies in the sociology of deviance*. New York, NY: Free Press.

Blumer, H. (1969). *Symbolic interactionism: Perspective and method*. Englewood Cliffs, NJ: Prentice-Hall.

Blustein, D. L. (Ed.) (2013). *The Oxford handbook of the psychology of working*. Oxford, UK: Oxford University Press.

Brown, D., & Brooks, L. (Eds.). (1990). *Career choice and development*. San Francisco, CA: Jossey-Bass.

Bühler, C. (1935). The curve of life as studied in biographies. *Journal of Applied Psychology, 19*, 405–409.

Burt, C. (1924). Principles of vocational guidance. *British Journal of Psychology, 14*, 336–352.

Cartwright, S., & Cooper, C. L. (Eds.). (2009). *The Oxford handbook of personnel psychology*. Oxford, UK: Oxford University Press.

Cohen-Scali, V., Nota, L., & Rossier, J. (2017). *New perspectives on career counselling and guidance in Europe*. Berlin, Germany: Springer.

Collin, A., & Young, R. A. (Eds.). (2000). *The future of career*. Cambridge, UK: Cambridge University Press.

Davidson, P. E., & Anderson, H. D. (1937). *Occupational mobility in an American community*. Stanford, CA: Stanford University Press.

Ginzberg, E., Ginsburg, S. S., Axelrad, S., & Herma, J. L. (1951). *Occupational choice: An approach to a general theory*. New York, NY: Columbia University Press.

Goffman, E. (1968). *Asylums*. Harmondsworth, UK: Penguin. (Original work published 1961)

Gunz, H., & Mayrhofer, W. (2018). *Rethinking career studies: Facilitating conversation across boundaries with the social chronology framework*. Cambridge, UK: Cambridge University Press.

Gunz, H., & Peiperl, M. (Eds.). (2008). *Handbook of career studies*. Thousand Oaks, CA: SAGE.

Hawthorn, R. (1996). Careers work in further and adult education. In A.G. Watts, B. Law, J. Killeen, J. M. Kidd, & R. Hawthorn (Eds.), *Rethinking careers education and guidance: Theory, policy and practice* (pp. 112–126). London, UK: Routledge.

Heginbotham, H. (1951). *The youth employment service*. London, UK: Methuen.

Hodkinson, P. (2009). Understanding career decision-making and progression: Careership revisited. *Career Research and Development: The NICEC Journal, 21*, 4–17.

Hooley, T. (2017). Moving beyond 'what works': Using the evidence base in lifelong guidance to inform policy making. In K. Schroder & J. Langer (Eds.), *Wirksamkeit der beratung in bildung, beruf und beschäftigung* [The effectiveness of counselling in education and employment] (pp. 23–34). Bielefeld, Germany: WBV.

Hooley, T. (2019). Career guidance and the changing world of work: Contesting responsibilising notions of the future. In M. A. Peters, P. Jandrić, & A. J. Means (Eds.), *Education and technological unemployment* (pp. 175–191). Singapore: Springer.

Hooley, T., Sultana, R., & Thomsen, R. (Eds.). (2018a). *Career guidance for social justice: Contesting neoliberalism*. London, UK: Routledge.

Hooley, T., Sultana, R., & Thomsen, R. (2018b). The neoliberal challenge to career guidance: Mobilising research, policy and practice around social justice. In T. Hooley, R. G. Sultana, & R. Thomsen (Eds.), *Career guidance for social justice: Contesting neoliberalism* (pp. 1–28). London, UK: Routledge.

Hooley, T., Sultana, R., & Thomsen, R. (Eds.). (2019). *Career guidance for emancipation: Reclaiming justice for the multitude*. London, UK: Routledge.

Hughes, E. C. (1928). Personality types and the division of labour. *American Journal of Sociology, 33*, 754–768. www.jstor.org/stable/2765829

Hughes, E. C. (1937). Institutional office and the person. *American Journal of Sociology, 43*, 404–413. doi:10.1086/217711

Inter-Agency Working Group on Work-based Learning (WBL). (2020). *Investing in career guidance*. Retrieved from https://www.cedefop.europa.eu/files/2227_en.pdf

International Centre for Career Development and Public Policy (ICCDPP). (2019). *Communiqué 2019: Leading career development services into an uncertain future: Ensuring access, integration and innovation*. Oslo, Norway: Skills Norway.

Juntunen, C. L., Motl, T. C., & Rozzi, M. (2019). Major career theories: International and developmental perspectives. In J. Athanasou & H. Perera (Eds.), *International handbook of career guidance* (pp. 45–72). Cham, Switzerland: Springer.

Kashefpakdel, E. T., & Percy, C. (2017). Career education that works: An economic analysis using the British Cohort Study. *Journal of Education and Work, 30*, 217–234. DOI:10.1080/13639080.2016.1177636

Kidd, J. M. (1996). Career planning within work organisations. In A. G. Watts, B. Law, J. Killeen, J. M. Kidd, & R. Hawthorn (Eds.), *Rethinking careers education and guidance: Theory, policy and practice* (pp. 142–154). London, UK: Routledge.

Killeen, J. (1996a). The social context of guidance. In A. G. Watts, B. Law, J. Killeen, J. M. Kidd, & R. Hawthorn (Eds.), *Rethinking careers education and guidance: Theory, policy and practice* (pp. 3–22). London, UK: Routledge.

Killeen, J. (1996b). The learning and economic outcomes of guidance. In A. G. Watts, B. Law, J. Killeen, J. M. Kidd, & R. Hawthorn (Eds.), *Rethinking careers education and guidance: Theory, policy and practice* (pp. 72–91). London, UK: Routledge.

Killeen, J., & Kidd, J. M. (1996). The careers service. In A. G. Watts, B. Law, J. Killeen, J. M. Kidd, & R. Hawthorn (Eds.), *Rethinking careers education and guidance: Theory, policy and practice* (pp. 155–172). London, UK: Routledge.

Kjargard, R. (2020). Career guidance and the production of subjectivity. In E. H. Haug, T. Hooley, J. Kettunen, & R. Thomsen (Eds.), *Career and career guidance in the Nordic countries*. Leiden, The Netherlands: Koninklijke Brill NV.

Krumboltz, J. D. (2009). The happenstance learning theory. *Journal of Career Assessment,* *17,* 135–154. DOI:10.1177/1069072708328861

Lao Tzu. (1963). *Tao te ching* (D. C. Lau, Trans.). London, UK: Penguin.

18 Law, B. (1996a). A career-learning theory. In A. G. Watts, B. Law, J. Killeen, J. M. Kidd, & R. Hawthorn (Eds.), *Rethinking careers education and guidance: Theory, policy and practice* (pp. 46–71). London, UK: Routledge.

Law, B. (1996b). Careers work in schools. In A. G. Watts, B. Law, J. Killeen, J. M. Kidd, & R. Hawthorn (Eds.), *Rethinking careers education and guidance: Theory, policy and practice* (pp. 95–111). London, UK: Routledge.

Law, B. (2009). *Building on what we know: Community-interaction and its importance for contemporary careerswork.* Retrieved from http://www.hihohiho.com/memory/cafcit.pdf

Lent, R. W., & Brown, S. D. (Eds.). (2013). *Career development and counseling: Putting theory and research to work* (2nd ed.). Hoboken, NJ: John Wiley.

Leung, S. A. (2008). The big five career theories. In J. A. Athanasou & R. Van Esbroeck (Eds.), *International handbook of career guidance* (pp. 115–132). Dordrecht, The Netherlands: Springer.

London, M. (Ed.). (2011). *The Oxford handbook of lifelong learning.* Oxford, UK: Oxford University Press.

Mann, A. (1950). Frank Parsons: The professor as crusader. *The Mississippi Valley Historical Review, 37,* 471–490. https://www.jstor.org/stable/1893322

Maree, J. G. (2019). *Handbook of innovative career counselling.* Cham, Switzerland: Springer.

McCash, P. (2018). *Career development at depth: A critical evaluation of career development theory from the perspective of analytical psychology* (Doctoral dissertation). University of Essex.

Mead, G. H. (1967). *Mind, self and society from the standpoint of a social behaviorist.* Chicago, IL: University of Chicago Press. (Original work published 1934)

Miller, D. C., & Form, W. H. (1951). *Industrial sociology: An introduction to the sociology of work relations.* New York, NY: Harper.

Moore, C., Gunz, H., & Hall, D. T. (2008). Tracing the historical roots of career theory in management and organization studies. In H. Gunz & M. Peiperl (Eds.). *Handbook of career studies* (pp. 13–38). Thousand Oaks, CA: SAGE.

Neary, S., Marriott, J., & Hooley, T. (2014). *Understanding a 'career in careers': Learning from an analysis of current job and person specifications.* Derby, UK:

International Centre for Guidance Studies, University of Derby.

O'Brien, K. (2001). The legacy of Parsons: Career counsellors and vocational psychologists as agents of social change. *Career Development Quarterly, 50*, 66–76.

Ogilvie Gordon, M. M. (1908). *A handbook of employments specially prepared for the use of boys and girls on entering the trades, industries, and professions*. Aberdeen, UK: Rosemont Press.

Park, R. E. (1915). The city: Suggestions for the investigation of human behavior in the city environment. *American Journal of Sociology, 20*, 577–612.

Park, R. E., & Burgess, E. W. (1921). *Introduction to the science of sociology*. Chicago, IL: University of Chicago Press.

Parsons, F. (1909). *Choosing a vocation*. Boston, MA: Houghton Mifflin.

Patton, W., & McMahon, M. (1998). *Career development and systems theory: A new relationship*. Pacific Grove, CA: Brooks/Cole.

Peck, D. (2004). *Career services: History, policy and practice in the United Kingdom*. London, UK: Routledge Falmer.

Plato. (1974). *The republic* (D. Lee, Trans., 2nd ed.). Harmondsworth, UK: Penguin.

Porfeli, E. J. (2009). Hugo Münsterberg and the origins of vocational guidance. *Career Development Quarterly, 57*, 225–236.

Ribeiro, M. A., & Fonçatti, G. D. O. S. (2018). The gap between theory and context as a generator of social injustice: Seeking to confront social inequality in Brazil through career guidance. In T. Hooley, R. G. Sultana, & R. Thomsen (Eds.), *Career guidance for social justice: Contesting neoliberalism* (pp. 193–208). London, UK: Routledge.

Roberts, R. J. (1980). An alternative justification for careers education: A radical response to Roberts and Daws. *British Journal of Guidance and Counselling, 8*, 158–174. doi:10.1080/03069888008258185

Savickas, M. L. (1996). A framework for linking career theory and practice. In M. L. Savickas & W. B. Walsh (Eds.), *Handbook of career counseling theory and practice* (pp. 191–208). Palo Alto, CA: Davies-Black.

Savickas, M. L. (2008). Helping people choose jobs: A history of the guidance profession. In J. A. Athanasou & R. Van Esbroeck (Eds.), *International handbook of career guidance*. Dordrecht, The Netherlands: Springer.

Savickas, M. L. (2009). Introduction to the special section: Pioneers of the vocational guidance movement: A centennial celebration. *Career Development Quarterly, 57*, 194–198.

Sharma, R. N., & Sharma, R. (2004). *Guidance and counselling in India*. New Delhi,

19

India: Atlantic.

Shaw, C. R. (1931). *The natural history of a delinquent career*. Chicago, IL: University of Chicago Press.

Shaw, C. R. (1966). *The jack-roller: A delinquent boy's own story*. Chicago, IL: University of Chicago Press. (Original work published 1930)

Shaw, I. (2010). Sociology and social work: An unresolved legacy of the Chicago school. In C. Hart (Ed.), *The legacy of the Chicago school of sociology: A collection of original essays in honour of the Chicago school during the first half of the 20th century* (pp. 44–64). Poynton, UK: Midrash.

Sultana, R. (2014). Pessimism of the intellect, optimism of the will? Troubling the relationship between career guidance and social justice. *International Journal of Educational and Vocational Guidance, 14*, 5–19. doi:10.1007/s10775-013-9262-y

Sultana, R. (2017). *Career guidance and livelihood planning across the Mediterranean*. Rotterdam, The Netherlands: Sense.

Super, D. E. (1954). Career patterns as a basis for vocational counselling. *Journal of Counseling Psychology, 1*, 12–20.

Super, D. E. (1957). *The psychology of careers: An introduction to vocational development*. New York, NY: Harper.

Super, D. E. (1980). A life-span, life-space approach to career development. *Journal of Vocational Behavior, 16*, 282–298.

Warhurst, C., Mayhew, K., Finegold, D., & Buchanan, J. (Eds.). (2017). *The Oxford handbook of skills and training*. Oxford, UK: Oxford University Press.

Watanabe, A., & Herr, E. L. (1983). Guidance and counselling in Japan. *The Personnel and Guidance Journal, 61*, 462–465.

Watts, A. G. (1996a). Socio-political ideologies in guidance. In A. G. Watts, B. Law, J. Killeen, J. M. Kidd, & R. Hawthorn (Eds.), *Rethinking careers education and guidance: Theory, policy and practice* (pp. 351–365). London, UK: Routledge.

Watts, A. G. (1996b). Career guidance and public policy. In A. G. Watts, B. Law, J. Killeen, J. M. Kidd, & R. Hawthorn (Eds.), *Rethinking careers education and guidance: Theory, policy and practice* (pp. 380–391). London, UK: Routledge.

Watts, A. G. (1996c). Careers work in higher education. In A. G. Watts, B. Law, J. Killeen, J. M. Kidd, & R. Hawthorn (Eds.), *Rethinking careers education and guidance: Theory, policy and practice* (pp. 127–141). London, UK: Routledge.

Watts, A. G. (2014). The evolution of NICEC: A historical review. *Journal of the National Institute for Career Education and Counselling, 33*, 4–14.

Watts, A. G. (2015). Reshaping career development for the 21st century. In T. Hooley & L. Barham (Eds.), *Career development policy and practice* (pp. 29–42). Stafford, UK: Highflyers.

Watts, A. G., Law, B., Killeen, J., Kidd, J. M., & Hawthorn, R. (1996). *Rethinking careers education and guidance: Theory, policy and practice*. London, UK: Routledge.

Watts, A. G., Super, D. E., & Kidd, J. M. (Eds.). (1981). *Career development in Britain*. Cambridge, UK: CRAC/Hobsons.

Whiston, S. C., Mitts, N. G., & Li, Y. (2019). Evaluation of career guidance programs. In J. A. Athanasou & H. N. Perera (Eds.), *International handbook of career guidance* (pp. 815–834). Cham, Switzerland: Springer.

Wilkinson, A., Gollan, P. J., Marchington, M., & Lewin, D. (Eds.). (2010). *The Oxford handbook of participation in organisations*. Oxford, UK: Oxford University Press.

Yeoman, R., Bailey, C., Madden, A., & Thompson, M. (Eds.) (2019). *The Oxford handbook of meaningful work*. Oxford, UK: Oxford University Press.

第1章
二十一世纪体面工作的减少：对职业生涯发展的影响

艾伦·R. 古托夫斯基（Ellen R. Gutowski），戴维·L. 布鲁斯坦（David L. Blustein），莫林·E. 肯尼（Maureen E. Kenny），惠特尼·埃尔比（Whitney Erby）

23   **摘要**   本章的写作目的是：（1）概述世界各地优质工作数量下降对个人、社区和社会的不利影响；（2）以工作心理学为重点，讨论不断变化的工作世界对生涯发展的影响。本章首先总结了现有研究，并指出体面工作对福祉的必要性；其次，综述了不稳定工作的增加，这导致世界各地越来越多的工作者工作不稳定并且陷入贫困。本章讨论了不断变化的劳动力市场对社区和社会的有害影响，阐明了为什么体面工作的减少属于社会公正问题。具体而言，本章着重指出，面临社会和经济边缘化的人难以得到体面工作，无论历史还是未来都是如此。最后，工作心理学对 21 世纪职业生涯发展工作做出了极其具有启发性的理论贡献。工作心理学断言，边缘化和经济限制严重阻碍人们获得体面工作。这一理论为学者和从业者带来启发，即如何采取行动才能减轻这种导致贫困和不平等的有害社会力量。

    关键词   体面工作，不稳定的工作，工作不稳定，贫困，经济限制，边缘化，工作心理学

引言

21 世纪，工作世界经历了前所未有的变革，以多种方式对现代工作者产生了恶劣的影响。过去几年，全球劳动力的增长速度超过了就业机会的增长速度，全球失业人数预计将继续上升 [International Labour Organization (ILO)，2018]。自动化的发展加之新自由主义政策的兴起，造成了一场"完美的风暴"，这导致某些部门工作流失，使得就业形势的稳定性变得相当不确定（Blustein，2019；Hooley et al.，2018）。此外，脆弱的就业或不稳定的工作在世界各地激增，其特点是获得社会保护和持续收入的机会是有限的（ILO，2014a，2017，2018；Kalleberg et al.，2017；Standing，2014）。例如，国际劳工组织估计，约有 14 亿人（占世界人口的 42%）处于弱势就业状态，这一统计数据预计，未来几年，每年将持续增加 1700 万弱势就业人口（ILO，2018）。在本章中，我们认为这些戏剧性的转变对世界上最脆弱的弱势群体造成了严重后果，因此职业生涯发展领域需要做出相关回应。首先，我们概述了个人、社区和社会可用的优质工作减少的前因后果。其次，我们讨论了不断变化的工作世界对职业生涯发展的影响，同时重点关注丰富和促进 21 世纪职业生涯发展的观点。

24

体面工作减少的原因

体面工作的定义包括以下内容：（1）合乎需要的薪水和医疗保健条件；（2）安全可靠的工作条件；（3）拥有空闲和休息的时间；（4）组织价值观与家庭和社会价值观相辅相成（Duffy et al.，2017；ILO，2008）。此外，体面工作被确认为一项基本人权（ILO，2008；United Nations，1948），是人类福祉的关键（Blustein et al.，2019；Duffy et al.，2016）。

体面工作减少的原因十分复杂，通常来说，主要是由于自动化和机器人替代了人力工作。然而，对劳动力市场趋势的批判性观点表明，新自由主义政策削弱了工人组织（例如工会）的权力，减少了对工人的保护（Hooley，2018）。自 20 世纪 70 年代末以来，新自由主义世界领导人宣称，贸易只受市场需求的约束，不应受到国家干预，此外，任何对自由市场的威胁不仅等同于违反市场竞争，而且等同于侵犯个人自由（Harvey，2005）。这些政策鼓励了劳动力的商品化，导致社会和就业保障性的侵蚀降低（Standing，2011）。因此，工作者承受着巨大的压力，只能成为临时雇员而不是永久雇员（Standing，2011）。这些政策导致全世界许多人的稳定和体面的工作被边缘化（Harvey，2005）。

体面工作减少的后果

对个人的影响

体面工作对获得幸福有着不可或缺的作用，这在记录失业和不稳定工作对心理健康造成影响的研究中显而易见。大量文献证实了失业与许多心理健康问题相关，包括自杀行为的增加、吸毒和酗酒、冒险心理、精神疾病（如抑郁和焦虑）和较低的生活满意度（Frasquilho et al.，2015；Paul et al.，2009）。一项元分析调查选取了来自 26 个国家的样本，对其中的失业和就业成年人进行比较，结果表明，失业者中出现心理问题（抑郁、焦虑、主观幸福感降低和自尊心降低）的概率是就业者的两倍多（Paul et al.，2009）。此外，这项研究结果充分证实，失业和幸福感下降之间存在因果效应。具体来说，作者分析了 27 项纵向研究的子集，这些研究侧重于经历过大规模裁员的个人。在失业达 6 个月或更长时间后，人们遭受的痛苦会逐渐升级。

除了失业的影响之外，研究表明工作质量与心理健康之间存在联系，即不稳定就业的增加可能会造成心理伤害（Clarke et al.，2007；

Frasquilho et al., 2015；Vives et al., 2013）。一项混合方法探究对加拿大工作年龄的成年人进行了 3244 项调查，对其中一部分不稳定就业的受访者进行了 82 次访谈。调查结果显示，大多数不稳定就业的受访者表示压力很大，并表达了对未来的不确定，以及不稳定就业对他们身心健康的损害（Clarke et al., 2007）。一项国际系统综述证实了这项研究，该综述表明，在经济衰退期间，就业不稳定的个体会遭受严重的精神困扰，如抑郁和焦虑（Frasquilho et al., 2015）。此外，对不稳定性进行连续测量的研究表明，较高程度的不稳定与心理健康质量的下降有关（Vives et al., 2013）。总而言之，尽管需要对不稳定工作导致的心理问题进行更多研究，但现有的分析仍阐明了体面工作对个人幸福的重要性，以及随着体面工作的缺失而出现的严重心理问题。

对社区和社会的影响

毫无疑问，工作对于个人获得幸福十分重要，但能否获得体面工作在社会层面上也具有重大影响。现有研究表明，体面工作的机会有限，这可能会给整个社区带来困难。威尔逊（1996）对芝加哥社区的经典调查提供了一个说明性案例研究，阐释了美国的城市失去就业便利和就业稳定如何导致了社区的不稳定。国际劳工组织和经济合作与发展组织（简称经合组织，OECD）的分析与这项基于美国的研究一致，分析表明，世界上失业率较高的地区往往发生过严重的社会动乱、犯罪和冲突（ILO, 2016；OECD, 2015）。此外，全球经济发展研究证明创造工作机会和减轻贫困程度能够促进社会稳定和安全（Bhawuk et al., 2014；McWha-Hermann et al., 2016）。虽然这些分析没有建立因果模式，但这其中的关系可能十分复杂。例如，工作的缺乏导致了个人和社区的不稳定，又进一步破坏了个人和社区携手发展和增加体面工作的能力（McWha-Hermann et al., 2016）。

　　在讨论不稳定工作的增长时，重点是要承认一些工作者一直处于不稳定的状态。事实上，在世界上许多地区，妇女、有色人种、移民和其他无法获得社会和经济资本的人，都在工作世界中受过剥削，也有过缺乏安全与稳定性的经历。尽管种族主义、性别歧视和其他社会因素一直或多或少地限制着历史上处于边缘地位的群体获得机会结构，但近年来，失业、就业不足和工作不稳定的问题对于来自社会经济更高端层次的人来说也越来越普遍（Sharone，2014）。

关键是在当前不断变化的工作环境中，稳定工作消失，取而代之的要么是短期就业，要么是根本没有工作可找（Kalleberg，2009；Sharone，2014），这使人们失去对生活的控制权，不安全感增加并感到恐惧和无助（Blustein et al.，2016）。找到稳定工作的机会越来越少，与此同时，金融和社会不平等现象增加，对现存的稳定工作的竞争意识增强，群体间偏见和敌意也随之增加（Stiglitz，2015）。因此，新自由主义的工作场所可能会给那些面临仇外心理、种族主义、性别歧视或以其他形式遭到社会边缘化的工作者带来更多困难。同时，有研究表明，性骚扰现象在不稳定的工作环境中可能更加普遍（LaMontagne et al.，2009），并且我们需要对就业不稳定与职场欺凌和暴力之间的关系进行更多研究。在全球层面上，由于许多人都在寻求经济机会和社会机会，体面工作的减少导致移民激增（ILO，2017）。移民在东道国一直以来都是剥削和侵犯人权行为的受害者（ILO，2014a），而且会被误解为是造成工作稀缺、收入不平等和生活水平下降的原因（ILO，2014b）。

总而言之，体面工作的减少是一个社会公正问题：越来越多的人无法获得幸福，社会分裂随之产生（Blustein，2019）。优质就业岗位的日益匮乏对世界上最弱势的群体造成了巨大伤害。那些生活在边缘的人很少有机会获得稳定和安全保障，并且可能遭受伤害和剥削。随着工作世界的这种转变，生涯发展学者和从业者必须做出回应。然而，生涯发展理论家，特别是在 20 世纪后期，主要关注那些从某种程度上来说有生涯选择特权的个人，却忽视了那些意志有限的边缘人的生活（Blustein，

2017）。事实上，诸如唐纳德·舒伯、安妮·罗伊和约翰·霍兰德所做出的重要理论贡献，是由这个时代不断增长的、向上层社会特别是中产阶级流动的机会所塑造的（Blustein, 2017）。例如，舒伯开创性的工作通过在整个生活广度中融入多种生活角色，为生涯选择的研究提供了发展方向，扩大了对职业选择的理解。然而，正如理查德森（Richardson, 1993）所明确指出的那样，将生涯概念化并视为随着时间推移的发展过程，是固有的中产阶级偏见，这会将那些无法逐步获得职业晋升机会的人排除在外。世界各地都在积极对抗这一趋势，他们关注有色人种、妇女，以及其他经历过经济和社会边缘化之人的职业生活，这种趋势在北美尤为普遍（Betz et al., 1987；Blustein, 2006；Richardson, 1993；Roberts, 1995；Smith, 1983；Sultana, 2014）。以下小节综述了对传统生涯选择、发展理论和实践的批判，重点展示了教育社会学家以及研究种族和性别的学者的见解。随后，我们介绍了一种启发性理论范式，即工作心理学（Blustein et al., 2019；Duffy et al., 2016），我们认为，这对于在不断变化的工作环境中应对多方面挑战具有重要意义。

对传统理论的批判

早期的生涯发展服务和研究侧重于工人阶级、移民（Parsons, 1909）和毕业生（Roberts, 1968）。然而，20世纪下半叶，生涯发展领域的根源从为边缘化群体服务偏离，并稳步转向强调中产阶级的生涯选择和发展（Blustein, 2017）。具有一定意志力的人的工作生活得到高度关注，世界各地的生涯发展学术都呈现出这一特点，北美地区尤其如此。

尽管日益增长的趋势是发展理论和实践模式，以服务那些具有一定意志力的人，但世界各地仍有一些不同学科背景的学者反对这一流行话语。其中，一些重要的学术贡献突出了社会经济地位（Hodkinson et al.,

1996；Richardson，1993；Roberts，1968，1977；Willis，1977）、种族（Helms et al.，1999；Smith，1983）和性别（Betz et al.，1987）在生涯发展经历中的重要地位，并且批评了那个时代对白人中产阶级工作生活的关注。罗伯茨（Roberts，1968，1977）从社会学视角提出了机会结构理论。该理论强调，毕业生的职业前景基于社会因素，而不是个人抱负或个人选择。根据跨国研究，罗伯茨强调了个人网络、当地劳动力市场、家庭背景和社会文化资本等因素对于开放或抑制工作世界中的机遇有重要意义（有关罗伯茨作品的概述，另见 Bimrose，2019）。基于罗伯茨的命题，后来的社会学学术诠释了社会阶层如何决定人们所承担的职业角色（Willis，1977），以及社区互动在塑造工作生活中的重要性（Law，1981）。瓦茨将现有的理论发展转化为实践和政策建议，主张扩大生涯发展服务（Watts，1996），并倡导制定干预措施的重要性，这些干预用于那些有可能被社会排斥在劳动力队伍之外的年轻人（Watts，2001）。耶茨（本书第 8 章）综合分析了生涯发展理论，同时麦卡锡（本书第 9 章）描述了该领域公共政策的发展。

进一步的批评关注生涯学术对有色人种和女性关注不足的问题。例如埃尔希·史密斯（Smith，1983）和珍妮特·赫尔姆斯等人（Helms et al.，1999）在当时的生涯发展话语体系中阐明了对西方白人假设的局限性。在专门介绍女性工作生活的书中，贝茨和菲茨杰拉德（Betz & Fitzgerald，1987）以女权主义的视角对流行的理论进行了批判，肯定了工作在女性生活中的重要性。这些早期的批判为如今世界各地越来越多的努力铺平了道路，这些努力继续推动人们以批判性观点看待社会文化对生涯发展的影响（本书第 14 章；Hooley et al.，2018；本书第 12 章，第 15 章）。

对生涯发展的影响：工作心理学

理论发展和概述

传统生涯发展话语为那些在工作生活中具有一定选择权的人赋予了特权，基于对这一现象的担忧，布鲁斯坦（Blustein，2006）提出了工作心理学，旨在关注所有工作和努力争取工作的人，并以批判性的视角理解和干预人们的工作生活。工作心理学（PWT；Blustein，2006，2013）通过强调某些特征和想法，阐明了生涯发展包容性愿景的基本原理，这些特征和想法旨在满足传统生涯选择和发展理论无法满足的人民和社区的需求。

工作心理学的一个核心假设是，以最佳方式工作能够满足人类对权力和生存、社会关系和自我决定权的需求。对权力和生存的需求包括对食物、住所和安全的生理需求，以及对获得机会结构的需求。对社会关系的需求与人类对联系、归属感和社会贡献的基本需求有关。自主决定权是通过自主性、能力和相关性真正参与生活的需求。布鲁斯坦（Blustein，2006，2013）还描述了许多社区和国家中存在的严重阻碍因素，包括性别歧视、种族主义、同性恋歧视、年龄歧视和其他形式的边缘化，这都会减少获得有意义和体面工作的机会。此外，工作心理学还阐明了在个人和系统性生涯发展工作中需要考虑的一系列广泛因素。

工作心理学出现后的第一个十年，研究和实践已经产生了一些理论创新，包括工作的关系理论（Blustein，2011）和工作心理学可测试研究模型的发展（Duffy et al.，2016）。这些进步具有跨学科优势，整合了当代精神分析理论、社会学和经济学的思想。从综合角度上看，工作心理学及其分支采用了明显的系统性观点，试图在情景中构建个人行为，并清楚地阐明社会、经济、政治和历史力量如何塑造机会和行为。

29

对干预的影响

工作心理学已成为众多个人、团体和系统性干预措施的基础，满足了各种人群的需求（Blustein et al., 2015；Kenny et al., 2018）。工作心理学视角的生涯发展工作下存在一个基本组成部分，即考虑情境对当事人生活的影响。布鲁斯坦主张将解放的社群主义方法（Prilleltensky, 1997）应用于生涯发展服务（Blustein et al., 2015）。该方法强调，在理解当事人面临的阻碍时，不要过分强调个人责任，否则可能会无意中造成责备受害者现象（Blustein et al., 2015）。基于这一认识，工作心理学还倡导系统性变革，以减少经济和社会边缘化，提高个人和群体应对现有约束条件的能力。此外，工作心理学在个人生涯发展工作中促进包容性心理实践，该实践整合了生涯发展工作和心理健康干预措施。这种方法认为，许多当事人会同时遇到多个系统性阻碍，因此其旨在全面满足当事人的需求（有关案例研究，另见 Blustein et al., 2019）。

个人和团体干预

对生涯发展的社会文化性质的思考促使一些人认为心理干预具有局限性（Roberts, 1968）。然而，我们认为，缺乏系统性的变革，个人生涯发展服务的影响必然会受到限制，但生涯发展服务能够增强个人资源，这一点是有益处的。工作心理学认为，工作意志力和生涯适应力这两个心理特征对于促进获得体面工作十分重要，但可能会受到不利的宏观条件的负面影响。工作意志力是个人在受约束的条件下对决策选择的感知能力（Duffy et al., 2012）。生涯适应力是指完成任务、应对生涯规划中的挑战以及落实规划的能力（Savickas et al., 2012）。

30

个人和团体生涯发展服务以这些特征以及系统干预为重点。

工作心理学确定了其他可塑性因素，这些因素可以减轻压迫性系统障碍对获得体面工作带来的负面影响。例如，大量研究展示了社会支持对整个生活广度中积极的心理、学术和职业成果做出的贡献（Gutowski et al.，2017；Kenny et al.，2013）。社会支持对职业成果的影响一定程度上可以用社会资本的概念来解释，指的是个人的社交网络（即他们认识的人）以及从这些网络产生的为彼此做事的倾向（Putnam，2000）。社会支持可能会得到加强，例如，通过将指导纳入生涯发展服务来帮助当事人寻找有意义和体面的工作。事实上，对于生活在不同背景下的人们，关系支持是一种不可或缺的资源，可以帮助个人应对体面工作下降所带来的挑战（Kenny et al.，2018）。

批判意识提出了工作心理学模型中的另一个可塑性因素，这一因素可以通过一系列生涯发展服务（Kenny et al.，2018；Kenny et al.，2019）减少自责、增强自尊、增加能动性（Blustein et al.，2019）。批判意识是对社会不平等的批判性分析、产生社会变革的动机以及为减少这种不平等而采取的行动（Watts et al.，2011）。研究发现，边缘化青年（Diemer et al.，2006；McWhirter et al.，2016）和家庭暴力幸存者（Chronister et al.，2006）中有许多有益的职业成果，这与较高水平的批判意识正相关。例如，一项研究针对 73 名遭受家庭暴力的女性幸存者进行了实验，参与者分为两个生涯干预组。两个干预组都接受了生涯干预。然而，其中一组还接受了旨在增强批判性意识的额外干预。在测试后环节，那些接受额外批判性意识干预的人在寻找工作时表现出了更高水平的自我效能感，并且在 5 周的随访中，这些参与者在实现生涯目标方面取得了更大的进展。这项研究促使生涯发展学者主张将批判性意识增强活动整合到生涯干预和更广泛的公共政策工作中（Kenny et al.，2018）。重要的是，当所有人都审视自己在压迫中的角色，社会公正也得到推进。因此，批判意识不仅为那些社会边缘化的人带来潜在好处，还有助于提高对不公正的系统根源的认识、减少歧视、履行在占主导地位的群体中实现社会公正的承诺（Blustein et al.，2019）。

31   **系统性干预**

除了促进人们生活的改变，生涯发展的专业人士还应参与系统性研究和行动以增加体面工作、促进经济增长、使工作场所更加公正。我们认为，生涯发展领域应致力于改变更大的经济和社会结构，这决定了能否获得体面工作。在最近的一份以实践为导向的声明中，布鲁斯坦、肯尼、奥廷和达菲（Blustein et al., 2019）主张将变革范式理论作为元视角，并与工作心理学和生涯发展中的其他新视角保持一致（Hooley et al., 2018；Robertson, 2015）。变革理论基于这样一种假设：一些理论可以作为个人和系统变化的工具。

提及系统性实践，生涯发展学者和从业人员可以在当地社区和工作场所以及国家层面进行干预，倡导社会变革。这种参与可能涉及教育活动或社会和政治组织。与立法机构和媒体合作有助于将批判意识注入公共话语并实现社会变革。与国际组织的接触是另一种系统层面的变革机制。例如，国际劳工组织力求制定劳工标准，完善政策和计划以增加经济机会，以最佳方式改善体面工作的条件。体面工作标准是为工作者制定一套明确的政策指导方针的第一步。我们希望进一步完善标准，促进工作者的福祉和获得更多的劳动成果（Blustein et al., 2016）。从政策研究的角度来看，在工作减少的背景下，学者们可能会检验提供经济和社会保障（如有保障的收入）的项目是否能带来心理和社会成本，是否能产生收益。研究还可能调查影响公众态度的方式，以更广泛地增强批判意识，在市场工作领域的机会减少时尤其如此（Blustein, 2019；Blustein et al., 2019）。

结论

在 21 世纪，获得体面工作的机会越来越少，这是一个不可否认的社会公正问题。世界上越来越多的人因为现有的优质工作减少而受到影响。近年来，社会分裂和偏见影响着世界各地的个人，使其被社会和经济边缘化，最弱势的群体从未如此脆弱。因此，生涯从业者和学者有责任服务于日益增多的生活在边缘的人。在本章中，我们从理论上概述了将系统性障碍视为理解获得体面工作的重心的观点。我们将工作心理学作为一种模型，用于在个人、团体和系统层面为一系列干预措施提供信息。我们希望以上观点有助于加强生涯发展服务，对关注那些最需要帮助的人的研究有所启发。

32

参考文献

Betz, N. E., ... Fitzgerald, L. F. (1987). *The career psychology of women*. San Diego, CA: Academic Press.

Bhawuk, D. P., Carr, S. C., Gloss, A. E., ... Thompson, L. F. (2014). Poverty reduction through positive work cycles: Exploring the role of information about work, culture and diversity, and organizational justice. In United Nations Development Programme (Ed.), *Barriers to and opportunities for poverty reduction: Prospects for private sector-led interventions* (pp. 63–94). Istanbul, Turkey: Istanbul Centre for Private Sector in Development.

Bimrose, J. (2019). Choice or constraint? Sociological career theory. In N. Arthur ... M. McMahon (Eds.), *Contemporary theories of career development: International perspectives* (pp. 186–199). New York: Routledge.

Blustein, D. L. (2006). *The psychology of working: A new perspective for counseling, career development, and public policy*. New York: Routledge.

Blustein, D. L. (2011). A relational theory of working. *Journal of Vocational Behavior, 79*, 1–17. doi:10.1016/j. jvb.2010.10.004

Blustein, D. L. (Ed.). (2013). *The Oxford handbook of the psychology of working*. Oxford: Oxford University Press.

Blustein, D. L. (2017). Integrating theory, research, and practice: Lessons learned from the evolution of vocational psychology. In J. P. Sampson, E. Bullock-Yowell, V. C. Dozier, D. S. Osborn, ... J. G. Lenz (Eds.), *Integrating theory, research, and practice in vocational psychology: Current status and future directions* (pp. 179–187). Tallahassee, FL: Florida State University. doi:10.17125/svp2016.ch19

Blustein, D. L. (2019). *The importance of work in an age of uncertainty: The eroding work experience in America.* Oxford: Oxford University Press.

Blustein, D. L., Duffy, R., Kenny, M. E., Gutowski, E., ... Diamonti, A. J. (2019). The psychology of working theory: A transformative perspective for a challenging era. In N. Arthur ... M. McMahon (Eds.), *Contemporary theories for career development: International perspectives* (pp. 173–185). London: Routledge.

Blustein, D. L., Kenny, M. E., Autin, K. L., ... Duffy, R. D. (2019). The psychology of working in practice: A theory of change for a new era. *Career Development Quarterly, 67*(3), 236–254.

Blustein, D. L., Kenny, M. E., Di Fabio, A., ... Guichard, J. (2019). Expanding the impact of the psychology of working: Engaging psychology in the struggle for human rights and decent work. *Journal of Career Assessment, 27*, 3–28. doi:10.1177/1069072718774002

Blustein, D. L., Kozan, S., Connors-Kellgren, A., ... Rand, B. (2015). Social class and career intervention. In P. J. Hartung, M. L. Savickas, ... W. B. Walsh (Eds.), *APA handbook of career intervention* (pp. 243–257). Washington, DC: American Psychological Association.

Blustein, D. L., Olle, C., Connors-Kellgren, A., ... Diamonti, A. J. (2016). Decent work: A psychological perspective. *Frontiers in Psychology, 7*, 407. doi:10.3389/fpsyg.2016.00407

Chronister, K. M., ... McWhirter, E. H. (2006). An experimental examination of two career interventions for battered women. *Journal of Counseling Psychology, 53*, 151–164. doi:10.1037/0022-0167.53.2.151

Clarke, M., Lewchuk, W., de Wolff, A., ... King, A. (2007). "This just isn't sustainable": Precarious employment, stress and workers' health. *International Journal of Law and Psychiatry, 30*, 311–326.

Diemer, M. A., ... Blustein, D. L. (2006). Critical consciousness and career development among urban youth. *Journal of Vocational Behavior, 68*, 220–232. doi:10.1016/j.jvb.2005.07.001

Duffy, R. D., Allan, B. A., England, J. W., Blustein, D. L., Autin, K. L., Douglass, R. P., ... Santos, E. J. (2017). The development and initial validation of the Decent Work Scale. *Journal of Counseling Psychology, 64*, 206–221. doi:10.1037/cou0000191

Duffy, R. D., Blustein, D. L., Diemer, M. A., ... Autin, K. L. (2016). The psychology of working theory. *Journal of Counseling Psychology, 63*, 127–148. doi:10.1037/cou0000140

Duffy, R. D., Diemer, M. A., Perry, J. C., Laurenzi, C., ... Torrey, C. L. (2012). The construction and initial validation of the Work Volition Scale. *Journal of Vocational Behavior, 80,* 400–411. doi:10.1016/j. jvb.2011.04.002

Frasquilho, D., Matos, M. G., Salonna, F., Guerreiro, D., Storti, C. C., Gaspar, T., ... Caldas-de-Almeida, J. M. (2015). Mental health outcomes in times of economic recession: A systematic literature review. *BMC Public Health, 16,* 115. doi:10.1186/s12889-016-2720-y

Gutowski, E., White, A. E., Liang, E., Diamonti, A., ... Berado, D. (2017). How stress influences purpose development: The importance of social support. *Journal of Adolescent Research, 33,* 571–597. doi:10.1177/0743558417737754

Harvey, D. (2005). *A brief history of neoliberalism.* Oxford: Oxford University Press.

Helms, J. E., ... Cook, D. A. (1999). *Using race and culture in counseling and psychotherapy: Theory and process.* Needham Heights, MA: Allyn ... Bacon.

Hodkinson, P., Sparkes, A., ... Hodkinson, H. (1996). *Triumphs and tears. Young people, markets and the transition from school to work.* London: Fulton.

Hooley, T. (2018). A war against the robots? Career guidance, automation and neoliberalism. In T. Hooley, R. G. Sultana, ... R. Thomsen (Eds.), *Career guidance for social justice: Contesting neoliberalism* (pp. 93–107). New York: Routledge.

Hooley, T., Sultana, R. G., ... Thomsen, R. (Eds.). (2018). *Career guidance for social justice: Contesting neoliberalism.* London: Routledge.

International Labour Organization. (2008). *ILO declaration on social justice for a fair globalization.* Retrieved from http://www.ilo.org/wcmsp5/groups/public/—dgreports/—cabinet/documents/genericdocument/wcms_371208.pdf

International Labour Organization. (2014a). *The future of work: Centenary initiative.* Retrieved from http://ilo.org/wcmsp5/groups/public/—dgreports/—dcomm/documents/publication/wcms_534201.pdf

International Labour Organization. (2014b). *Fair migration: Setting ILO agenda.* Retrieved from http://www.ilo.org/wcmsp5/groups/public/—ed_norm/—relconf/documents/meetingdocument/wcms_242879.pdf

International Labour Organization. (2016). *World employment social outlook: Trends 2016.* Retrieved from http://www.ilo.org/wcmsp5/groups/public/—dgreports/—dcomm/—publ/documents/publication/wcms_443480.pdf

International Labour Organization. (2017). *World employment and social outlook: Trends 2017.* Retrieved from http://www.ilo.org/wcmsp5/groups/public/—dgreports/—dcomm/—publ/documents/publication/wcms_541211.pdf

33

International Labour Organization. (2018). *World employment and social outlook: Trends 2018.* Retrieved from https://www.ilo.org/wcmsp5/groups/public/—dgreports/—dcomm/—publ/documents/publication/wcms_615594.pdf

Kalleberg, A. (2009). Precarious work, insecure workers: Employment relations in transition. *American Sociological Review, 74,* 1–22. doi:10.1177/000312240907400101

Kalleberg, A. L., ... Vallas, S. P. (2017). Probing precarious work: Theory, research, and politics. In A. L. Kalleberg ... S. P. Vallas (Eds.), *Precarious work* (pp. 1–30). Bingley: Emerald Publishing. doi:10.1108/S0277-283320170000031017

Kenny, M. E., Blustein, D. L., Gutowski, E., ... Meerkins, T. (2018). Combatting marginalization and fostering critical consciousness for decent work. In V. Cohen-Scali, J. Pouyad, M. Podgorny, V. Dabrik-Podgorna, G. Alenson, J. L. Bernaud, ... J. Guichard (Eds.), *Interventions in career design and education: Transformation for sustainable development and decent work* (pp. 55–73). Cham, Switzerland: Springer.

Kenny, M. E., Blustein, D. L., Liang, B., Klein, T, ... Etchie, Q. (2019). Applying the psychology of working theory for transformative career education. *Journal of Career Development, 46*(6), 623–636. doi:10.1177/0894845319827655

Kenny, M. E., Blustein, D. L., ... Meerkins, T. (2018). Integrating relational perspectives in counseling. *Career Development Quarterly, 66,* 135–138. doi:10.1002/cdq.12128

Kenny, M. E., ... Medvide, M. B. (2013). Relational influences on career development. In R. Lent ... S. Brown (Eds.), *Career development and counseling: Putting theory and research to work* (pp. 329–356). Hoboken, NJ: Wiley.

LaMontagne, A. D., Smith, P. M., Louie, A. M., Quinlan, M., Shoveller, J., ... Ostry, A. S. (2009). Unwanted sexual advances at work: Variations by employment arrangement in a sample of working Australians. *Australian and New Zealand Journal of Public Health, 33,* 173–179. doi:10.1111/j.1753–6405.2009.00366.x

Law, B. (1981). Community interaction: A "mid-range" focus for theories of career development in young adults. *British Journal of Guidance and Counselling, 9,* 142–158. doi:10.1080/03069888108258210

McWha-Hermann, I., Maynard, D. C., ... O'Neill Berry, M. (Eds.). (2016). *Humanitarian work psychology and the global development agenda: Case studies and interventions.* New York: Routledge.

McWhirter, E. H., ... McWhirter, B. T. (2016). Critical consciousness and vocational development among Latina/o high school youth: Initial development and testing of a measure. *Journal of Career Assessment, 24,* 543–558.

doi:10.1177/1069072715599535

Organisation for Economic Co-operation and Development. (2015). *Securing livelihoods* 34
for all: Foresight for action. Paris: Author.

Parsons, F. (1909). *Choosing a vocation*. Boston: Houghton Mifflin.

Paul, K. I., ... Moser, K. (2009). Unemployment impairs mental health: Meta-analyses. *Journal of Vocational Behavior, 74*, 264–282. doi:10.1016/j.jvb.2009.01.001

Prilleltensky, I. (1997). Values, assumptions, and practices: Assessing the moral implications of psychological discourse and action. *American Psychologist, 52*, 517–535. doi:10.1037/0003-066X.52.5.517

Putnam, R. D. (2000). *Bowling alone: America's declining social capital*. New York: Palgrave Macmillan.

Richardson, M. S. (1993). Work in people's lives: A location for counseling psychologists. *Journal of Counseling Psychology, 40*, 425–433. doi:10.1037/0022-0167.40.4.425

Roberts, K. (1968). The entry into employment: An approach towards a general theory. *Sociological Review, 16*, 165–184. doi:10.1111/j.1467-954X.1968.tb02570.x

Roberts, K. (1977). The social conditions, consequences and limitations of career guidance. *British Journal of Guidance and Counselling, 5*, 1–9. doi:10.1080/03069887708258093

Roberts, K. (1995). *Youth employment in modern Britain*. Oxford: Oxford University Press.

Robertson, P. J. (2015). Toward a capability approach to careers: Applying Amartya Sen's thinking to career guidance and development. *International Journal of Educational and Vocational Guidance, 15*, 75–88. doi:10.1007/s10775-014-9280-4

Savickas, M. L., ... Porfeli, E. J. (2012). Career Adapt-Abilities Scale: Construction, reliability, and measurement equivalence across 13 countries. *Journal of Vocational Behavior, 80*, 661–673. doi:10.1016/j.jvb.2012.01.011

Sharone, O. (2014). *Flawed system, flawed self: Job searching and unemployment experiences*. Chicago: University of Chicago Press.

Smith, E. J. (1983). Issues in racial minorities' career behavior. In W. B. Walsh ... S. H. Osipow (Eds.), *Handbook of vocational psychology* (pp. 161–222). Hillsdale, NJ: Erlbaum.

Standing, G. (2011). *The precariat: The dangerous new class*. London: Bloomsbury Academic.

Standing, G. (2014). *A precariat charter: From denizens to citizens*. London: Bloomsbury Academic.

Stiglitz, J. (2015). *The great divide: Unequal societies and what we can do about them*. New York: Norton.

Sultana, R. G. (2014). Career guidance for social justice in neoliberal times. In G. Arulmani, A. J. Bakshi, F. T. L. Leong, ... A. G. Watts (Eds.), *Handbook of career development: International perspectives* (pp. 317–333). New York. Springer.

United Nations. (1948). *Universal declaration of human rights*. Retrieved from http://www.ohchr.org/EN/UDHR/Documents/UDHR_Translations/eng.pdf

Vives, A., Amable, M., Ferrer, M., Moncada, S., Llorens, C., Muntaner, C., ... Benach, J. (2013). Employment precariousness and poor mental health: Evidence from Spain on a new social determinant of health. *Journal of Environmental and Public Health, 2013*, 1–10. doi:10.1155/2013/978656

Watts, A. G. (1996). Toward a policy for lifelong career development: A transatlantic perspective. *Career Development Quarterly, 45*, 41–53. doi:10.1002/j.2161–0045.1996.tb00460.x

Watts, A. G. (2001). Career guidance and social exclusion: A cautionary tale. *British Journal of Guidance and Counselling, 29*, 157–176. doi:10.1080/03069880020047111

Watts, R. J., Diemer, M. A., ... Voight, A. M. (2011). Critical consciousness: Current status and future directions. *New Directions for Child and Adolescent Development, 134*, 43–57. doi:10.1002/cd.310

Willis, P. (1977). *Learning to labour: How working class kids get working class jobs*. London: Routledge.

Wilson, W. J. (1996). *When work disappears: The world of the new urban poor*. New York: Knopf.

第 2 章
生涯发展方案的经济成果

克里斯蒂安·珀西（Christian Percy），凡妮莎·多德（Vanessa Dodd）

摘要 本章阐述了生涯发展工作经济成果的概念模型，该模型从个人、组织/雇主和国家三个不同经济层面出发，重点关注对利益相关者最重要的财务指标。文献中的实证案例表明，财务影响在每个层面都有所体现。同时，本章还讨论了模型和证据基础的局限性，对公共政策中狭隘地注重经济效益的做法进行了批判性审查，揭示了生涯发展经济学理论基础的局限性。

关键词 生涯发展，财务指标，经济成果，公共政策，公共服务，投资回报率，成本效益分析

引言

政策制定者和分析人士预计，生涯发展服务能够体现价值，以便和其他公共服务争夺投资，在以下三种情况下尤其如此：（1）预算面临压力；（2）公共问责制度推动了支出和结果的透明化；（3）受过良好教育的、具有判断力的选民对证据有更高期望。本章重点关注作为价值类型之一的经济效益，其可能伴随资金充足的生涯发展系统而产生。

本章所提到的生涯发展是指管理学习、工作、休闲和过渡以有效参

与工作和社会活动的终身过程（Career Development Institute, n.d.）。本章从广义视角探讨生涯发展，将相关的生涯发展活动纳入整个教育和生活过程，包括基础教育阶段、高等教育阶段及成年期。

此前的学者试图为生涯发展方案建立理论和实证经济案例。基利恩、怀特和瓦茨（Killeen et al., 1992）的开创性工作详细介绍了学习成果和经济成果，在随后的几十年中，瓦茨（Watts, 1999），梅斯顿（Mayston, 2002），休斯（Hughes, 2004），胡利和多德（Hooley & Dodd, 2015），以及休斯、曼恩、巴尔内斯、巴尔德奥夫和麦基翁（Hughes et al., 2016）等人对其进行了发展。尽管如此，关键问题仍然是生涯发展的经济价值。从生涯发展对财务指标的影响这一角度来看，它是否有效？仅凭这些影响就足以让生涯发展工作变得有价值吗？

关于生涯发展的理论研究在不同层面（例如个人层面、雇主层面和国家层面）都得出了各种结果。相比之下，大多数实证研究集中在个人层面，衡量短期和中期针对特定干预取得的学习成果。这些结果通常衡量的是意识、知识、态度或行为的变化，而不是长期结果，比如对社会和经济的经济效益，尽管近年来后者的证据体系有所发展。

大到各国政府，小到国际援助捐助者和慈善资助者，都越来越关注财务指标，如就业结果、工资、生产率和税收收入。这种关注在很大程度上是由对成本效益分析的重视所驱动的，这些分析自 20 世纪 80 年代以来在新的公共管理运动中越来越流行（例如：Andrews & Van de Walle, 2013）。鉴于证据基础的局限性，这一关注重点对生涯发展方案提出了挑战，这也促使我们撰写本章。

本章首先阐述了一个经济成果的概念模型，这一模型以不同的财务指标为核心，这些指标对三个不同经济层面的利益相关者来说最为显著：个人、组织／雇主和国家。每个层面都引用了实证示例，以证实对这些指标的影响具有可识别性，并列出与之相关的限制。最后，本章对狭隘地关注经济成果的局限性进行了批判性审查，以表明生涯发展准备的经济学理论基础的局限性。

经济成果的概念模型

生涯发展可以带来三个层面的经济成果：个人层面，组织/雇主层面和国家层面。为了反映政策制定者和资助者通常采取的方法，图 2.1 中的模型基于财务指标，而不是更广泛的经济效益概念化方法。这类方法强调成本效益分析（CBA）和投资回报率（ROI）需求，会根据其主要受众，将某一层面的影响置于其他层面之上。

该模型（图 2.1）由多种分类改编而成，融合了生涯发展的教育、社会和经济成果（Hooley & Dodd, 2015；Hughes et al., 2016；Mayston, 2002；Watts, 1999），并提取了与各经济层面相关的关键财务指标。

个人层面
非经济活动减少
工资增长
雇主层面
生产力提高
员工流动率减少
国家层面
劳动力市场参与度提高
失业率降低
技能短缺减少
国内生产总值增加

37

图2.1　跟踪生涯发展经济效益的财务指标

在其他模型中，生涯发展活动明确地促成了干预结果，与之不同的是，本模型基于财务指标，通常横跨经济的不同层次。例如，学校生涯发展方案（参见本书第 4 章，第 18 章）的成果是长期性的，这些方案通过各种方式改善个人就业，包括（但不限于）：

- 帮助学生选择最适合他们并能应对经济需求的课程和途径；
- 帮助学生了解在教育上花费的时间对于他们未来的意义，提升他们的积极性、持久力和成就；
- 直接培养生涯管理技能，如职场礼仪、求职、面试、简历 / 申请书撰写；
- 与工作场所建立直接联系。

有了方案产出和生涯发展干预的短期、中期和长期成果，从理论上讲，个人或许更能找到较为合适的工作、将更多的精力投入工作，并可能因此提高成果产出。反过来，这种生产力有利于国家经济规模的扩大。那么，如何利用这种经济增长就是一项政治决策，例如，调整税收和公共服务资金、削减赤字或消费支出。

尽管从逻辑上看，生涯发展干预措施的影响贯穿了整个生命历程和经济的不同层面，但实证研究通常仅从图 2.1 中经济的三个层面之一量化财务影响。例如，一些研究表明，生涯发展方案提高了个人工资，但对国家经济增长却并无益处。因此，这个三层模型有助于对在不同实证研究中检验的财务指标进行分类，并交付组织、活动人士或政策团队确定与其受众相关性最强的研究。

38

个人层面的经济成果

经济不活跃度的降低和工资增长被认定为个人层面经济结果的主要财务指标，这两者可通过不同的方式进行测量和操作。例如，经济不活跃度的降低通常可以以失业到就业的转变（即积极求职）来衡量，也可以根据劳动力市场的参与（即从不积极地求职到求职）或诸如工作时间增加等的活动量的增长（例如，从兼职工作到全职工作）来衡量，这些活动量增长要么会扩展现有活动，要么会增加新活动。工资和活动的增长通常被视为持续性的变化和直接影响——例如，在初始变更后的 6 周或 6 个月内工资是否保持在较高水平，或个人是否依旧在职。

本节重点介绍丹麦和英国的三项研究以及三项国际文献综述和元分析。这些案例研究、综述和元分析提供的实例表明，对于成人和学龄期儿童的干预措施能够使个人层面获得经济效益。

经济不活跃度降低

有证据表明，生涯发展减少了成年人口的非经济活动，也使年轻人从学校到工作的过渡更加顺利。格拉弗松和万·欧维斯（Graverson & van Ours, 2008）发现，丹麦强制性生涯发展方案在改善成年人口的就业结果方面具有积极作用。该方案以实验设计引入，一半失业工人被随机分配到方案组（即试验组），而另一半工人不接受干预（即对照组）。对照组失业持续时间的中位数为 14 周，而试验组为 11.5 周。

实证表明，英国的生涯发展方案对就业结果有所改善。英国的"青年新政"方案针对 18—24 岁失业并领取失业福利至少 6 个月的个人（Blundell et al., 2004）。该方案生成了一个大型数据集，用于控制各种因素。分析发现，该方案大大增加了从失业向就业过渡的人口比例，增长了约 5 个百分点。

对于学龄干预，休斯等人（Hughes et al., 2016）的文献综述提及 27 项研究，其中 19 项与美国有关，6 项与英国有关，1 项与加拿大有关，1 项与芬兰有关，1 项与荷兰有关，有 1 项研究同时涉及美国和英国。这些研究涵盖了一系列生涯发展活动，包括与工作相关的学习、工作经验、指导、工作见习、企业活动和生涯准备。三分之二的研究呈现出积极的结果，三分之一的研究结果好坏参半。在英国，更深层次的研究已经证实：在个人层面，生涯发展对年轻人有可量化的好处。例如，有雇主参与的学龄生涯发展干预项目有助于减少未接受教育和培训，或未就业的学生数量（Mann et al., 2017；Percy & Mann, 2014）。

39

元分析证实了生涯发展可以减少经济不活跃的论点。一项元分析评估了 47 项干预措施，发现生涯发展在支持就业结果方面的功效具有数据支持。刘、黄和王（Liu et al., 2014）的研究发现，在技能发展和动机增强活动都构成干预的一部分时，干预措施在提供就业成果方面会卓有成效。不同类型的活动也可以相互增强以促进就业结果（Blundell et al., 2004）。

工资增长

研究调查了学校提供的生涯发展方案与未来生活中的薪资水平之间的关系。英国队列研究（British Cohort Study）是一个多主题的纵向数据集，对 14—16 岁青少年的生涯发展活动进行了多角度测量，包括学校安排的生涯课程、以非正式的形式与学校工作人员进行关于生涯的私人交流、讨论生涯的会议或其他课程，以及与外部演讲者的生涯谈话。珀西和卡舍夫帕克德尔（Percy & Kashefpakdel, 2018）发现，在控制学术成就、社会经济背景、人口特征和家庭学习环境的情况下，对于 26 岁的全职员工而言，与外部人员进行关于生涯的谈话与工资水平的关系尤其密切，而对于 14—15 岁的青年来说，平均每 10 个此类谈话仅能实现 8% 的工资提升。

个人层面经济成果证据的局限性

一些研究运用可靠的方法，揭示了个人层面经济成果与生涯发展之间的关系。这些研究通常侧重于大型方案，如政府资助的失业转工计划或普通的学校层面的活动，包括使用大规模纵向数据集（Percy & Kashefpakdel, 2018）、试验组和对照组（Graverson & van Ours, 2008）以及元分析（Liu et al., 2014）。这些方法尚未应用于其他类型的活动，如生涯辅导、求职援助、建立工作关系网和团体住宿活动。这种服务通常由私营部门参与者提供，缺乏有力和独立的长期实证评价，倾向于依赖逸事案例研究、方案内部反馈和用户满意度指标。

在分析关于学校向工作过渡的文献时，一个关键的挑战是需要对可 40 能影响年轻人生涯旅程的诸多因素进行调整。这些因素的范围广泛，且某些因素难以衡量和跟踪，是分析困难的来源之一。这些因素包括社会经济背景、人口统计特征、地区、部门选择、生活方式偏好和人力资本（Judge & Cable，2004）。

个人动机是了解干预效果的一个重要分析因素，它会表现为对自愿生涯发展计划的自我选择偏差，或表现为热情地参与必修计划之外的、未被追踪的活动。未来任何积极的工资结果或参与指导都可能由个人的积极心态或自我效能感所驱动，而非指导本身。学业成绩或出勤率等因素有助于控制学龄参与者的广泛动机水平，但可能仍然存在其他心态偏见和自我选择偏差。然而，个人的心态和动机并非是一成不变的，而是生涯教育和指导试图积极地影响和塑造的东西。因此，在某些情况下，试图将自主性作为控制变量或许并不合适（Kashefpakdel & Percy，2017）。

雇主层面的经济成果

本节提出了两个论点，即雇主应了解生涯发展方案可以提高生产力，减少员工流动率，并带来经济利益。无论这些方案是由雇主推动的，还是在其预算外进行，都可能产生这些好处。尽管有证据表明员工能够从其中获益——例如工作满意度、幸福感和工作绩效的提高——但直接财务证据基础在这一领域尤其薄弱（Kieffer et al.，2004；Pseekos et al.，2011）。雇主层面的研究通常更关注员工敬业度和留存率等指标。在本节中，我们不讨论为他人提供或支持生涯发展方案的人员获得的福利，只讨论直接受益于该方案的人员获得的好处。例如，有一份文献是关于员工可能从志愿服务中获得的益处，比方说，如果他们在学校的生涯发展方案中担任导师或志愿者，收益会如何通过增加技能和降低培训成本等方式流向其雇主（Wilson & Hicks，2010）。

生产力提高

原则上，当个人生产力提高时，个人和雇主都能从中受益。个人的工资能够提高，雇主在资源使用和/或盈利上会更加高效，这些利益的相对分配通常取决于他们各自的谈判立场和更广泛的社会和法律背景。个人工资福利的提升在个人层面的经济成果方面有着直接体现，但微观经济模型认为，雇主只有在个人效率更高（或至少被认为效率更高）的情况下才会支付更多工资，这取决于他们的相对谈判立场（Meager & Speckesser, 2011）。更普遍的情况是，雇主——无论是公立、私营还是第三方，都可以在运作良好的劳动力市场中受益，在这个市场中，个人了解可得的机会、所需的技能以及他们自己是否与之适配。

在国际上，工作场所的生涯发展（有时称为"人才管理"）可以通过一系列机制提高工作场所的生产力，包括提高员工敬业度和提供专门的培训计划以加速人才培养（Bhatnagar, 2008；Kehinde, 2012；Michaels et al., 2001）。

员工流动率减少

虽然缺乏实证证据表明生涯发展会降低员工流动率，但一些研究已经探讨了这种可能性，即更好的内部生涯管理有助于留住员工（Bhatnagar, 2007），并且能有效促成工作匹配和生产力的提高（Schofield, 2018）。

雇主层面经济成果证据的局限性

目前的信息依赖于个人层面的证据推断及人才管理文献中的间接参考，而后者基本是关于了解生涯发展如何促进公司员工流动率的减少。因此，有必要改进基于雇主层面经济效益的证据基础。

从个人层面的经济效益推断存在一个重要限制，即这些效益可能会为个人"传递信号"或带来"职位"上的好处，但却很难从中推断雇主层面和国家层面的经济效益——如果这种效益真的存在。例如，生涯指导可能使一个人做出更好的生涯选择并实现就业，而失业则极有可能被视为反事实结果（例如通过倾向性样本匹配法证明）[①]。然而，如果我们认为经济中的就业存量在短期内是固定的，那么这种收益就是以其他人的损失为代价的。某个人获得了工作可能是由于其具备更好的生涯管理技能（如简历写作和面试技巧），而不是工作效率更高。同样，如果在个人层面上实现了工资提升，就有必要证明这是出于绩效或生产率因素（而不是信号或谈判等因素），以便更好地实现宏观经济效益。这是一个信号机制应用的消极例子，通过信号帮助雇主更容易识别最佳候选人所带来的任何益处都可以忽略不计（对于经典阐述，另见 Spence, 1973）。尽管个人、组织/雇主、行业和国家层面能够获得各种技术的支持，但衡量生产力的挑战仍较为复杂（Atkin et al., 2019；Organisation for Economic Co-operation and Development, 2001）。

42

英国有证据表明，在这一问题得到部分缓解的同时，部门层面的组织看到了学龄生涯活动产生真正经济层面效益的潜在机会。行业层面的生涯指导包括食品批发协会（Institute of Grocery Distribution, 2017）为食品和杂货行业带来好处，以及建筑业培训委员会（Construction Industry Training Board, 2017）使建筑业从中受益。同样，英国医疗教育委员会与"励志为未来"（Inspiring the Future）合作，让英国国家医疗服务体系（National Health Service）的志愿演讲者到学校开展生涯活动。这些组织作为学龄期推动生涯指导影响的载体，主要侧重于增强意

---

① 研究"生涯指导"对"生涯选择"和"就业"的作用时，可能只得到接受生涯指导并就业的样本群体，无法知道他们接受生涯指导但失业的情况（即反事实）。同时，就业还受到其他干扰因素（如家庭背景、教育背景）的影响。为了明确接受生涯指导但失业的情况，进行反事实推断，校正干扰因素的影响，所以使用倾向性样本匹配法，即找到与样本群体类似（干扰因素水平相近）、接受生涯指导但失业的样本进行匹配，然后进行研究。——译者注

识、扩大参与、缩小技能差距和技能不匹配程度。

国家层面的经济成果

与雇主层面一样，在某种程度上可以认为，国家层面的经济成果是从个人层面的经济成果中得出的。有证据表明，这些理论依据对国际机构、国际发展筹资和英国政府的政策产生了影响。除这些例子外，还有美国政府从失业预算中节省资金的定量案例研究。

劳动力市场参与度提高

欧盟的国际机构（Cedefop, 2014）和国际劳工组织（Hansen, 2006）提出了国家层面成果的宏观经济论据。欧洲职业培训发展中心（Cedefop, 2014）认为，终身指导以灵活和个性化的指导帮助个人实现其愿望，并通过知识传播支持个人、组织和政府的经济和社会目标，这反过来又有助于增强组织和经济体的适应力。欧洲职业培训发展中心特别强调了提供指导有可能可以减少15—34岁人群失业率，支持面临不稳定工作环境的中年人的职业过渡和职业满意度，并通过确保在职人员更好地利用其关键技能来提高经济生产力。

失业率降低

盖茨比慈善基金会（Gatsby Charitable Foundation, 2014）为英国投资生涯发展提出了一个经济方案。基金会认为，良好的生涯指导基准制度将提高国民受教育程度，减少教育制度和劳动力市场的脱节，这将转化为税收收入的增加和其他国家层面的经济成果。普华永道（Pricewaterhouse Coopers, 2014）进行了一项假设驱动的盈亏平衡分析，结论显示，如果每1000人中只增加1名学生获得本科学位，或者每1000名学生中仅增加3或4名学生不会成为啃老族，那么为每名学生提供250美元的校本生涯干预就可以抵消政府的成本。2017年12月，英国政府推进了这一举措，并为英国制定了一项新的生涯战略，该战略整合了盖茨比慈善基金会建议的基准系统，并与包括政府工业战略在内的更广泛的经济战略相结合（Department for Education, 2017）。

失业救济金计划中的无偿生涯发展支持有利于福利申领者更快地重返工作岗位，为政府省钱。美国对内华达州再就业和资格评估（REA）计划进行了评估（Michaelides et al., 2012），该评估使用随机分配方法得出，REA 实验组申领者比同龄人少领取 3.1 周的福利，总福利金额低于 900 美元。这一项目为该州节省了四倍的交付成本。2018 年 2 月，美国国会通过了一项预算法案，旨在拨款促进该项目永久化，并在接下来的 6 年内将其资金增加到 30 亿美元以上。

必须强调的是，这种好处不一定是生涯发展方案自发产生的结果，而且并非在所有情况下都能实现。例如，还存在着具有类似抱负的项目，例如英国国家职业服务局会向成年求职者提供相对宽松的服务，该项目的非实验性评估就未能产生类似的好处。然而，作者强调了在没有实验或基于随机分配设计的情况下，使用统计方法来构建适当的反事实组存在重大计量经济学挑战，限制了可以从分析中得出的结论（Lane et al., 2017）。

减少技能短缺

国际劳工组织的手册（Hansen, 2006）侧重于低收入和中等收入国家，这些国家在劳动力市场成果（包括减少劳动力供求不匹配）以及社会公平和包容方面具有改善潜质。一些国际发展机构将生涯发展倡议作为低收入国家宏观经济发展广义战略的一部分，并且予以资助，通常涉及进行技术、职业教育和指导的部门。例如，德国国际合作机构（GIZ）资助了印度尼西亚的学校到工作的过渡计划，这些计划涉及劳动力市场信息、生涯咨询和指导服务，以及当地产业和教育机构之间的合作（GIZ, 2013）。德国、瑞士和澳大利亚政府资助了蒙古矿产资源部门的

44

一项合作职业培训方案，该项目包括通过能力提升和在学校设置发展顾问，来提高职业教育和生涯指导人员的资质（GIZ, 2014）。

国内生产总值增加

2002 年英国国内生产总值（GDP）的年化总额约为 18 亿美元，休斯（Hughes, 2004）据此推断，通过改善就业匹配将生产率提高一个百分点，就可以使英国的产量增高至 1860 亿美元。一系列逻辑模型引起人们的重视，据此可以预期生涯发展方案会产生一定程度的影响，包括减少劳动力市场摩擦、更好地开发员工个人潜力，以及在行业颠覆持续并可能加速的情况下，更好地管理工作和部门之间的过渡带来的好处。虽然这一层面的影响难以直接估计，但有人认为，从经济层面的绝对价值来看，就算是微小的影响——如 1%——最终也可能累积成显著的影响。

国家层面证据基础的局限性

国家层面的实证工作使用经济假设模型和准实验设计进行验证，以证实国家层面的生涯发展效益。这些发现已被用作证据，为英国的政策决策提供信息，并增加对美国各州的投资。然而，国家层面的分析依赖于从个人层面的经济效益进行推断，这与雇主层面的分析面临的问题类似。

国家层面最确定无疑的影响表现在失业救济金的节省。然而，研究通常侧重于短期经济影响（例如获得工作和 6 个月留任），而不是与事实稍有偏差的情况（持续失业）。与此同时，盈亏平衡分析有助于正确看待干预措施，但它们只提供跨情景分析的证据，并不适用于特定情景。能够直接证明国家层面经济效益的强有力的实验证据基础仍较为缺乏，这依旧是文献中的一个缺口。

我们虽然乐意接受更严格的评价，但这些评价不太可能完全解决不确定性的问题。相反，与大多数宏观经济政策杠杆一样，信心的增加是通过理论支撑和多种类型的研究建立的，每一种研究都支持了理论的各个方面，而不是通过单一的"非证即废"的实验。事实上，一些利益相关方可能更相信生涯发展计划的经济效益，因为这些研究侧重于以连贯理论为支撑的临时措施（如改变态度、改变行为或获得任职资格），而不是寻求直接衡量国家经济指标。

经济学原理的局限性

45

本节阐述了财务指标驱动方法审视生涯发展方案的三个主要局限性：（1）在投资回报率驱动的公共投资决策的新公共管理方法中，强调短期结果和管理主义的普遍性；（2）把职业满意度和成功的观点简单化；（3）对财务效益的关注存在风险，即将这些好处视为固定不变的决定性系统的一部分，而不是对劳动力市场中的集体社会模式判断和主体间权力结构的反映。

新公共管理（Vigoda, 2003）是一套广义的公共服务方法，通常基于将其重新定义为一项根本上可衡量的工作，利用关键绩效指标和定期跟踪，超越机构之间的联系或其嵌入的社会背景，优先考虑机构和个人层面的问责制，以推动系统变革。这种公共服务方法受到各种批评（另见 Dent et al., 2004，主要研究英国；另见 Paddison & Walmsley, 2018，主要研究纽约）。在生涯发展方案中存在着这样一种风险，即新的公共管理鼓励把重点放在短期的、可衡量的产出（例如制作简历或参加面试的次数）和成果（例如持续6周的就业）上，而不是长期或难以衡量的结果，例如生涯满意度、生活平衡或个人角度的成就感，或经济角度的生产率、创新和可持续性。这种方法在资助和促进优化方案时自然会带有风险，因为这些方案旨在实现速赢，而不是解决具有挑战性的潜在问题，如刻板印象、糟糕的选择，或使人们能够更加努力地改变他们的选择，倾向或尝试更不寻常的职业。

投资回报率分析将财务效益置于其他效益之上（另见本书第 7 章）。国内生产总值作为衡量人类福祉的指标存在局限性，这已经得到充分证实，尽管事实证明，要相应地改变政策重点非常困难（Dynan & Sheiner, 2018）。例如，关于生涯选择的行为经济学和社会学衍生的讨论表明，工作满意度、幸福感和社会价值远比就业状况或工资水平重要（Blustein, 2019；另见本书第 1 章）。财务指标可能会迫使生涯发展专业人士优先考虑当事人工作方面的因素，例如工作、工作与生活平衡、工作场所安全性、创造力、能力提升、提高掌握力和获得个人自主权的机会、工作关系和与同龄人的关系、地理位置和公司类型——这些在个人层面上也非常重要。那些选择在第三部门或公共部门工作的人，由于受到鼓舞人心的经历和体贴的咨询人员的影响，可能会放弃高工资，选择收入稍低但却能反映较好生涯指导的工作，而纯粹的经济学分析得出的结论可能是，这种生涯指导是有害的，或者至少是次优的。

46　　财务成果的可衡量性十分便利，经济成果成了衡量成功的固定标准，这带来了进一步的风险。在实践中，工资的数字呈现不但为政府短期投资回报决策提供了可理解的指标，而且反映了谈判立场和社会权力结构（另见本书第 3 章）。根据最终与劳动力市场结构有关的经济观点来衡量干预的成功，能够反映社会如何重视和组织不同的职业和生涯道路，因为生涯发展的倾向性使一个人成为他愿意成为的最好的自己，这既在其能够控制或影响的选择范围内，也在不可控的约束范围内。这种限制很难解决，即使在概念上也是如此。例如，考虑更广泛的成果（如工作满意度）不仅在心理上复杂多变，而且最终也受到个人自身评估其成功的能力的限制，因为自我认识受限且缺乏反事实思维——我们看不到另一个宇宙，对于未走的道路，我们看不到结果。

结论

本章提出了一个模型，聚焦于代表经济三个层次（个人、雇主和国家）的经济成果的不同财务指标，从不同层面出发提供了实证证据及其局限性的示例，并对经济学原理概念的局限性进行了广泛的总结。尽管存在局限性，但总体上来说，学术文献清晰地描述了至少一些生涯发展方案可以产生可衡量的经济效益。不同经济层面的证据质量各不相同，最有力的证据是成年人从失业过渡到工作，学生从学校过渡到工作。尽管证据基础有限，而且依赖从个人层面的经济效益进行推断，但是关于生涯发展方案的宏观经济效益的论点仍然具有一定的影响力，尤其是对国际组织产生了影响。然而，这种推断过程中的不确定性，特别是在失业救助之外的不确定性，可能会限制政府在这一领域进行大量投资的意愿。

参考文献

Andrews, R., & Van de Walle, S. (2013). New public management and citizens' perceptions of local service efficiency, responsiveness, equity and effectiveness. *Public Management Review*, *15*, 762–783. doi:10.1080/14719037.2012.725757

Atkin, D., Amit, K., & Osman, A. (2019). Measuring productivity: Lessons from tailored surveys and productivity benchmarking, *AEA Papers and Proceedings*, *109*, 444–449. doi:10.1257/pandp.20191005

Bhatnagar, J. (2007). Talent management strategy of employee engagement in Indian ITES employees: Key to retention. *Employee Relations*, *29*, 640–663. doi:10.1108/01425450710826122

Bhatnagar, J. (2008). Managing capabilities for talent engagement and pipeline development. *Industrial and Commercial Training*, *40*, 19–28. doi:10.1108/00197850810841602

Blundell, R., Dias, M. C., Meghir, C., & Reenen, J. (2004). Evaluating the employment impact of a mandatory job search program. *Journal of the European Economic*

47

Association, 2, 569–606. doi:10.1162/1542476041423368

Blustein, D. L. (2019). *The importance of work in an age of uncertainty*. Oxford: Oxford University Press. Career Development Institute. (n.d.). *What is career development?* Retrieved from https://www.thecdi.net/About/CareerDevelopment

Cedefop. (2014). *Briefing note: Career guidance in unstable times: Linking economic, social and individual benefits*. Thessaloniki, Greece: European Centre for the Development of Vocational Training (Cedefop).

Construction Industry Training Board. (2017). *Changing perceptions: The growing appeal of a career in construction*. Kings Lynn, UK: Author.

Dent, M., Chandler, J., & Barry, J. (2004). *Questioning the new public management*. London: Routledge.

Department for Education. (2017). *Careers strategy: Making the most of everyone's skills and talents*. London: Author.

Dynan, K., & Sheiner, L. (2018). *GDP as a measure of economic well-being*. Washington, DC: Brookings Institute.

Gatsby Charitable Foundation. (2014). *Good career guidance*. London: Author.

German Agency for International Cooperation (GIZ). (2013). *SED-TVET programme*. Retrieved from https://www.giz.de/en/downloads/giz2013-en-tvet-indonesia.pdf

German Agency for International Cooperation (GIZ). (2014). *Cooperative vocational training in the mineral resource sector*. Retrieved from https://www.dfat.gov.au/sites/default/files/vocational-training-in-the-mineralresource-sector-in-mongolia-factsheet.pdf

Graverson, B. K., & van Ours, J. C. (2008). How to help unemployed find jobs quickly: Experimental evidence from a mandatory activation program. *Journal of Public Economics, 92*, 2020–2035. doi:10.1016/j. jpubeco.2008.04.013

Hansen, E. (2006). *Career guidance: A resource handbook for low- and middle-income countries*. Geneva: International Labour Office.

Hooley, T., & Dodd, V. (2015). *The economic benefits of career guidance*. Careers England.

Hughes, D. (2004). *Investing in career: Prosperity for citizens, windfalls for government*. Winchester, UK: The Guidance Council.

Hughes, D., Mann, A., Barnes, S.-A., Baldauf, B., & McKeown, R. (2016). *Careers education: International literature review*. London: Education Endowment Foundation.

Institute of Grocery Distribution. (2017). *Bridging the skills gap—Developing talent across the food and grocery industry*. Watford, UK: Author.

Judge, T., & Cable, D. (2004). The effect of physical height on workplace success and income: Preliminary test of a theoretical model. *Journal of Applied Psychology, 89*, 428–441. doi:10.1037/0021-9010.89.3.428

Kashefpakdel, E. T., & Percy, C. (2017). Career education that works: An economic analysis using the British Cohort Study. *Journal of Education and Work, 30*, 217–234. doi:10.1080/13639080.2016.1177636

Kehinde, J. (2012). Talent management: Effect on organizational performance. *Journal of Management Research, 4*, 178–186. doi:10.5296/jmr.v4i2.937

Kieffer, K. M., Schinka, J. A., & Curtiss, G. (2004). Person–environment congruence and personality domains in the prediction of job performance and work quality. *Journal of Counseling Psychology, 51*, 168–177. doi:10.1037/0022-0167.51.2.168

Killeen, J., White, M., & Watts, A. (1992). *The economic value of careers guidance*. London: Policy Studies Institute.

Lane, M., Conlon, G., Peycheva, V., Mantovani, I., & Chan, S. (2017). *An economic evaluation of the National Careers Service*. London: Department for Education.

Liu, S., Huang, J., & Wang, M. (2014). Effectiveness of job search interventions: A metaanalysis review. *Psychological Bulletin, 140*, 1009–1041. doi:10.1037/a0035923

Mann, A., Kashefpakdel, E. T., Rehill, J., & Huddleston, P. (2017). *Contemporary transitions: Young Britons reflect on life after secondary school and college*. London: Education and Employers.

Mayston, D. (2002). *Assessing the benefits of career guidance*. Derby, UK: Centre for Guidance Studies.

Meager, N., & Speckesser, S. (2011). *Wages, productivity and employment: A review of theory and international data*. Brighton, UK: Institute for Employment Studies.

Michaelides, M., Poe-Yamagata, E., Benus, J., & Tirumalasetti, D. (2012). *Impact of the Reemployment and Eligibility Assessment (REA) initiative in Nevada*. Columbia, MD: IMPAQ International.

Michaels, E., Handfield-Jones, H., & Axelrod, B. (2001). *The war for talent*. Boston: Harvard Business Press. Organisation for Economic Co-operation and Development. (2001). *Measuring productivity: Measurement of aggregate and industry-level productivity growth*. Paris: Author.

Michaels, E., Handfield, H. & Axelrod, B. (2001). *The war for talent*. Boston: Harvard Business Press.

Organisation for Economic Co-operation and Development. (2001). *Measuring*

48

productivity: Measurement of aggregate and industry-level productivity growth. Paris: Author.

Paddison, B., & Walmsley, A. (2018). New public management in tourism: A case study of York. *Journal of Sustainable Tourism, 26,* 910–926. doi:10.1080/09669582.2018.1 425696

Percy, C., & Kashefpakdel, E. T. (2018). Insiders or outsiders, who do you trust? Engaging employers in schoolbased career activities. In A. Mann, P. Huddleston, & E. T. Kashefpakdel (Eds.), *Essays on employer engagement in education* (pp. 201–216). New York: Routledge.

Percy, C., & Mann, A. (2014). School-mediated employer engagement and labour market outcomes for young adults: Wage premia, NEET outcomes and career confidence. In A. Mann, J. Stanley, & L. Archer (Eds.), *Understanding employer engagement in education—Theories and evidence* (pp. 205–221). Abingdon, UK: Routledge.

PricewaterhouseCoopers. (2014). *Assessing benchmarks of good practice in school career guidance.* London: Gatsby Charitable Foundation.

Pseekos, A. C., Bullock-Yowell, E., & Dahlen, E. R. (2011). Examining Holland's person–environment fit, workplace aggression, interpersonal conflict, and job satisfaction. *Journal of Employment Counseling, 48,* 63–71. doi:10.1002/j.2161-1920.2011. tb00115.x

Schofield, R. (2018, December 3). "Total talent management" could solve the productivity puzzle. *Personnel Today.* Retrieved from https://www.personneltoday.com/hr/taking-a-total-talent-management-approach-tothe-productivity-problem/

Spence, M. (1973). Job market signaling. *Quarterly Journal of Economics, 87*(3), 355–374.

Vigoda, E. (2003). New public management. In J. Rabin (Ed.), *Encyclopedia of public administration and public policy* (Vol. 2, pp. 812–816). New York: Marcel Dekker.

Watts, A. G. (1999). The economic and social benefits of guidance. *Educational and Vocational Guidance Bulletin, 63,* 12–19.

Wilson, W., & Hicks, F. (2010). *Volunteering—The Business Case.* London: The City of London.

第3章
生涯发展与人力资本理论：宣扬"教育福音"

特里斯特拉姆·胡利（Tristram Hooley）

摘要　本章分析了生涯发展、教育和人力资本理论之间的关系，提出教育不仅是理解个人如何发展自己生涯的核心，也是认识有目的的生涯发展干预如何给个人提供支持的核心。生涯发展服务在教育体系中最常见，也最易于得到。这种关系并非偶然，不仅植根于该领域的历史发展，也植根于人力资本理论对教育和生涯发展意识形态的重要性。最后本章批评了该领域的政策制定者和倡导者对人力资本理论的依赖，认为教育和生涯发展之间可以建立替代关系。

关键词　生涯发展，教育，人力资本，人力资本理论，公共政策

49

引言

本书所使用的生涯概念将工作（有偿和无偿形式）、教育和学习以及个人从事的其他形式有目的的活动（如公民参与和家庭活动）联系在一起。该概念描述了个人如何度过自己的生命历程，而且，一旦引入了"生涯发展"的概念，就表明个体至少可以对生命历程的展开产生影响。虽然这个宽泛的定义是许多生涯发展著作的基础（Super，1980；

Watts，2015a），但是在实践中，就像对生涯的普遍理解一样，通过使用与工作相关的学习、雇主参与和就业能力等概念，人们往往把重点转移到有偿工作的背景中。这种生涯观念的经济框架与人力资本理论有关，人力资本理论也从经济角度构建了教育的目的（另见本书第 2 章）。本章探讨了教育和生涯的经济框架如何塑造生涯发展干预的形式，并提出了批评意见和替代方法。

50 ## 为什么教育对生涯很重要?

参与教育，特别是能够获得公认任职资格的正规教育，已成为人们寻求个人进步的主要途径。通常被描述为关于"人力资本理论"的文献已经注意到了这一点，其中花费了大量精力记录教育、工资和更广泛的生活机会之间的关系并建立理论。贝克尔（Becker，2009，p. 15）认为，教育，即"学校教育，包括计算机培训课程……关于守时、诚实美德的讲座等"，应该被视为"资本"，相当于持有银行存款或股票和股份，因为这些都属于个人投资，为个人谋求回报。

"资本"这个术语在一系列学科中广为传播，并由布迪厄（Bourdieu，1986）和赫希（Hirschi，2012）进行了多方面的运用——在"资本"的不同理论和用途之间存在一些概念关系。然而，从认识论角度看，人力资本理论与布迪厄资本理论和赫希心理资本 / 生涯资源模型相关的理论截然不同。本章重点介绍人力资本理论，并讨论其历史、知识基础和决策者的使用。

人力资本理论的证据在多处可见。如图 3.1 所示，经济合作与发展组织（OECD）的数据显示，在大多数国家，学历高低与终身收入之间存在明显关联。

图 3.1 中将最高学历为高中的人的全国平均工资指数设为 100。该图显示了这些人与其他学历的人在收入方面的差异。除极少数国家外，

几乎所有国家的情况都简单明了：拥有资质越多的人，赚的就越多。

　　还有研究指出，在平均水平之外，这种工资福利并没有平等地分配给所有人（Oliver, 2016）。个人生涯不仅取决于人们任职资格水平的高低，还取决于任职资格的性质，以及组织如何识别和评估任职资格。这些因素也与更广泛的人口因素相互作用，这意味着，尽管较高的任职资格与收益能力正相关，但并非完全相关，也并不能为生涯发展提供特定途径。本章结尾探讨了对以下假设的部分批评：更高水平的教育等于更好的生涯，至少在工资可测量的范围内，参与教育体系与生涯成功之间的关系十分密切，这一点极具启发性。格拉布和拉泽森（Grubb & Lazerson, 2004）讽刺地将这种启发性称为"教育福音"。

　　在"教育福音"的影响下，生涯发展干预的作用是说服个人"留在学校"以获得更多的人力资本。更微妙的是，这是为了鼓励人们对他们应该选择的教育道路做出明智的选择，一方面要关注自己的能力，另一方面还要关注劳动力市场的需求。

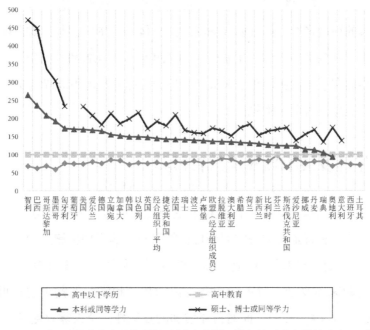

图3.1　35个国家按资格水平分列的相对收入〔数据来源于经合组织统计局（2019）〕

52　　　霍金森（Hodkinson, 2008）指出，将生涯发展视为理性"投资选择"的过程存在问题，因为生涯决策不是理性的，而是以非线性的方式展开，并受到行为、事件和环境的影响，这是个人无法控制的。但是，正如霍金森所言，许多政策和生涯发展干预措施都是为了提高个人投资选择的合理性而制定的。

　　生涯发展和教育之间的联系超出了任职资格的信息传递作用，教育也不仅仅是为了提高收入能力所做的投资。教育能够培养在职场或生活其他方面可能有用的技能和知识，建立自我意识，提供自我探索和测试个人能力的空间，还允许人们更深入地探索世界，并考虑自己在其中的位置。即使缺乏正式的生涯发展干预措施，所有教育都能提供支持和告知职业发展的可能性，在"生涯"的定义不仅仅包括有偿工作的情况下尤其如此。

　　这种思维在教育和生涯的不同概念之间转换。一方面，从技术统治论的角度来看（Sultana, 2014），教育能够提供一系列技术和行为培训，使个人适合职场，提高生产力，并最大限度地提高收入潜力。另一方面，从发展的视角来看，苏丹娜（Sultana, 2014, p. 16）认为人类的共同利益在于"在生活中确保并扩展理解自己和他人的可能性"，她还认为教育的作用在于自我实现和个人成长，这一目标的实现和维持需要将泛泛的生涯概念视为个人旅程。

生涯发展干预属于教育行动

　　学习是所有生物的基础，也是生物发现环境、适应环境并与之互动的方式。教育是为促进学习而进行的有目的的干预措施。20 世纪初，进步主义教育家约翰·杜威（John Dewey）认为，"随着社会结构和资源变得越来越复杂，对正式或有意识的教学和学习的需求也在增加"（Dewey, 2004, p. 9）。面对日益增加的复杂性，个人需要更多的帮助和支持来驾驭社会结构并采取应对措施。这种应对措施依赖于个人之所学，包括关于事物如何运作的知识，以及将知识转化为有意义的行动所需的技能。

从这种意义上看，生涯发展干预显然具有教育性。在我们发现生涯教育被视为干预措施这一传统时，这种联系最为明显（本书第 18 章；Law & Watts, 2015；McCash, 2006；Patton, 2005；本书第 5 章）。这种干预措施使用可识别的"范式"或一套教育规则、假设和实践，包括定义课程、确定教师或导师、设定任务和活动，以促进对知识的了解和技能的发展，并通常以非正式的方式评估这些活动。

在生涯发展工作中，还有另一个重要的传统，其"教育性"不太明显。这一传统将生涯工作视为一种咨询方式，有时视为一种治疗方式（Burwell & Chen, 2006；Shefer, 2018）。在相关但特殊的传统中，生涯工作又被视为一种指导形式（Yates, 2013）。以上传统通常侧重于一对一的互动，并且不借鉴与生涯教育相同的范式（本书第 22 章，第 23 章）。然而，在杜威的描述中，这些仍然属于教育干预。咨询和辅导活动是有目的的干预措施，用来帮助这些活动的参与者认识自己、了解世界，并考虑如何以最佳方式与世界互动。这种一对一干预借鉴了不同的范式，包括签订合同、建立工作联盟、积极倾听和家庭作业等活动。这些活动虽然看似不同，但都有一个共同目的，即帮助个人了解生涯，并在生涯中发挥能动性。

这并不是说教育是看待生涯发展干预的唯一视角，我们同样可能得出生涯教育有治疗作用的结论。然而，关键是要认识到，生涯发展干预不仅鼓励个人参与教育，而且其本身也具有教育意义。生涯发展干预措施通常在正规教育系统内或与正规教育系统关系紧密，因而其教育层面得到了强化和强调。

53

生涯发展是教育体系的一部分

教育的历史是在与工作和生涯的对话中发展起来的（Watts，2015b）。生涯和职业从一开始就是正规教育的重要组成部分。鉴于这种密切的关系，政治家和雇主一再询问教育系统是否可以更好地与就业相结合也就不足为奇了。这样做的一个结果是许多国家都创建了一系列生涯发展服务（本书第 6 章；Watts，2014）。

生涯发展工作与教育关系的核心是这种关系存在于正规教育体系内或毗邻正规教育系统（OECD，2004）。生涯发展服务可见于若干组织，常见的是在公共就业服务中作为私营部门的个人付费服务，在工作场所，则由公司的人力资源管理职能或通过某些国家的工会提供。然而，在大多数国家，生涯发展服务集中在教育系统内，包括学校、职业教育和培训系统、高等教育和成人教育（Hooley，2014）。

54　　　生涯发展方案和干预措施总是在塑造其性质和目标的背景下进行。在大多数情况下，这里的背景指的是教育机构，正是教育机构的政治态度、资金、目标、文化和内部动态影响并塑造了可用的生涯发展方案和服务。其中最关键的是试图将教育体系的流程和产出与雇主和劳动力市场的需求保持一致。反过来，这种关系受到教育在经济中所扮演的社会角色的影响：通常教育被认为是"人力资本"的生产者。

人力资本理论

政策制定者和该领域的许多人通常从人力资本的概念理解教育和生涯发展教育的价值。人力资本理论是在 20 世纪 60 年代初发展起来的，用来理解为什么可用的物质资源水平（从煤炭到机械）无法完全解释组织绩效或国家生产力（McCracken et al.，2017）。人力资本理论认识到，人是组织和国家的重要资源，不同的人可以凭借他们的知识、技能、能力和属性在不同程度上增加经济价值。至关重要的是，该理论还认识到，人类可以通过教育和经验得到发展。根据其经济参照系，人力资本理论将人类发展过程视为通过教育和培训投资生产人力资本的过程。

舒尔茨（Schultz，1961）是人力资本理论的创始人之一，他意识到自己提出的这一理论具有道德复杂性。舒尔茨（Schultz，1961，p. 2）写道："把人视为可以通过投资来增加的财富，与根深蒂固的价值观背道而驰。这一观念再次将人贬低为某种类似于财产的物质。"如果将人视为资本，将教育视为投资，就不可避免地会贬低人和教育，两者的价值也会植根于技术统治论和经济学理论。但是，尽管有这些保留意见，舒尔茨坚持认为，"通过自我投资，人们可以扩大自己的选择范围。这是自由人增强自身福祉的一种方式"。本章开头提出的国际经合组织数据表明，至少在某些方面，舒尔茨和人力资本理论家似乎是正确的，"教育福音"的承诺已经实现。

在构建人力资本理论时，舒尔茨面临着哲学困境，自此，这一哲学困境一直是该领域的争论焦点。人力资本理论将教育的预期结果定位为经济价值，并利用货币（金融资本）的意象来阐明教育如何支持生涯发展，如何支持各种形式的社会和经济价值的生产。人们把时间和金钱投入到教育中以积累人力资本，这些人力资本最终可以转化为其他形式的资本，如金钱和商品。有偿工作提供了进行这种交换的手段。

如果生涯发展服务可以介入资本积累和交换的过程，它们就能为人力资本理论提供独特的附加组成部分。如果教育是一种投资形式，那么生涯发展服务的存在就是为了提供有关投资选择的建议。一个人要走怎样的路？这在一生中可能价值几许？如何实现最佳投资？从这个意义上说，瓦茨和苏丹娜（Watts & Sultana，2015）认为，生涯发展服务就像亚当·斯密（Adam Smith）著名的"市场无形之手"，帮助个人在教育市场上做出明智可靠的决策，并有效地投资他们的人力资本。斯蒂芬斯（Stephens，1970，p. 14）在他的《生涯发展服务起源史》一书中提出，

55

正是这种逻辑造就了生涯发展服务在教育系统中最初的地位，并指出：
"以社会和经济效率的名义……那些受过精心培训的年轻人也必须得到
精心指导，才能找到适合自己的职业定位。"

此外，生涯发展教育还促使人们获得与个人参与劳动力市场相关的
专门类型的人力资本。因此，生涯发展专业人士不仅充当投资顾问，而
且还向个人传授所需的技能和知识，从而使他们成为明智的投资者。"生
涯管理技能"和"就业能力技能"的发展已成为生涯指导政策的关键目
标，并且这些技能有望增强个人自力更生的能力（Sultana，2012）。

人力资本理论解释了财富是如何创造的，这对个人来说大有裨益，
但该理论最显著的影响体现在政策层面（Baptiste，2001）。菲茨西蒙斯
（Fitzsimons，2017）认为，"人力资本理论是西方教育中最有影响力的
经济理论，自 20 世纪 60 年代初以来，这一理论为政府政策设定了框
架"，并指出"这一理论越来越成为经济表现的关键决定因素"。从这
种意义上说，其影响超出了舒尔茨、贝克尔和其他理论家所概述的命
题，延伸到一种更广泛的意识形态，即把教育和人力资本的发展置于新
自由主义有效运作的核心。这种意识形态在 20 世纪 90 年代和 21 世纪
"第三条道路"改革新自由主义者的政治和政策中最为明显，他们倡导
把终身学习作为教育和经济政策的一部分。在成为英国首相两年前，托
尼·布莱尔（Tony Blair）在会议演讲中总结了人力资本理论的政策案例。

今天，我向你们介绍我们的建议，我们要让我们的人民
和企业有能力应对新的技术和经济挑战，我们要改变这个国家
过去 100 年的思维基础。对于一个现代国家来说，教育是最好
的经济政策，教育和技术相结合才能孕育未来。军备竞赛可能
结束了，但知识竞赛已经开始，我们永远不会在低工资、血汗
工厂经济的基础上竞争，这种方式不可行。我们只有一种资产，
那就是我们的人民，他们有智慧、有潜能。这一资本得到发展，

我们便会成功，但若熟视无睹，就会失败，就是这么简单。而
技术变革的步伐意味着这项任务十分紧迫。（Blair，1995）

在这次演讲中，布莱尔还谈到，20 世纪 80 年代，在经合组织影响
下出现的人力资本理论有两个关键特征（Baptiste，2001）：首先，受过
教育的民众将更加灵活、更能适应变化；其次，他们能更好地利用新技
术。人力资本不仅能增加经济价值，而且还可以使技术附加值成倍增长，
并使人们免受自动化和技术发展带来的负面结果的影响。

自布莱尔发表演讲以来，人力资本理论这种政策思维在世界上一直
极具影响力。在 2008 年全球金融危机后，与人力资本理论相关的思想
继续占据主导地位，当时许多其他新自由主义思想遭到了质疑，霍尔博
罗（Holborow，2012）对此表示惊讶。例如，在欧盟委员会的一篇论文
中，雷德克等人（Redecker et al.，2011）将人力资本投资的概念与生涯
管理的思想联系起来，认为"职业生涯将变得更加灵活、更有活力，所
有公民，无论素质高低，都需要抓住相关培训机会来积极设计和推进他
们的生涯"（p. 10）。本格森（Bengtsson，2011）认为，在欧盟内部，正
式的生涯发展服务越来越成为欧洲人力资本战略的核心。生涯发展干预
措施对政策制定者有利，这些措施有助于宣扬教育的价值，为人们参与
教育系统提供支持，并提醒他们注意不同教育选择的劳动力市场价值。

人力资本理论的思想是把责任强加在个人身上，个人必须终生致力
于不断投资自己的技能和知识。人力资本不仅可以积累，也可能随着世
界的变化而削减，导致先前所学没那么有用。人力资本甚至可能骤然崩
溃，比如一个行业关闭时，该部门内高度发达的知识和技能突然变得毫
无价值。在这种情况下，接受教育和致力于学习成了个人确保其生涯发
展得以维持的最佳策略。生涯发展服务有可能成为这种人力资本对社会
和经济的追求的宝贵部分，因为它有助于个人社会化，使人们成为终身
学习者、了解劳动力市场的关键变化，并帮助他们为转变做好准备。生

涯发展服务通常会通过参与正规教育系统来进一步发展人力资本。

　　许多为生涯发展投资建立政策原理的尝试都明确地利用了人力资本理论。梅斯顿（Mayston，2002）认为生涯指导有助于降低个人人力资本投资的风险，胡利和多德（Hooley & Dodd，2015）将人力资本的发展描述为参与生涯发展的关键个人结果之一，伯纳斯、巴迪克和奥尔（Bernes et al.，2007）认为，该领域研究的关键目标必定是要强化生涯发展干预措施对人力资本发展具有明显影响这一事实。

　　人力资本理论已被证明与生涯发展领域非常契合。个人需要人力资本来推动他们的生涯发展，而获得生涯发展干预措施的过程可以作为发展人力资本的指南，也可以促进专门形式的人力资本的发展，如生涯管理技能和就业能力技能。此外，这种关系既得到政策制定者的认可，又被他们认定具有实现经济政策目标的作用。然而，尽管人力资本作为组织框架十分方便，但其存在的一些问题也需要得到承认。

对人力资本理论的批判

　　对人力资本理论的一系列重要批评导致人们不再把参与教育视为经济利益投资的过程。这种批评不可避免地使生涯发展被其他可能的角色替代。批评分为两大类：第一种批评是，有人担心人力资本理论提出的教育与经济增长之间的简单关系被夸大了。这种观点认为，即使各国遵循"教育福音"，人力资本理论所承诺的好处也往往无法实现。第二种批评是，对于人力资本理论如何塑造人类主体、教育体系和生涯发展领域，存在一系列政治、伦理和哲学上的异议。

　　沃尔夫（Wolf，2002）对人力资本理论背后的逻辑和证据进行了几次明确的批判。特别是，她挑战了这样一种观点，即仅仅增加高素质人才的数量就能带来经济增长。送更多的人上大学并不一定会带来更多或更高的技术就业。虽然缺乏技能可能会拖累经济增长，但技能过剩也不能推动经济增长。巴普蒂斯特（Baptiste，2001）提出了类似的观点，他指出尽管许多发展中经济体大力投资教育，将其作为（人力资本理论所宣称的）发展途径，但这些国家的经济并未从其新接受教育的人口中受益。正如布朗和劳德（Brown & Lauder，2006）所说，高技能的人群似乎并没有成为就业的"磁铁"，部分原因是许多国家都在推行类似的教育政策，因此很难取得成功，还有一部分原因是知识密集型产业往往不能创造足够多的就业机会。这样的论点扰乱了投资生涯发展作为刺激人力资本发展的一些经济原理，也表明这种投资的回报可能是有限的。

沃尔夫还严厉批评了把任职资格用作真实技能或经济价值属性的替代品这种做法。对于政府来说，发明新的任职资格认证形式并推动公民通过这些任职资格进行认证相对容易，但如果雇主不重视这些任职资格证书培养的技能，那么它们为人们的投资提供的回报就会十分有限。这种批评令人担忧，因为生涯发展服务经常被要求促进学习者接受新形式的任职资格认证和其他教育改革（Watts，2010）。这些举措能直接拉拢生涯专业人士，使其将"教育福音"作为人力资本激励政策的一部分并加以宣传。之所以能够做到这一点，部分原因是政府为生涯发展服务提供了大量资金，因而有能力为这些服务设定目标。

最后，沃尔夫还对个人劳动力市场成功与宏观经济结果之间的一致性提出了质疑。不能仅仅因为接受教育的人比没有接受教育的人赚得更多（见图3.1）就断定更多的教育会带来经济增长。这可能只是提供了一种理解社会内部不平等的方法。教育可能不像人力资本理论家所描述的那样绝对有益（你拥有的越多，你就越好），而可能只是相对有利（如果你比别人拥有更多，你就会比他们更好）。同样，这对生涯发展服务提出了一个重要问题，因为它把生涯发展服务的定位放在重新调整不平等的地位、帮助人们最大化其人力资本上，而不是让所有人都过得更好。

认识到人力资本地位的本质，引发了人们对人力资本理论所作出的一些经济承诺的质疑，但也许更根本的是，这一理论也提出了一些重大的伦理和政治问题。从这个角度来看，生涯发展干预措施实际上可能为某些人提供了超越他人的工具。如果明智的人力资本投资增加了他们获得美好生活的机会，那么同时也会降低其他人获得同样生活的机会，因为这些人处于人力资本阶梯的底端。这让人想起劳（Law，2012）担心人们会把生涯视为一场角逐。在这场有关人力资本理论的角逐中，个人明智地对他们的资源进行投资，并增强成功（和打败他人）的能力。因此，选择科学学位而放弃创造性疗法学位可能会得到高薪以及社会和经济地位的回报，这会使个人感到赢得了比赛。

考虑这场比赛中的失败者也很重要。那些没有寻求生涯发展支持，只投资于那种带来强劲经济回报的教育，最终却难以维持生计的人会怎么样呢？人力资本理论家会争辩说，应该帮助这样的人认识到自己的错误，并鼓励他们加倍努力，在人力资本上进行更多和更明智的投资，才能在竞争中取得更好的成绩。罗斯（Rose，1990）和其他研究福柯式思想的人将这一过程描述为"责任化"和理想化的"进取自我"的创造。他们鼓励个人将自己的生活和生涯完全视为自己的责任，而忽视更广泛的社会和政治因素。所以，如果你想要更好的生活，你需要做出更好的投资。这种人力资本概念关注的是主体的自主选择，而忽略了机会是如何构成的，在获取财富、权力和为特权阶层保留的机会方面，选择一个方向或另一个方向基本上毫无意义（Roberts，2009）。个人一开始投入的资本数额不同，他们增加人力资本的机会受到其所处机会结构的限制（Hodkinson，2008）。把生涯的所有责任都推给个人，既掩盖了个人可能很少有机会管理自己的生涯这一事实，又回避了可能存在一些社会和政治策略（并非个人策略）有助于人们获得美好生活这一事实。

讽刺的是，这种责任化往往来自国家对教育体系的投资。教育支出在新自由主义政府看来是合法的公共支出领域之一，教育支出在发展人力资本的同时还能培养有利于自由市场竞争的主体性。正如英国前财政大臣布朗在 2007 年所说：

> 只有对教育进行投资，自由市场、自由贸易和灵活性才
> 能取得成功，回报也是巨大的。如果我们能够向人们展示，通
> 过为未来做好准备，他们可以成为全球化的赢家而不是输家，
> 也可以成为这个快速变化时代的受益者，那么人们就会欢迎开
> 放、灵活、贸易自由和有利于竞争的经济体，将其视为一种解
> 放性力量。（Gordon Brown，quoted in Grant，2009，p.15）

布朗的论点突出了人力资本理论的政治和意识形态本质，并展示了其如何与经济学原理相联系。教育不仅有助于人们在生涯中取得好成绩，也有助于人们意识到什么是"胜利"，认识到他们可以成为"赢家"。

人们还可以质疑薪水是否可以作为技能价值的衡量标准。根据人力资本理论，技能只在一个维度上（或多或少）运作，而异质化的观点认为，不同的人拥有不同的技能和知识，可以用于不同的目的。将二元尺度强加于异质现实，有助于强制推行一种等级制度，这最终有助于为不平等的阶级社会辩护。此外，那些工资较低的人必定只有较少的人力资本，因而他们过去可能不明智地投入了时间和精力。这种分析忽略了一个事实，即决定薪水的不仅仅是技能水平。例如，可以认为护士的技能水平与股票经纪人不相上下（或可能更高），但社会对后者的报酬却高于前者。无论是就资本主义回报不同职业的方式，还是进入此类精英职业的组织方式而言，从人力资本理论的角度来看待这一现象都忽视了绝大多数正在发生的事情。鲍尔斯和金蒂斯（Bowles & Gintis，1975，p. 82）总结了这些批评，认为人力资本理论"简言之，为维护现状提供了很好的思想。但是，对于理解资本主义经济的运作或通往更有利于人类幸福的经济秩序的道路来说，这是一门拙劣的科学"。

60

从伦理和政治的角度来看，人力资本理论存在许多问题。首先，它只是提供了竞争中的地位优势，却不一定会促进人类繁荣。其次，它将获得美好生活的责任分配给个人，并绕过了生涯失败的社会和结构性原因以及解决方案。此外，它遵从的规范逻辑是将生涯成功与薪水混为一谈。最后，它促使对于教育和生涯概念及目的的思考受到轻视并变得狭隘。

人力资本理论将教育视为个人为推动生涯发展而对自己进行的投资。在其政策制定中，教育被视为政府或社会对其经济的投资，这会产生一种基于简单、可预测结果的技术统治论愿景。好的教育是让个人获得更好薪水的方式，而好的生涯是个人可以吸引高薪的过程。于是，人类所有的努力以及对生命、自由和幸福的追求都简化为资产负债表上的条目。

尽管教育被纳入了人力资本理论，但事实证明，教育本身对该理论的某些假设是相当抵触的。尽管人们越来越关注就业结果和就业能力指标，但教育工作者仍然认为他们所传授的知识不仅仅是能使薪酬回报最大化的知识。正如瓦茨（Watts, 2015b, p. 15）所说，"在最好的情况下，它（教育）关注的是发展个人全方位能力和才能，培育精神和道德价值观，培养想象力和感性，传播文化以及重新诠释文化"。生涯发展干预措施也是如此，除了人力资本理论所强调的技术统治论和经济理性之外，这些干预措施也从传统中借鉴颇多（Sultana, 2014）。苏丹娜强调了生涯发展领域内存在发展理性和解放理性，认为这可以成为另一种思考生涯发展试图实现的目标的方式。这种广泛的传统强调教育和生涯发展具有培养公民、改变个人思维、促进福祉和人类繁荣的作用，在更激进的形式中还能促进社会变革（Darder et al., 2003 ; Hooley et al., 2018, 2019）。

本章首先阐述了生涯的广义定义，即个人在生活、学习和工作中的旅程。旅程中，有偿工作是重要元素，但时间和精力被分配给一系列角色，根据舒伯（Super，1980）的描述，这些角色包括儿童、学生、社会闲散人员、公民、工人、配偶、家庭主妇、父母和养老金领取者。我们可能会批评舒伯的框架具有异质性、年龄歧视以及文化特异性，但生涯支撑着不同角色和关系这一强大理念是值得坚持下去的。人力资本理论绕过了这一切，转而支持一个经济学定义，即把生涯和有偿工作混为一谈，其目的是产生经济回报。

61

超越人力资本理论

很多对人力资本理论的批评都与对生涯发展服务和理论的批评密切相关，例如对生涯如何运行的主体化和个性化叙述的关注，以及对社会和集体分析的相应忽视（Hooley et al.，2018）。这种对个人的关注似乎会使生涯发展的专业人士完全脱离政治，只寻求帮助个人提高自身利益。但是，生涯发展服务和生涯发展政策已纳入人力资本理论的思想体系，所以这种对个人的关注就像一种技术，要求人们接受精英统治和个人主义的话语。

限于篇幅，本章并未提出完全替代生涯发展领域对人力资本理论的依赖的方法。这种替代方法需要包含理论方面（重新思考能力和生涯管理技能等概念，并挑战主观假设）、政治方面（承认并批评人力资本理论与新自由主义之间的密切联系）和策略方面（考虑该领域如何为不完全依赖人力资本理论的资金和政策支持提出新的理由）。此外，生涯发展专业人士主要在由人力资本理论的思想所塑造的政策、资金和管理制度下行动时，我们有理由谨慎对待他们采取解放性行动或挑战人力资本的诉求。不能把挑战这种制度视为对实践方法的个人主义选择，因为异议可能会遭到处罚和制裁。

然而，要记住，生涯发展实践和理论不仅仅是人力资本理论意识形态的表达。劳（Law，2012）认为，有必要试图解构生涯理论对于（人力资本推动的）竞争的隐喻，并用旅程的隐喻取而代之。他指出，旅程就像生涯一样，是社会性的、多方面的、合作互助的，能够同时追求多个目的地。这种隐喻性的转变偏离了人力资本理论所鼓励的生涯经济学框架。生涯不必具有本质上的竞争力，也不必专注于实现最高的财务回报。我们可以珍惜和享受生活体验，摆脱生涯成功的个人主义观念（本书第 7 章）。

将人力资本理论从生涯发展中剥离并不容易，因为它深埋于理论和实践，深埋于管理该领域的政策、资金和监管框架中，也深埋于当事人期望中。尽管如此，本章中讨论的批评提供了充分的理由，试图以不完全符合新自由主义理性的方式重新定位该领域。胡利、苏丹娜和汤姆森（Hooley et al., 2018, 2019）认为，政治经济正处于危机之中，现在是时候让生涯发展领域摆脱对人力资本理论等新自由主义思想的依赖了。他们认为，不应将生涯发展视为用以促进明智的投资选择，并使人们赢得竞争的手段，而应采取批判性立场，寻求揭开当前机会结构的神秘面纱并做出改变。如果要发挥这样的作用，生涯发展工作需要帮助个人培养对世界的批判性认知，指出存在的压迫，看出规范、假设和权力关系的问题，并团结起来采取集体行动。

至少就目前而言，鉴于生涯发展工作将继续在以人力资本理论为重点的世界中运作，那么这项工作将需要在一系列层面上展开。例如，生涯发展干预可以帮助人们理解，通过获得公认的任职资格证书，人们的生活机会可能会得到扩展，同时也促进人们反思为什么会这样，以及这解决了什么社会问题。此外，不同类型、不同水平任职资格的人在生涯中的权力和机会并不平等，生涯发展从业者可能希望与当事人合作，通过挑战这种不平等来影响政策和体系。这种尝试的核心是人力资本理论的一个基本问题，即个人比周围人积累更多人力资本的能力使一个人能够获得美好生活是否公平合理。从多维度解决这些复杂问题时，瓦茨（Watts, 2015c）描述了生涯发展教育中的"进步"理论基础和"激进"

理论基础，前者认为生涯发展教育可以帮助个人在当前政治经济中最大程度提高他们的地位，后者认为生涯发展干预在重塑政治经济中具有合法的作用，并在此背景下质疑人力资本理论的霸权。生涯发展从业者将不得不在二者之间权衡。

人力资本理论一直是生涯发展理论和实践的核心。本章对人力资本理论的解释力假设及其可取性提出了质疑。我们有必要关注人力资本理论，并认识到其思想体系特征。最重要的是，对于生涯专业人士来说，有必要关注人力资本理论如何影响实践，并考虑可能的替代方法。

参考文献

Baptiste, I. (2001). Educating lone wolves: Pedagogical implications of human capital theory. *Adult Education Quarterly, 51*, 184–201. doi:10.1177/074171360105100302

Becker, G. S. (2009). *Human capital: A theoretical and empirical analysis, with special reference to education* (3rd ed.). Chicago, IL: University of Chicago Press.

Bengtsson, A. (2011). European policy of career guidance: The interrelationship between career self-management and production of human capital in the knowledge economy. *Policy Futures in Education, 9*, 616–627. doi:10.2304/pfie.2011.9.5.616

Bernes, K. B., Bardick, A. D., & Orr, D. T. (2007). Career guidance and counselling efficacy studies: An international research agenda. *International Journal for Educational and Vocational Guidance, 7*, 81–96. doi:10.1007/s10775-007-9114-8

Blair, T. (1995). *Leader's speech*. Labour Party, Brighton 1995. Retrieved from http://www.britishpoliticalspeech.org/speech-archive.htm?speech=201

Bourdieu, P. (1986). The forms of capital. In J. Richardson (Ed.), *Handbook of theory and research for the sociology of education* (pp. 241–258). New York, NY: Greenwood.

Bowles, S., & Gintis, H. (1975). The problem with human capital theory—A Marxian critique. *Proceedings of the Eighty-Seventh Meeting of the American Economics Association, 65*, 74–82.

Brown, P., & Lauder, H. (2006). Globalisation knowledge and the myth of the magnet economy. *Globalisation, Societies and Education, 4*, 25–57. doi:10.1080/14767720600555046

Burwell, R., & Chen, C. P. (2006). Applying the principles and techniques of solution-

63

focused therapy to career counselling. *Counselling Psychology Quarterly, 19*, 189–203. doi:10.1080/09515070600917761

Darder, A., Baltondano, M., & Torres, R. D. (2003). *The critical pedagogy reader*. London, UK: Routledge.

Dewey, J. (2004). *Democracy and education*. New York, NY: Dover.

Fitzsimons, P. (2017). Human capital theory and education. In M. A. Peters (Ed.), *Encyclopaedia of educational philosophy and theory*. Singapore: Springer.

Grant, N. (2009). Foreword. In D. Hill & R. Kumar (Eds.), *Global neoliberalism and education and its consequences* (pp. vii–xviii). London, UK: Routledge.

Grubb, W. N., & Lazerson, M. (2004). *Education gospel: The economic power of schooling*. London, UK: Harvard University Press.

Hirschi, A. (2012). The career resources model: An integrative framework for career counsellors. *British Journal of Guidance & Counselling, 40*, 369–383. doi:10.1080/0 3069885.2012.700506

Hodkinson, P. (2008). *Understanding career decision-making and progression: Careership revisited*. The Fifth John Killeen Memorial Lecture, October 2008. Retrieved from http://www.cegnet.co.uk/uploads/resources/Careership.pdf

Holborow, M. (2012). Neoliberalism, human capital and the skills agenda in higher education—The Irish case. *Journal for Critical Education Policy Studies (JCEPS), 10*, 93–111.

Hooley, T. (2014). *The evidence base on lifelong guidance*. Jyväskylä, Finland: European Lifelong Guidance Policy Network (ELGPN).

Hooley, T., & Dodd, V. (2015). *The economic benefits of career guidance*. n.p.: Careers England.

Hooley, T., Sultana, R. G., & Thomsen, R. (2018). The neoliberal challenge to career guidance: Mobilising research, policy and practice around social justice. In T. Hooley, R. G. Sultana, & R. Thomsen (Eds.), *Career guidance for social justice* (pp. 1–27). London, UK: Routledge.

Hooley, T., Sultana, R. G., & Thomsen, R. (2019). Towards and emancipatory career guidance: What is to be done? In T. Hooley, R. G. Sultana, & R. Thomsen (Eds.), *Career guidance for emancipation: Reclaiming justice for the multitude* (pp. 247–257). London, UK: Routledge.

Law, B. (2012). *The uses of narrative: Three scene storyboarding—Learning for living*. Retrieved from https://www.hihohiho.com/storyboarding/sbL4L.pdf

Law, B., & Watts, A.G. (2014). Careers education. In T. Hooley & L. Barham (Eds.),

Career development policy and practice: The Tony Watts reader (pp. 71–78). Stafford, UK: Highflyers.

Mayston, D. (2002). *Developing a framework theory for assessing the benefits of career guidance.* York, UK: University of York.

McCash, P. (2006). We're all career researchers now: Breaking open career education and DOTS. *British Journal of Guidance & Counselling, 34*, 429–449. doi:10.1080/03069880600942558

McCracken, M., McIvor, R., Treacy, R., & Wall, T. (2017). *Human capital theory: Assessing the evidence for the value and importance of people to organisational success.* London, UK: CIPD. OECDStats. (2019). *Education and earnings.* Retrieved from https://stats.oecd.org/Index.aspx?DataSetCode=EAG_EARNINGS

Oliver, D. (2016). Wage determination in Australia: The impact of qualifications, awards and enterprise agreements. *Journal of Industrial Relations, 58*, 69–92. doi:10.1177/0022185615598188

Organisation for Economic Co-operation and Development (OECD). (2004). *Career guidance and public policy: Bridging the gap.* Paris, France: OECD.

Patton, W. (2005). A postmodern approach to career education: What does it look like? Research article: Narrative counselling. *Perspectives in Education, 23*, 21–28.

Redecker, C., Leis, M., Leendertse, M., Punie, Y., Gijsbers, G., Kirschner, P., ... Hoogveld, B. (2011). *The future of learning: Preparing for change.* Luxembourg: Publications Office of the European Union.

Roberts, K. (2009). Opportunity structures then and now. *Journal of Education and Work, 22*, 355–368. doi:10.1080/13639080903453987

Rose, N. (1990). Governing the enterprising self. In P. Heelas & P. Morris (Eds.), *The values of the enterprise culture—The moral debate* (pp. 141–164). London, UK: Unwin Hyman.

Schultz, T. W. (1961). Investment in human capital. *The American Economic Review, 51*, 1–17.

Shefer, T. (2018). Narrative career therapy: From the problem-saturated story to a preferred story and career path. *Australian Journal of Career Development, 27*, 99–107. doi:10.1177/1038416218785175

Stephens, W. R. (1970). *Social reform and the origins of vocational guidance.* Washington, DC: National Vocational Guidance Association.

Sultana, R. G. (2012). Learning career management skills in Europe: A critical review. *Journal of Education and Work, 25*, 225–248. doi:10.1080/13639080.2010.547846

64

Sultana, R. G. (2014). Rousseau's chains: Striving for greater social justice through emancipatory career guidance. *Journal of the National Institute for Career Education and Counselling, 33*, 15–23.

Super, D. E. (1980). A life-span, life-space approach to career development. *Journal of Vocational Behavior, 16*, 282–298. doi:10.1016/0001-8791(80)90056-1

Watts, A. G. (2010). *Career guidance and post-secondary vocational education and training*. Paris, France: OECD.

Watts, A. G. (2014). Cross-national reviews of career guidance systems: Overview and reflections. *Journal of the National Institute for Career Education and Counselling, 32*, 4–14.

Watts, A. G. (2015a). Reshaping career development for the 21st century. In T. Hooley & L. Barham (Eds.), *Career development policy and practice: The Tony Watts reader* (pp. 29–41). Stafford, UK: Highflyers.

Watts, A. G. (2015b). Education and employment: The traditional bonds. In T. Hooley & L. Barham (Eds.), *Career development policy and practice: The Tony Watts reader* (pp. 15–27). Stafford, UK: Highflyers.

Watts, A. G. (2015c). Socio-political ideologies of guidance. In T. Hooley & L. Barham (Eds.), *Career development policy and practice: The Tony Watts reader* (pp. 171–186). Stafford, UK: Highflyers.

Watts, A. G., & Sultana, R. G. (2015). Career guidance policies in 37 countries: Contrasts and common themes. In T. Hooley & L. Barham (Eds.), *Career development policy and practice: The Tony Watts reader* (pp. 295–310). Stafford, UK: Highflyers.

Wolf, A. (2002). *Does education matter? Myths about education and economic growth*. London, UK: Penguin Books.

Yates, J. (2013). *The career coaching handbook*. London, UK: Routledge.

第4章
将教育工作者和雇主联系起来：分类、基本原理和障碍

克里斯蒂安·珀西（Christian Percy），埃尔纳兹·卡舍夫帕克德尔（Elnaz Kashefpakdel）

摘要 尽管存在许多相似之处且在某些方面具有共同利益，但教育领域——特别是以学校为基础的教育——和就业领域似乎相距甚远，两者有着不同的结构、激励措施和专家。政策制定者和评论员指出，这种差别加剧了经济和社会问题，包括就业不足、生产力不尽如人意、工作满意度和社会流动性下降。新建立的校本教育过程七分法包括：教育政策、课程开发、机构管理、课程交付、非课程技能发展、生涯指导和毕业。在此分类法之下，经济合作与发展组织成员国采取不同的机制以缩小教育和就业的距离。本章借鉴了这些国家的例子，讨论了雇主和教育工作者之间合作的好处和障碍，并将这种讨论与是否需要国家补贴来支持这种合作的辩论联系起来。

关键词 雇主参与，就业不足，工作满意度，社会流动性，工作经验，生涯讲座

引言

虽然教育不仅仅是为就业做准备，但无论是对整个社会资助教育，还是对参与教育的年轻人和成年人来说，就业准备仍然是教育的重要目的之一。这种联系常见于早期的教育形式，例如 6 世纪的英国学校专注于神职人员的职业准备（Watts, 2015），中国宋代的科举考试用来为行政机构选择所谓的学者官僚（Lee, 1985）。如今，高度职业化的课程仍然广泛存在。虽然具体课程和方式因国家而异，但中学、高等教育和成人社区教育机构提供职业选择这一现象并不罕见，包括美发、人力资源、医学和法律等科目。

尽管针对就业和教育的联系在教育中应该有多大影响力的话题已经有很多争论（Hooley et al., 2017；Williams, 1961），但人们仍普遍认为，就业和教育领域之间密切联系的必要性十分重要，并且近年来都是如此。我们认为，雇主参与生涯发展工作不仅会加剧社会不平等和强化社会主流范式，而且会使人们有意识、有针对性地利用生涯发展挑战它们，这能帮助人们重新构想主流视野边界之外的角色（Percy & Kashefpakdel, 2018）。

在 21 世纪 10 年代后期，跨国趋势表明，改善就业与教育之间的联系日益紧迫，这类趋势包括全球化、自由劳动监管和技术变革（Mann & Huddleston, 2017）。政府增加资金的主要理由在本质上通常是经济性的，许多国家都能够指出协调性较差的体系中存在的某种问题：技能不匹配、毕业生就业不足、生产率低下、青年失业率高、某些任职资格的工资回报率低等（例如：Department for Education, 2017；International Labour Organization, 2018；Organization for Economic Co-operation and Development [OECD], 2004, 2018）。原则上，教育能够通过与之交叉的各种过程支持这些经济成果，并且满足雇主的需求和场景（本书第 2 章）。虽然已知这些过程都不是直截了当或无可争议的，但按照瓦茨

（Watts，2015）所说将它们分为以下四类仍有所帮助：选择（将任职资格作为工作的选择标准）、社会化（影响对工作的态度）、方向（认识工作和生涯选择）和准备（获得特定的工作必要技能）。

尽管许多发达国家都面临相似的趋势及相应挑战，但各国教育工作者和雇主之间联系的深度和广度差别迥异。本章以经合组织一众成员国为例，描述了教育与雇主联系的分类法，涵盖校本教育的七个方面：教育政策、课程开发、机构管理、课程交付、非课程技能发展、生涯指导以及从特定教育阶段（此处主要指高中教育）毕业。在本书中，生涯指导类似于其他地方所说的生涯发展工作，聚焦旨在帮助人们做出决定和管理自身生涯的干预措施或服务。"生涯指导"这一术语的采用符合经合组织提出的指导的定义，并得到政策利益相关者的广泛使用。在这些术语中，生涯指导指的是"旨在帮助个人做出教育、培训和职业选择以及管理其生涯的服务，贯穿各年龄段和人生的全过程"（OECD, 2004, p. 19）。

首先，本章展现了本书的目标，接着深入探讨了雇主参与教育机构生涯指导和非课程技能发展的基本原理（本书第 5 章，第 18 章）。考虑到篇幅有限，本章侧重于以中学教育为例的全日制教育，着重指出小学和高等教育的例子同样适用于其他场景（例如：对于小学教育，另见 Kashefpakdel et al.，2018；对于高等教育，另见 Taylor & Hooley，2014），同时也承认非全日制教育和终身学习是需要单独处理的重要课题。

教育-雇主关系：扮演多种角色

教育和就业领域可以通过多种方式相互交叉，这取决于在给定的关系或一系列活动中哪一角色占主导地位。

潜在雇主角色

雇主可以认为自己是教育的"消费者"，因为他们招聘的是教育生产的毕业生；也可以视自己为"利益相关者"，一方面他们作为纳税人，是许多教育活动的资助者，另一方面还在当地从事经营活动；还可以将自己看作广泛的"战略合作伙伴"，因为他们与特定机构有持续的互动或交付责任［UK Commission for Employment and Skills（UKCES），2012］。一般来说，许多雇主本身也可以作为学习机构，为员工或外部合作伙伴提供和管理自己的培训方案，包括参与内部研究、自我反思和持续改进练习等活动，使员工能够继续发展和学习。

雇主作为机构，虽然具有独特的机构特征和地位，但也受到机构所有者或工作人员的密切影响，由此可知，在关于如何实现教育的最佳参与的问题上，这些群体之间和群体内部可能存在紧张关系。他们中的许多人已经或即将成为父母、大家庭的成员或利益相关的公民等额外角色，这可能进一步引发关于慈善和外部利益的观点，即雇主希望教育机构自身能够获得成功，成为一种有价值的结果。这种工作外部的角色和利益自然会影响工作内部的优先事项和决策，但方式因人而异、因环境而异。当然，一些雇主与教育机构也有商业关系：无论是提供教科书还是计算机等商品；或是提供服务，如清洁、代理人员或会计；抑或是共同交付，例如与大学研究人员受到外部资助的合作研发项目。这些雇主可能与教育工作者开展广泛的活动，以期促进商业关系或通过其合作伙伴的网络接近其他机构。

一些雇主更喜欢通过直接与教育工作者合作来参与教育，而另一些雇主则更喜欢通过雇主协会参与。个体雇主和此类行业或专业团体的利益通常十分一致，例如提升其行业对求职者的吸引力或发展健全的职业生涯教育途径。而其他领域的利益可能会有所不同，例如建立个人品牌知名度或招聘特定申请人。各行业与协会合作的效果也各不相同，在汇集资金和制定广受信任的行业标准资质方面更是如此。

根据角色的平衡，雇主与教育机构的关系要么是水乳交融，要么是 68
点头之交（如果有的话），并且根据当地的需要，他们选择的活动和动
机也可能截然不同。例如，在"消费者角色"中，主要招聘中学毕业生
的雇主预计会更多地与中学合作，而不是与大学合作，并且更多地关注
招聘会、工作经验和大龄学生。与此同时，如果雇主主要招聘大学毕业
生却对劳动力多样性有所担忧，他们可能会选择更多地关注中学早期阶
段或小学年龄段的学生的整体意识和生涯激励活动。

潜在的教育角色

教育机构同样扮演着多种的角色，这些角色决定了它们与广泛的劳
动力市场互动的程度和性质。在协助学生获得任职资格的过程中，雇主
可以参与支持教学的实施，并可能在定义任职资格要求或评估表现方面
发挥作用。在教育机构全方位地为学生做准备，以期让学生成为充实的
和高经济产出的公民这一过程中，雇主可以参与其中，帮助学生了解职
场的性质以及他们在其中的选择。一些教育机构还利用其本身的雇主角
色提供生涯发展工作。例如学校可能会向自己的学生提供工作经验或引
导性谈话，包括与教育没有直接关系的职能部门，例如学校的行政办公
室、营业场所或食堂也会参与其中。外部政策和课程框架也可能为与雇
主合作设定要求或期望，并成为雇主和教育工作者合作游说政府和其他
重要利益相关者的主题。

除了把学校作为自己的工作场所之外，教师和学校职工也常与工作
领域有联系，例如通过先前的工作活动、采购活动，或是通过朋友和家
人，这可以作为发起雇主活动的催化剂。同样，学生在学校促成的渠道
之外以多种方式参与工作领域——他们同样既是消费者，有时又是（随
着年龄的增长）员工（无论是兼职还是全职）——并且还可以通过媒体
及其个人网络获得对工作的部分了解。

教育−雇主关系分类法

鉴于本章前文描述的角色和动机的多样性，对教育和雇主关系及活动的分类可以通过多种方法建构。例如，可以根据活动对雇主的要求（Chartered Institute for Personnel and Development, 2012）或雇主、教育机构的主要目标来建构。由于本书涉及生涯发展，因此采用将生涯相关活动划为最高等级的分类法大有帮助。

表 4.1 将教育活动领域作为教育 − 雇主关系高级分类的组织逻辑，该分类涵盖七项：教育政策、课程开发、机构管理、课程交付、非课程技能发展、生涯指导和毕业（如从教育的一个阶段过渡到下一个生命阶段）。这七个类别大致按照年轻人参与程度和强度的顺序排列。借鉴布朗芬布伦纳（Bronfenbrenner, 1979）和巴顿、麦克马洪（Patton & McMahon, 2014）的观点，这七个类别可以进一步构建为：宏观系统层面的联系，其中包括为个人交付机构设定框架；中观系统层面的联系，即在机构中发挥作用；微观系统层面的联系，即在机构的某个部分内发挥作用。

这种分类法的目的不是将构成活动混为一谈或忽略它们的差异——事实上，技术教育、课程咨询、生涯发展工作和管理等各自特点鲜明；即使偶尔重叠，但也都有各自的目标。相反，其目的是强调它们都需要或利用雇主与教育工作者之间的联系，因此也都受益于"雇主参与"的形式。"雇主参与"是一个总括性术语，指的是努力让雇主参与广泛的教育任务——激励雇主参与并以建设性的方式加以引导。因此，无论雇主的个人优先事项如何，他们都有可能为更大的挑战做出贡献——缩小教育与就业之间的差距，为解决本章开头提到的社会和宏观经济问题添砖加瓦。

尽管教育机构和雇主的商业活动都被排除在外，但作者指出，这些活动可以对以上提出的联系进行补充和丰富，但在某些情况下也可能有负向功能。

表4.1 教育-雇主关系分类法

教育活动	可能的雇主关系	雇主活动类型示例[a]
宏观系统层面的联系		
教育政策	· 制定政策 / 立法 · 确保教育机构能够满足雇主的需求	· 参加咨询委员会 · 回应咨询 · 游说政策制定者 · 制定意见书
课程开发	· 定义学习成果 / 认证标准 · 定义教学要求	· 作为顾问 / 利益相关者 · 做出正式批准 / 否决 · 作为资质授予组织 · 游说决策者
中观系统层面的联系		
机构管理	· 确保机构运行良好（无论是总体还是在特定业务领域） · 帮助机构根据需要筹集资金支持社区中的机构联系 · 确保教育机构能够满足其相关雇主利益相关者的需求	· 担任机构领导层的理事、董事或赞助商 · 为管理者提供指导、持续职业发展或支持 · 作为慈善事业向机构提供核心资金或筹款 · 拥有并经营机构
微观系统层面的联系		
课程交付	· 为学生提供课程 · 评估学生的表现	· 教授课程模块（包括基于工作的学习） · 根据课程需要创造工作 / 项目机会 · 提供与工作无关的活动，如帮助小学生阅读或辅导青少年数学 · 标记 / 评估工作或表现

非课程技能发展	作为合作伙伴 ·为年轻人/成年学生培养与工作相关的技能（雇主不希望从活动中获得直接的业务价值）	·开办软技能（例如沟通和模拟面试技能）或技术技能（例如使用表格）培训班 ·支持企业开展年轻人探索/开发自己的产品或服务的活动 ·提供工作经验机会
	作为生产者 ·利用学生支持他们的运作	·雇用实习生时，期望他们为雇主的业务做出重大贡献并从经验中学习 ·设计和监管对雇主有用的项目
生涯指导	·提高对生涯机会/要求的认识和理解 ·帮助学生选定他们需要做出的选择	·提供指导 ·工作场所参观或实地学习 ·生涯讲座/问答 ·工作体验活动 ·信息共享活动（例如手册）
毕业	·雇用年轻人和成年学生，对其任职资格的相对价值进行知情评估	·出席招聘会 ·提供开放日 ·通过与生涯指导相同的一系列活动改善即时空缺

a 作为个人雇主、个人志愿者或通过雇主机构。

教育政策示例

雇主参与游说和政策咨询委员会的例子可见于许多国家。例如英国技能委员会，作为公共补贴机构，其职责是召集各行业的雇主、征求意见、探究提案并为全行业倡议提供支持（Solberg & Borbely-Pecze, 2015），在雇主、学校和政府之间的谈判中发挥了重要作用。奥地利受管理的政策参与过程借由商会、行业协会和劳工组织得以实现，这些过程源于中等教育中流行的技术和职业教育与培训（TVET）路径，但越来越多地被用于评论和影响教育的其他方面（Peter Härtel et al., fall 2017）。

课程开发示例

雇主咨询委员会经常被用来确保课程内容的相关性，但在大多数情况下，他们专注于职业技术教育与培训或更普遍意义上的就业能力和可迁移技能，而非普通或学术教育的细节。这些活动还可以扩展到获得认可的雇主协会，这些协会可以授予机构特定的任职资格证书，例如英国的工程建设行业培训委员会。还有一些更广泛的参与案例，例如美国的联邦和州政策制定者聘请雇主制定一种分类法，将就业规划成 16 个"生涯集群"，每个集群都会对该集群内各种职业任职所需的技能进行相应的描述（Solberg & Borbely-Pecze，2015）。虽然这些活动在国家或行业层面更为常见，但课程监督也可以在机构层面进行，加拿大的一些院校会在这些方面上利用雇主顾问（Donnalee Bell et al., fall 2017）。雇主参与人通常没有报酬，但委员会通常由付费秘书处提供支持并支付这些费用。

71

机构管理示例

在奥地利，职业技术教育与培训专业学校设有义务咨询机构，当地雇主也积极参与，既能促进相互沟通，又能改善为学生提供的服务。在其他学校，也存在各种形式的非强制性伙伴关系与合作。美国的加利福尼亚州马林县利用雇主咨询委员会建立起了学校到生涯的伙伴关系，但这种咨询职能仅限于管理生涯相关的活动。同样，英国的大多数中学都有一项免费使用的可选服务，让雇主自愿支持制订有效的战略计划，并将雇主纳入其生涯指导活动（企业顾问由英国政府资助，但通常由地区政府资助）。

英国鼓励雇主作为一个社群在学校承担正式的管理责任，这似乎是一个罕见的例子。英国所有公立学校都有一个管理机构，该机构对学校预算、校长绩效管理以及学校战略运作的其他各个方面承担法律责任。这些学校的董事通常是从当地社区抽调的无偿志愿者，他们自己往往带

72

有雇主联系（比如人脉/岗位资源）。然而，自21世纪以来，人们越来越鼓励这些有雇主联系的董事表明自己的身份，并利用这些联系造福学校。这些董事通常被称为"雇主董事"或"雇员董事"，并受到企业社会责任团体（如商业社区）、商业团体（如英国工业联合会）以及慈善机构群体（如教育与雇主①）的支持（James & Percy, 2010; James et al., 2010）。

课程交付示例

在职业技术教育与培训课程的交付中，特别是在学徒制中，雇主参与广泛。例如，在德国，50%或更多的初中毕业生通常可以参与某种形式的学徒培训，这一过程由当地职业介绍所的职业指导服务（Berufsberatung）领导并得到联邦就业局的支持，而学校则扮演次要角色。

雇主在普通或学术教育的课程交付中发挥积极作用并不常见，但已经有人提出了可能的方法。例如，英国的生涯和企业公司建议，除了其他强化技术的课程外，学校还应利用雇主志愿者激发学生对科学、技术、工程和数学的兴趣，利用学校校友为教学做出贡献，并展示英语与工作场所的相关性（Collins & Barnes, 2017）。然而，这些活动很难实践，因为教师可能担心，在课程时间本就紧张的情况下，这些活动会冲淡信息（Watts, 2011），并且这些活动难以与学习目标相关联（Rowe et al., 1993）。

雇主对课程交付提供支持的过程中，并未明确地运用他们对工作场所的了解。例如，多年以来，阅读合作伙伴方案在美国和欧洲已经司空见惯（Mann et al., 2018），除此之外还有数字合作伙伴方案（Morris, 2014）。这些方案的特点是将几乎未经培训或仅经过短暂培训的雇主

---

① 教育与雇主，Education and Employers，英国的一家慈善机构。——译者注

和雇员志愿者引入小学，定期倾听和帮助儿童阅读（Torgerson et al.,
2002）。

非课程技能发展和生涯指导示例

虽然结果方面的分析各有不同，但许多涉及雇主的活动既服务于技
能发展目标，也服务于生涯指导目标，例如技能竞赛。在竞赛中，雇主
导师利用他们对职场的知识帮助学生培养商业意识和项目管理技能，同
时，间接帮助学生了解特定工作的各个方面。因此，这两个类别中的活
动更容易一起呈现。

虽然这些活动在许多国家都很常见，但其普及程度存在较大差异，
对于职业技术教育与培训方向之外的学生更是如此。英国已经形成了一
个由第三方组织和中介机构组成的多元化格局，以鼓励和开展此类活
动（例如商业社区、教育与雇主、职业与企业公司、青年企业、学校
发言人以及数百个其他提供商和中介机构）。在韩国，政府政策激励公
司为学校提供支持，并通过任职资格认证和证书授予得到认可。这些活
动包括工作经验、工作日项目、生涯训练营以及为学校开发视听材料
（Solberg & Borbely-Pecze, 2015）。

雇主参与生涯发展工作：理论基础和障碍

本节首先描述了雇主参与的共同政策原理，该原理通常试图呈现有
说服力的社会和制度利益；其次解释了伙伴关系运作的障碍，这些障碍
表明，至少对机构层面的教育工作者和雇主而言，需要更加谨慎地理解
这些收益。

政策原理和制度利益

斯坦利和曼（Stanley & Mann, 2014, p. 5）认为，促进雇主参与生

涯发展的政府政策干预可以围绕四个主要的既定目标进行：

- 提高学生的工作准备度；
- 解决劳动力市场技能短缺问题；
- 增强社会流动性；
- 提高学生参与度和成就感。

政府干预需要在多大程度上实现这些目标，这一点并不是总能得到充分说明。政策声明以及资助支持此类工作的慈善机构或中介机构，往往强调教育机构和雇主机构要密切合作以支持学生的生涯发展，声称这对两者的好处颇多。在一个典型的例子中，英国就业和技能委员会（UKCES, 2012）用第一手研究列举了对双方的好处，结果如表 4.2所示。

有了伙伴关系合作带来的这些好处，人们可能以为雇主和教育工作者十分热衷于与彼此的合作，以至于他们已然实现了这些好处。虽然在某种程度上这确实发生了，但在高度结构化的职业教育之外，在没有第三方支持或介绍的前提下自然出现的合作关系十分罕见。与普通教育不同，结构化职业教育提供了一个框架，在这个框架中，更容易开展指导性对话和建立标准化伙伴关系，例如德国和奥地利的学徒项目通常涉及雇主、工会、雇主协会、教育机构和国家之间的密切合作。在这一背景下，探讨这些框架之外的合作存在的障碍以及表 4.2 中益处的局限性具有启发意义。

表4.2 企业和学校合作的好处

对企业的好处示例	对学校的好处示例
• 改善招聘质量 • 提高生产力 • 降低人员流动率 • 降低培训/监督成本 • 提高员工士气 • 促进社区参与/形象建设 • 支持/展示对社会流动性和多样性优先事项的承诺 • 帮助赢得公共行业合同	• 提高学生的积极性 • 帮助学生更好地了解教育与他们未来之间的联系 • 学生做出更好的课程选择，以反映他们的兴趣 • 提高学生出勤率 • 提高学生成绩/促进学生进步 • 使课程更加有趣、引人入胜，并且以工作世界为背景 • 获得将伙伴关系扩展到其他领域的潜力（例如为管理和筹款提供支持） • 促进教师借调/获得持续专业发展机会

资料来源：英国就业与技能委员会（2012年）。

合作关系存在的障碍

英国就业与技能委员会（UK Commission for Employment and Skill, 2012）强调雇主和教育工作者之间不同的工作文化和语言。例如，相较于课堂教师通常发送的邮件，雇主可能期望收到更完整或更及时的电子邮件回复。雇主自然更关注与生涯相关的结果，例如招聘，而学校通常专注于近期的教育结果。相同的是，双方都时间匮乏，投资于伙伴关系的资源有限。并且，关于合作困难性的错误信息（例如涉及的法规）以及缺乏建议和指导也经常被人们提及。

在许多情况下，这些障碍可能是真实存在的，但这并不能解释一切。不同的工作文化和错误信息确实是障碍，但在一些情况下，企业和学校通常能够克服这些障碍。例如，当中学与当地社区团体或大学合作时，或者当中小企业与大型跨国公司合作或竞标公共部门合同时，这些障碍都能克服。

表 4.2 所示好处的一个重要细微差别是，雇主和教育工作者都有其
他选择来获得这些好处。例如，如果考试成绩差会给学校带来不必要的
关注，学校可以采取比引入雇主更直接的方法来提高教学成绩：虽然学
校可能认识到雇主志愿者可以提供帮助，但仍然可能认为，辅导班或
一对一教学能够更有效地利用课程时间（例如：the Teaching & Learning
Toolkit；Education Endowment Foundation，2018）。对于某些雇主来
说，志愿服务可以带来持续的专业发展或激励性的好处（Corporate
Citizenship，2010），但是一旦将时间成本和初步熟悉度与财务成本一
同考虑，短期课程或团队活动可能比与学校建立合作伙伴关系更具成本
效益。换句话说，合作可能会带来好处，但这并不意味着它们足以推动
大规模活动的展开。

在将表 4.2 所列的一些关键利益与伙伴关系的个别活动联系起来方
面也存在市场失灵的问题。雇主对 14 岁和 15 岁青少年的生涯进行投资，
并希望在增加求职者的数量和质量方面获得回报，但这种投资通常在至
少 4 年（通常接近 8 年）内看不到任何回报，因而导致投资热情降低。
招聘方面的回报也具有不确定性，甚至全无可能。除非雇主有近乎垄断
的地位（即雇主在特定领域雇用了绝大多数雇员，例如大多数国家的武
装部队或英国的国家卫生服务局），否则通过雇主得到技能提升的个人
最终可能会为雇主的竞争对手工作。有鉴于此，国家经济、社会等活动
的部门可能比小公司具有更强的动机，但部门的合作和投资也存在挑战
（Payne，2008）。这些挑战源于竞争压力、无本获利问题和组织挑战等。

对学生的好处

如前所述，可以列出对雇主和教育工作者的潜在好处，但这并不意
味着这些好处总能充分克服（或充分研究、充分证明）合作的障碍（或
是对于障碍进行充分沟通）。然而，本节最后强调，最有力的证据涉及
雇主参与对学生的好处，并指出对证据关注存在的偏差可能更多地反映

了社区和资助者的利益，而非影响的程度。

　　文献综述已经确定了雇主参与对教育、经济和社会结果影响的定量和定性证据（Hughes et al., 2016；Mann et al., 2018）。特别是实证研究中［例如，纵向数据集（Kashefpakdel & Percy, 2017）和随机对照实验（Kashefpakdel et al., 2019；Kemple & Willner, 2008）］有大量工资溢价的例子，这些研究以变革因果理论为依托，考虑到了社会、人力和文化资本（Jones et al., 2016）。由于对学生（以及整个经济）的长期利益不能完美、完全地反映在参与合作活动的特定学校和雇主的制度利益中，因此可以像其他教育资金一样，援引积极的外部性论据来证明纳税人干预的合理性。

结论

　　本章以经合组织成员国为例，描述了各国为使就业和教育领域紧密合作而采用的各种机制，涵盖教育政策、课程开发、机构管理、课程交付、非课程技能发展、生涯指导和毕业七个方面。政策制定者希望这种更密切的合作有助于解决各种社会经济问题，并经常指出双方在更密切合作中能够获利，以此来鼓励这种合作关系。尽管如此，本章对这些好处本身是否足以推动伙伴关系在数量和质量上发挥作用提出了质疑。各种限制最佳活动的障碍仍然存在，包括文化和行政壁垒、市场失灵以及雇主和教育工作者本身高度多样化的现实状况，而且，并非所有人都能从伙伴关系工作中获得同样大的好处或意识到好处的存在。鉴于这些限制和长期经济利益的证据，我们可以提出一个狭隘的财政主张，要求外部投资和国家干预，还可以开发不同的、更广泛的国家支持主张，例如以促进社会公正、达成更好的自我实现或促进社会稳定等为动机。

　　本章最后指出，虽然就业和教育领域之间更密切的合作有助于解决政策问题，但怀有合理的期望十分重要，对许多人来说，这种合作属于其核心工作之外的志愿行为。工作领域中的大多数人不是训练有素的生涯专业人士、教育家或课程设计者——雇主或其能力也不是按地理位置均匀分布的。雇主可以为教育工作做出很大贡献，必须支持他们投身其中。

参考文献

Bronfenbrenner, U. (1979). *The ecology of human development: Experiments by nature and design*. Cambridge, MA: Harvard University Press.

Chartered Institute for Personnel and Development. (2012). *Learning to work*. London: Author.

Collins, J., & Barnes, A. (2017). *Careers in the curriculum: What works?* London: Careers & Enterprise Company.

Corporate Citizenship. (2010). *Volunteering—The business case: The benefits of corporate volunteering programmes in education*. London: City of London.

Department for Education. (2017). *Careers strategy: Making the most of everyone's skills and talents*. London: Author.

Education Endowment Foundation. (2018). *Teaching & learning toolkit*. London: Author. Retrieved from http://www.educationendowmentfoundation.org.uk/evidence-summaries/teaching-learning-toolkit

Hooley, T., Sultana, R., & Thomsen, R. (Eds.). (2017). *Career guidance for social justice: Contesting neoliberalism*. London: Routledge.

Hughes, D., Mann, A., Barnes, S.-A., Baldauf, B., & McKeown, R. (2016). *Careers education: International literature review*. London: Education Endowment Foundation and Bank of America Merrill Lynch.

International Labour Organization. (2018). *Global commission on the future of work: Skills policies and systems for a future workforce* (Issue brief, cluster 4). Geneva: Author.

James, C., Brammer, S., Connolly, M., Fertig, M., James, J., & Jones, J. (2010). *The "hidden givers": A study of the governing bodies in England*. Reading, UK: CfBT.

James, C., & Percy, C. (2010, October 15). *The notion of the "employee governor": An analysis of type, motivation and role in relation to the dynamics of institutional change*. Paper presented at the Education and Employers Taskforce conference, "The

77

Point of Partnership: Understanding Employer Engagement in Education," University of Warwick, Warwick, UK.

Jones, S., Mann, A., & Morris, K. (2016). The "employer engagement cycle" in secondary education: Examining the testimonies of young British adults. *Journal of Education and Work, 29*, 834–856. doi:10.1080/13639080.2015.1074665

Kashefpakdel, E., Percy, C., & Rehill, J. (2019). *Motivated to achieve: How encounters with the world of work can change attitudes and improve academic achievement.* London: Education and Employers Charity.

Kashefpakdel, E., Rehill, J., & Hughes, D. (2018). *What works? Career-related learning in primary schools.* London: Careers and Enterprise Company.

Kashefpakdel, E. T., & Percy, C. (2017). Career education that works: An economic analysis using the British Cohort Study. *Journal of Education and Work, 30*, 217–234. doi:10.1080/13639080.2016.1177636

Kemple, J. J., & Willner, C. J. (2008). *Career academies: Long-term impacts on labor market outcomes, educational attainment, and transitions to adulthood.* New York: MDRC.

Lee, T. (1985). *Government education and examinations in Sung China.* Hong Kong: Chinese University Press.

Mann, A., & Huddleston, P. (2017). Schools and the twenty-first century labour market: Perspectives on structural change. *British Journal of Guidance & Counselling, 45*, 208–218. doi:10.1080/03069885.2016.1266440

Mann, A., Rehill, J., & Kashefpakdel, E. (2018). *Employer engagement in education: Insights from international evidence for effective practice and future research.* London: Education Endowment Foundation.

Morris, K. (2014). *Number partners: Impact report.* London: Education and Employers.

Organization for Economic Co-operation and Development. (2004). *Career guidance and public policy: Bridging the gap.* Paris: Author.

Organization for Economic Co-operation and Development. (2018). *Good jobs for all in a changing world of work: The OECD jobs strategy. Meeting of the OECD Council at Ministerial Level Paris, 30–31 May 2018.* Paris: Author.

Patton, W., & McMahon, M. (2014). *Career development and systems theory: Connecting theory and practice* (3rd ed.). Rotterdam, the Netherlands: Sense.

Payne, J. (2008). Sector skills councils and employer engagement—Delivering the "employer-led" skills agenda in England. *Journal of Education and Work, 21*, 93–113. doi:10.1080/13639080802090260

Percy, C., & Kashefpakdel, E. (2018). Social advantage, access to employers and the role of schools in modern British education. In T. Hooley, R. Sultana, & R. Thomsen (Eds.), *Career guidance for emancipation: Reclaiming justice for the multitude* (pp. 148–165). London: Routledge.

Rowe, G., Aggleton, P., & Whitty, G. (1993, June). Cross-curricular work in secondary schools: The place of careers education and guidance. *Careers Education and Guidance*, 2–6.

Solberg, S., & Borbely-Pecze, T. (2015). *Engaging employers*. Adel, IA: Kuder.

Stanley, J., & Mann, A. (2014). A theoretical framework for employer engagement. In A. Mann, J. Stanley, & L. Archer (Eds.), *Understanding employer engagement in education: Theories and evidence* (pp. 36–52). London: Routledge.

Taylor, A., & Hooley, T. (2014). Evaluating the impact of career management skills module and internship programme within a university business school. *British Journal of Guidance and Counselling, 42*, 487–499. doi:10.1080/03069885.2014.918934

Torgerson, C., King, S., & Snowden, A. (2002). Do volunteers in schools help children learn to read? A systematic review of randomised controlled trials. *Educational Studies, 28*, 433–444. doi:10.1080/0305569022000042435

UK Commission for Employment and Skills. (2012). *Business and schools: Building the world of work together*. London: Author.

Watts, A. (2015). Education and employment: The traditional bonds. In T. Hooley & L. Barham (Eds.), *Career development policy & practice: The Tony Watts reader* (pp. 15–28). Stafford, UK: Highflyers Resources.

Watts, A. G. (2011). Global perspectives in effective career development practices. *Curriculum & Leadership Journal, 9*(9). http://cmslive.curriculum.edu.au/leader/global_perspectives_in_effective_career_developmen,33172.html?issueID=12379

Williams, R. (1961). *The long revolution*. London: Chatto & Windus.

78

第5章
有意义工作的真实教育：超越"生涯管理技能"

罗纳德·G. 苏丹娜（Ronald G. Sultana）

摘要 本章重点讨论教育背景下的工作教育，并探讨如何将其概念化，以促进社会繁荣和个人幸福。本章概述了世界各地"生涯学习"的最新进展，指出其作为一个促进提高知识型经济竞争力的因素而日益受到重视。本章指出，工作在课程体系中的中心地位是合理的，因为"有意义的工作"仍然是繁荣生活的重要标志。然而，在新自由主义经济体中，大部分可获得的工作越来越成为痛苦、艰难、剥削和物质滥用的原因。本文提出了一个真实工作教育方案，帮助参与者了解有意义工作的性质，进而渴望从事这种工作，并知悉获取这种工作过程中的阻碍因素。本文认为，与所有真正的教育事业一样，真实工作教育应当提供知识工具并在道德层面鼓舞人的决心，使人们得以想象更具社会公正性、更具成就感的共同生活，并让个人和集体得以掌控塑造生活的力量。

关键词 工作教育，生涯指导，生涯学习，真实教育，务实乌托邦，希望的领域，生涯发展

导论：生涯发展工作的定位

几位学者指出，在整个欧洲和世界上许多国家，政策越来越强调正规教育要与劳动力市场的"需求"一致，并使学生为"工作世界"做好准备（Allais & Shalem, 2018；Grubb & Lazerson, 2004；Kuhn & Sultana, 2006；Vally & Motala, 2014）。尽管这些全球层面的政策优先事项和宣传话术受到不同地区环境的调控，但它们仍然强有力地塑造了教育，并发挥出同质化的影响（Mundy et al., 2016）。国家政府、超国家实体（例如经济合作与发展组织、欧盟、世界银行）、有影响力的智库和"政策企业家"经常提出的观点就是：在知识型经济中，青年人和成年人都需要培养"生涯管理技能"。据称，这些技能将帮助他们驾驭学习和赚钱之间复杂、非线性且不可预测的过渡，在这种过渡中，教育、培训、工作和休闲领域之间的传统界限已经变得越来越模糊（Sultana, 2012a）。尽管有些自相矛盾，这种说法的一个重要部分是，我们实际上并不太了解未来的"真实工作世界"会是什么样子、需要什么技能——除了那些为应对技术创新（包括自动化和人工智能）带来的不断变化而需具备的、在终身的自我创造过程中"学习如何学习"的态度和投入（Hooley, 2018）。

有人认为这种即将把人类带入"美丽新世界"的状况是令人振奋的。其他人则对正规教育机构培养下一代应对未来的能力表示深切关注。学校尤其如此，它们的正式和非正式课程可以追溯到"福特主义"思想，这种思想不仅塑造了学校，也塑造了大规模生产系统。希望和恐惧都引发了大规模的改革努力，包括沙码（Sharma, 2016）所说的"STEM化"的课程。有人认为，正是以科学为导向的学科教育为发展创新技术奠定了知识和技能基础，从而使国家和地区拥有超越他者的竞争优势。学校的任务还包括进一步巩固这一课程核心，培养"21 世纪技能"和性格——如创业态度和能力、数字素养、创新和批判性思维、沟通技能和自我调节学习能力——所有这些都将使下一代在新经济中做好就业准备、具备"就业力"(Griffin et al., 2012；Hooley, 2018；Kuratko, 2005；van de Oudeweetering & Voogt, 2018)。

学习工作的好处

不难看出，在这种情况下，向学生提供生涯管理技能和生涯发展教育的问题必定会受到重视，因为它有望帮助青年人度过人生的沧桑变化；引导他们学习相关课程；鼓励他们参与继续教育和培训，从而提高对所需技能的"人力储备"；发展面向劳动力市场的取向，建立与劳动力市场的联结。不匹配的经历可能会以各种方式对经济和个人造成损害(Kalleberg, 2007)，因此可以说，与公民一起开展生涯发展工作更有可能培养出幸福感更高、更有生产效率的员工，并减少因人员流失和劳损而造成的公共资金浪费。那些明智地选择教育和培训方法、制订生活计划的学生更不可能改变方向或辍学，他们更可能有目的地参与学习、保持积极性，并取得更高的成就。研究证实了生涯发展工作能带来经济和教育效益(Bowes et al., 2005；Hooley & Dodd, 2015；Hughes et al., 2002；Killeen & Kidd, 1991；另见本书第 2 章)，因此生涯发展工作既关乎私人利益，也关乎公共利益，这促使政策在生涯发展教育上的兴趣得到显著回升。国家和区域对经济效益的关注也是如此，并促成了一项涵盖南北半球超过 55 个国家的生涯发展服务的国际性综述(Watts, 2014)。

许多生涯发展工作都涉及帮助学生思考工作世界、目前对工作的理解，以及他们未来与工作的关系等内容。工作教育通常旨在使学生更加了解自己和工作环境，并发展一系列元认知技能，这些都有助于他们做出与人生相关的选择、计划和决定。最好的情况是，这种与工作相关的学习和生涯发展干预措施能够鼓励学生认识社会背景、性别和种族等因

81

素在限制他们"渴望能力"方面所产生的影响（Appadurai, 2004）。这可以帮助学生更好地理解自己的"行为视野"（Hodkinson et al., 1996）是如何受到社会的约束和限制，从而增加他们挑战自己"适应性偏好"的可能性（Nussbaum, 2001）。因此，通过以上和其他方式，可以说，与生涯相关的工作拥有推进社会公正的能力（Hooley et al., 2018a, 2018；Sultana, 2014）。

工作学习课程的国际性发展

国际社会对生涯发展教育潜在好处的兴趣，促使一些国家积极增加公众获得生涯服务的机会，比如将生涯学习内容正式纳入小学（Magnuson, 2000；Welde et al., 2016）至高等教育阶段（Collins & Barnes, 2017；Foskett & Johnston, 2006；Frigerio et al., 2012；Rott, 2015；另见本书第 18 章）的学校课程中。在义务教育和高等教育的课程中引入或加强工作相关教学的具体方式包括：确保既定的知识领域与工作相关问题和生涯管理技能有关（例如，在创意艺术课程中教授工作面试技巧，在语言课程中教授撰写工作申请信或简历等），在经验丰富的商业导师指导下成立模拟公司或合作社（例如，青年企业计划）来提升创业技能，组织工作见习和工作体验实习，等等。

人们也已经注意到与生涯学习内容和方式有关的问题——即生涯教育课程框架应包括什么（Education Scotland, 2015；Hooley et al., 2013；Thomsen, 2014），以及教授和评估生涯管理技能的最佳方式（Law, 1999；Sultana, 2013）。生涯学习课程可能在原理、内容、学习理论、教学和评估方法等方面表现出不同程度的复杂性，但最终主要关注的似乎还是重申 DOTS 模型中所阐述的自我发展、生涯探索和生涯管理的目标（Law, 1999；Law & Watts, 1977）。许多此类重要文献已经出版（Barnes et al., 2011；McCowan et al., 2017），除此之外，还有各种手册、网络和数字材料以及大量资源，包括改进学校生涯发展服务的指南等（Andrews & Hooley，2018；Gatsby Charitable Foundation，2014；National Centre for Guidance in Education，2017；Sultana，2018a）。

前面提到的国际性综述还注意到，在许多情况下，以学校为基础的生涯教育已经从针对一个或多个关键过渡点的一次性干预变得更具发展性——以前的生涯教育仅针对青少年，而现在人们已经意识到生涯教育应尽早开始，至少从小学高年级就应该打好基础；从针对那些遇到困难的个人的方案，变成面向更普遍群体的方案，让整个班级和年级都能参与其中；从侧重生涯信息和教育指导，发展为更全面、更具批判性地看待工作生活和公民教育（Irving，2018；Midttun & McCash，2018；Pouyaud & Guichard，2018；Simon et al.，1991）。

这些围绕生涯发展工作的所有"忙碌"，见证了以政策（如欧洲终身指导政策网络、国际生涯发展和公共政策中心以及 Cedefop 的职业网络）和从业人员培训（如欧洲职业指导和咨询创新网络）为重点的跨国网络的建立，这既具有重要意义，又具有启示性。对这些举措的描述性报道比比皆是，而且经常被拿来当成"优秀实践案例"。由于这些举措的具体性、对学生的预期好处及其与行动的直接关系，它们往往受到相关从业人员的高度重视。然而，描述性报道不应该取代分析性和评估性研究，分析性和评估性研究考察的是更广泛的背景关系。这也是我们现在要考虑的问题。

生涯学习要解决的是什么问题？

要探究政策倡议、政策趋势与更广泛权力关系矩阵之间的关联（包括地方与全球之间复杂的相互作用），一个强有力的方法是提出以下问题：一项具体政策或一系列联合政策所要解决的问题是什么？正如批判性政策分析惯例提醒我们的那样，询问"问题"指向什么，以及这些指向如何影响所制定的政策和实践，能避免我们被局限在所研究的特定领域、政策背景或研究的假设之中（Bacchi，2009；Simons et al.，2009）。

就生涯发展教育而言，提出这类问题尤为重要，因为它对政策制定者的吸引力是意识形态方面的。生涯发展教育能提供一种叙述方式，来帮忙掩盖体制的失败，或将这种失败错误地归咎到别处。人们假定的经济衰退"解药"——增加对教育和培训的投资——给青年人和成年人带来的实际回报越来越少（Brown et al.，2010；Collins，2000；Tomlinson，2008），在这种情况下，生涯发展教育可以助推新自由主义的"责任化"议程（Hooley et al.，2018b），据此，结构性、系统性的问题（比如毕业生失业和就业不足）成了个人问题，对于不幸，他们只能怪自己（Savelsberg，2010）：如果他们拥有更好的生涯管理技能，做出了更好的教育和职业选择，制作了自己的简历，改进了自己的举止甚至外貌（Yates et al.，2016），那他们就会得到那份工作。在这种叙述中，生涯发展教育普及了"个人成为自我创业者"的观念（Irving，2018；Peters，2016），参与了"人生设计"的过程（Savickas et al.，2009），生涯学习在学校、公共和私营的就业服务中都发挥着自己的作用。

在许多国家，将正规教育和青年人都病态化的缺陷论调比比皆是，前者被说成是不能满足业界需要的过时机构，后者则在性格、能力和投入上存在缺陷，因此应该为其在劳动力市场中的长期过渡和边缘化负责（Brunila，2013）。在这种界定问题的方式之下，生涯发展教育往往采取一种"技术统治论"的理性态度（Sultana，2018b），从业者认为自己的作用主要是加强学校和工作之间的联系（Watts，1985）、帮助学生培养想象中学生所"缺乏"的品质，从而使他们对雇主更具吸引力。另一方面，如果过渡期的困难、延误和中断问题在于经济组织方式以及经济赋予最大价值的对象上，那么生涯发展教育就更有可能发挥与众不同的"解放"作用——为整个教育事业做出贡献，帮助学生了解他们生活的世界，其中就包括工作世界。这将帮助他们理解，在他们生命中最好的年华，国家却让他们限制在制度化的义务教育或接近义务教育的狭小空间之内——理论上这是为了日后的独立和生产生活做准备——但尽管如此，社会却没能让他们中的许多人过上体面的生活。

本章的论点是，相比于"技术统治论"的理性态度，后一种类型的工作教育——即真实教育是重要的、可能的和必要的。真实教育能帮助学生解读他们周围发生的事情，使其具备知识、技能和态度，进而追求一个所有人都能蓬勃发展、获得幸福的世界，并为实现这样的世界做出贡献。在接下来的章节中，首先我会概述为什么我认为在教育和培训课程中突出工作世界意义重大。其次，我将为批判性工作教育的必要性给出充分理由，如果所有人的"繁荣"和"幸福"确实是我们教育努力的目标，那么这种工作教育就是必要的。

教育与工作世界

从各方面来讲，我们都很容易得出学校课程应该重视工作世界的论断：工作仍然是人类繁荣的核心，除了维持生计之外，它还能满足人类的许多需求，诸如经验分享、对时间的结构化体验、集体目标、地位和身份，等等（Veltman，2016）。

如果工作对于人类的繁荣如此重要，那么正如白天过去、夜幕降临，以提升和促进这种繁荣为目标的教育应该让所有学生为工作做好准备，以便他们能够尽可能多地享受工作带来的好处。但这里至少存在两个主要问题：（1）当今世界的工作性质；（2）未来世界的工作性质。第一个问题表明，工作对绝大多数人而言分文不值；第二个问题预示着自动化和人工智能（AI）将淘汰人力劳作。如下文所述，这两大问题都对我们的工作教育方式产生了重大影响。

工作的阴暗面

当费尔特曼（Veltman, 2016）赞美工作在人们生活中的重要性时，她谈论的毫无疑问是有意义的工作。她在书中用了相当大的篇幅指出，对许多人来说，工作毫无意义，也并无成就感。她的真实想法是，鉴于当代社会的复杂分工，即使人们所做的工作是社会所必需的，但不可能让所有人都能从事支持人类繁荣的有意义的工作，这一点着实可悲。但这些并不影响她的主张：尽管如此，工作仍然是我们人类生活的核心，我们大多数遭受剥削的经历都可以追溯到工作，无论是不公平的报酬、不被尊重，还是通过压榨一个人的精力和努力成果而让那些已经享有更高权力、地位和财富的人得到过多的利益。

一个人的工作经历会根据他的工作内容和工作地点而大相径庭，因此，描述当代劳动世界是一项极具挑战性的任务。即便如此，如果不得不粗略地进行描绘，我们有理由认为，21 世纪的工作对许多人来说是一种祸害：盖洛普（Gallup）在 2013 年进行的一项调研中发现，只有 13% 的人对自己的工作感到投入和满足。这项调研涉及 142 个国家的 23 万名全职和兼职工作者。国际劳工组织（International Labour Organization, 1999, 2016）的报告对全球的工作经历进行了细致的描述，也得出了这样一个悲观的结论。在就业、社会保护、工人权利和社会对话这四个指标上，国际劳工组织关于全世界"体面工作"的数据对大部分人来说愈加不利。在工作中，不管人们是经历了在劳动力市场中被排斥、工作条件差、工资低、易受伤害和缺乏安全感，还是工作质量差，都导致了一种世界范围的幻灭感（Ryder, 2017）。

几位学者对新自由主义影响下的工作性质进行了反思，提供了进一步的实证证据，为当代工作的严酷描述提供了实质性内容——工作的特点就是不安全、不稳定、竞争激烈、去技能化、签署临时合同甚至无合同，以及侵犯性监视（Cederström & Fleming, 2012；Fleming, 2015；

Frayne, 2015；Procoli, 2004；Sennett, 1998）。这些学者，以及更多
学者，都强化了一众资本主义批评者提出的观点，从马克思到高兹，再
到最近的斯坦丁（Standing, 2011），他们在讨论"不稳定"时，将"工
作"（斯坦丁说它包含了必要的活动，如生存、繁殖以及个人发展）与
"异化劳动"（其功能是生产可销售的产品或服务，而控制它的人往往压
迫和剥削那些从事这些活动的人）区分开来。在过去的两个世纪里，这
种区分被有偿就业的神圣化所掩盖，甚至连那些进步人士也接受了"工
作"能带来"尊严""地位"和社会归属感的观念（Standing, 2018）。

真实工作教育

因此，我们面临这样一个事实：对许多人来说，被视为工作的东西
几乎无助于人类的繁荣。此外，考虑到机器人技术和人工智能的进步，
这样的工作（无论多么令人不满意）在不久的将来是否还会存在也并不
清楚。我们是像乐观主义者所说的那样，即将进入一个新的休闲黄金
时代（Kleiber, 2012），还是正在陷入技术精英与普通人之间日益加深
的鸿沟，对此谁也说不准。《麻省理工学院技术评论》（*MIT Technology
Review*）上的一篇综述文章综合了全球经济和技术专家所作的预测并
得出结论："我们不知道在技术进步的进程中究竟会失去多少工作。"
（Winick, 2018）

然而，所有这些都没有让工作教育变得无关紧要。如果说有什么
不同的话，那就是，由于工作切实关系到繁荣和有意义的生活，我们有
理由声明，所有的学生都有权接受真实的、真正的工作教育课程，这些
课程能够帮助他们认识和理解现在工作的形成方式以及未来可能的形成
方式。我们现在需要提出的问题是：学生们现在得到的是这样的教育
吗？如果答案是否定的，那么这种真实、真正的工作教育会是什么样子
呢？这就引出了其他的存在主义问题，比如，作为一个"人"意味着什

么？什么是"美好的生活"？工作——定义是改变自然的典型人类活动，包括个人自我意识——怎样才能变成滋养物质和非物质需求（比如一个人在与他人和世界的关系中的自我意识）的创造性行为？要让每个人都能过上有尊严的生活，不再受到支配和剥削，可以／应该实施什么样的社会安排？一些教育史学家记录了这些问题受到多大程度的重视，抑或是被"谋生"这种更为功利的关切所掩盖。不出所料，我们在其中发现了一种反复出现的模式：经济衰退会使教育思想家们——从苏格拉底到杜威和弗莱尔——所倡导的教育愿景（Carnoy & Levin, 1985）被边缘化，转而促进一种令人不安的功利主义，使教育从属于经济需要。

86   　　正如我在回顾世界许多地区的生涯发展方案时指出的，现在的明显趋向是，鼓励学生适应并"融入"工作世界，而不是根据现有的和可能的替代办法对工作世界提出质疑（Sultana, 2012a, 2012b）。几十年的教育社会学研究表明，这是整个正规教育事业共同参与的结果（Watts, 1985）：学校教给学生能产生经济效益的专门技能（如职业和数字能力、阅读和算术）和一般能力（如"软技能"）；他们投入大量资源来筛选、区分和认证个人，从而组织"双手"和"大脑"在所有空缺职位上的分配，同时使这种分配合法化；他们教授"工作"的途径不仅有正规课程，还有学校通过其校风、规章仪式、制度和教学文化而反复灌输给学生的生活方式。因此，学校会逐步灌输诸如时间纪律之类的习惯，规范权威的概念，反复灌输延迟满足的习惯，要求学生接受一种纪律制度——任何躯体动作和生理需求都必须服从于外部要求，他们期望学生将外在奖励（例如成绩）而非内在奖励（例如做某事的乐趣）作为奋斗目标，他们教导学生把"工作"（要求很高，通常很无聊，需要付出巨大的努力，类似于"劳动"和"劳作"）和"娱乐／休闲"（与表达自我、自由和享受有关——一个"重新创造"自己的机会）之间的区别看作是自然而然的（Apple, 1995），而实际上，两者之间的区别是由社会和历史所构建的。

通过这些方式，教育机构有力地向年轻一代传达着关于"如何在这个世界上生活"的霸权主义观念。这种情况下，教育工作者面临着一个困境：他们是否应该为了工作而教书，去鼓励学生适应"资本主义的新精神"（Boltanski & Ciapello，2007），以便在这个流动的世界中有更好的机会去争取那些并不稳定的生计（Bauman，2006）？还是说，他们应该帮助学生培养思维和行动工具，以挑战新自由主义劳动力市场让公民失望之处，以这种方式来进行工作（和反对劳动）教育？又或者，教育者应该两者兼顾，努力超越普里尔滕斯基和斯特德（Prilleltensky & Stead，2012）所说的"适应/挑战"困境？

不出所料，这种困境得到了普遍承认。那些教授工作的人——和其他任何教育者一样——都是代位父母，也就是说，他们认真考虑了杜威（Dewey，1907）著名的格言，即"优秀和明智的父母总是以社会对孩子的要求去要求自己的儿女。对我们的学校来说，任何其他理想都是狭隘的、不可爱的；一旦付诸行动，就会摧毁我们的民主"。尽管如此，大多数父母——甚至那些对现状最不满意的父母——仍然希望子女能够谋生，即使这需要在政治和意识形态理想上做出暂时的妥协。

然而，真实教育不能简单地专注于帮助学生"适应"。虽然不能指望教育工作者解决系统性问题，但解决办法肯定不是逆来顺受地屈从于政治，因为屈从本身就是一种政治行为，且终将会与普遍存在的事态勾结。相反，作为教育工作者，我们应该应对在"混乱"的实践领域必然出现的紧张和矛盾，在这个领域，实用主义和现实主义必须响应教育的道德和伦理要求。虽然"适应/挑战"的两难困境不能轻易得到解决，但勇敢的从业者需要忍受因在两者角力的领域工作而导致的不安。只有对"适应/挑战"两难所代表的看似矛盾的要求保持开放态度，才能对解放行动产生新的见解，避免理想主义和悲观主义的双重诱惑。

这引导我们在本章进行一些最后的思考以回答如下问题：那么，在一个民主国家中，真实工作教育意味着什么？下面的讨论旨在开启批判性的对话，而不是作为任何形式的蓝图。

从常识到良知

需要指出的第一点是，真实工作教育必须审慎检查其所依据的常识性假设以及产生这些假设的历史力量。当前的"地球语言"通过利用一系列"电梯词汇"，如"终身教育"和"终身指导"，来决定什么是（什么不是）"问题"，创造谈论问题的方式，并提供问题的"解决方案"（Simons et al., 2009, p. 46）。它勾勒出一幅经济世界的画面，这个世界受到持续、迅速且最终"不可避免"的变革力量的影响，在这些变化的洪流面前，为了生存，个人别无选择，只有适应——而且这种适应会贯穿他们终生。在这种论调中，世界范围内的动态资本流动造成了国家层面越来越难管控的不稳定状态（Bauman, 2017），这种流动往往被实体化——也就是说，它们往往被认为是"既定的"、不容置疑，而且没有可行的替代办法。这意味着，个人必须调整他们在世界上的生活方式（Bengtsson, 2011, 2015），而生涯发展教育正是支持这种适应的服务之一，在一生中任何需要它的时间和地点，生涯发展教育都能通过提供信息、建议和指导来帮助适应。总体意识形态的本质就是说服人们相信，当前的秩序是自然的、正常的、不言而喻的、普遍的，而且符合所有人的利益——与此同时，神秘化、排斥和诋毁其他可能的选择（Eagleton, 1991）。真实教育的本质是揭露围绕社会冲突而产生的掩饰，这种掩饰是强权者为了自身利益而呈现的、看似满足了所有人利益的状态。

要帮助学生认识到他们对工作世界的理解具有可塑性，一种方法是培养历史思维。因此，以工作世界为重点的真实教育方案将帮助学生了解工作是如何变成现在这样的，了解那些时而蓬勃发展、时而遭到破坏的，追求体面和有尊严生活的希望和梦想，了解其中的利益关系——在以特定方式塑造工作场所的过程中谁会受益、谁会受损，以及了解可以做些什么，以争取对这种力量和动力一定程度的共同控制。它将提醒学生，在过去的斗争中，底层群体在工作中为自己争取到了大量的权利，尽管这些权利并不全面，但的确实质性地影响了大多数人，帮助他们具备过上繁荣或至少体面的生活的能力。

还有其他选择——另一个世界是可能的

要帮助学生认识到他们对工作世界的理解具有可塑性，另一种方法是培养人类学/比较思维。换句话说，一个真实工作教育方案也将鼓励学生了解到，正如世界社会论坛的号角提醒我们的那样，另一个世界是可能的（Smith，2004）。无数激动人心的基层运动已在全球各个地区兴起，这些运动旨在挑战"死亡劳动"和制定有意义的工作，真实工作教育方案通过见证这些运动来实现上文的目标。在这种情况下，批判性的工作教育者将为学生提供知识工具和道德决心，使他们不仅思考现状，还能设想一种更具社会公正的共同生活方式，教育者还要向他们提供一些例子，来说明这种愿景既不是空想主义的，也不是反乌托邦的。这些"新经济"形成了一系列广泛的思想和实践，它们都批判主流经济思想，在意识形态上，从试图改变资本主义并使其人性化的"防御性斗争"（Dinerstein，2014），到阐明市场替代方案，着手预设一个更好的后资本主义社会。人们之所以有这样的预设是因为他们相信，个人繁荣只有在公民生活的规范和制度内才真正可能实现。因此，"新经济"对新自由主义的教条提出了质疑，比如"把增长作为经济目标，相信市场是有效的分配机制，政府和国家银行会在发行货币和信贷方面发挥作用"（Avelino et al.，2015，p. 5）。然而，为了建立多样化、生态健康和直接民主的经济，它们不仅质疑新自由主义，也挖掘其内在的价值观：合作实践、互助、互惠和慷慨（Avelino et al.，2015）。

这些不是古怪的、一次性的、昙花一现的倡议：流通中的大量概念和术语表明，人们活力十足，致力于寻求意义、寻找组织生产消费以及共同生活的替代方式——这些术语包括"绿色""公共""社区""协作""共享""包容性""团结""非正式""社会""社会影响""社会创业""核心""平民本位"的经济。因此,我们在这里谈论的只是地方性的浪潮,但是反全球化运动对强加给市场主导的重组已经产生了越来越多的跨国反应(de Sousa Santos, 2006),这代表着迪纳斯坦(Dinerstein, 2014)所说的"希望运动"。这些努力确立了"希望的领域","阐明了更广泛的工作概念,有尊严的工作是摆脱工作与劳动之间传统的划分,涉及将工作视为由多种主体进行的更广泛的社会活动的可能性"(Dinerstein, 2014, p. 1049)。因此,它们提供了"另一种形式的社交、社会关系和团结、关怀实践、学习过程和解放的视野"(Dinerstein, 2014, p. 1050)。

然而,目前的生涯教育项目很少(如果有的话)提及这些社会和经济实验。继皮凯蒂(Piketty, 2014)之后,人们也很少讨论所谓"实用乌托邦"——例如每周四天工作制、弹性保障、全民基本收入和全球财富税——这需要草根阶层对累进税制和利润社会化的支持,因为在当下的世界,截至2030年,全球最富有的1%人口将占有全球财富的三分之二(Frisby, 2018)。

更少有人讨论"团结经济学"中影响更深远的实验,这些实验代表了资本主义和计划经济之外的另一种方案。在这种方案中,最重要的不是"利润价值",而是"生命价值"(Miller, 2005),因此,这些实验能更深刻地动摇、挑战已成为霸权的身份认同、生活方式以及政治和制度模式,并孕育它们的替代品。

其中一些"真实乌托邦"如框5.1所示。"真实乌托邦"是欧林·赖特(Olin Wright, 2010)在他的系列丛书中提到这些运动时使用的词语,这些书籍从价值、过程和影响等几个方面评估了实质性和激进的经济、政治和文化项目以及项目组合。这些都不是"乌托邦"——希腊语的意思是"无处可去"，相反，它们是"此时此地"，是由真实的人们在真实的情况下，激发的一系列以集体的、草根阶层的方法来组织的经济活动。

框5.1　务实的乌托邦和希望的领域

- 西班牙巴斯克地区的蒙德拉贡（Mondragon）合作社提醒人们，工人拥有部分所有权和参与管理能够引发对经济民主而不仅仅是公民民主的重视，在这种背景下，效率和利润的产生（和社会化）并不相互排斥（Johnson，2017）。

- 阿根廷失业工人运动（Movimento de Trabajadores Desocupados，也称为 Piquetero 运动）包括一系列集体行动和在街区实施的合作社形式的工作和社会活动。这些活动包括住房合作社、培训和教育、环境项目，所有这些都有助于"与其他民众运动、社会组织、地方工会和小企业合作，创造'真正'和'有尊严'的工作以及民主团结的做法"（Dinerstein，2014，p.1043）。

- 巴西的"无土地运动"（MST）在过去30年里发动了一场土地改革运动，其中涉及数十万无地农民，他们占据大片非生产性土地，并向政府施压，要求将这些土地重新分配给无地家庭，使他们能够在团结经济的背景下通过合作社集体耕种自己的土地（Wright & Wolford，2003）。

- 巴西阿莱格里港市几十年来一直在促进参与性治理和直接民主，将相当大一部分财富分配给公民，公民根据当地社区和居民区的讨论情况决定如何以及在何处使用这些财富（Baiocchi，2005）。

新自由主义将公共利益视为个人寻求私人利益的意外结果，以上所有这些社会和经济实验都在挑战新自由主义（Zamagni，2014，p. 193）。与之相反，这些运动要将人们引向一个经济价值与社会价值密不可分的世界，在这个世界里，各种经济关系和我们称为"工作"的人类活动都被道德伦理所框定，而道德伦理关注的是价值如何不可避免地与社会关系交织在一起（Davis & Dolfsma, 2008）。正是在这样的背景下，"工作"——即使是适度的工作——才能获得意义。而且，正是通过开拓这样一种可能性的前景，工作教育才有可能解决那些一味让学生默许并"适应"不适合人类的工作的课程所造成的麻木效应。

激发工作领域的批判能力，为寻找和设想替代方案铺平道路，需要的不仅仅是历史或人类学知识：亲身经历能更有力地滋养人们对"可能"和"应当"的事物的品味。这种洞察是深度学习和教育观点的核心，用杜威（Dewey, 1916）的话来说，"（这种洞察）不是为生活所做的准备，而是生活本身"（p. 239）。因此，一个真实工作教育需要的不仅仅是对"生涯管理技能"课程的彻底修订。相反，正如在杜威的实验学校中一样，它还将着手确保学生能参与到有意义的工作任务和能够平衡"个人的独特能力与社会服务"（p. 360）的工作关系中。这将需要彻底改革教育体系，因为现在的教育体系已日益成为市场的镜像——这使我们重申杜威的观点：他所感兴趣的那种教育"不会让工人'适应'现有的工业体制；我对这种制度的爱还不够"（p. 42）。正是通过在一个能促进人类繁荣的环境中体验生活，未来的成年人才会接受这种民主和有利的工作关系，以及更广泛的公民生活。

结论

本章认为，所有年龄段的学生都有权接受真实教育以拓宽他们对"工作"作为个人成就感来源的理解。我们认为，大多数工作教育方案倾向于以一种实体化的方式呈现工作世界，鼓励参与者遵从、同意和共谋，而不是理解、挑战和竞争。此外，本章还为提出工作教育方案给出了充分的理由，这些方案促使人们了解，在不同的时间和地区，群体是

如何努力斗争以改善其劳动条件，甚至在某些情况下，他们还着手发展
以不同于市场逻辑和价值观来运作的经济体系。如果把教育理解为一种
既能传递又能引出人类所能达到的最佳水平的努力，那么这样的课程就
是合理的。在这样的理解下，工作教育会让学生参与到各种复杂形式的
对话中，以解构、阻断和挑战经济体系，同时，工作教育也会指出那些
清楚地证明"另一个世界是可能的"的努力。

91

参考文献

Allais, S., & Shalem, Y. (2018). *Knowledge, curriculum, and preparation for work*. Leiden, the Netherlands: Brill.

Andrews, D., & Hooley, T. (2018). *The careers leader handbook: How to create an outstanding careers programme for your school or college*. Bath, UK: Trotman.

Appadurai, A. (2004). The capacity to aspire: Culture and the terms of recognition. In V. Rao & M. Walton (Eds.), *Culture and public action* (pp. 59–84). Palo Alto, CA: Stanford University Press.

Apple, M. W. (1995). *Education and power* (2nd ed.). New York: Routledge.

Avelino, F., Wittmayer, J., Dumitru, A., Longhurst, S., Hielscher, S., ... Weaver, P. (2015, September). *"New economies"? A transformative social innovation perspective*. TRANSIT Working Paper No. 3.

Bacchi, C. (2009). *Analysing policy: What's the problem represented to be?* Frenchs Forest, Australia: Pearson.

Baiocchi, G. (2005). *Militants and citizens: The politics of participatory democracy in Porto Alegre*. Stanford, CA: Stanford University Press.

Barnes, A., Bassot, B., & Chant, A. (2011). *An introduction to career learning & development 11–19: Perspectives, practice and possibilities*. London: Routledge.

Bauman, Z. (2006). *Liquid times: Living in an age of uncertainty*. Cambridge, UK: Polity Press.

Bauman, Z. (2017). *A chronicle of crisis: 2011–2016*. London: Social Europe Editions.

Bengtsson, A. (2011). European policy of career guidance: The interrelationship between career self-management and production of human capital in the knowledge economy. *Policy Futures in Education, 9*, 616–627. doi:10.2304/pfie.2011.9.5.616

Bengtsson, A. (2015). European career guidance policy: A focus on subtle regulatory mechanisms. *Zeitschrift für Weiterbildungsforschung—Report, 38,* 241–250.

Boltanski, L., & Ciapello, E. (2007). *The new spirit of capitalism.* London: Verso.

Bowes, L., Smith, D., & Morgan, S. (2005). *Reviewing the evidence base for careers work in schools* (Occasional paper). Derby, UK: International Centre for Guidance Studies.

Brown, P., Lauder, H., & Ashton, D. (2010). *The global auction: The broken promises of education, jobs, and incomes.* Oxford: Oxford University Press.

Brunila, K. (2013). Hooked on a feeling: Education, guidance and rehabilitation of youth at risk. *Critical Studies in Education, 54,* 215–228. doi:10.1080/17508487.2012.7163 69

Carnoy, M., & Levin, H. M. (1985). *Schooling and work in the democratic state.* Stanford, CA: Stanford University Press.

Cederström, C., & Fleming, P. (2012). *Dead man working.* Arlesford, UK: Zero Books.

Collins, J., & Barnes, A. (2017). *Careers in the curriculum: What works?* London: The Careers & Enterprise Company.

Collins, R. (2000). Comparative and historical patterns of education. In M. T. Hallinan (Ed.), *Handbook of the sociology of education* (pp. 213–239). New York: Springer.

Davis, J. B., & Dolfsma, W. (2008). Social economics: An introduction and a view of the field. In J. B. Davis & W. Dolfsma (Eds.), *The Elgar companion to social economics* (pp. 1–7). Cheltenham, UK: Elgar.

de Sousa Santos, B. (Ed.). (2006). *Another production is possible.* London: Verso.

Dewey, J. (1907). The school and social progress. In *The school and society* (pp. 19–44). Chicago: University of Chicago Press.

Dewey, J. (1916). *Democracy and education.* New York: Free Press.

Dinerstein, A. C. (2014). The dream of dignified work: On good and bad utopias. *Development and Change, 45,* 1037–1058. doi:10.1111/dech.12118

Eagleton, T. (1991). *Ideology: An introduction.* London: Verso.

Education Scotland. (2015). *Developing the young workforce: Career education standard (3–18).* Livingston, UK: Author.

Fleming, P. (2015). *The mythology of work: How capitalism persists despite itself.* London: Pluto Press.

Foskett, R., & Johnston, B. (2006). *Credit-bearing careers education.* Southampton, UK: University of Southampton.

Frayne, D. (2015). *The refusal of work: The theory and practice of resistance to work.* London: Zed Books.

Frigerio, G., Mendez, R., & McCash, P. (2012). *Redesigning work-related learning: A management studies placement module*. Warwick, UK: Career Studies Unit, University of Warwick.

Frisby, D. (2018, April 12). Wealth inequality is soaring. Here are the 10 reasons why it's happening. *The Guardian*. Retrieved from https://www.theguardian.com/commentisfree/2018/apr/12/wealth-inequalityreasons-richest-global-gap

Gatsby Charitable Foundation. (2014). *Good career guidance*. London: Author.

Griffin, P., McGraw, B., & Care, E. (Eds.). (2012). *Assessment and teaching of 21st century skills*. Cham, Switzerland: Springer.

Grubb, W. N., & Lazerson, M. (2004). *The education gospel: The economic power of schooling*. Cambridge, MA: Harvard University Press.

Hodkinson, P., Sparkes, A. C., & Hodkinson, H. (1996). *Triumphs and tears: Young people, markets, and the transition from school to work*. London: Fulton.

Hooley, T. (2018). A war against the robots? Career guidance, automation and neoliberalism. In T. Hooley, R. G. Sultana, & R. Thomsen (Eds.), *Career guidance for social justice: Contesting neoliberalism* (pp. 93–108). London: Routledge.

Hooley, T., & Dodd, V. (2015). *The economic benefits of career guidance*. Careers England.

Hooley, T., Sultana, R. G., & Thomsen, R. (Eds.). (2018a). *Career guidance for social justice: Contesting neoliberalism*. London: Routledge.

Hooley, T., Sultana, R. G., & Thomsen, R. (2018). The neoliberal challenge to career guidance—Mobilising research, policy and practice around social justice. In T. Hooley, R. G. Sultana, & R. Thomsen (Eds.), *Career guidance for social justice: Contesting neoliberalism* (pp. 1–28). New York: Routledge.

Hooley, T., Watts, A. G., Sultana, R. G., & Neary, S. (2013). The "Blueprint" framework for career management skills: A critical exploration. *British Journal of Guidance and Counselling, 41*, 117–131. doi:10.1080/03069885.2012.713908

Hughes, D., Bosley, S., Bowes, L., & Bysshe, S. (2002). *The economic benefits of guidance* (Research Report Series No. 3). Derby, UK: International Centre for Guidance Studies.

International Labour Organization. (1999). *ILO: Decent work* (Report of the Director-General, International Labour Conference, 87th Session). Geneva: Author.

International Labour Organization. (2016). *World employment and social outlook: Trends 2016*. Geneva: Author.

Irving, B. (2018). The pervasive influence of neoliberalism on policy guidance discourses in career/education: Delimiting the boundaries of social justice in New Zealand. In T. Hooley, R. G. Sultana, & R. Thomsen (Eds.), *Career guidance for social justice: Contesting neoliberalism* (pp. 47–62). London: Routledge.

Johnson, R. D. (2017). *Rediscovering social economics: Beyond the neoclassical paradigm.* London: Palgrave Macmillan.

Kalleberg, A. L. (2007). *The mismatched worker.* New York: Norton.

Killeen, J., & Kidd, J. M. (1991). *Learning outcomes of guidance: A review of research* (Research Paper No. 85). Sheffield, UK: Employment Department.

Kleiber, D. (2012). Taking leisure seriously: New and older considerations about leisure education. *World Leisure Journal, 54,* 5–15. doi:10.1080/04419057.2012.668278

Kuhn, M., & Sultana, R. G. (Eds.). (2006). *Homo sapiens Europæus? Creating the European learning citizen.* New York: Lang.

Kuratko, D. F. (2005, September). The emergence of entrepreneurship education: Development, trends, and challenges. *Entrepreneurship: Theory and Practice,* 577–597. doi:10.1111/j.1540–6520.2005.00099.x

Law, B. (1999). Career learning space: New DOTS thinking for careers education. *British Journal of Guidance and Counselling, 27,* 35–54. doi:10.1080/03069889908259714

Law, B., & Watts, A. G. (1977). *Schools, careers and community.* London: Church Information Office.

Magnuson, C. S. (2000). How early is too early to begin life career planning? The importance of the elementary school years. *Journal of Career Development, 27,* 89–101. doi:10.1177/089484530002700203

McCowan, C., McKenzie, M., & Shah, M. (2017). *Introducing career education and development: A guide for personnel in educational institutions in developed and developing countries.* Brisbane, Australia: InHouse.

Midttun, K., & McCash, P. (2018). Social justice: Integrating theory and practice to stimulate reflexivity and enactment. In T. Hooley, R. G. Sultana, & R. Thomsen (Eds.), *Career guidance for emancipation: Reclaiming justice for the multitude* (pp. 183–199). London: Routledge.

Miller, E. (2005). *Solidarity economics: Strategies for building new economies from the bottom-up and the inside-out.* Retrieved from http://base.socioeco.org/docs/doc-7377_en.pdf

Mundy, K., Green, A., Lingard, R., & Verger, A. (2016). Introduction: The globalization of education policy—Key approaches and debates. In K. Mundy, A. Green, R. Lingard, & A. Verger (Eds.), *The handbook of global education policy* (pp. 1–20). Chichester,

UK: Wiley.

National Centre for Guidance in Education. (2017). *A whole school guidance framework*. Dublin: Author.

Nussbaum, M. (2001). Symposium on Amartya Sen's philosophy: 5 adaptive preferences and women's options. *Economics and Philosophy, 17*, 67–88. doi:10.1017/S0266267101000153

Olin Wright, E. (2010). *Envisioning real utopias*. London: Verso.

Peters, M. A. (2016). Education, neoliberalism and human capital: Homo economicus as "entrepreneur of himself." In S. Springer, K. Birch, & L. MacLeavey (Eds.), *The handbook of neoliberalism* (pp. 297–307). Abingdon, UK: Routledge.

Piketty, T. (2014). *Capital in the twenty-first century*. Cambridge, MA: Belknap.

Pouyaud, J., & Guichard, J. (2018). A twenty-first century challenge: How to lead an active live whilst contributing to sustainable and equitable development. In T. Hooley, R. G. Sultana, & R. Thomsen (Eds.), *Career guidance for social justice: Contesting neoliberalism* (pp. 31–46). London: Routledge.

Prilleltensky, I. & Stead, G. B. (2012). Critical psychology and career development: Unpacking the adjust–challenge dilemma. *Journal of Career Development, 39*, 321–340. doi:10.1177/0894845310384403

Procoli, A. (Ed.). (2004). *Workers and narratives of survival in Europe: The management of precariousness at the end of the twentieth century*. New York: SUNY Press.

Rott, G. (2015). Academic knowledge and students' relationship to the world: Career management competence and student centred teaching and learning. *Journal of the European Higher Education Area, 2*, 51–70.

Ryder, G. (2017, February 1). Decent work or indecent politics. *Social Europe*.

Savelsberg, H. J. (2010). Setting responsible pathways: The politics of responsibilisation. *Journal of Education Policy, 25*, 657–675. doi:10.1080/02680939.2010.493224

Savickas, M. L., Nota, L., Rossier, J., Dauwalder, J.-P., Duarte, M. E., Guichard, J., ... van Vianen, A. E. M. (2009). Life designing: A paradigm for career construction in the 21st century. *Journal of Vocational Behavior, 75*, 239–250. doi:10.1016/j.jvb.2009.04.004

Schwartz, B. (2015). *Why we work*. New York: Simon & Schuster.

Sennett, R. (1998). *The corrosion of character: The personal consequences of work in the new capitalism*. New York: Norton.

Sharma, A. (2016). The STEM-ification of education: The zombie reform strikes again. *Journal for Activist Science & Technology Education, 7*, 42–50.

Simon, R. I., Dippo, D. A., & Schenke, A. (1991). *Learning work: A critical pedagogy of work education*. New York: Greenwood.

Simons, M., Olssen, M., & Peters, M. A. (Eds.). (2009). *Re-reading education policies: A handbook studying the policy agenda of the 21st Century*. Rotterdam, the Netherlands: Sense Publishers.

Smith, J. (2004). The World Social Forum and the challenges of global democracy. *Global Networks, 4*, 413–421. doi:10.1111/j.1471–0374.2004.00102.x

Standing, G. (2011). *The precariat: The new dangerous class*. London: Bloomsbury Academic.

Standing, G. (2018, March 23). Left should stop equating labour with work. *Social Europe*. Retrieved from https://www.socialeurope.eu/why-work-not-labour-is-ecological-imperative

Sultana, R. G. (2012). Learning career management skills in Europe: A critical review. *Journal of Education and Work, 25*, 225–248. doi:10.1080/13639080.2010.547846

Sultana, R. G. (2012b). Career education: Past, present ... but what prospects? *British Journal of Guidance and Counselling, 41*, 69–80. doi:10.1080/03069885.2012.739373

Sultana, R. G. (2012c). Flexibility and security? The implications of "flexicurity" for career guidance. *British Journal of Guidance and Counselling, 45*, 145–163. doi:10.1 080/03069885.2012.721125

Sultana, R. G. (2013). Career management skills: Assessment for learning. *Australian Journal of Career Guidance, 22*, 82–90. doi:10.1177/1038416213496759

Sultana, R. G. (2014). Pessimism of the intellect, optimism of the will? Troubling the relationship between career guidance and social justice. *International Journal for Educational and Vocational Guidance, 14*, 5–19.

Sultana, R. G. (2018a). *Enhancing the quality of career guidance in secondary schools: A handbook*. MyFuture Project.

Sultana, R. G. (2018). Precarity, austerity and the social contract in a liquid world: Career guidance mediating the citizen and the state. In T. Hooley, R. G. Sultana, & R. Thomsen (Eds.), *Career guidance for social justice: Contesting neoliberalism* (pp. 63–76). London: Routledge.

Thomsen, R. (2014). *A Nordic perspective on career competences and guidance—Career choices and career learning*. Oslo, Norway: NVL.

Tomlinson, M. (2008). "The degree is not enough": Students' perceptions of the role of higher education credentials for graduate work and employability. *British Journal of Sociology of Education, 29*, 49–61. doi:10.1080/01425690701737457

94

Vally, S., & Motala, E. (Eds.). (2014). *Education, economy and society*. Pretoria, South Africa: University of South Africa Press.

van de Oudeweetering, K., & Voogt, J. (2018). Teachers' conceptualization and enactment of twenty-first century competences: Exploring dimensions for new curricula. *Curriculum Journal, 29*, 116–133. doi:10.1080/09585176.2017.1369136

Veltman, A. (2016). *Meaningful work*. Oxford: Oxford University Press.

Watts, A. G. (1985). Education and employment: The traditional bonds. In R. Dale (Ed.), *Education, training and employment: Towards a new vocationalism?* (pp. 9–22). Oxford: Pergamon.

Watts, A. G. (2014). Cross-national reviews of career guidance systems: Overview and reflections. *Journal of the National Institute for Career Education and Counselling, 32*, 4–14.

Welde, A. M. J., Bernes, K. B., Gunn, T. M., & Ross, S. A. (2016). Career education and the elementary school level: Student and intern teacher perspectives. *Journal of Career Development, 43*, 426–446. doi:10.1177/0894845316633524

Winick, E. (2018, January 25). Every study we could find on what automation will do to jobs, in one chart. *MIT Technology Review*. Retrieved from https://www.technologyreview.com/s/610005/every-study-wecould-find-on-what-automation-will-do-to-jobs-in-one-chart

Wright, A., & Wolford, W. (2003). *To inherit the earth: The landless movement and the struggle for a new Brazil*. Oakland, CA: Food First Books.

Yates, J., Hooley, T., & Kaur Bagri, K. (2016). Good looks and good practice: The attitudes of career practitioners to attractiveness and appearance. *British Journal of Guidance and Counselling, 45*, 547–561. doi:10.1080/03069885.2016.1237615

Zamagni, S. (2014). Public happiness in today's economics. *International Review of Economics, 61*, 191–196. doi:10.1007/s12232-014-0209-5

第6章
生涯指导：存在于公共政策的边缘

约翰·麦卡锡（John McCarthy），蒂博尔·斯·博尔贝利-佩奇（Tibor Bors Borbély-Pecze）

摘要 针对生涯指导的公共政策制定和执行是一个复杂的问题，因为在大多数国家，生涯指导处于教育、就业和社会包容立法的外围部分。政策解决方案本质上是妥协。法规和经济激励是提供生涯指导的主要政策工具，但法规的意图与政策执行所带来的经济激励往往并不一致。此外，实施政策的中介组织给政策效果带来了很大的变数。国际机构和组织对生涯指导在教育和就业政策中的作用表现出极大的兴趣，它们会进行政策审查、拟定生涯指导建议，并在某些情况下提供经济激励来支持其执行。然而，目前对国家层面政策制定和执行的评价研究仍十分匮乏。

关键词 生涯指导，公共政策，政策制定，政策执行，政策工具，评估

引言：公共政策干预

本章探讨了生涯指导对公共政策的干预作用。生涯指导领域的主要国际组织，特别是经济合作与发展组织倾向于采用"生涯指导"这

一术语，该组织在对这一领域进行审查时对该术语进行了界定与编纂（OECD，2004），所以本章采用"生涯指导"这一术语。在实践中，国际政策领域使用的术语不仅多变而且存在争议，但我们决定避免对这一问题展开讨论，采用占主导地位的术语。

公共政策是指政府在面对影响公民的问题时采取的行动方针。其表现形式可以是不作为，也可以是政府决策、法律、授权、法规、方针、程序、优先事项和原则声明以及各类标准，这些行为可以单独发挥作用，也可能多个共同发挥作用。这些令状为政府的行动提供指导，也是向公民提供对政府问责的一种手段。韦唐（Vedung，1998）指出，对于公民相关的问题，是否应该进行干预是政府面临的基本政策选择。他将政策选择分为两类：第一类是不干预，允许市场机制、公民社会和家庭提供解决方案；第二类是采取干预，干预可以有不同的形式，如监管和激励。一般来说，政府在满足公民需求方面的行动是对不完全市场及市场失灵的反应。政府首先要决定是否进行干预，这反映了政府对问题和可能解决方案的了解，并可能反映政治意识形态、资源、优先事项中的一个或多个。干预可被描述为一种"资源方法"（Vedung，1998），其中资源由政府分配以支持干预的实施。干预是本章的重点。

韦唐（Vedung，1998）提出了支持干预的三类政策工具：法规（规则和指令）、经济激励（物质、有形资产和人力资源）和信息（例如影响人们行为的宣传运动）。这些不同的干预措施可以同时使用。关于政策工具的选择和使用，有许多重要的研究课题，包括这些政策工具在政府政策执行中的有效性和公众对其的接受度，这可能为政府使用政策工具提供合法性。

政府（国家和 / 或区域）本身并不执行政策，需要执行机构（有时称为政治组织）协助（Borbély-Pecze，2019）应用政策工具。它们可以是政府组织或机构和 / 或非政府行为者（私人、非营利组织或两者兼而有之）。所有公共政策的实施都会受到组织、组织领导者、工作人员及

96

每个组织的文化和环境的影响。

公共政策制定过程

制定公共政策时出发点多有不同。例如，选举期间做出的政治承诺、政府部长或其顾问对自己感兴趣的公共事业的承诺、不可预见的人口危机（如全国范围内的青年骚乱）、为解决现有策略引起的问题所做出的尝试、技术变革、倡导和游说团体、社会运动或评估研究的结果。政策制定者将基于一个或多个出发点，将问题列入政策议程。政策建议也可以借助其他政策来获得吸引力：生涯指导政策可以成为更广泛的教育、就业、社会包容和经济政策的一部分。巴克（Buck，1996）描述了公共政策制定过程的各个阶段：

（1）议程设定；

（2）政策制定和合法化；

（3）执行；

（4）评估；

（5）政策维护、发展或终止。

97　　对于生涯指导这样的领域来说，成为政策议程的一部分是一个特殊挑战，因为生涯指导被视为实现广泛的公共政策目标的工具（稍后讨论），而不是目的本身。巴克（Buck，1996）区分了系统性议程（确定的政治社区问题，关乎不同程度的公共利益，但没有建议的解决方案）和制度或决策议程（决策者积极考虑已确定的问题领域，并决定特定的、具体的方案来处理问题领域）。公众的认识和支持对于问题从系统性议程转向制度议程十分必要。起初，生涯指导通常作为一个公认的公共事务而加入系统性议程，然后才转移到制度议程里。

政策制定涉及界定问题的限度，起草和提供政策建议备选方案并概述每个建议的相对优缺点，酌情利用研究和评价研究及其他相关立法

和 / 或行政文件。这项任务主要由部委官员承担，官员有时会与利益相关者进行正式或非正式协商。政策解决方案是通过谈判、讨价还价和妥协产生的。古丁、赖因和莫兰（Goodin et al., 2011）指出，人们对支配政策制定过程的制度理性存在错觉，特别是在制定政策时会自认为已经充分了解：（1）最佳的行动方法；（2）采取行动过程中的限制（物质、社会、政治和财政）；（3）行为的后果——有意的、无意的、预料之中的、意想不到的；（4）行动的效率和效力、公众的接受度以及政府采取行动的合法性。

政策执行涉及将政策目标转化为行动。巴克（Buck, 1996）指出了官僚资源和行政裁量权在政策执行中的作用。前者涉及负责执行政策的组织中的工作人员所具备的技术和行政专门知识，而后者则是指赋予组织在特定情况下应用政策的裁量权。将所有可能的情景设想写入政策文档和每个方案的规则中不太现实。古丁等人（Goodin et al., 2011）指出，正是远离管理层的"基层行政人员"——例如，警察、社会工作者、教师和生涯指导工作者——在不同的背景下落实这些政策。他们注意到，随着政策沿着管理链向下落实，对政策的实施也逐渐失控。因此，巴达克（Bardach, 1977）得出结论，不能想当然地认为政策会按照预期实施——事实通常并非如此。

政策评估可以是形成性的，也可以是总结性的。前者发生在整个政策制定和执行过程中，后者发生在政策或政策执行方案完成后。正如巴克（Buck, 1996）所指出的那样，政策评估自身就存在挑战，包括衡量效率与效力、政策目标的精确性、对行动方案中表达的目标的解释以及对成果的衡量。政策评估还必须考虑到影响政策执行的许多变量，例如如何利用行政裁量权，中介组织、管理人员以及组织内的"基层行政人员"和专业人士的价值观，政策所针对的群众和公众（如果两者不同）的观点和经验，以及评估者的价值观和期望。

随着时间的推移，公共政策会接受审查以确定其是否仍具有相关性和有效性。这些审查可能会导致政策的修改、继续或终止。具有不同优先事项和价值观的新政府可能会带来政策变化。

为了便于说明，前面概述的政策设计周期和过程以逻辑顺序呈现。但是，现实情况却大不相同。现实中，各阶段有时会重叠，而且会与其他政策和政策周期不断相互作用，特别是在提供生涯指导方面，在大多数情况下，生涯指导在更广泛的社会和经济政策中只占很小一部分。

上文介绍了公共政策和公共政策周期，这为目前审查政府在生涯指导领域的政策干预奠定了基础。

政府干预的论据

政府在生涯指导领域进行政策干预的论点是多样的，经合组织（OECD，2004）和欧洲终身指导政策网络（ELGPN，2015a）都很好地阐述了这些论点。一些政策目标以个人为中心，例如，改善生涯决策、更好地了解不同学习途径和选择的结果、协助个人换工作或重新融入劳动力市场、支持验证通过非正规和非正式学习获得的能力以及规划终身决策（如退出劳动力市场和退休）。欧洲终身指导政策网络将家庭、社区以及个人作为生涯指导政策目标的对象和受益者。该组织指出，个人、家庭和社区在管理学习和工作途径的能力方面存在差异，而生涯学习有助于发展这三种社会单元的能力以弥补差异。

政府干预的其他论点具有更广泛的社会和经济性质。经合组织（OECD，2004）将其分为学习目标、劳动力市场目标和社会公平目标。生涯指导支持的学习目标包括提高教育系统的效率和效力（参与、受雇、留任、业绩和发展），以及加强教育与劳动力市场之间的联系。生涯指导支持的劳动力市场目标包括改善劳动力市场供需之间的匹配、解决技能短缺问题以及预防或减少失业。生涯指导支持的社会公平目标包括增进移民、少数民族、残疾人和社会弱势群体的社会融合，促进劳动力市场的性别平等和性别细分。罗伯逊（本书第 7 章）为理解公共政策对生涯发展的潜在目标提供了框架。

干预——政策工具的使用

法规、经济激励和信息是政府用于政策实施的资源工具。在本章中，**法规**一词采取的是最广泛的政府意义，即支持为公民提供生涯指导的法律规定、指令、准则、规范、规则、程序等。**经济激励**是指政府为实施法规而提供的资源。**信息**是指政府用来传达政策信息的一系列媒介，包括宣传活动、电视节目和广告，以及出版物和网络资料，旨在使公民了解某项服务的存在并鼓励他们使用这种服务。

法规

法律规定为制定政策和战略文件、资源分配、经济激励和宣传运动提供了法律依据，因而是国家干预的基础。在许多国家，教育相关的法律框架中都提及了生涯指导。在爱尔兰，《教育法》（Government of Ireland, 1998）规定，中学有法律义务"确保学生能够获得适当的指导，帮助他们进行教育和生涯选择"。该法案没有明确定义"获得适当指导"的含义，所以爱尔兰政府部门随后就这一法律要求对学校的影响发布了一套指导方针（Department of Education and Science, 2005）。同样，在芬兰，《基础教育法》（Government of Finland, 1998）赋予学生获得生涯指导的权利，政府法令规定了指导的时长和指导顾问的资质，国家教育委员会确定生涯学习的目标和内容。

在英国，《教育法》（Government of the United Kingdom, 2011）提出英国学校有责任为 16 岁以下的学生提供"公正和独立的"指导。该项法律规定了生涯指导的定义。教育部定期制定和发布新的或修订的政策实施战略，其中最新的是生涯战略：充分利用每个人的技能和才能

(Department for Education, 2017)。

其他国家，如韩国，有提供生涯指导的具体法律框架。《生涯教育法》(Republic of Korea, 2015) 描述了国家和省级政府以及学校在为学生提供生涯教育方面的责任。该法案共有 4 章 23 条，规定了学生接受生涯教育的合法权利，描述了生涯教育的不同特征并确立了《生涯教育法》与其他相关法案，例如《中小学教育法》(Republic of Korea, 2009)，之间的关系。

总结欧洲国家的立法 (ELGPN, 2012a) 时，可以发现有几个国家为劳动力市场部门制定的法律提到了生涯指导条款，如爱沙尼亚、法国、挪威和西班牙。一般而言，生涯指导作为支持失业者的劳动力市场措施，只是偶尔被提及，并且只是委托给公共就业服务处的一系列任务之一。

法规还涉及指令、规范和课程。相关政府部门——例如芬兰和爱尔兰的政府部门，可以指定生涯指导从业人员的资质类型。在爱尔兰，还可以指定培训内容 (Department of Education and Skills, 2016)，以便被培训者有资格就业。生涯指导目标可列入各政府部门发布的一般课程文件 (The Scottish Government, 2008) 或生涯指导的具体课程指南 (Ministry of Education, 2009)。

经济激励

在法规中提及生涯指导只是第一步，实施政策需要组织和资源（人力、物力、实体和虚拟资源）。在教育部门，提供生涯指导的主要组织是学校、高等教育机构、职业教育和培训中心以及成人和社区学习中心。公共就业服务或公私合作是劳动力市场部门提供生涯指导的主要工具。通常，资源会作为预算的一部分，分配给学校和公共就业办公室等组织，用以实现一系列包括生涯指导在内的政策目标，而且学校和组织对如何使用预算有一定的行政裁量权。

划拨人力资源用来为教育和劳动力市场部门提供生涯指导，可以作为政府经济激励和致力于政策执行的良好例子。有时，这些激励措施、立法要求和对交付的期望之间是一致的。例如，在芬兰的中等教育中，指导从业人士与在校学生的比例约为 1：245。但是，也有许多例子表明这些激励措施、立法要求和对交付的期望之间并不一致，如将芬兰的比例与澳大利亚、美国和突尼斯的比例进行对比：在一项关于澳大利亚学校咨询的研究中，坎贝尔和科尔马（Campbell & Colmar, 2014）指出，新南威尔士州与南澳大利亚州的比例分别为 1：1050 和 1：3500。2015 年，美国全国平均指导从业人士与学生的比例为 1：482，佛蒙特州为 1：202，亚利桑那州为 1：924（National Association for College Admission Counseling and the American School Counselor Association, 2015）；突尼斯高中的全国比例为 1：6000（Mejri & McCarthy, 2017）。在法国，学校的**教授**有责任为学生提供生涯指导，但是，即使开展这项活动会获得额外的报酬，他们也不需要接受任何培训或拥有资质。前面列举的例子强调了教育部门的一些干预变量，这些变量能够为当事人带来成果并支持政策目标的实现（例如芬兰），或者限制和阻碍这些目标（例如突尼斯）。

101

在一项关于 28 个欧洲国家公共就业服务生涯指导的研究中，还提到了不切实际的就业顾问与来访者的比例（Sultana & Watts, 2006）。就业顾问的角色压力很大，例如他们要解决来访者的就业需求和愿望、实现政府的工作安置目标，还要举办社会保障福利驱动的面试。由于分配给生涯指导的时间不足，在许多国家，就业部门和教育部门似乎不太可能按照政策意图实施生涯指导措施。如果就业顾问/个案工作者只有 5—10 分钟的时间协助来访者审视阻碍其激活和融入劳动力市场的个人障碍，并提供个性化支持，那么来访者和政策实施的结果会非常受限。

因此，在欧盟民意调查（European Commission, 2014）对 29 个成员国近 30 000 名公民进行的调查中，只有 24% 的受访者表示他们使用过生涯指导服务，在一些国家，这一数字降至 3%，这毫不奇怪。从未使用过生涯指导服务的主要原因是缺乏获得渠道（45%），而资源对于获得渠道至关重要。资源不足导致各组织将某些目标群体和活动列为优先事项，因此，组织对政策执行情况的解释可能与国家政策和战略文件中的预期截然不同。在一些国家，提供生涯指导的政府政策倾向于定向提供，而不是普遍提供。政府对教育和就业机构有许多不同的要求，生涯指导规定只是其中之一，而且往往是次要的。格拉布（Grubb，2002）将生涯指导活动描述为教育和培训的辅助手段而非核心，更广泛地说，是旨在提高劳动力市场灵活性和效率的政策。他进一步提到影响政策实施的两个关键资源问题：一是权力下放，将政策执行的预算自由裁量权赋予地方组织（例如学校），这导致不同学校之间的生涯指导不一致；二是将生涯指导资金与学校预算挂钩，鉴于生涯指导在学校中是一项相对次要的活动，在公共资金稀缺时，生涯指导资金极有可能首先受到削减，2012 年爱尔兰就出现过此类情况。这同样适用于为失业者提供的服务：在失业率高的经济危机时期，政府可能会发现，在对就业顾问的需求实际较大的时候，更容易减少生涯指导干预。

102　　　还有其他一些影响政策执行效力的因素，如机构领导和组织对生涯指导活动的重视程度。例如，学校全员参与模式，与仅将生涯教育和指导作为从业者的专有责任形成鲜明对比。从业者对自己角色的专业诠释也是影响因素。因此，巴达克（Barduch，1977）认为，由于前面提到的干预变量，政策很少按预期实施，这在提供生涯指导中尤其显著。

信息

政府领导或政府机构领导的宣传运动可以宣传生涯指导对公民的好处，并鼓励不同类别的公民利用这些好处。这样的实例并不多见，但能看到其在创造公众对生涯服务的需求方面取得的积极成果。2002 年初，政府机构"苏格兰生涯"（Careers Scotland）为了提高其品牌知名度，举办了一次大型营销活动。结果正如一项综合调查（Segal Quince Wicksteed Consulting，2003）所示，听说过"苏格兰生涯"的成年人口比例在 2002 年 3 月至 2003 年 4 月从 37% 增加到 72%。同一时期，在苏格兰，表示自己发现有关生涯、培训或其他学习机会的建议和指导"非常有用"的人口占比从 12% 增加到 22%。佩奇、牛顿、霍索恩、亨特和希拉吉（Page et al.，2007）评估了一个类似的运动，该运动由"直接学习公司"（Learndirect）开展，以促进英国成人学习为目的。据报道，电视广告和节目是促使公众使用政府提供的指导服务的最主要原因。宣传运动能够刺激并引发公众对生涯指导的潜在需求，然而作为一种政策工具，它们并未得到充分利用。

总之，政策工具（法规、经济激励和信息）是政府提供生涯指导的主要政策实施工具。在许多国家，法规和经济激励会一起使用，但很少有国家能以实例表明政策预期与为政策执行提供的经济激励之间存在一致性。信息已被证明是一种非常有效的政策工具。

政策评估

在评估生涯指导政策执行情况时，各国的重视程度不同。在一些国家的教育部门，督学团可能会审查部分学校如何实施政策（例如：the Office for Standards in Education，2013）。在欧洲联盟（欧盟）/ 欧洲经济区的劳动力市场部门，每个公共就业服务机构对其年度活动计划进行的年度自我评估中就包括与就业指导 / 生涯指导有关的活动。法国资格学习和研究中心为教育部和原劳工部开展生涯指导政策评估研究。

有时，政府可能会委托第三方评估生涯指导政策的实施情况，例如，芬兰国家审计署（National Audit Office of Finland，2015）审查了地方指导服务合作网络的状况和质量，以及指导部门（教育和文化部、就业和经济部）在加强生涯指导服务的先决条件方面的活动。各国政府还

103

可对青年人和成年人的生涯指导进行非正式评价，例如爱尔兰国家指导论坛（National Guidance Form，2007）进行的关于公众对生涯指导看法的研究。

然而，总的来说，国家对用于实施生涯指导政策的法规和经济激励几乎没有系统性的定期评价。在各国政府的合作下，国际组织等外部来源进行了这种审查。他们的审查结果往往会促进国家政策的发展。国际组织还为政策和制度制定了严格的审查方法。下面我们来探讨这些组织的作用。

国际公共政策对生涯指导的兴趣

在过去 70 年中，国际组织间歇性地对生涯指导政策表现出兴趣。在国际劳工组织（ILO，1949）的《生涯指导建议书》中，生涯指导的主要目标就是对人力和国家繁荣的有效利用。这项建议被纳入一项更广泛的有关人力资源开发的建议（ILO，1975），其中提到生涯指导有助于促进就业政策以及社会和经济发展。这项建议在 2004 年做出进一步修订，将生涯指导作为终身学习和促进个人、企业和社会利益的支持性政策。作为国际劳工组织的联合国姊妹组织，联合国教育、科学及文化组织（UNESCO）制定生涯指导政策，以支持技术获取和职业培训，并将其作为一种打击一切形式的社会不公的手段（UNESCO，2015）。

公民有权获得生涯指导，从而自行选择职业，这一权利载于《欧洲社会宪章》（Council of Europe，1961）。成员国承诺满足公民对生涯指导的需求，并将其定义为公民的社会权利，这是前进路上重要的一步。迄今为止，尚未出现关于其执行情况的评价。

欧洲经济共同体委员会关于职业指导的建议（European Economic Community，1966）为生涯指导提供了更加全面的观点，生涯指导不仅被视为支持教育、培训和就业政策的工具，还是帮助个人融入劳动力市

场的教育、社会和经济工具（Watts et al.，2010）。该建议还提出了一个 104
执行监测机制。其中，成员国同意编写进展报告，委员会承诺定期发布
一份关于职业指导功能及其进展和经验的报告，包括成员国在执行方面
取得的进展。最初，采取国家年度自报的形式跟踪进展情况，随后断断
续续不定期跟踪到 1975 年。然而，很少有人试图进行比较性评价。

近 40 年后，欧洲联盟理事会商定了其关于终身指导的第一项决议
（Council of the European Union，2004），承认生涯指导不仅对于实现欧
盟经济发展、劳动力市场效率提高、职业和地域流动增强的目标至关重
要，而且对教育和职业培训以及终身学习投资效率意义重大。随后一项
决议加强了这一认识，将终身指导更好地纳入终身学习战略（Council
of the European Union，2008）。

之前提到的所有政策立场（建议和决议）都是经过组织成员国的协
商、谈判和讨价还价制定的。因此，其内容与其所包含的任何生涯指导
的定义一样，代表了成员国之间的妥协。这种妥协考虑到了成员国的社
会、文化和经济条件带来的挑战，以及因不同的语言、文化、部门、组
织和专业术语用法对生涯指导做出的不同解读。这些建议和决议还表明，
考虑到新的社会和经济挑战以及政府的可能应对措施，生涯指导的政策
立场是如何随着时间的推移而变化。通常，这些建议和决议认为生涯指
导是支持个人职业发展的一种手段，更广泛地说，是实现一系列社会和
经济公共政策目标的机制。它们突出了在国家层面需要改进的生涯指导
的内容，这些内容在过去 70 年中一直没变。这些要素包括向公民提供
获得终身服务的机会、高质量的生涯指导工具和服务、从业人员的培
训、国家利益相关者的合作与协调、生涯和劳动力市场信息、问责制、
资金和研究。这些挑战的持续存在表明，国家层面对政策执行情况的资
源和评价都没有给予足够的重视。作为政策工具，有关国家改进的国际
建议虽然属于规章制度，但并无约束力。许多这类国际机构和组织没有
资源（经济激励）、机制或持续的利益来促进、监测和评价其建议的执

行情况。接下来，我们要谈论此类组织最近开展的一些政策和制度审查。

105　　**国际政策综述**

经合组织（OECD，2004）、世界银行（Watts & Fretwell，2004）、欧洲培训基金会（ETF）（Sultana & Watts，2007；Sultana & Zelloth，2003；Zelloth，2009）和欧洲生涯培训发展中心（Cedefop）（Sultana，2004）开展了国际政策审查，试图了解国家层面生涯指导的组织、管理和交付（无论以何种形式）如何支持推进教育和劳动力市场的公共政策目标。审查方法包括东道国伙伴完成国家调查表，在有些情况下由专家进行国家访问。此外，经合组织还委托专家编写了关于特定议题（例如培训从业人员）和生涯／职业信息的资料。

审查结果突出了生涯指导在公共政策中的重要性，以及教育和就业部门执行政策中遇到的重大挑战。在发达国家，这些挑战主要有：国家领导力薄弱或缺失、生涯指导的国家战略远景不足、部际协调与合作不足、获得服务的机会有限、缺乏质量保证机制、服务资源不足以及缺乏有影响力的证据。在发展中经济体和转型期经济体中，背景问题更为突出，这些问题包括公共资源有限、失业率高（特别是青年）、农村和城市的贫穷问题、大型非正规经济体、社区能力建设的短缺以及对生涯决策产生重大影响的特定家庭和文化因素。突出的社会文化议题包括家庭影响的重要性、性别刻板印象的影响以及资助的影响。审查员指出，许多发展中国家和转型期经济国家在生涯指导方面的政策框架比较薄弱。这些地方虽然存在政策框架，但在实践中却被忽视了。在没有政府干预的情况下，非政府组织和公民社会发挥了重要作用。

从审查结果到后续行动，经合组织（OECD，2004）和欧洲职业培训发展中心（Sultana，2004）的一系列审查发现为欧洲理事会2004年和2008年关于终身指导决议的优先行动（上一节提到的）打下基础。

以上决议鼓励各成员国建立终身指导制度，改善公民获得服务的机会和质量，促进生涯管理技能的教学和学习，并通过跨部门和部际合作与协调发展国家领导能力。随后的两次欧盟政策审查（Cedefop，2011；Sultana，2008）旨在评估这两项欧洲理事会决议的影响。最近一次对决议执行情况的国家评估是欧洲终身指导政策网络的 30 个成员国于 2015 年进行的自我评估（ELGPN，2015b）。以 2008 年为起点，成员国报告的更常见的影响包括法规、立法、政策和战略的改革，政策评估，以及终身指导系统的发展。不同部门之间以及与其他利益相关者（包括社会伙伴和非政府组织）之间的沟通与合作有所改善，主要是通过为一个或其他代表机制建立国家终身指导。同时，报告中还表明部门内和跨部门服务提供者之间合作有所加强，以及在终身指导服务提供（例如在线）方面的创新。生涯管理技能在国家课程中越来越引人注目，国家质量保证标准（包括为政策证据基础提供数据收集）得以制定等。这些改善发生在欧盟重大经济危机期间，这场危机影响到许多国家的公共服务资金，进而波及生涯指导的提供。

国际政策审查本身大大加深了我们对以下问题的认识和理解：各国如何从公共政策的角度看待生涯指导的作用，生涯指导的公共政策如何运作，以及如何组织、管理和提供生涯指导服务。政策审查确定了诸多问题，包括：提供服务的一致性；提供服务的分散性；公共利益服务跨越行政边界时，战略领导的困难（既有跨部门的，也有跨越国家与地区权力的）。它们还强调了影响生涯指导性质和范围的社会和经济背景因素的重要性。重要的是，这些审查为该领域提供了一种衡量和评估当前政策执行情况的方法，以及这种评估的标准（例如获取途径、资源配置、战略领导、质量保证和衡量效果）。如果采用建立国际政策网络等后续机制，并利用国际互鉴支持国家改革，那么国家在提供生涯指导方面进行改革的机会就会大大增加。

106

国际政策网络

欧洲终身指导政策网络（ELGPN）是一项由成员国领导的欧洲（而不是欧盟委员会或委员会机构主导的）倡议，主要由欧盟计划基金资助（通过国际合作和相互学习促进国家生涯指导政策的国际经济激励措施的一个例子），存在于 2007 年至 2015 年。该网络的成员包括 30 个成员国和瑞士（观察员国）的国家工作队伍代表（教育和就业）、欧盟委员会及其机构的代表和其他国际组织，如国际生涯发展和公共政策中心。其工作由芬兰协调。欧洲终身指导政策网络的任务是为成员国的终身指导提供国家政策和系统开发的欧盟通用参考工具，这与先前描述的欧洲理事会决议（European Council, 2004, 2008）中商定的政策优先事项相关。成员国通过合作形成的常见参考工具包括：欧盟政策指南（ELGPN, 2015a）、资源工具包（ELGPN, 2012b）、质量保证框架（ELGPN, 2015c）和词汇表（ELGPN, 2014）。这些工具旨在作为欧盟的参考点或基准，以改善国家教育、培训、就业和社会包容系统中的终身指导。欧洲终身指导政策网络工作的国家影响已在前面描述过。达成欧盟的合作和协议本身并非易事，因为它们需要谈判和妥协，而在国家层面应用欧盟商定的立场往往也是一个巨大的挑战。在不断变化的欧盟、国家和地区政治利益、优先事项、部长、官员以及不断变化的经济和社会环境下，政策和制度的变化需要时间。

欧洲理事会和欧洲议会（European Council & European Parliament 2014）在法定基础上建立了公共就业服务欧洲网络，以制定和应用 28 个国家的公共就业服务行动绩效基准，并制定包括生涯指导在内的良好做法。其职权范围包括为《欧洲就业战略》和相应的国家劳动力市场政策提供投入。尽管生涯指导在大多数公共就业服务计划中发挥的作用微不足道，但该网络已经为生涯指导和终身学习制作了一个从业者工具包（European Commission, 2017）。

生涯发展和公共政策国际专题研讨会

生涯发展和公共政策国际专题研讨会的概念出现在20世纪90年代，是国际政策共享和学习的一种手段，用以支持各国应对提供生涯指导时面临的共同挑战（Watts et al.，2014）。研讨会被设计为积极的工作活动，各国向其派遣由政策官员、服务管理人员、生涯指导专业协会领导人和研究人员组成的工作队伍。很多国际组织也参与其中，包括经合组织、联合国教科文组织、国际劳工组织、欧盟委员会及其下属机构（欧洲培训基金会和欧洲职业培训发展中心）。各国工作队伍在每次专题研讨会之前就专题研讨会主题编写国家文件，这些文件提供了需要讨论的关键问题。在每一次专题研讨会结束时，工作队伍制订行动计划，以便在下次召开专题研讨会之前执行。

自1999年以来，已经举办了九次这样的专题研讨会，除一次外，所有专题研讨会都由政府的经济激励资助。这些事件对国家政策发展的影响虽然难以量化，但有助于促进国际组织（如OECD、ETF、Cedefop和世界银行）之间建立牢固的工作关系，这反过来又使若干有关联的政策审查（如前所述）能够以共同的方法为基础，进而产生有可比性的国际数据。专题研讨会还促进了国际生涯发展和公共政策中心的建立，主要由各国政府资助，以支持国际政策交流和专题研讨会之间的学习。

政策研究

公共政策研究通常有以下两类：政策过程的分析和政策内容的分析。前者包括对政策形成以及为政策实施而制定的工具（法规、经济激励和信息）的分析。后者可能包括方案评估、影响研究或政策设计。政策研究从一系列不同的学科角度出发进行分析，例如社会学、心理学、经济学、人类学、哲学、地理学和劳动力市场研究。这些分析可能很有

108

价值，就像政策本身就很有价值一样。

格拉布（Grubb，2002）用经济学的视角研究了市场和政府在提供生涯信息和指导方面的作用。市场模式是政府决定不干预的退路。格拉布指出了市场难以将生涯指导作为一种商品来处理的多种原因，例如，难以确定和界定供求关系，生涯指导内容的高度可变性，难以估计这种干预的时间和成本，以及生涯指导所带来的巨大社会效益。这些问题使得我们很难将这些服务的成本归咎于个人，在那些最需要这些服务的人却最不可能负担得起也最不愿意支付这笔费用的情况下尤其如此。

达戈斯蒂诺、巴基尼、莱盖、盖劳德和瓦莱特-沃尔斯特恩（D'Agostino et al.，2019）研究了 2015 年法国将公共生涯指导服务的责任下放给地区对法国的个人生涯咨询权利实施的影响。这种权力下放要求地方当局利用法规和经济激励，促进和支持生涯指导行为者（教育、培训和就业机构）之间的合作，以造福个人。影响最大的变量是地方当局对这种改善的兴趣程度、一个地区经济活动的性质和水平，以及权力下放之前各行为者之间的合作程度。

胡利、苏丹娜和汤姆森（Hooley et al.，2018，2019）通过社会学、哲学和批判心理学视角，介绍了一系列政策内容分析（描述性和规范性）研究，这些研究倾向于关注政府新自由主义经济政策对人们生活和工作条件、生涯指导实践的性质以及社会公正的负面影响。作者期望发展解放性生涯指导，各类生涯指导工作者都可以发挥关键作用，成为社会公正的倡导者，使个人和群体意识到问题的结构性根源。社会公正是一个非常广泛的政治问题，涉及全体公民、政府、公共机构和服务以及社会合作伙伴。学校、职业教育与培训中心和大学等机构是公认的社会再生产手段。虽然有必要让生涯指导从业人士认识到社会公正问题，但还有许多更重要的行为者和工具会影响社会变革（例如政党、社会伙伴、公民社会、公共机构领导人、教师、学校课程和税收制度）。例如，国际劳工组织（ILO，2004）建议其成员国的青年人应了解所有与劳工有关的法律和其他形式的劳工法规所规定的权利和义务。这种认知是促进工作场所社会公正的先决条件。

如本章前文所述，生涯指导政策的制定面临许多挑战，包括教育、培训、就业和社会包容政策中生涯指导的边缘性；在大多数国家，对执行这些规定（特别是生涯从业者与学生和失业者的比例）所给予的经济激励非常少；缺乏刺激公众对此类服务的需求和接受的宣传运动；以及缺乏定期的国家政策和制度评估研究。一些政策内容研究（Hooley et al., 2018, 2019）中，生涯指导工作者应该通过使用解放性生涯指导成为社会变革的重要推动者，但这一期望可能是不相称的、错位的，且具有误导性。

结论

公共政策制定和执行的过程相当复杂。虽然国际劳工组织、联合国教科文组织、欧洲委员会和欧洲理事会的政策声明指出，生涯指导是公共利益服务，国家应对其进行干预，但生涯指导仍然处于教育、培训、就业、社会包容和经济发展公共政策的边缘。即使在国家立法中有所提及，生涯指导也必须和其他有竞争关系的政策利益争夺机构的认可，以便在政策议程中具有或保持辨识度，并通过专门的方案吸引必要的经济激励，以有意义的方式执行相关规章制度。

过去 70 年，国家层面的政策实施一直存在，如获取途径、质量、培训、国家合作与协调、信息、问责制、资金和研究等方面的挑战。除非建立机制支持生涯指导的持续发展，否则国家和国际两个层面对生涯指导的政策兴趣就会忽高忽低。一些国际机构在充分考虑到不同的社会经济和社会文化背景的情况下，通过谈判和妥协达成了关于生涯指导的非约束力政策立场（规章）。然而，很少有这样的机构有手段（经济激励）和持久的兴趣来支持和监测国家对建议的执行。对国际机构生涯指导的政策兴趣，特别是国际机构进行的政策审查，在一段时间内促进了各国的进步。事实上，人们可能会问，如果没有这种外部利益，一些国家是否还会出现系统性的国家改良。国际政策审查、生涯发展和公共政策国际专题研讨会以及国际政策网络已成为许多国家，特别是欧洲联盟国家进步的工具。它们为制定政策和制度审查的国际基准做出了贡献。迄今为止，对生涯指导的政策研究还很离散。在国家层面，需要更加重视对政策制定的研究和对政策执行情况的定期评价。

110

参考文献

Bardach, E. (1977). *The implementation game: What happens after a bill becomes a law* Cambridge, MA: MIT Press.

Borbély-Pecze, T. B. (2019). From career decision-making towards career cruising: The case of Hungary, the "U" model. *Journal for Perspectives of Economic Political and Social Integration*, 25(2), 7–23. doi:10.18290/pepsi-2019-0006

Buck, S. J. (1996). *Understanding environmental administration and law*. Washington, DC: Island Press.

Campbell, M., & Colmar, S. (2014). Current status and future trends of school counseling in Australia. *Journal of Asia Pacific Counseling*, 4, 181–197.

Cedefop. (2011). *Lifelong guidance across Europe: Reviewing policy progress and future prospects*. Luxembourg: Publications Office of the European Union.

Commission of the European Economic Community. (1966). *Recommendation to the member states on the development of vocational guidance* (Official Journal No.154 24 August 1966). Brussels: European Economic Community.

Council of Europe. (1961). *European social charter* (ETS 35). Strasbourg, France: Author.

Council of the European Union. (2004). *Strengthening policies, systems, and practices for guidance throughout life* (9286/04). Brussels: Author.

Council of the European Union. (2008). *Better integrating lifelong guidance into lifelong learning strategies* (C319/4). Brussels: Author.

D'Agostino, A., Baghioni, L., Legay, A., Gayraud, L., & Valette-Wursthen, A. (2019). *Coopérer pour mieux orienter: Zoom sur les pratiques locales des acteurs du CEP* (No. 383). Paris: Céreq.

Department for Education. (2017). *Careers strategy: Making the most of everyone's skills and talents*. London: Her Majesty's Stationery Office.

Department of Education and Science, Ireland. (2005). *Guidelines for second level schools on the implications of section 9(c) of the Education Act 1998, relating to students' access to appropriate guidance*. Dublin: The Stationery Office.

Department of Education and Skills. (2016). *Programme recognition framework: Guidance and counselling*. Dublin: The Stationery Office.

European Commission. (2014). *European area of skills and qualification* (Special Eurobarometer 417). Brussels: European Commission Directorate General for Communication.

European Commission. (2017). *Practitioner's toolkit for PES building career guidance and lifelong learning*. Luxembourg: Publications Office of the European Union.

European Council and European Parliament. (2014). Enhanced cooperation between public employment services (PES) (Decision No. 573/2014/EU). *Official Journal of the European Union L, 159*(32), 28 May 2014.

European Lifelong Guidance Policy Network. (2012a). *European lifelong guidance policies: Progress report 2011–2012*. Jyvaskyla, Finland: Author.

European Lifelong Guidance Policy Network. (2012b). *Lifelong guidance policy development: A European resource kit*. Jyvaskyla, Finland: Author.

European Lifelong Guidance Policy Network. (2014). *Lifelong guidance policy development: Glossary*. Jyvaskyla, Finland: Author.

European Lifelong Guidance Policy Network. (2015a). *Guidelines for policies and systems development for lifelong guidance: A reference framework for the EU and for the Commission*. Jyvaskyla, Finland: Author.

European Lifelong Guidance Policy Network. (2015b). *European lifelong guidance policies: Summative report 2007–2015*. Jyvaskyla, Finland: Author.

European Lifelong Guidance Policy Network. (2015c). *Strengthening the quality assurance and evidence-base for lifelong guidance*. Jyvaskyla, Finland: Author.

Goodin, R. E., Rein, M., & Moran, M. (2011). Overview of public policy: The public and its policies. In R. E. Goodin, M. Rein, & M. Moran (Eds.), *The Oxford handbook of political science* (pp. 3–38). Oxford: Oxford University Press.

Government of Finland. (1998). *Basic Education Act 628/1998*. Helsinki: Edita Publishing Oy.

Government of Ireland. (1998). *The Education Act 1998*. Dublin: The Stationery Office.

Government of the United Kingdom. (2011). *Education Act 2011 c.28 and 29*. London:

Her Majesty's Stationery Office.

Grubb, N. W. (2002). *An occupation in harmony: The role of markets and governments in career information and career guidance.* Paris: Organisation for Economic Co-operation and Development.

Hooley, T., Sultana, R. G., & Thomsen, R. (Eds.). (2018). *Career guidance for social justice: Contesting neoliberalism.* New York: Routledge.

Hooley, T., Sultana, R. G., & Thomsen, R. (Eds.). (2019). *Career guidance for emancipation: Reclaiming justice for the multitude.* New York: Routledge.

International Labour Organization. (1949). *Vocational guidance recommendation* (RO 87). Geneva: Author.

International Labour Organization. (1975). *Human resources development recommendation* (RO 150). Geneva: Author.

International Labour Organization. (2004). *Human resources development recommendation* (R195). Geneva: Author.

Mejri, A., & McCarthy, J. (2017). Careers information and guidance in Tunisia: Informal and societal challenges. In R. G. Sultana (Ed.), *Career guidance and livelihood planning across the Mediterranean: Challenging transitions in South Europe and the MENA region* (pp. 139–150). Rotterdam, the Netherlands: Sense Publishers.

Ministry of Education. (2009). *Career education and guidance in New Zealand schools.* Wellington, New Zealand: Career Services.

National Association for College Admission Counseling and the American School Counselor Association. (2015). *State-by-state student-to-counselor ratio report: Ten-year trends.* Arlington, VA: National Association for College Admission Counseling.

National Audit Office of Finland. (2015). *Cooperation for study and career guidance.* Helsinki: Author.

National Guidance Forum. (2007). *Perceptions of the general public on guidance and guidance services.* Dublin: Author.

Office for Standards in Education. (2013). *Careers guidance in schools: Going in the right direction?* Manchester, UK: Author.

Organisation for Economic Co-operation and Development. (2004). *Career guidance and public policy: Bridging the gap.* Paris: Author.

Page, R., Newton, B., Hawthorn, R., Hunt, W., & Hillage, J. (2007). *An evaluation of a UFI/Learndirect telephone guidance trial* (Department for Education and Skills Research Report No. 833). Brighton, UK: Institute for Employment Studies.

Republic of Korea. (2009). *Elementary and Secondary Education Act.* Seoul: Ministry of

Government Legislation.

Republic of Korea. (2015). *Career Education Act 2015*. Seoul: Ministry of Government Legislation.

Segal Quince Wicksteed Consulting. (2003). *Evaluation of the all age guidance projects*. Edinburgh, UK: Author.

Sultana, R. G. (2004). *Guidance policies in the knowledge society: Trends, challenges and responses across Europe*. Luxembourg: Office for Official Publications of the European Communities/Cedefop.

Sultana, R. G. (2008). *From policy to practice: A systemic change to lifelong guidance in Europe*. Luxembourg: Office for Official Publications of the European Communities.

Sultana, R. G., & Watts, A. G. (2006). Career guidance in public employment services across Europe. *International Journal for Educational and Vocational Guidance, 6*, 29–46. doi:10.1007/s10775-006-0001-5

Sultana, R. G., & Watts, A. G. (2007). *Career guidance in the Mediterranean region— Comparative analysis*. Luxembourg: Office for Official Publications of the European Communities.

Sultana, R. G., & Zelloth, H. (2003). *Review of career guidance policies in 11 acceding and candidate countries: Synthesis report July 2003*. Luxembourg: Office for Official Publications of the European Communities.

The Scottish Government. (2008). *Curriculum for excellence: Building the curriculum 3*. Edinburgh, UK: Author.

United Nations Educational, Scientific and Cultural Organization. (2015). *Recommendation concerning technical and vocational education and training (TVET)*. Paris: Author.

Vedung, E. (1998). Policy instruments: Typologies and theories. In M.-L. Bemelmans-Videc, R. C. Rist, & E. Vedung (Eds.), *Carrots, sticks, and sermons: Policy instruments and their evaluation* (pp. 21–58). New Brunswick, NJ: Transaction Publishers.

Watts, A. G., Bezanson, L., & McCarthy, J. (2014). The International Symposia on Career Development and Public Policy: Retrospect and prospect. *Australian Journal of Career Development, 23*, 108–118. doi:10.1177/1038416214543390

Watts, A. G., & Fretwell, D. H. (2004). *Public policies for career development: Case studies and emerging issues for designing career information and guidance systems in developing and transition economies*. Washington, DC: World Bank.

Watts, A. G., Sultana, R. G., & McCarthy, J. (2010). The involvement of the European

112

Union in career guidance policy: A brief history. *International Journal for Educational and Vocational Guidance, 10*, 89–107. doi:10.1007/s10775-010-9177-9

Zelloth, H. (2009). *In demand: Career guidance in EU neighbouring countries.* Luxembourg: Office for Official Publications of the European Communities. doi:10.2816/78201

第7章
生涯发展政策的目标：建立综合框架

彼得·J. 罗伯逊（Peter J. Robertson）

摘要　本章探讨促进生涯发展的公共政策的目的并对其提出质疑。 113
21世纪初，在论及政府试图干预公民生涯目的的文献中，出现了一种
国际共识。针对生涯干预的社会理想结果，本文提出了一个更广泛的概
念，并在联合国可持续发展目标的基础上，提出了生涯发展服务六类政
策目标的系统框架：（1）劳动力市场目标；（2）教育目标；（3）社会公
平目标；（4）健康和福祉目标；（5）环境目标；（6）和平与公正目标。
后三类既是新的关注重点，也是相对容易被忽视的领域。同时，社会公
正、可持续性和社会变革的交叉主题在文中也得到了强调。

关键词　生涯发展，发展目标，公共政策，社会公正，可持续性

引言

生涯发展工作（当时被称为职业指导）自20世纪初诞生以来，
就不仅仅是经济工具，而且从一开始就被社会关注所推动（Brewer,
1942；Peck, 2004；Savickas, 2008）。英国、美国和德国在生涯发展
领域的先驱者可以被视为社会改革者或慈善家（Savickas, 2009），最
早的政府干预便来源于他们的贡献。很长一段时间之后，即20世纪90

年代，才出现了关于生涯发展工作公共政策的严肃学术研究（特别是 Watts, 1996a）。基伦、瓦茨和基德（Killen et al., 1999）概述了生涯干预可以提供更广泛的社会效益的观点。到了 21 世纪初，生涯发展领域公共政策的目标可以分为三类，这一想法成为普遍共识。

1.**劳动力市场目标**：促进劳动力市场的有效运作，使个人与适合他们的工作相适配，实现劳动力的供需平衡。

2.**教育目标**：促进教育和培训系统的有效运作，促进技能发展和终身学习，推动从教育到劳动力市场的顺利过渡。

3.**社会公平目标**：促进社会包容和机会平等。

这三个目标在补充性的国际政策评估中得到了清晰的体现：包括经济合作与发展组织（OECD, 2004）对发达国家采取的政策、世界银行对中等收入国家和新兴经济体采取的政策（Watts & Fretwell, 2004），以及欧盟成员国的政策（Sultana, 2004）；在相关的学术论述（Watts, 2008；Watts & Sultana, 2004）以及国际思维（International Centre for Career Development and Public Policy, 2019）中也显而易见。然而，在政府看来，生涯发展政策最重要的目的仍然是对劳动力市场的考虑，而更广泛的教育和社会公平目标有时会成为经济议程的次要或支持性目标。

虽然这些工作为描述政府生涯发展政策的目标提供了一个有益的起点，但却依旧存在问题：这些工作解决的是现在的问题，而不是可能会产生的问题。这些工作借鉴了对政府所做之事和政府声称所做之事的研究，但并未试图概述生涯发展政策的所有潜在社会理想目标。为了解生涯发展政策所有可能的目的，有必要确立一个可信的、权威的、当前的、与全世界相关的政策目标分类法。联合国可持续发展目标［United Nations（UN），2015］提供了这样一个框架，对 2030 年的共同国际政策目标做出定义，取代了联合国千年发展目标。实施这些目标是民族和国家的责任，目前许多国家和欧盟（European Union, 2017）都采用了这些目标。

联合国可持续发展目标

联合国的目标已经开始影响生涯发展的概念。让·吉夏尔（Jean Guichard）教授作为联合国教科文组织终身生涯咨询主席，主办了一系列活动，2016 年在弗罗茨瓦夫大学召开的会议是其中的最后一场，会议认为，从业者应根据联合国目标制定干预措施（Cohen-Scali et al., 2018）。科恩 - 斯卡利（Cohen-Scali, 2018）建议，生涯发展工作应将新的社会挑战纳入其目标当中，包括人口增长、气候变化、生物多样性的丧失、获得资源及体面工作机会的不平等。可持续发展目标可以扩展我们对生涯发展目的的认识，使其具有全球相关性、可信度和接受度。该框架还有一个优势：其并未给西方高收入经济体带来特权。该方案的制订考虑到了低收入和中等收入经济体，同时保留了与繁荣国家的相关性。这些目标如表 7.1 所示（UN, 2015, pp. 14–35）。

表7.1 联合国可持续发展目标

1	在全世界消除一切形式的贫困
2	消除饥饿、实现粮食安全、改善营养和促进可持续农业
3	确保健康的生活方式、促进各年龄段人群的福祉
4	确保包容性和公平的优质教育，促进全民享有终身学习机会
5	实现性别平等，增强所有妇女和女童的权能
6	确保为所有人提供并且以可持续方式管理水和环境卫生
7	确保人人都负担得起、可靠和可持续的现代能源
8	促进持久、包容和可持续经济增长，促进充分的生产性就业和人人获得体面工作
9	建设有风险抵御能力的基础设施、促进包容的可持续工业，并推动创新
10	减少国家内部及国家之间的不平等
11	建设包容、安全、有复原力和可持续的城市和人类住区
12	确保可持续消费和生产模式
13	采取紧急行动应对气候变化及其影响
14	保护和可持续利用海洋和海洋资源促进可持续发展

续表

15	保护、恢复和促进可持续利用陆地生态系统、可持续管理森林、防治荒漠化、制止和扭转土地退化现象、遏制生物多样性的丧失
16	促进有利于可持续发展的和平和包容性社会、为所有人提供诉诸司法的机会，在各级建立有效、负责和包容性机构
17	加强实施手段、重振可持续发展全球伙伴关系

115　　　　使用联合国框架可以确定生涯发展政策的潜在目标。显然，生涯发展并非与所有目标相关，而是与其中一些目标的关系更密切。然而，与生涯发展有关的目标数量庞大。联合国的结构可能会被部分瓦解，从而为生涯发展政策的目标提供适当的分类，该分类虽简单，但扩大了当前的思考范围。本文提出的框架系统包含以下六类目标：（1）劳动力市场目标；（2）教育目标；（3）社会公平目标；（4）健康和福祉目标；（5）环境目标；（6）和平与公正目标。

劳动力市场目标

这类目标与可持续发展目标第 8 条直接相关：**促进持久、包容和可持续经济增长，促进充分的生产性就业和人人有体面工作。**与就业相关的目标不可避免地成为生涯发展政策的核心关注点。多德和珀西（本书第 2 章）已经直接论述了经济方面的考虑，故在此对这一重要领域仅做简要介绍。

116　　　　新自由主义对生涯发展政策话语的影响较为深远（Irving，2018）。这种话语倾向于认为，人应该服务于宏观经济的目的，但往往忽略了与之相反的观点，即经济的目的是服务于人，使人们能够满足自己的基本需求并过上有意义的生活。因此，联合国的目标平衡了经济增长和对人们获得高质量就业的关注，这一点极为重要。古托夫斯基、布鲁斯坦、肯尼和埃尔比（本书第 1 章）探讨了与体面工作有关的问题。促进工作机会，尤其是针对有失业风险的青年，从一开始就是生涯发展服务的一个目标（Peck，2004）。

目标中的**第 1 条**和**第 2 条**与消除贫困和饥饿有关。近年来，一些理论家认为，"生涯"的概念对那些连吃饭都成问题的人来说毫无意义。对他们而言，生活选择这种概念似乎是一种不可企及的中产阶级理想。于是，学者们提出了其他术语，特别是"生计规划"（Arulmani & Kumar，2009；Sultana，2017），作为一个更务实的标签，帮助那些每天都面临经济生存挑战的人，尤其要帮助中低收入经济体中的这些人。

教育目标

生涯发展领域已经确立了与学习有关的政策目标。联合国可持续发展目标的第 4 条也强调了教育这一领域：**确保包容性和公平的优质教育，促进全民享有终身学习机会**。教育问题在本书的其他部分进行了探讨，故在此也仅做简要介绍。

生涯发展政策的教育目标的重点在于提高成绩、发展行业技能，以及通过嵌入通用就业技能和属性，使学生准备好从教育系统过渡到工作，这些都略显空洞。人们倾向于将生涯发展政策与职业教育和培训政策混为一谈，将前者归入后者（Watts，2009）。在新自由主义的概念中，职业教育和培训系统使个人能够为经济增长议程服务。胡利（本书第 3 章）探讨了这种人力资本发展议程对学校教育和生涯的概念施加影响的方式。

教育的技术统治论功能虽然有其用武之地，但却忽略了教育对其参与者的全部意义及其对社会的广泛价值。个人可能出于各种目的而寻求教育，包括促进个人的成长和转变、获得社会地位（而不是职业地位）、满足兴趣、丰富文化、建立或重塑自我身份以及交朋友或寻找伙伴。更具体地说，与工作有关的教育或生涯教育的功能不需要局限在为学生的就业做准备（本书第 5 章）。联合国的目标是以机会和包容为框架，而不是以经济手段为框架，因此可以容纳更广泛的对教育作用的看法。

社会公平目标

社会公平目标涉及公平获得生涯机会和在整个人口中被公平分配生活机会的问题。这意味着主要按性别、社会经济地位、种族、民族、宗教、年龄、性取向和性别认同或移民来进行社会分类方法的公平。这是，并将继续是生涯发展工作的核心关注点。

性别在决定个人在正式工作和家务工作中所扮演的角色方面仍然有很大的影响力（Kantamneni，2014）。因此，联合国的可持续发展目标第 5 条**"实现性别平等，增强所有妇女和女童的权能"**显然与此部分内容具有相关性。妇女很难参与全球劳动力市场 [International Labour Organization（ILO），2018]。她们在参与时会面临四个主要问题：薪酬不平等，传统上女性工作角色的职业隔离，在高级、有声望或有权力的工作中参与不足，以及职场性骚扰（Bimrose，2001，2004）。由于妇女在参与工作时经常还要养育子女、照顾他人和操持家务，她们的生涯可能比男性更复杂（Bimrose et al.，2014）。

此外，联合国的可持续发展目标第 10 条**"减少国家内部及国家之间的不平等"**与本部分内容明确相关。近年来，在全球化、新技术和广泛采用以新自由主义意识形态为基础的政府政策的共同推动下，出现了具有说服力的证据，这些证据表明经济不平等现象日益严重（Piketty，2014；Stiglitz，2013）。类似的因素在许多国家都在发挥作用，因或多或少地受到政府干预而有所缓解。这些问题给从事生涯发展工作的服务机构带来了挑战。罗伯茨（Roberts，2005）声称，生涯发展行业依赖个人主义心理学概念，因而没有能力解决阶级问题。但是，心理学已经采取了拓展学科的举措，以承认和回应贫穷和不平等问题（Ali，2014；

Blustein, 2006, 2014）。

自 20 世纪 60 年代和 70 年代以来，人权和就业权利已经逐步扩展到劳动力市场中可能处于不利地位的群体。然而，社会中的人口和社会群体之间仍然存在大量的不对等现象。以下是对这一广泛问题的简要总结。

种族、民族和宗教。虽然发达经济体在建立防止或限制种族压迫的法律架构方面取得了良好进展，但在职场环境中，种族不平等现象仍然十分明显（Flores，2014）。与宗教和种族认同问题相关的紧张关系在许多社会中都是动态的，并且问题重重，但在每个国家都有独特的表现形式。

移民。流动人口具有独特的生涯经历，经常遇到相当大的挑战。例如，流浪者和难民在工作中处于极其不利的地位（ILO，2014）。移民面临的生涯发展问题，以及他们的支持需求，最近才成为一个重要的研究焦点（另见 Newman et al.，2018）。

老年工作者。发达经济体的人口、社会、文化和经济因素共同导致了工作寿命的延长。退休已成为一个更长、更复杂的生活过渡。这导致人们更加关注老年工作者，将其作为生涯发展研究和干预的潜在服务用户群体（Launikari et al.，2011；Sterns & Sterns，2014）。

118

残疾。世界上残疾人口大约占总人口的 15%，与非残疾人口相比，他们的教育成就和经济参与水平大大降低（World Health Organization，2011），且失业率几乎翻了一番（OECD，2010）。尽管在国家和国际层面上有一系列的人权和立法安排（ILO，2017），但上述问题仍然存在。从历史上看，对那些有后天健康问题和残疾的人的干预被称为职业康复：这是一种多学科的做法，往往是为了应对工业伤害或创伤。正如法必安（Fabian，2014）所言，这种简单的社会再融合模式并没有捕捉到工作和残疾之间关系的复杂性。

性取向和性别认同。少数群体可以根据他们的性取向（例如女同性恋者、男同性恋者、双性恋者、泛性者或无性者）和 / 或根据他们的性别认同（例如变性者、双性者）来定义。这些群体是最近就业保护立法中的一个重点，在一些国家，实质性的歧视仍然受到政府的允许。此类群体在生涯发展文献中得到的关注相当少。除了就业招聘中的歧视，安德森和克罗托（Anderson & Croteau，2014）发现突出的问题还包括工作场所关系和工作场所性别身份管理中的困难。异性恋主义或符合大多数异性恋社会规范的假设，是对生涯发展实践的挑战（Hancock，2019）。

这份不是很详尽的清单强调了一些需要考虑的关键社会类目标，但可能不足以反映个人的经验。交叉性也必须纳入考虑范围，个人并不是由单一的社会标记来定义的，人们可能同时属于多个类别，面临多种不利因素。社会构建的身份可能存在争议，每个地方的每个群体都面临着独特的挑战。

健康和福祉目标

这一类别与联合国可持续发展目标的第 3 条有关：**确保健康的生活方式、促进各年龄段人的福祉。** 与生涯发展有关的公共政策在很大程度上忽视了健康和福祉问题（Robertson，2013a）。对健康的忽视在有关生涯发展工作的文献中也显而易见。生涯发展的个人咨询方法受到了心理治疗的影响。一些学者试图将临床实践引入生涯咨询，或者反之（Franklin & Medvide，2014），其他人则强调生涯咨询和个人 / 治疗性咨询所处理的问题之间的共性和重叠部分（Richardson，1996；Zunker，2008）。越来越多关于工作、健康和公共政策之间关系的文献相继出现，但迄今对生涯发展实践的影响却微乎其微。然而，仍然可以说，积极幸福感是所有社会干预措施的最终目标。

罗伯逊（Robertson，2013b）认为，在两种可能的机制下，生涯发展干预或许会促进心理健康。第一，指导互动包含了具有短期治疗效果的因素，特别是支持性关系，能够识别和建立现有的优势，促进未来导向、目标聚焦以及提升自我效能感。第二，生涯发展的干预措施可以通过促成可持续的工作提升持久幸福感。失业往往对心理健康有害（Paul & Moser, 2009；Waddell & Burton, 2006），相反，一份工作只要是优质的，就能提供促进幸福感的社会心理因素（Warr, 2007）。如果一份工作具有持久的趣味性，并且符合个人的价值观——这些考虑是生涯发展工作的核心，那么这些好处可能会得到加强（Redekopp & Huston, 2019）。

健康成果与社会经济地位密切相关，因此对健康和生涯发展的任何考虑都必须包括工作和健康不平等之间的关系（Robertson, 2014）。公共卫生专家越来越认识到，工作和教育这两大因素对人口健康和健康成果的社会经济地位梯度产生了深远的影响（Bambra, 2011；Foresight Mental Capital and Wellbeing Project, 2008；Marmot, 2010；World Health Organization, 2007）。这缓慢地影响了生涯发展领域的思考，但布鲁斯坦（Blustein, 2008）已经试图强调工作、健康和公共政策之间的联系，而罗伯逊（Robertson, 2013a）认为，生涯发展工作代表了一种未被认可的公共健康干预。最近出现的工作心理学观点已经把心理健康视为当代生涯发展研究方法的核心（Duffy et al., 2016）。

环境目标

目前，国际社会对环境问题愈加重视。气候变化是当今时代的决定性问题，而我们正处在一个决定性的时刻（United Nations, n.d, p. 1）。联合国政府间气候变化专门委员会（IPCC）试图协调国际气候政策，并在这个问题上提供全球领导力（IPCC, 2019）。联合国（UN, 2015）可持续发展目标重点强调要向环境可持续社会和经济转变，特别是在目标

第 13 条：**采取紧急行动应对气候变化及其影响。**此外，目标第 9 条、第 12 条、第 14 条和第 15 条涉及具体行业的活动，以促进环境可持续发展。气候变化、污染、自然资源和栖息地的退化以及生物多样性的丧失等问题具有世界性影响。英国的斯特恩报告（The Stern Review）指出了与气候变化相关的重大经济风险，该报告认为"强有力的早期行动的好处远远超过了不作为的经济成本"（Stern, 2006, p. iv）。发展中经济体的穷人最容易受到气候变化和环境退化的早期影响。

普兰特（Plant, 2014, 2015）率先提出了生涯发展需要从促进个人主义的经济参与转向更有集体责任感的生涯发展服务愿景，并将环境作为其关注的核心。最重要的是，他将自己设想的转向称为"绿色指导"，这不是实践中的表面变化，而是生涯发展理念的深刻变化，在政策制定中给予生态和经济同等的重视。科恩 - 斯卡利等人（Cohen-Scali et al., 2018）采纳了这一看法，他们认为环境挑战与人口变化一样，是生涯发展政策和实践需要应对的关键领域。

由于人们对环境问题的紧迫性有不同的看法，对行动的优先级也有不同的政治观点，因此应对环境挑战对生涯发展行业来说同样问题重重。优先发展某一行业（如优先发展绿色能源而非化石燃料），可能会给从业者的商业伦理或与关键利益相关者的关系带来挑战。但我们可以克服这种担忧。政府和生涯服务机构毫不犹豫地优先促进科学、技术、工程和数学（STEM）的生涯选择，人们认为这些生涯是有经济价值的，所以也同样可以积极促进绿色经济。

环境问题可能会逐渐变得更加难以忽视。然而迄今为止，鲜有证据表明生涯发展中的环境考量对国家政策制定者产生了重大影响。最近有迹象表明，绿色指导开始成为生涯发展行业的主流关注点，就业关系、创新与变革中心（CERIC, 2019）就是证明，他们为从业者制作了一期关于气候变化的《生涯》杂志（*Careering*）特刊。

和平与公正目标

这一类目标在生涯发展文献中很少受到关注，因此将其纳入目标当中需要一些理由。这一目标与联合国目标第 16 条有关：**促进有利于可持续发展的和平和包容性社会、为所有人提供诉诸司法的机会、在各级建立有效、负责和包容性机构。**

虽然和平的概念似乎与生涯发展没有明显的关系，但这种联系很早就被学者提出。职业指导的先驱弗兰克·帕森斯（Frank Parsons）在"互惠主义哲学"（The philosophy of mutualism）中阐述了一个新潮的观点，即在一个由集体机构支持的公平、和平和繁荣的社会中，个人需求和社区需求是一致的（Gummere, 1988；O'Brien, 2001）。生涯服务通过将个人引至他们合适的成人生活角色，为这一目标做出贡献。普兰特（Plant, 2014）和科恩 - 斯卡利（Cohen-Scali, 2018）从帕森斯的乌托邦式的互惠主义观点中找到了灵感。同样，普亚德和吉夏尔（Pouyard & Guichard, 2018）明确地将劳动领域的社会公正与和平及生态联系起来。

经济严重不平等和结构性失业率高的社会更容易发生内乱，这些问题还可能因种族、民族主义或宗教紧张关系而加剧。年轻人，甚至所有公民，如果看不到自己的未来，或感觉到强烈的不公平，可能会寻找方法来表达他们的挫败感。青年失业仍然是一个全球性问题，一些地区，如北非，面临着严峻的挑战（ILO, 2018），这些地区可能容易出现政治上的不稳定。是否将失业和经济不平等视为内乱爆发、持续时间和强度的重要影响因素这一问题仍然众说纷纭，这些因素与其他地方、社会、政治和生态因素是相互作用的关系（Couttenier & Soubeyran, 2015）。

在社会层面上，生涯发展服务致力于增加获得体面工作的机会和减少社会不平等，这可以促进工作场所、学习场所和社区的和平。但这一过程不能孤立地进行，只有其他社会、教育和就业机构共同为这些目标努力，才能实现目标。在分裂的社会中，教育机构的作用并不总是积极的（Smith & Vaux, 2003），但它们能在冲突后的和解中发挥重要作用，波斯尼亚和黑塞哥维那以及北爱尔兰（Emkic, 2018；Smith, 2010）就是很好的例子。森（Sen, 2007）在一份关于英联邦国家的有关和平与民主的报告中表示，经济政策与实践、不平等、青年和教育相互关联，共同产生影响。生涯发展干预措施经常运作于这些政策和实践相互作用的空间中。可以说，即使在制度体系薄弱的地方，生涯发展服务也能为社会融合做出一定程度的贡献，但这一点在已发表的文献中还未曾得到探讨。

生涯发展工作作为一种和平力量的概念，在军事（和与安全有关的）生涯方面，因可能涉及一系列的道德取向，而变得错综复杂。不同社会的军事化程度也各不相同，有些社会将征兵作为一种临时性却又具有强制性的生涯选择。武装部队可以被视为和平的保障者，也可以被视为对和平的威胁。社会内部的和平并不一定意味着与其他国家或社会的和平；相反，政治领导人可能将国际侵略作为一种掩盖内部紧张局势的方式。

还应将另一个更广泛但更具体的贡献纳入考虑，即生涯服务或许能够减少或防止犯罪。人们普遍认为，确保稳定的就业可以减少犯罪活动（Lageson & Uggen, 2013）。然而，除了面对可能影响任何社会经济弱势人群的结构性障碍外，罪犯在劳动力市场上也可能面临巨大障碍。他们的就业前景是由雇主对罪行的态度决定的。在人员选拔的早期筛选阶段拒绝有犯罪前科的人选，这一现象屡见不鲜，并且在美国引发了"禁表运动"（'ban the box campaign'）（Henry & Jacobs, 2007），该运动主张删去工作申请表上有关公开犯罪行为的问题。

有许多旨在支持囚犯寻找工作的职业康复干预措施的例子，这些干预措施很少采用孤立的生涯咨询的形式。生涯发展方案更常见的是提供职业培训，并辅之以实习机会以及对求职者的建议和支持。除了提供狱后支持外，生涯发展方案包含三大要素。有证据表明，这些方案在实现就业结果方面是有效的，但更令人感兴趣的是，这些方案可能有助于阻止犯罪。任何能减少再犯罪的因素都有可能引起政策制定者的兴趣。

现有的文献综述（例如：Harrison & Schehr, 2004；Vernick & Reardon, 2001）和元分析（Davis et al., 2013；Wilson et al., 2000）表明，职业干预措施会减少累犯。现有的证据十分复杂，而且受到方法论缺陷的限制，因而这些主张的提出十分谨慎。同时，也不能排除选择偏差的可能性：方案的参与者可能是那些更愿意和更有能力远离犯罪的人。相反，如果职业方案被认定为无效，这可能反映了项目设计不当，或未能提供足够的狱后支持和后续行动。一般来说，至少在成年人中，成功地找到工作与重新犯罪负相关，因此任何成功的就业支持计划都可能做出贡献。

虽然目前的证据基础还不足以得出确切的结论，但有迹象表明，生涯发展干预措施可能有助于罪犯找到工作并减少累犯。几乎没有理由相信，政策制定者已经认真考虑了生涯发展干预措施对减少犯罪的潜在贡献。可以肯定的是，人们并没有注意到它在预防犯罪方面的作用。有效的生涯发展干预措施有可能引导人们接受教育或参与合法经济活动，有了这样切实可行和可持续的方案作为选择，人们可以不再从事犯罪活动或加入帮派。预防犯罪在社会和经济上都至关重要。

跨领域主题

虽然将政策的目标进行大致分类是有用的，但目标之间仍然存在着强烈的相互联系。当一个领域的政策行动对另一个领域产生积极影响时，可能会产生协同效应。下文讨论了三个跨领域主题：社会公正、可持续性和社会变革。

社会公正

社会公正是一个在政治上和哲学上有争议的概念，与生涯发展有着复杂的关系（Hooley et al., 2017；Irving, 2005；本书第 12 章；Sultana, 2014）。尽管如此，社会公正与实践的所有方面相关，而且不限于政策目标的社会公平类别。社会经济地位影响着人们获得体面工作、受教育的机会、健康治疗和福祉，同时能够避免生态破坏或卷入刑事司法系统产生的后果。社会公正问题是生涯发展工作的核心（International Association for Educational and Vocational Guidance, 2013；McMahon et al., 2008），应该渗透到所有相关的公共政策目标中。

可持续性

联合国的可持续发展目标把"可持续性"放在了突出的位置。这个词的生态学意义家喻户晓，但该词具有一定的模糊性，还有跨越政策范畴的其他含义。简单来说，可持续性指随着时间的推移而持续存在的潜力。这并不意味要一成不变，相反，更新和适应是生存的必要条件。在个人层面，德沃斯、杜雅尔丁和梅耶斯（De Vos et al., 2016）、黑伊尔登和德沃斯（Heijden & De Vos, 2015）以及纽曼（Newman, 2011）已经探讨了可持续生涯的概念。德沃斯、杜雅尔丁、黑伊尔登和梅耶斯（De Vos et al., 2016）明确提出，可持续生涯需要被列入决策者的议程。更长的生活广度可能意味着更长的生涯，个人更需要找到方法，在更长的时间框架内维持健康的工作关系（Vuori et al., 2015）。机构也需要可持续发展和自我更新。在社会层面，正如联合国可持续发展目标的第 8 条和第 11 条所强调的那样，也需要实现可持续社区和经济增长。

社会变革

所有的目标或多或少都与为社会带来积极变化或减少消极结果有关。将生涯发展从业者视为社会变革的推动者并不是什么新鲜事，该领域最早的先驱者，如弗兰克·帕森斯（Frank Parsons）就将此作为研究主题（O'Brien, 2001）。生涯发展政策可以分为被动和主动两类。被动的方法是指寻求减轻失业对经济和健康的影响，或环境退化的后果，或对少数民族或犯罪者的排斥。积极主动的方法是将生涯发展政策视为对社会变革的贡献——瓦茨（Watts, 1996b, p. 354)称之为"激进"的立场。这可能指的是发挥预防性作用或推动和预测变化。积极主动的方法不太常见，它会把从业者的社会价值观强加给个人服务用户，可以说这类方法对生涯咨询提出了一些伦理上的挑战。如果在团体中使用教育方法，就可以在很大程度上避免这种困境：在增强意识的同时尊重个人选择。

结论

近年来，新自由主义经济治理模式得到广泛采用，这促使生涯发展服务趋向于技术统治的功能，即支持经济增长以实现人力资本发展。生涯发展服务被用来为公共政策目标服务，即为劳动力短缺的行业创造一支技术熟练、适应力强的劳动力队伍。各国政府也或多或少地试图利用生涯发展服务作为促进教育和工作平等的工具，有时也用其促进社会流动。一些学者比政府更积极地接受生涯发展工作带来解放性社会变革的潜力。

迄今为止，这一领域的公共政策研究提供的主要是描述性框架。这是一个很好的起点，但要取得进展，就必须列出所有潜在的政策目标，勾勒出可供选择的政策行动的可能性空间。借鉴联合国可持续发展目标，有可能扩大我们对生涯相关政策潜在贡献的认识。生涯发展政策既定的经济、教育和社会公正目标的三类区分，可以扩展为六类目标框架。

（1）劳动力市场目标；

（2）教育目标；

（3）社会公平目标；

（4）健康和福祉目标；

（5）环境目标；

（6）和平与公正的目标。

这样一来，健康、环境和公正相关的目标被忽视的潜在可能就得到了凸显。生涯发展服务在支持社会公正、促进可持续生活和经济以及促进社会变革方面的作用横跨六个目标。

然而，在实现上述潜在可能方面仍然存在巨大障碍。改善心理健康，支持绿色工业增长以及降低犯罪率，在与生涯有关的决策中很少得到考虑，这着实令人遗憾，毕竟在这些方面的成果即使进展微小也令人向往。治理生涯服务的责任几乎总是由负责实现经济或教育目标的部门承担。因此，生涯发展工作更广泛的社会效益还没有得到充分实现。要克服这些问题，就必须向政策制定者明确传达对未来生涯服务的作用的看法。

参考文献

Ali, S. R. (2014). Poverty, social class and working. In D. L. Blustein (Ed.), *The Oxford handbook of the psychology of working* (pp. 127–140). New York, NY: Oxford University Press.

Anderson, M. Z., & Croteau, J. M. (2014). Towards an inclusive LGBT psychology of working. In D. L. Blustein (Ed.), *The Oxford handbook of the psychology of working* (pp. 103–126). New York, NY: Oxford University Press.

Arulmani, G., & Kumar, S. (2009). *Career and livelihood planning: Training manual.* Bangalore, India: Jiva Project, The Promise Foundation.

Bambra, C. (2011). *Work, worklessness and the political economy of health.* Oxford, UK: Oxford University Press.

Bimrose, J. (2001). Girls and women: Challenges for career guidance practice. *British Journal of Guidance and Counselling, 29,* 79–94. doi:10.1080/03069880020019392

Bimrose, J. (2004). Sexual harassment in the workplace: An ethical dilemma for career guidance? *British Journal of Guidance and Counselling, 32,* 109–123. doi:10.1080/03069880310001648049

Bimrose, J., Watson, M., McMahon, M., Haasler, S., Tomassini, M., & Suzanne, P. A. (2014). The problem with women? Challenges posed by gender to career guidance practice. *International Journal for Educational and Vocational Guidance, 14*, 77–88. doi:10.1007/s10775-013-9256-9

Blustein, D. L. (2006). *The psychology of working: A new perspective for career development, counselling and public policy.* Mahwah, NJ: Lawrence Erlbaum.

Blustein, D. L. (2008). The role of work in psychological health and well-being: A conceptual, historical and public policy perspective. *American Psychologist, 63,* 228–240. doi:10.1037/0003-066X.63.4.228

Blustein, D. L. (2014). The psychology of working: A new perspective for a new era. In D. L. Blustein (Ed.), *The Oxford handbook of the psychology of working* (pp. 3–18). New York, NY: Oxford University Press.

Brewer, J. M. (1942). *History of vocational guidance.* New York, NY: Harper.

CERIC. (2019). Climate change and careers (Special issue). *Careering: Canada's Magazine for Career Development Professionals.* Toronto, Canada: CERIC.

Cohen-Scali, V. (2018). Interventions in career design and education for the future. In V. Cohen-Scali, J. Pouyaud, M. Podgórny, V. Drabik-Podgórna, G. Aisenson, J. L. Bernaud, ... J. Guichard (Eds.), *Interventions in career design and education: Transformation for sustainable development and decent work* (pp. 317–325). Cham, Switzerland: Springer.

Cohen-Scali, V., Guichard, J., Aisenson, G., Moumoula, I. A., Pouyaud, J., Drabik-Podgórna, V., ... Bernaud, J. L. (2018). The UNESCO life long career counseling chair project: Main purposes and implemented actions. In V. Cohen-Scali, J. Pouyaud, M. Podgórny, V. Drabik-Podgórna, G. Aisenson, J. L. Bernaud, ... J. Guichard (Eds.), *Interventions in career design and education: Transformation for sustainable development and decent work* (pp. 1–11). Cham, Switzerland: Springer.

Couttenier, M., & Soubeyran, R. (2015). A survey of the causes of civil conflicts: Natural and economic conditions. *Revue d'Économie Politique, 6*, 787–810.

Davis, L. M., Bozick, R., Steele, J. L., Saunders, J., & Miles, J. N. V. (2013). *A meta-analysis of programs that provide education to incarcerated adults.* Santa Monica, CA: RAND Corporation.

De Vos, A., Dujardin, J-M., & Meyers, C. (2016). Conceptual framework for sustainable careers. In A. De Vos, J-M. Dujardin, T. Gielens, & C. Meyers (Eds.), *Developing sustainable careers across the lifespan: European Social Fund Network on Career and AGE (Age, Generations, Experience)* (pp. 9–28). Cham, Switzerland: Springer.

De Vos, Dujardin, J-M., Gielens, T., & Meyers (2016). Facilitating sustainable careers: Getting started. In A. De Vos, J-M. Dujardin, T. Gielens, & C. Meyers (Eds.), *Developing sustainable careers across the lifespan: European Social Fund Network on Career and AGE (Age, Generations, Experience)* (pp. 91–97). Cham, Switzerland: Springer.

Duffy, R., Blustein, D. L., Diemer, M. A., & Autin, K. L. (2016). The Psychology of Working Theory. *Journal of Counseling Psychology, 63,* 127–148. doi:10.1037/cou0000140

Emkic, E. (2018). *Reconciliation and education in Bosnia and Herzegovina: From segregation to sustainable peace.* Cham, Switzerland: Springer.

European Union. (2017). *The new European consensus on development: 'Our world, our dignity, our future'.* Joint statement by the Council and the representatives of the governments of the member states meeting within the Council, the European Parliament and the European Commission. Brussels, Belgium: EU.

Fabian, E. (2014). Work and disability. In D. L. Blustein (Ed.), *The Oxford handbook of the psychology of working* (pp. 185–200). New York, NY: Oxford University Press.

Flores, L. Y. (2014). Race and working. In D. L. Blustein (Ed.), *The Oxford handbook of the psychology of working* (pp. 71–84). New York, NY: Oxford University Press.

Foresight Mental Capital and Wellbeing Project. (2008). *Final report.* London, UK: The Government Office for Science.

Franklin, A. J., & Medvide, M. B. (2014). Psychotherapy and the integration of the psychology of working into therapeutic practices. In D. L. Blustein (Ed.), *The Oxford handbook of the psychology of working* (pp. 252–270). New York, NY: Oxford University Press.

Gummere, R. M. (1988). The counsellor as prophet: Frank Parsons, 1854–1908. *Journal of Counseling and Development, 66,* 402–405. doi:10.1002/j.1556–6676.1988.tb00899.x

Hancock, A. (2019). The career development of lesbians, gay men and bisexuals. *Journal of the National Institute of Career Education and Counselling, 42,* 47–55. doi:10.20856/jnicec.4208

Harrison, B., & Schehr, R. C. (2004). Offenders and post-release jobs. *Journal of Offender Rehabilitation, 39,* 3, 35–68. doi:10.1300/J076v39n03_03

Heijden, B. I. J. M., & De Vos, A. (2015). Sustainable careers: Introductory chapter. In A. De Vos & B. I. J. M. Heijden (Eds.), *Handbook of research on sustainable careers* (pp. 1–20). Cheltenham, UK: Edward Elgar.

126

Henry, J. S., & Jacobs, J. B. (2007). Ban the box to promote ex-offender employment. *Criminology and Public Policy, 6,* 755–762. doi:10.1111/j.1745–9133.2007.00470.x

Hooley, T., Sultana, R., & Thomsen, R. (2017). The neoliberal challenge to career guidance—Mobilising research, policy and practice around social justice. In T. Hooley, R. G. Sultana, & R. Thomsen (Eds.), *Career guidance for social justice: Contesting neoliberalism* (pp. 1–28). London, UK: Routledge.

International Association for Educational and Vocational Guidance (IAEVG). (2013). *Communiqué on social justice in educational and career guidance and counselling.* Montpellier, France: International Association for Educational and Vocational Guidance.

International Centre for Career Development and Public Policy (ICCDPP). (2019). *Communiqué 2019: Leading career development services into an uncertain future; Ensuring access, integration and innovation.* Tromsø, Norway: International Centre for Career Development and Public Policy.

International Labour Organisation (ILO). (2014). *Promoting equity: Ethnic diversity in the workplace; A step-by-step guide.* Geneva, Switzerland: International Labour Organisation.

International Labour Organisation (ILO). (2017). *Decent work for persons with disabilities: Promoting rights in the global development agenda.* Geneva, Switzerland: International Labour Organisation.

International Labour Organisation (ILO). (2018). *World employment social outlook: Trends 2018.* Geneva, Switzerland: International Labour Organisation.

Irving, B. (2005). Social justice: A context for career education and guidance. In B. Irving & B. Malik (Eds.), *Critical reflections on career education and guidance: Promoting social justice within a global economy* (pp. 10–24). London, UK: Routledge.

Irving, B. A. (2018). The pervasive influence of neoliberalism on policy guidance discourses in career/education: Delimiting the boundaries of social justice in New Zealand. In T. Hooley, R. G. Sultana, & R. Thomsen (Eds.), *Career guidance for social justice: Contesting neoliberalism* (pp. 47–62). London, UK: Routledge.

Kantamneni, N. (2014). Gender and the psychology of working. In D. L. Blustein (Ed.), *The Oxford handbook of the psychology of working* (pp. 85–102). New York, NY: Oxford University Press.

Killeen, J., Watts, A. G., & Kidd, J. (1999). *Social benefits of career guidance.* NICEC briefing. Cambridge, UK: National Institute for Career Education and Counselling.

Lageson, S., & Uggen, C. (2013). How work affects crime—and crime affects work—

over the life course. In C. L. Gibson & M. D. Krohn (Eds.), *Handbook of life course criminology* (pp. 201–212). Cham, Switzerland: Springer.

Launikari, M., Lettmayr, C., & van Loo, J. (2011). Ageing Europe at work—Guidance to support longer careers of ageing workers. In CEDEFOP, *Working and ageing: Guidance and counselling for mature learners* (pp. 208–290). Luxembourg: European Union.

Marmot, M. (2010). *Fair society, healthy lives: Strategic review of health inequalities in England post 2010.* London, UK: The Marmot Review. Retrieved from http://www. marmotreview.org

McMahon, M., Arthur, N., & Collins, S. (2008). Social justice and career development: Looking back, looking forward. *Australian Journal of Career Development, 17,* 21–29.

Newman, A., Bimrose, J., Nielsen, I., & Zacherd, H. (2018). Vocational behavior of refugees: How do refugees seek employment, overcome work-related challenges, and navigate their careers? *Journal of Vocational Behavior, 105,* 1–5. doi:10.1016/ j.jvb.2018.01.007

Newman, K. L. (2011). Sustainable careers: Lifecycle engagement in work. *Organizational Dynamics 40,* 136–143. doi:10.1016/j.orgdyn.2011.01.008

O'Brien, K. M. (2001). The legacy of Parsons: Career counsellors and vocational psychologists as agents of social change. *Career Development Quarterly, 50,* 66–76. doi:10.1002/j.2161–0045.2001.tb00891.x

Organisation for Economic Co-operation and Development (OECD). (2004). *Career guidance and public policy: Bridging the gap.* Paris, France: Organization for Economic Co-operation and Development.

Organisation for Economic Co-operation and Development (OECD). (2010). *Sickness, disability and work: Breaking the barriers. A synthesis of findings across OECD countries.* Paris, France: Organisation for Economic Co-operation and Development.

Paul, K. I., & Moser, K. (2009). Unemployment impairs mental health: Meta-analyses. *Journal of Vocational Behaviour, 74,* 264–282. doi:10.1016/j.jvb.2009.01.001

Peck, D. (2004). *Careers services: History, policy and practice in the United Kingdom.* London, UK: Routledge Falmer.

Piketty, T. (2014). *Capital in the twenty-first century.* Cambridge, MA: Belknap Press.

Plant, P. (2014). Green guidance. In G. Arulmani, A. J. Bakshi, F. T. L. Leong, & T. Watts (Eds.), *Handbook of career development: International perspectives* (pp. 309–316). Cham, Switzerland: Springer.

Plant, P. (2015). Green guidance: Guidance for the future. *Revista Española de Orientacióny Psicopedagogía, 26,* 115–123.

Pouyard, J., & Guichard, J. (2018). A twenty-first century challenge: How to lead an active life whilst contributing to sustainable and equitable development. In T. Hooley, R. G. Sultana, & R. Thomsen (Eds.), *Career guidance for social justice: Contesting neoliberalism,* (pp. 31–46). London, UK: Routledge.

Redekopp, D. E., & Huston, M. (2019). The broader aims of career development: Mental health, wellbeing and work. *British Journal of Guidance and Counselling, 47,* 246–257. doi:10.1080/03069885.2018.1513451

Richardson, M. S. (1996). From career counselling to counselling/psychotherapy for work, jobs and career. In M. L. Savickas, & B. W. Walsh (Eds.), *Career counselling theory and practice* (pp. 347–360). Palo Alto, CA: Davies-Black.

Roberts, K. (2005). Social class, opportunity structures and career guidance. In B. Irving & B. Malik (Eds.), *Critical reflections on career education and guidance: Promoting social justice within a global economy* (pp. 130–142). London, UK: Routledge.

Robertson, P. J. (2013a). Career guidance and public mental health. *International Journal for Educational and Vocational Guidance, 13,* 151–164. doi:10.1007/s10775-013-9246-y

Robertson, P. J. (2013b). The well-being outcomes of guidance. *British Journal of Guidance and Counselling, 41,* 254–266. doi:10.1080/03069885.2013.773959

Robertson, P. J. (2014). Health inequality and careers. *British Journal of Guidance and Counselling, 42,* 338–351. doi:10.1080/03069885.2014.900660

Savickas, M. L. (2008). Helping people choose jobs: A history of the guidance profession. In J. A. Athanasou & R. van Esbroeck (Eds.), *International handbook of career guidance* (pp. 97–113). Dordrecht, the Netherlands: Springer.

Savickas, M. L. (2009). Pioneers of the vocational guidance movement: A centennial celebration. *Career Development Quarterly, 57,* 194–198.

Sen, A. (2007). *Peace and democratic society.* Cambridge, UK: Open Book Publishers.

Smith, A. (2010). *The influence of education on conflict and peace building.* Paris, France: UNESCO.

Smith, A., & Vaux, T. (2003). *Education, conflict and international development.* London, UK: Department for International Development.

Stern, N. (2006). *Stern review on the economics of climate change.* London, UK: HM Treasury.

Sterns, H. L., & Sterns, A. A. (2014). Approaches to ageing and work. In D. L. Blustein

(Ed.), *The Oxford handbook of the psychology of working* (pp. 160–184). New York, NY: Oxford University Press.

Stiglitz, J. E. (2013). *The price of inequality*. London, UK: Penguin.

Sultana, R. G. (2004). *Guidance policies in the knowledge society: Trends, challenges and responses across Europe*. Thessaloniki, Greece: CEDEFOP.

Sultana, R. G. (2014). Pessimism of the intellect, optimism of the will? Troubling the relationship between career guidance and social justice. *International Journal for Educational and Vocational Guidance, 14*, 5–19. doi:10.1007/s10775-013-9262-y

Sultana, R. G. (2017). Anchoring career guidance in the Mediterranean? In search of southern perspectives. In R. G. Sultana (Ed.), *Career guidance and livelihood planning across the Mediterranean: Challenging transitions in South Europe and the MENA region* (pp. 3–15). Rotterdam, the Netherlands: Sense.

United Nations. (n.d.). *Climate change*. Retrieved from https://www.un.org/en/sections/issues-depth/climate-change/

United Nations. (2015). *Transforming our world: The 2030 agenda for sustainable development*. New York, NY: United Nations. Retrieved from https://sustainabledevelopment.un.org/post2015/transformingourworld/publication

United Nations Intergovernmental Panel on Climate Change (IPCC). (2019). *Special report: Global warming of 1.5o C; Summary for policymakers*. New York, NY: United Nations Intergovernmental Panel on Climate Change.

Vernick, S. H., & Reardon, R. C. (2001). Career development programs in corrections. *Journal of Career Development, 27,* 265–277. doi:10.1177/089484530102700403

Vuori, J., Blonk, R., & Price, R. H. (2015). Conclusions for policy, practice and research. In J. Vuori, R. Blonk, & R. Price (Eds.), *Sustainable working lives: Aligning perspectives on health, safety and well-being* (pp. 291–300). Dordrecht, the Netherlands: Springer.

Waddell, G., & Burton, A. K. (2006). *Is work good for your health and well-being?* London, UK: Department for Work and Pensions.

Warr, P. (2007). *Work, happiness and unhappiness*. Mahwah, NJ: Lawrence Erlbaum.

Watts, A. G. (1996a). Career guidance and public policy. In A. G. Watts, B. Law, J. Killeen, J. M. Kidd, & R. Hawthorn (Eds.), *Rethinking careers education and guidance: Theory, policy and practice* (pp. 380–391). London, UK: Routledge.

Watts, A. G. (1996b). Socio-political ideologies in guidance. In A. G. Watts, B. Law, J. Killeen, J. M. Kidd, & R. Hawthorn (Eds.), *Rethinking careers education and guidance: Theory, policy and practice* (pp. 351–365). London, UK: Routledge.

Watts, A. G. (2008). Career guidance and public policy. In J. A. Athanasou & R. van Esbroeck (Eds.), *International handbook of career guidance* (pp. 341–353). Dordrecht, the Netherlands: Springer.

Watts, A. G. (2009). *The relationship of career guidance to VET.* Cambridge, UK: NICEC/ OECD.

Watts, A. G., & Fretwell, D. (2004). *Public policies for career development: Policy strategies for designing career information and guidance systems in middle-income and transition economies.* Washington, DC: World Bank.

Watts, A. G., & Sultana, R. (2004). Career guidance policies in 37 countries: Contrasts and common themes. *International Journal for Vocational and Educational Guidance, 4,* 105–122. doi:10.1007/s10775-005-1025-y

World Health Organization (WHO). (2007). *Employment conditions and health inequalities: Final report to the WHO commission on social determinants of health.* Geneva, Switzerland: World Health Organisation.

World Health Organization (WHO). (2011). *World report on disability* (summary). Geneva, Switzerland: World Health Organisation.

Wilson, D. B., Gallagher, C. A., & MacKenzie, D. L. (2000). A meta-analysis of corrections-based education, vocation and work programs for adult offenders. *Journal of Research in Crime and Delinquency, 37,* 347–368. doi:10.1177/0022427800037004001

Zunker, V. (2008). *Career, work and mental health: Integrating career and personal counseling.* London, UK: SAGE.

第8章
生涯发展理论：综合分析

朱莉娅·耶茨（Julia Yates）

131   **摘要** 发展生涯理论是为了帮助人们理解生涯选择和发展的复杂性。这一主题的复杂性使得生涯理论通常主要集中在生涯现象的一个或两个方面。因此，将这些理论相互整合以及与生涯实践相结合时面临的挑战并非微不足道。本章概述了理论框架，说明了各理论如何相互协调，以建立全面的生涯选择和发展图景。本章介绍的理论框架涵盖范围广，时间跨度达七十年且涉及众多学科，无论是最知名的理论家还是不为人知的学者在本章中皆有提及。本章围绕身份认同、环境、生涯学习和生涯心理资源四个概念展开，并就如何将理论和生涯实践相结合提出建议。

      关键词 生涯理论，生涯发展，身份认同，生涯学习，环境，生涯心理资源

引言

生涯发展是复杂的。人们做出的选择以及为自己开辟的道路受到心理、社会、地理、历史、政治、物理、经济和教育等因素的影响（Gunz，2009）。生涯理论旨在简化这些复杂性，其目的是将复杂的生

涯行为简化为更容易理解的概念 (Young et al., 2007)。某个现象越复杂，发展有助于理解它的理论就越重要。然而，理解这些理论本身并非一件易事。这一主题的多面性和多样性导致的结果是，虽然整个生涯发展文献体系涉及生涯发展的全部影响因素，但是单个理论往往只关注一个或两个方面，这导致该领域具有"分裂和多样的性质"(Patton & McMahon, 2014, p. 147)。重新整合专注于生涯发展不同方面的理论是一项挑战，支撑这些理论的不同哲学传统令这一挑战更具复杂性。

　　20 世纪初到 20 世纪中期的生涯理论受到实证主义认识论的巨大影响，这种认识论假设了一个单一的客观真理。生涯发展知识旨在揭示有关工作世界的事实，并就个人如何以最佳方式置身其中提供建议 (Bassott, 2012)。到了 21 世纪，建构主义认为现实由个人基于他们与周围世界的互动，从其独特的个人视角所构建 (Young & Collin, 2004)，许多当代生涯理论都受到建构主义的影响。当代理论家可能对更传统的实证主义方法持批判态度，认为这些理论不能反映 21 世纪劳动力市场中人们的现实状况，因此并不适用。

132

　　哲学体系和学科之间的区别影响了生涯学者研究理论视角的方式。描述生涯理论的常用方法 (Kidd, 2008；OCR, 2018；Sharf, 2016；Walsh & Osipow, 2014) 是将重点放在理论集群上，按时间顺序对理论进行分组。虽然这种方法可能提供有用的历史回顾，但不论含蓄还是明确地引诱人们支持较新的理论并拒绝较旧的理论，都具有局限性。科林 (Collin, 2009, p. 3) 强调，"不能仅从一个角度理解生涯发展的丰富性、复杂性和模糊性"，而且对相对不流行的理论全盘否定可能会使读者对该领域的理解带有局限性且存在偏颇。

　　笔者在本章中采用了不同的方法，即实用主义，因为实用主义是与本章所采用的生涯发展理论方法最接近的认识论立场 (Dewey, 1933；Rorty, 1999)。实用主义的出发点不是"我的世界观是什么"而是"我想解决什么问题"，方法的评判依据是它们所引发的行为，而不是以什么哲学立场出发（Smith, 1999）。我们应该根据理论的相关性和价值进行判断，并且人们认为解决不同的问题需要不同的方法（Richardson et al., 2005）。这种综合法将提供一种易于理解的理论整合，其将生涯发展理论概念化为整体框架的各个要素，并突出了各理论的协同作用和优势。在从业者针对给定的背景确定最适合的某一理论时，这种借鉴多种理论的框架将为他们提供便利。

因此，本章旨在提供生涯理论的综合概述，按照主题而非时间顺序、学科或认识论的角度来展开阐释。这种生涯理论的整合使学生和从业者受益匪浅，因其不会强迫人们在一种理论和另一种理论之间做出选择，而是试图将理论整合在一起，突出理论的相似之处而非差异。这种方法表明，相比于任何单一的理论，将这些理论结合起来，能够对来访者生涯故事做出更好的解释（另见本书第11章，第13章）。

毋庸置疑，本章选择的生涯理论是目前最具影响力的，并强调了这些理论对我们的理解和实践所能做出的积极贡献。但应该指出的是，这些理论并非毫无缺陷。大多数生涯文献是在个人主义文化的背景下在西方国家用英语写成的，这类文献的前提是人们有选择权，并希望将生涯用作自我实现的手段。尽管许多理论承认生涯的影响因素具有复杂性，但整个文献体系因其对新自由主义议题的默许支持而受到批评，其强调个体能动性而忽视了结构性变化（McMahon & Arthur, 2019）。

本章提出的综合模型在某种程度上回应了这些批评。这种方法不仅突出了影响因素的范围，而且突出了影响因素之间的相互作用，承认了个体和结构之间的相互依赖性。该模型明确反对生涯发展是个人主义的且属于中产阶级这一概念，整合了以多元背景人群为研究对象，研究他们在不同背景下不同生活经历及生涯发展经历的理论。

生涯理论主题概述

笔者在接下来的几节中对 40 种生涯理论进行了主题分析，这些理论来自不同的国家、学科和认识论，产生的年代也各不相同。根据这些理论的中心概念对其进行分类，由此产生的框架共分为四个主题：身份认同、环境、生涯学习和生涯心理资源。本章对这四个主题分别进行了阐述，但在现实中，无论在概念上还是时间上，毫无疑问，这些主题都不是完全割裂的。这些主题相互交织、同时发展，而不是相继发展，一个理论可能适用于多个主题。笔者首先将探讨身份认同的概念、其在生涯发展中的作用以及在生涯理论中的地位。

身份认同

身份认同是一种心理社会结构，是许多传统和当代生涯发展理论的核心，能够告诉人们"他们是谁，他们可以成为谁"（Patton & McMahon, 2014, p. 277）。身份与生涯发展有关，包括多个方面：个人背景、人口特征、个人性格、对人们来说什么是重要的，以及如何适应社会。

对于身份认同的概念有不同的阐释方式。如果将其概念化为一个对象，那么自我就可以被观察、检测和测量（Savickas, 2011）。这种对自我的理解是颇具影响力的个人 – 环境匹配方法的核心，该方法假设，如果工作的主要特征能够反映工作者的兴趣、价值观和技能，他们会更满意、更高效。重要的例子包括霍兰德（Holland, 1997）的职业人格理论和戴维斯与罗奎斯特（Dawis & Lotquist, 1984）的工作适应理论，后者认为工作者既可以改变自己的工作环境，也可以适应环境。

第二类关于身份认同的理论以更加主观的方式认识自我，关注个体不断变化的本质。这类理论认为，人们可以掌控自己的个人发展并对其负责。例如，舒伯（Super, 1990）的生活广度和生活空间模型表明，

134　　人们在生活中扮演不同的角色，这些角色在不同的环境中发挥作用，而马伊涅罗和沙利文（Mainiero & Sullivan，2005）的万花筒生涯模型研究了男性和女性在整个工作生活中的变化驱动因素。亚瑟和卢梭（Arthur & Rousseau，2001）的无边界职业生涯模型研究了个人与组织之间的关系，强调了心理和身体灵活性在生涯道路中的作用。

　　近年来，一些理论家将自我概念化，认为自我是社会性的且与社会背景密不可分。正如这类理论所定义的那样，自我被个人概念化并由个人建构：人们从自己的经历中创造自我的意义，通过创造叙事或讲述他们自己的故事来弄清楚自己是谁，从而证明他们与环境之间存在互动。这种对自我的理解是当代建构主义者对生涯理解的核心，并且在伊瓦拉关于身份和叙事的著作（Ibarra & Barbulescu，2010）和萨维科斯等人（Savickas et al.，2009）颇具影响力的人生设计理论中处于核心地位。人生设计理论将自我概念化，认为其具有建构性、整体性和流动性。

　　身份认同也能以未来为导向，为目标和愿望提供信息。可能的自我（Markus & Nurius，1986）关注的是各种假设的未来中不同版本的自己。这些可能的自我可能是积极的或消极的、现实主义的或虚幻的。经证明，它们能够影响生涯目标和动机（Strauss et al.，2012），并被用于理解生涯变化的过程（Ibarra，2005）。

　　除了这些以身份认同为核心的多维理论外，还有许多理论研究身份认同的特定层面及其在生涯发展中的作用。很多理论也强调了价值观的作用。在霍尔和米尔维斯的易变性职业生涯理论（Hall，1996）中，作者认为多变的职业生涯道路既是自我导向的，又受到价值观的驱动。布朗（Brown，1996）和科洛齐（Colozzi，2003）讨论了价值一致性的重要性，即人们工作所在组织的价值观在多大程度上能反映他们个人的价值观。迪克和达菲（Dik & Duffy，2009）撰写了大量关于职业或事业及其如何对个人生涯产生积极和消极影响的文章。大量理论研究了人口特征的作用，包括性别（Gottfredson，2002）、阶级（Heppner & Scott，

2004）、性取向（Fassinger，1995）和种族（Helms & Piper，1994）。

因此，这些生涯理论承认身份认同对生涯发展意义重大。但是，个人不能脱离环境来发展或定义自己。除了对身份认同的关注之外，许多作者还强调了环境在身份认同形成和生涯发展中发挥的关键作用。

环境

个人的环境由无数不同的方面组成，既是流动的（不断变化的），又是社会建构的（由个人根据其经验发展和概念化）。环境与个体之间的关系是动态的：个体既能影响环境，又受环境的影响。

一些颇具影响力的生涯发展理论侧重于环境的作用，且涉及范围较广。罗伯茨（Roberts，2009）的机会结构理论说明了我们出生环境和所接触到的机会的重要性，突出了社会经济阶层对生涯发展的决定性影响。工作的概念化受到个人所处的（直接和更广泛的）环境的影响，并且一些理论，例如戈特弗雷德森（Gottfredson，2002）的限制与妥协理论就表明，在个人经历和身处的社会规范或刻板印象相结合的基础上，对工作的印象或预想甚至会影响幼童的身份认同、愿望和生涯目标。

丘季科夫斯基和迈尔霍费尔（Chudzikowski & Mayrhofer，2011）以及霍金森和斯帕克斯（Hodkinson & Sparkes，1997）在他们的社会学职业生涯理论中将社会、文化和人力资本的影响纳入了生涯发展理论，在假定个人完全有自由做出自己的选择和将生涯发展贬低为社会决定论的产物之间，该理论选择了一条谨慎的道路。霍金森和斯帕克斯尤其关注布迪厄（Bourdieu）的惯习（根深蒂固的行为和态度）和场域（人们争夺理想资源的环境）的概念。他们提出了与整个社会阶层相关的关键概念，例如：行动视野，即人们的选择不可避免地受限于他们所意识到的机会和可能性的观点；以及实用理性，这是一个决策过程，其部分依赖于隐性信息、不完整的知识和其他人的意见。

许多生涯理论都引入了偶然事件的影响。米切尔、莱文和克朗伯兹

135

（Mitchell et al. 1999）的计划偶然性理论强调了留意和利用机会的重要性，而普瑞和布赖特（Pryor & Bright, 2003）的生涯混沌理论将个体的生涯发展看作复杂的系统，这些系统受到周围世界的复杂系统和由此产生的偶然事件的影响。

他人在个人的生涯发展中作用重大，许多理论认为，他人在个人的生涯决策中扮演着不可或缺的且极具价值的角色。布鲁斯坦、舒尔茨和弗卢姆（Blustein et al., 2004）提出了生涯关系理论，该理论认为生涯发展具有社会地位性和内在关系性。他们认为，环境是生涯发展必不可少的一部分，个人对工作或生涯的概念化在与他人的关系中得以发展。因此，个人对世界的看法既是文化的也是历史的，并且是个人与生俱来的。我们每个人都会以独特的视角对我们共同的世界做出自己的阐释。除了说明环境如何塑造个人及其生涯道路的理论，许多理论还强调了个人影响环境的方式，包括工作适应理论（Dawis & Lofquist, 1984s）和工作重塑理论（Wrzesniewski & Dutton, 2001）。

136

前两个主题——身份认同和环境涵盖了生涯发展内容的关键影响因素。接下来的两个主题——生涯学习和生涯心理资源，重点关注生涯发展的过程。

生涯学习

生涯发展中的学习关注人们如何建立对自身、对环境以及对两者相互作用的理解。同时，生涯学习理论研究了可能的学习环境和潜在的认知过程，这些认知以不同的方式得到发展。

一部分生涯理论探讨了与他人互动对生涯学习的影响。劳（Law, 1981）在社区互动理论中强调了人们在社区内的互动，突出个人与同龄人、家人、学校教师、邻里和种族群体互动的影响，并强调了这些交流的解释和预测力。生涯决策的社会学习理论（Mitchell et al., 1979）的核心是替代性学习，该理论表明学习不仅来自我们对自己经历的反思，还来自对他人经历的反思。米切尔等人提出了两种类型的学习体验：工具性学习，通过这种学习，人们从他们取得成功的活动中培养兴趣；联结性学习，人们根据自己一生中所有的经历和际遇建立对现象的整体印象。阿特金森和穆雷尔（Atkinson & Murrell, 1988）提出了一个基于库伯（Kolb）学习周期的元模型，突出了体验式学习和反思的重要性。

随后，焦点转移到了生涯学习的认知方面，劳（Law, 1999）的生涯学习理论探究了人们用来审视和判断生涯信息的过程。该理论提供了一个四阶段模型，包括感知——收集信息；筛选——理解信息，比较、绘制和创建叙述；专注——根据个人观点做决定；理解——确定目标并将计划付诸行动。认知信息加工理论（Peterson et al., 1991）认为，三个领域的知识共同作用以做出生涯决策。首先，自我认识和职业认知的知识领域共同构成了所需信息的"数据库"。其次，通用的信息处理技能（沟通、分析、综合和执行）提供了做出决策所需的技能。最后，元认知通过识别和选择相关信息来协调大脑活动。

这些生涯理论帮助我们了解人们如何理解和处理信息。该框架的最后一个主题是可以用于帮助个人发展生涯的心理资源。

生涯心理资源

137

生涯心理资源理论有助于理解和解释帮助人们驾驭生涯道路、做出积极选择的因素。这里讨论的结构（自我效能感、适应力、复原力、希望和乐观主义）经常出现在生涯资源的模型和理论中。个人性格的这些方面可能影响或有助于其身份认同，在这里被视为促进生涯发展的资源。

自我效能感是衡量自我信念的尺度（Bandura, 1977）。自我效能感高的人，即那些认为自己拥有完成特定任务的技能和资源的人，可能会为任务付出更多努力并做出更好的应对策略。自我效能感是许多生涯理论的核心，特别是伦特、布朗和哈克特（Lent et al., 1994）的社会认知生涯理论。这一复杂的理论承认生涯中许多不同方面互相交织的特征，强调结果期望和自我效能感在个人选择中的作用。自我效能感在关于女性生涯发展的理论中同样占据核心地位（Betz & Hackett，1983），而且自我效能感水平已被证明可以解释两性生涯道路的差异。

近年来适应力和复原力这两种特质在文献中备受关注。生涯适应力被描述为预测变化和发展应对未来变化所需的战略和技能的能力；复原力是指发生变化时做出反应的能力（Bimrose & Hearne，2012）。萨维科斯和波菲利（Savickas & Porfeli，2012）提出了一个生涯适应力模型，其中包含四个具体的特性：关注（规划）、好奇（探索）、自信（自我效能感）和控制（决策）。主动适应力的概念也是富盖特、基尼基和阿什福斯（Fugate et al.，2004）就业能力概念化的核心。他们将就业能力描述为一种社会心理结构，包括生涯认同、社会和人力资本以及主动适应力。

这里所包含的最后两个资源是希望（Snyder，2002）和乐观主义（Carver et al.，2010）。希望被描述为以下三者的结合：目标、对实现该目标的途径的清晰认知以及实现目标的动机（Snyder，2002）。这种结合对生涯发展具有积极影响：那些更加满怀希望的人能够更好地设定且更有可能实现自己的生涯目标。乐观主义是一种积极的假设，认为事情可能会好转。乐观程度较高的人更有可能发展良好的人际关系，他们更有毅力，面对逆境能够更好地应对。乐观主义有助于资源获取（Scheier & Carver，2003）以及关系网络和社会支持的发展（Brissette et al.，2002）。

除了关注单个社会心理结构的研究，其他学者还提出了更复杂的模型，这些模型将上文讨论的各个因素与其他因素或资源结合起来。在赫希（Hirschi，2012）的生涯资源模型中，他将希望、效能、复原力和乐观主义与身份认同以及社会和人力资本相结合。卢坦斯和尤瑟夫（Luthans & Youssef，2004）同样将这四种结构结合起来，构成了一种被称作心理资本的高阶结构。亚瑟、克莱曼和德菲里皮（Arthur et al., 1995）的智能职业生涯模型将生涯资本定义为三种类型的知识积累：知道原因（动机和自我意识）、知道怎么做（做好工作所需的技能和知识）以及知道对象（提供机会和信息的网络）。

实践框架

本文对生涯理论的主题概述包括身份认同、环境、生涯学习和生涯心理资源四个主题。本综述旨在解释生涯发展的复杂现象。然而，尽管对理论格局进行概述具有一定价值，但更重要的是要说明如何将这种模式应用于实践，以及如何为那些做出生涯选择的人带来价值。该模型可以用于有计划的生涯教育方案中，也可以作为理解和指导一对一生涯谈话的工具。

利用这四个主题指导生涯教育方案，可以确保为当事人提供广泛考虑其生涯发展、认识并触及框架的各个方面的机会。该模型提供了四个不同的主题，但毫无疑问，做出生涯选择的实际过程并不能按时间顺序分为四个独立的阶段。采用这一框架的生涯教育方案需要认识到这一过程相互交织、并存的复杂性，相互对照，并鼓励当事人在不同环节之间建立自己的联系。

该模型提供了两个专注于内容的主题（身份认同和环境），以及两个以过程为导向的主题（生涯学习和生涯心理资源）。对话可能涵盖身份认同和环境的主题，或者可能以某个主题为焦点，但所有对话都将受益于对生涯学习过程的理解，并提供增加相关心理资源的机会。

以身份认同为重点的团体活动会鼓励参与者问自己："我是谁？""我想成为谁？"从业者可以借鉴生涯类型的面试（Savickas, 2011），使用可能的自我练习（Hock et al., 2003），或者应用以深度为导向的价值观挖掘来帮助当事人明确他们的价值观（Corlozzi, 2003）。

当以参与者的环境为重点时，应该鼓励他们思考："是什么影响了我？""我有什么机会？"实践练习作为计划偶然性理论（Mitchell et al., 1999）和生涯混沌理论（Pryor & Bright, 2003）的一部分，可以促使参与者专注于外部影响。对话不应孤立地涵盖任何一个主题。环境和身份认同虽然不同，但并非是不相关的结构：环境影响身份认同，身份认同也能影响环境。我们应始终鼓励参与者思考这些双向影响，并承认身份认同和环境都影响着他们生活的方方面面，包括他们对自己经历的解释。

生涯学习和生涯心理资源这两个过程主题应该成为每个对话的基础。无论主题是什么，生涯学习的一个潜在影响是确保参与者确认"我知道什么"，并弄清楚"我如何理解这一切"。一个对话过程，如果以生涯学习理论（Law, 1999）中的感知、筛选、专注和理解原则，或认知信息加工理论的不同知识领域（Peterson et al., 1991）为根据而进行，并且认可且利用从他人那里学到的信息（Law, 1981；Mitchell et al., 1979），那么它将促进更有效的学习和深入的理解。

在生涯教育中，关注生涯心理资源（框架的最后一个主题）可以支持参与者发展技能，为实现其生涯目标的进程加速，以及回答"我如何能给自己最好的机会去我想去的地方？"这个问题。当事人的心理资源可以通过生涯适应力模型（Savickas & Porfeli, 2012）和心理资本（Luthans & Youssef, 2004）的实际干预措施得到开发。对话还可以加入替代学习的机会和分享个人成功的机会，以增加他们的心理资源。

就一对一的对话而言，该框架有两个独特的贡献。首先，它可以为对话提供指导方向。考虑到这四个主题，从业者可以在生涯对话之前或期间评估取得的进展，判断对话是否涵盖了最重要的领域，并询问自己（也可能包括他们的当事人）是否应该将重点转移到另一个领域。如果当事人花时间思考自己的身份认同，那么他们可能会被鼓励发出这样的质疑：关于其环境的讨论是否有价值。如果有人似乎对自己的选择缺乏信心，那么可以邀请他们思考自己的生涯心理资源，以确定该领域的讨论或干预是否可以帮助他们对自己的未来感到更有把握。

其次，该框架还可以验证来访者自己的故事或感受。他们如果了解到自己所面临的特殊挑战已经在理论框架内得到验证，可能会觉得自己并不孤单，这可以为他们的前进提供一种安心感和对自己能力的信心。如果一个年轻人对自己需要做出的生涯发展选择的规模和复杂性感到不知所措，可以让他放心地知道，对于大多数人来说，这一选择十分复杂。与当事人分享这样的理论框架可能会为其生涯探索提供潜在的、富有成效的途径；而作为一种参考模式，它可以突显出那些尚未探索或未受到挑战的关键领域。

结论

140

该领域数十年的研究产生了一系列详细而有价值的理论，解释了生涯发展的各个方面。本章介绍的生涯理论主题概述融合了 40 个最知名和最具影响力的关键观点，并将其分为四个主题。这一综合框架突出了生涯理论所涵盖的身份认同的诸多方面，对身份认同发展和机会产生影响的个人环境的不同方面（无论是主观的还是客观的），人们学习和理解生涯概念和自己生涯的过程，以及支持个人做出选择并将计划付诸行动的心理资源。该模型综合了丰富的信息、观点和概念，吸收了不同的学科和哲学传统，时间跨度达数十年。它侧重于组合和协同作用，展示了如何将理论汇集在一起以解释现象的不同层面。我们希望，清晰和简洁的框架能够使从业人员利用理论思想来提升自己的实践能力，更好地为当事人服务。

参考文献

Arthur, M. B., Claman, P. H., & DeFillippi, R. J. (1995). Intelligent enterprise, intelligent careers. *The Academy of Management Executive, 9*(4), 7–20. doi:10.5465/ame.1995.9512032185

Arthur, M. B., & Rousseau, D. M. (Eds.). (2001). *The boundaryless career: A new employment principle for a new organizational era.* Oxford: Oxford University Press.

Atkinson, G., & Murrell, P. H. (1988). Kolb's experiential learning theory: A meta-model for career exploration. *Journal of Counseling & Development, 66,* 374–377. doi:10.1002/j.1556-6676.1988.tb00890.x

Bandura, A. (1977). *Social learning theory.* New York: General Learning Press.

Bassot, B. (2012). Career learning and development: A social constructivist model for the twenty-first century. *International Journal for Educational and Vocational Guidance, 12,* 31–42. doi:10.1007/s10775-012-9219-6

Betz, N. E., & Hackett, G. (1983). The relationship of mathematics self-efficacy expectations to the selection of science-based college majors. *Journal of Vocational Behavior, 23,* 329–345. doi:10.1016/0001-8791(83)90046-5

Bimrose, J., & Hearne, L. (2012). Resilience and career adaptability: Qualitative studies of adult career counseling. *Journal of Vocational Behavior, 81,* 338–344. doi:10.1016/j.jvb.2012.08.002

Blustein, D. L., Schultheiss, D. E. P., & Flum, H. (2004). Toward a relational perspective of the psychology of careers and working: A social constructionist analysis. *Journal of Vocational Behavior, 64,* 423–440. doi:10.1016/j.jvb.2003.12.008

Brissette, I., Scheier, M. F., & Carver, C. S. (2002). The role of optimism in social network development, coping, and psychological adjustment during a life transition. *Journal of Personality and Social Psychology, 82,* 102–111. doi:10.1037/0022-3514.82.1.102

Brown, D. (1996). Brown's values-based, holistic model of career and life-role choices and satisfaction. In D. Brown, L. Brooks, & Associates (Eds.), *Career choice and development: Applying contemporary theories to practice* (3rd ed., pp. 327–338). San Francisco: Jossey-Bass.

Carver, C. S., Scheier, M. F., & Segerstrom, S. C. (2010). Optimism. *Clinical Psychology Review, 30,* 879–889.

Chudzikowski, K., & Mayrhofer, W. (2011). In search of the blue flower? Grand social theories and career research: The case of Bourdieu's theory of practice. *Human*

Relations, 64, 19–36. doi:10.1177/0018726710384291

Collin, A. (2009). One step towards realising the multidisciplinarity of career studies. In A. Collin & W. Patton (Eds.), *Vocational psychology and organisational perspectives on career: Towards a multidisciplinary dialogue* (pp. 3–18). Rotterdam, the Netherlands: Sense.

Colozzi, E. A. (2003). Depth-oriented values extraction. *Career Development Quarterly, 52*, 180–189. doi:10.1002/j.2161-0045.2003.tb00637.x

Dawis, R. V., & Lofquist, L. H. (1984). *A psychological theory of work adjustment: An individual-differences model and its applications.* Minneapolis: University of Minnesota Press.

Dewey, J. (1933). *How we think: A restatement of the relation of reflective thinking to the educational process.* Boston: Heath.

Dik, B. J., & Duffy, R. D. (2009). Calling and vocation at work: Definitions and prospects for research and practice. *The Counseling Psychologist, 37*, 424–450. doi:10.1177/0011000008316430

Fassinger, R. E. (1995). From invisibility to integration: Lesbian identity in the workplace. *Career Development Quarterly, 44*, 148–167. doi:10.1002/j.2161-0045.1995.tb00682.x

Fugate, M., Kinicki, A. J., & Ashforth, B. E. (2004). Employability: A psycho-social construct, its dimensions, and applications. *Journal of Vocational Behavior, 65*, 14–38. doi:10.1016/j.jvb.2003.10.005

Gottfredson, L. S. (2002). Gottfredson's theory of circumscription, compromise, and self-creation. In D. Brown & Associates (Eds.), *Career choice and development* (4th ed., pp. 85–148). San Francisco: Jossey-Bass.

Gunz, H. (2009). The two solitudes: The vocational psychological/organisational gap, as seen from the organisational perspective. In A. Collin & W. Patton (Eds.), *Vocational psychological and organizational perspectives on career: Towards a multidisciplinary dialogue* (pp. 19–27). Rotterdam, the Netherlands: Sense.

Hall, D. T. (1996). Protean careers of the 21st century. *Academy of Management Executive, 10*, 8–16. doi:10.5465/ame.1996.3145315

Helms, J. E., & Piper, R. E. (1994). Implications of racial identity theory for vocational psychology. *Journal of Vocational Behavior, 44*, 124–138. doi:10.1006/jvbe.1994.1009

Heppner, M. J., & Scott, A. B. (2004). From whence we came: The role of social class in our families of origin. *The Counseling Psychologist, 32*, 596–602. doi:10.1177/0011000004265670

141

Hirschi, A. (2012). The career resources model: An integrative framework for career counsellors. *British Journal of Guidance & Counselling, 40,* 369–383. doi:10.1080/03069885.2012.700506

Hock, M. F., Schumaker, J. B., & Deshler, D. D. (2003). *Possible selves: Nurturing student motivation.* Lawrence, KS: Edge Enterprises.

Hodkinson, P., & Sparkes, A. C. (1997). Careership: A sociological theory of career decision making. *British Journal of Sociology of Education, 18,* 29–44. doi:10.1080/0142569970180102

Holland, J. (1997). *Making vocational choices: A theory of vocational personalities and work environments* (3rd ed.). Odessa, FL: Psychological Assessment Resources.

Ibarra, H. (2005). *Identity transitions: Possible selves, liminality and the dynamics of career change* (working paper No. 31/OB). Paris: INSEAD.

Ibarra, H., & Barbulescu, R. (2010). Identity as narrative: Prevalence, effectiveness, and consequences of narrative identity work in macro work role transitions. *Academy of Management Review, 35,* 135–154. doi:10.5465/amr.35.1.zok135

Kidd, J. M. (2008). Exploring the components of career well-being and the emotions associated with significant career experiences. *Journal of Career Development, 35,* 166–186. doi:10.1177/0894845308325647

Law, B. (1981). Community interaction: A "mid-range" focus for theories of career development in young adults. *British Journal of Guidance and Counselling, 9,* 142–158. doi:10.1080/03069888108258210

Law, B. (1999). Career-learning space: New-DOTS thinking for careers education. *British Journal of Guidance & Counselling, 27,* 35–54. doi:10.1080/03069889908259714

Lent, R. W., Brown, S. D., & Hackett, G. (1994). Toward a unifying social cognitive theory of career and academic interest, choice, and performance. *Journal of Vocational Behavior, 45,* 79–122. doi:10.1006/jvbe.1994.1027

Luthans, F., & Youssef, C. M. (2004). Positive psychological capital: Beyond human and social capital. *Organizational Dynamics, 3,* 143–160.

Mainiero, L. A., & Sullivan, S. E. (2005). Kaleidoscope careers: An alternate explanation for the "opt-out" revolution. *Academy of Management Perspectives, 19,* 106–123. doi:10.5465/ame.2005.15841962

Markus, H., & Nurius, P. (1986). Possible selves. *American Psychologist, 41,* 954–969.

McMahon, M., & Arthur, N. (2019). Career development theory, origins and history. In N. Arthur & M. McMahon (Eds.), *Contemporary theories of career development.* Abingdon, UK: Routledge.

Mitchell, A. M., Jones, G. B., & Krumboltz, J. D. (Eds.). (1979). *Social learning and career decision making*. Cranston, RI: Carroll.

Mitchell, K. E., Levin, S., & Krumboltz, J. D. (1999). Planned happenstance: Constructing unexpected career opportunities. *Journal of Counseling & Development, 77*, 115–124. doi:10.1002/j.1556–6676.1999.tb02431.x

OCR. (2018). *Level 6 unit on career guidance theory*. Retrieved from https://www.ocr.org.uk/Images/78173-guidance-on-theories-concepts-and-sources-of-research-for-the-level-6-unit-on-career-guidancetheory.pdf

Patton, W., & McMahon, M. (2014). *Career development and systems theory: Connecting theory and practice*. Rotterdam, the Netherlands: Sense.

Peterson, G. W., Sampson, J. P., Jr., & Reardon, R. C. (1991). *Career development and services: A cognitive approach*. Belmont, CA: Thomson Brooks/Cole.

Pryor, R. G., & Bright, J. (2003). The chaos theory of careers. *Australian Journal of Career Development, 12*, 12–20. doi:10.1177/1038416213518506

Richardson, M. S., Constantine, K., & Washburn, M. (2005). New directions for theory development in vocational psychology. In W. B. Walsh & M. L. Savickas (Eds.), *Handbook of vocational psychology* (3rd ed., pp. 51–84). Mahwah, NJ: Erlbaum.

Roberts, K. (2009). Opportunity structures then and now. *Journal of Education and Work, 22*, 355–368. doi:10.1080/13639080903453987

Rorty, R. (1999). Pragmatism as anti-authoritarianism. *Revue Internationale de Philosophie*, 7–20. Savickas, M. L. (2011). The self in vocational psychology: Object, subject, and project. In P. Hartung & L. Subich (Eds.), *Developing self in work and career: Concepts, cases, and contexts* (pp. 17–33). Washington, DC: American Psychological Association.

Savickas, M. L., Nota, L., Rossier, J., Dauwalder, J. P., Duarte, M. E., Guichard, J., ... Van Vianen, A. E. (2009). Life designing: A paradigm for career construction in the 21st century. *Journal of Vocational Behavior, 75*, 239–250. doi:10.1016/j.jvb.2009.04.004

Savickas, M. L., & Porfeli, E. J. (2012). Career Adapt-Abilities Scale: Construction, reliability, and measurement equivalence across 13 countries. *Journal of Vocational Behavior, 80*, 661–673. doi:10.1016/j.jvb.2012.01.011

Scheier, M. F., & Carver, C. S. (2003). Self-regulatory processes and responses to health threats: Effects of optimism on well-being. In J. Suls & K. A. Wallston (Eds.), *Social psychological foundations of health and illness* (pp. 395–428). Malden, MA: Blackwell.

Sharf, R. S. (2016). *Applying career development theory to counseling*. Pacific Grove,

142

CA: Brooks/Cole.

Smith, J. (1999). Introduction. In S. Rosenthal, C. Hausman, & D. Anderson (Eds.), *Classical American philosophy: Its contemporary vitality* (pp. 1–11). Urbana: University of Illinois Press.

Snyder, C. R. (2002). Hope theory: Rainbows in the mind. *Psychological Inquiry, 13,* 249–275.

Strauss, K., Griffin, M. A., & Parker, S. K. (2012). Future work selves: How salient hoped-for identities motivate proactive career behaviors. *Journal of Applied Psychology, 97,* 580–598. doi:10.1037/a0026423

Super, D. E. (1990). A life-span, life-space approach to career development. In D. Brown & L. Brooks (Eds.), *Career choice and development: Applying contemporary theories to practice* (2nd ed., pp. 197–261). San Francisco: Jossey-Bass.

Walsh, W. B., & Osipow, S. H. (2014). *Career counseling: Contemporary topics in vocational psychology.* Abingdon, UK: Routledge.

Wrzesniewski, A., & Dutton, J. E. (2001). Crafting a job: Revisioning employees as active crafters of their work. *Academy of Management Review, 26,* 179–201. doi:10.5465/amr.2001.4378011

Young, R. A., & Collin, A. (2004). Introduction: Constructivism and social constructionism in the career field. *Journal of Vocational Behavior, 64,* 373–388. doi:10.1016/j.jvb.2003.12.005

Young, R. A., Marshall, S. K., & Valach, L. (2007). Making career theories more culturally sensitive: Implications for counseling. *Career Development Quarterly, 56,* 4–18. doi:10.1002/j.2161-0045.2007.tb00016.x

第 9 章

组织生涯发展理论：构建个人、组织和社会结构

凯特·麦肯齐·戴维（Kate Mackenzie Davey）

摘要　组织生涯发展理论突出了三种不同的生涯视角。第一，也是
最常见的一点，组织被视为限制和实现个人生涯的背景；第二种视角认
为生涯能够增强或限制组织绩效，并且受制于人才管理实践；第三，生
涯可以概念化为个人、组织和更广泛的社会背景之间持续的互动过程。
20 世纪 90 年代，研究焦点从组织性生涯转向自我驱动的无边界职业生
涯，过分强调个人选择和个人责任。这些观点成为公认的规则，导致劳
动力分化，只有某些类别的工作者才能做出真正的选择。因此，个人与
组织之间的心理契约在很大程度上受到破坏，组织的作用以及背景和结
构因素的重要性相对被忽视。要发展生涯理论，最好避免组织结构和个
人能动性之间的对立。发展组织生涯发展理论需要了解个人和社会背景，
以及两者间的相互作用。生涯概念的普遍性值得商榷，不再尝试寻找占
主导地位的单一生涯理论可以让我们认识到不同观点的丰富性。

关键词　组织生涯，无边界职业生涯，生涯理论，人才管理，心理
契约，能动性

引言

20 世纪 90 年代，生涯消亡与重生的宣告使传统组织生涯面临的挑战成为新闻焦点（Hall，1996）。具体而言，这是指生涯的定义不再是组织层次结构中的晋升，而是作为个人项目重获新生。20 世纪 80 年代经济衰退后，生涯理论侧重于将生涯从组织边界中解放出来（Arthur & Rousseau，1996），模糊了雇主在生涯发展中的角色。然而，近期对这种新生涯的考察既推翻了实践发生根本性变化的说法，也对思想上对个人能动性的关注提出了挑战。目前组织生涯发展理论的立场是零散的，但从这些多重角度来看，我们也许可以构建起更复杂、更细致的组织生涯发展理解框架。

144

本章认为，对个人生涯责任的日益关注导致我们忽视了组织在生涯发展理论中的作用。因此，生涯在组织运作中的中心地位和组织对个人生涯支持的重要性都被边缘化了。虽然生涯曾经被视为个人与组织关系的支点（Schein，1978），但经济衰退和大量裁员破坏了员工对组织的信任和组织对未来的信心（Herriot & Pemberton，1997）。然而，与组织生涯发展有关的研究和理论仍在推进，且主题和重点往往各不相同，进而发展和完善了对这一重要、复杂且相互冲突的领域的理解。

本章首先概述了将组织视为生涯发展背景的理论。这是生涯发展理论最清晰明确的领域，特别是其通过有缺陷但有影响力的方法来探究新的无边界生涯或多变的生涯。其次，本章探讨了在与整体组织发展和人力资源战略相联系的职业发展中关注组织利益的方法。再次，本章简要考察了组织生涯发展中的各种理论发展过程，赞同元理论方法对个人能动性和背景的贡献。最后，本章探究了组织生涯发展理论面临的核心问题，并主张支持反映不同兴趣的多种理论，而不是探索单一的、统一的组织生涯发展理论。

作为新生涯背景的组织

生涯研究植根于组织心理学，通常将组织视为限制和实现个人职业生涯的背景或环境。个人与工作之间的契合度、生活广度发展、社会认知和社会建构主义等生涯经典理论都承认组织对生涯发展构建的必要性。这一点可以参考耶茨对生涯选择和发展理论的分析概述（本书第 8 章）。新的生涯理论（如无边界和多变的模型）认为组织环境是多变的、不可预测的，这些理论主导了近期的组织生涯文献。

无边界组织的想法出现后，无边界生涯的概念也随之产生，这种生涯是开放的、可变的（Ashkenas et al., 1995），不再由地点或合同定义。商学院学者和高级管理人员与美国财富 500 强公司共同提出了对未来的愿景。他们秉承对技术、社会和经济变革的信念，为了提高组织灵活性和加快变革，他们对传统的等级、职能、组织和地理边界提出了挑战。对于个人来说，重点是独立性和适应性，特别是：拒绝现有的生涯结构；不受传统界限的约束；在雇佣组织之外寻求认可、关系网和机会（Arthur & Rousseau, 1996）；发展新的、灵活的、创业的、投资性的和无边界的生涯，强调个人价值观、主动性和适应性，这些事是如此振奋人心、前途光明（Arthur & Rousseau, 1996）。

自我驱动的多变性生涯聚焦于"使人们能够蓬勃发展和适应"的心理过程（Hall & Doiron, 2018, p. 130），强调了个人能动性（自我导向）和主观成功（内在价值）。多变性生涯与自我决定理论（Deci & Ryan, 2000）有关，强调个人对自主性、能力和相互关系的需求。组织控制可能会威胁对自主性的需求、破坏组织认同感，并导致将工作视为一种"交易"。这种多变性生涯与人格特质中的开放性和外向性有关（并与亲和力负相关），但有证据表明这种生涯比人格特质更具可变性（Waters et al., 2014）。尽管多变和无边界的生涯理论基于悠久的生涯工作传统（Hall, 1976），但它们都借鉴了变革的论调和"传统"就业下降的论点

145

（Arthur & Rousseau, 1996）。

需要操作性定义的研究最常使用布里斯科及其同事开发的两种方法作为衡量标准（Briscoe et al., 2006）。其中，多变性生涯聚焦于内部驱动因素，而无边界生涯与工作流动性有关（Gubler et al., 2014），但是，这两个术语经常被混为一谈。无边界概念非常流行且富有成效，但其定义、证据和相关思想假设受到了广泛的挑战。人们认为该理论缺乏准确性（Arnold & Cohen, 2008），原因有以下几个：优先考虑个人能动性而不是结构（Inkson et al., 2012）、聚焦于组织边界（Gunz et al., 2011），以及缺乏实证支持（Rodrigues & Guest, 2010）。实证证据表明，无论是对变革还是对个人能动性而言，该理论都存在夸大变革程度的倾向，例如在工作任期方面（Arnold & Cohen, 2008；Rodrigues & Guest, 2010）；而多变性聚焦于目标而不是实际流动能力，或许表明其更具适应力（Gubler et al., 2014）。

最后，有人认为无边界职业生涯逐渐变得规范化（Roper et al., 2010）。由于我们对过去、现在和未来之间的差异概括得过于笼统，无边界的生涯显得不可避免且极富诱惑。最初这种新方法被用于描述生涯，后来可能已经成了一套解释生涯的规范性规则。因此，人们将描述性和规范性结合起来理解生涯，认为生涯为我们提供了无尽的选择，但只有极少数人实际可获得这样的机会。对于拥有有价值的资产的人来说，顶层的就业灵活性增加；而对于谈判能力不足的人来说，底层的机会减少，这两种说法之间存在分歧（Inkson et al., 2012）。

因此，尽管这些领域已经硕果累累，但最初的怀疑已经转变为更广泛的批评，包括忽视实证证据、概念清晰度不足、过分强调个人能动性，以及试图确定"最佳方式"（Arnold & Cohen, 2008；Inkson et al., 2012；Rodrigues & Guest, 2010）。此外，新生涯的倡导者没有批判性地检验改变是积极和不可避免的假设，也没有承认生涯认知的"黑暗面"（Baruch & Vardi, 2016）或其政治含义。新自由主义方法认为，由于生涯是一种个人利益，个人应该承担成本和风险（Roper et al., 2010），并专注于用人力资本方法评估员工可以为组织提供的资产（Fleming, 2017）。虽然一些享有特权的个人更自由、机会更多，但大多数人无法获得与雇主相媲美的权力，还面临被剥削的风险。这些方法割裂了个人和组织的利益、忽视了生涯发展的共同利益，从而破坏了组织的作用。

近期对这些概念的重新考虑表明，要将无边界生涯理解为"伞形概念"（Arthur, 2014），这与早期探索个人主观经验与组织实践之间相互作用的传统有关（Van Maanen & Schein, 1977），并再次强调了多变性与心理学理论之间的联系（Hall & Doiron, 2018）。与许多流行的概念一样，过度简化和过度夸大已经损害了这些理论的可信度。对无边界生涯论调的批评越来越多，使组织生涯发展理论再次进入持续不断变化的状态。

组织视角

组织研究人员试图从生涯对公司绩效的影响这一角度探索其发展理论和实践。对新生涯的回应之一是"人才争夺战"（Michaels et al., 2001），这是以顾问的视角选择高绩效员工的竞争。与其他新生涯论调一样，人才管理也受到定义不明确、不道德，且实证支持不足的批评（Dries, 2013）。它还与回归（或重新包装）传统的家长式生涯管理有关，尽管它只针对最有价值员工的连续性和发展（Dries, 2013）。

在就业关系中，汉迪（Handy, 1989）提出了三叶草组织概念，对劳动力细分的生涯影响进行了早期探索。首先是核心员工，他们签订的仍然是传统开放式的雇佣合同，并拥有相关的组织生涯；其次是受雇于咨询公司或从事项目型工作的高技能工人，其生涯遵循专业或创业路线；最后是低技能兼职工人，他们签订临时或季节性合同，现在这被称为不稳定的工作。根据员工的技能对组织的独特性和价值程度对员工进行细分是以资源为基础的公司的核心 (Lepak & Snell, 1999)。在这里，员工被视为人力资本，组织生涯发展的重点是留住那些有宝贵的独特技能的人。依赖高价值、高独特性员工的组织旨在保持连续性并专注于减少人员流动 (De Vos & Dries, 2013)。另一方面，决策由股东短期财务结果驱动的组织只需要必要的劳动力，而不是生涯发展所必需的长期发展模式 (Kalleberg, 2012)。

147

对"关键人才"的识别和随后的组织支持创造了一种生涯成功的自我实现预言，并使组织生涯成为一种罕见而理想的商品 (Dries, 2013)。这可能意味着大多数人没有培训和向上流动的机会，并且可能缺乏基本的就业保障和相关机构福利 (Bidwell, 2013)。有证据表明，管理层专注于留任和发展比关注继任计划对整体绩效有更积极的影响。如果组织只关注卓越人才的生涯，这种细分可能导致高权力差异，破坏组织所依赖的大部分工作者的待遇公正和公平观念。事实上，从外部雇用优秀人才可能会破坏绩效，但人才管理并不一定是分裂性的。利用战略人力资源管理对人员管理与公司战略和角色分配的一致性的关注 (Iles et al., 2010)，可能会引发对连续性的关注，在某些情况下，会导致对继任计划和保留采用家长式方法 (De Vos & Dries, 2013)。聚焦于员工优势的方法重视实现所有员工的潜力 (Dries, 2013)。组织可以通过组织化和工作设计来管理员工的偏好、能力和核心活动，以提高敬业度和动力。

等级制度之外的新的、灵活的生涯的含义是，人们创造自己的生涯时 (Greenhaus & Kossek, 2014)，必须为自己的培训和发展提供资金 (Bidwell, 2013)。然而，组织对生涯发展的兴趣仍然突出，强调人员流动或员工不安全感的代价是导致不敬业和随大流。至少，对于不提供工作保障的组织来说，帮助人们"以更有效率的方式做出应对变得至关重要"(Lee et al., 2018, p. 352)。

我们可以看到新的、灵活的、个性化生涯的双面形象。积极的一面是对具有所需技能的专家而言的，这些技能赋予他们权力、选择、拒绝工作的自由和最大的掌控权。相反，消极的一面指的是灵活工作将风险转移给签订不安全合同的低技能工人，增加剥削的可能性，放大权力差异，增加歧视的可能性，并为更想要全职工作的贫困劳动者提供低工资。这个群体被称为危难工人（Standing，2011）。

作为过程的组织生涯发展理论

作为个人生涯背景的理论与组织利益之间的交集，组织专注于理解个人和组织相互作用的过程。虽然这些互动过程已经以多种方式得到概念化，但本节简要描述了社会交换、角色转换、生涯脚本和制度理论。148生涯理论强调了对个人能动性与社会结构之间关系的担忧，借鉴了广泛的社会理论（有关评论，请参阅 Mayrhofer et al.，2007）。

社会交换理论聚焦于期望和义务在雇佣关系中的作用，强调公平的重要性。生涯被概念化为个人与组织之间一系列持续的重新谈判，超越了法律合同，还包括了不言而喻的、理所当然的、相互期望的心理契约（Herriot & Pemberton，1997）。由于广泛的裁员，过去用工作保障和生涯发展以换取组织承诺和忠诚度的交易被打破。虽然双方都可以自由地重新谈判适合他们个人需求的协议（Arthur & Rousseau，1996），但如果协议和就业永久性或晋升标准的期望不匹配，可能导致个人违约并产生负面影响（Dabos & Rousseau，2004）。如果员工认为组织是不公平的，他们可能会降低敬业度或进行印象管理（Huang et al.，2017）。心理契约的谈判被证明是复杂的，特别是随着猎头、就业中介和咨询公司的增多，这涉及个人、组织和中介之间的三方契约（King et al.，2005）。工作不安全感和关于晋升的模糊信息产生了一个不确定的背景，导致对公平的更多关注，即使对于那些有望受益的人来说也是如此。通过不公平的过程被认定为顶尖人才，可能会产生负面影响（Wang et al.，2015）。

然而，生涯发展机会可以通过相互的责任感鼓励高水平的承诺和业绩。

角色转换理论提供了一种方法，将个人与社会制度的契合度以及整个生活广度中的过渡概念化（Super, 1990）。在一些学者看来，工作嵌于社会和家庭背景之中，是一个发展和制定身份的舞台（Savickas et al., 2009）。最初，基于性别角色和全职工作的传统生涯假设，该模型一直承认过渡的重要性（Nicholson & West, 1989）。角色之间的界限或多或少是主观的，并为生涯发展提供了结构，同时也设置了障碍（Inkson et al., 2012；Rodrigues & Guest, 2010）。承认边界正在发生变化有助于探索组织生涯发展，支持和理解工作和生活之间的微转移、工作/非工作的性质，以及突出新的边界和守门人的作用（King et al., 2005）。该理论最近的一项贡献是对正在进行的过渡或边缘状态做出了认可（Ibarra & Obodaru, 2016）。角色理论已被证明具有足够的灵活性和适应性，可以保持其在组织生涯发展中的重要性，深入了解双重生涯的压力、工作与生活的平衡、导师和榜样的重要性，以及整个生活广度中工作意义的转变（Tomlinson et al., 2018）。

149

个人对自己可能从事的职业的认知的方式受到环境、自己的职位以及对现有生涯过程的观察和期望的影响。生涯脚本概念有利于将个人能动性的机会和限制以及二者之间的联系理论化（Barley, 1989）。生涯脚本既规定了什么是适当的社会背景，也承认行动者是基于社会地位考虑自己的生涯道路（Valette & Culie, 2015）。脚本探讨了个人在顺应或超越环境限制、利用环境提供的机会或挖掘新的机会的过程中，理解和履行生涯的复杂方式。脚本揭示了行外人不理解的障碍如何运作，使组织能够深入了解不同层次的社会期望对生涯成功的微妙运作（Cappellen & Janssens, 2010；Dany et al., 2011；Duberley et al., 2006）。然而，脚本是模棱两可的（Laudel et al., 2018），对于它们是被理论化为心理、认知、社会表征（Valette & Culie, 2015）或是被视为基于周期性行为并与结构有关的社会学术语理论（Barley, 1989），存在不同意见。

从社会学的角度来看，制度理论关注的是组织模式、规范和惯例如何产生并影响组织行为。在应用于生涯时，制度理论突出了将社会组织和个人层面现象联系起来的"难题"（Gunz et al., 2011, p. 1615），强调社会影响与决策之间的联系，而不是认为环境是一成不变的并且需要个人适应。因此，可以认识到内部或组织内部多个利益相关者的政治背景。至关重要的是，它探讨了国家和组织文化以及更广泛的权力关系如何影响组织生涯发展实践，如人才管理（Thunnissen et al., 2013）。

组织生涯发展理论面临的基本困难在于理解个人能动性、组织过程和社会背景之间随时间推移的相互作用。迈尔霍费尔等人（Mayrhofer et al., 2007）概述了使用更广泛的社会理论来理解这些复杂的关系及其与生涯机会不平等的联系。我们必须承认这些复杂的相互作用，促使组织生涯认识到个人或组织的相互依存关系以及更广泛的社会背景，才有助于形成能确定所有人生涯发展机会的复杂障碍的理论。系统理论将生涯视为一系列活动，这些活动受个人心理系统、组织社会系统和更广泛的环境背景的复杂相互作用影响（Patton & McMahon, 2014）。结构化理论认为个人和组织是相互构建的，即个人活动构成组织，而组织塑造个人活动（Barley, 1989）。布迪厄的场域理论认识到，社会阶层等领域及其通过社会化对经济、社会和文化资本的影响，对于在特定领域取得成功是必不可少的（Mayrhofer et al., 2007）。这些理论提供了一种方式，通过这种方式，个人和背景之间的联系可以被理解并应用于生涯。

推动组织生涯发展向前发展

150

这种对组织生涯发展理论的有限概述突出了一系列不同的方法、该领域日益增加的复杂性以及一些持续存在的问题。背景是生涯定义中固有的。然而，一种观点认为，近期个人聚焦于新的无边界生涯，而不是解放生涯发展，只是用另一套专注于个人能动性的限制性假设取代了一套专注于组织层次结构的限制性假设（Dany, 2014）。组织生涯发展理论要想发展，就必须避免这种二元对立观点。冈茨等人（Gunz et al., 2011）主张生涯从个人背景转向更广泛的背景，强调了全球主义、技术以及社会和经济变革的影响。意识形态对于个人身份、群体成员身份、工作的意义和目的以及合法的行为方式都十分重要。尽管迈尔霍费尔等人（Mayrhofer et al., 2007）概述了四个层次的背景，即工作、个人起源、国家社会和文化，以及全球背景，但在整个生命周期中，它们的意义和重要性发生了变化（Tomlinson et al., 2018），跨层次的影响交叉、重叠，形成一个"网络，个体身处其中，并积极地与背景交织在一起"（Duberley et al., 2006, p. 1147）。环境不是整齐的同心圆，而是社会结构、地方事件和思想体系之间交织的相互作用，所有这些都会影响生涯和决策。除了组织的社会背景外，冈茨和迈尔霍费尔（本书第 10 章）还开发了一种在时间和空间背景下定位个人的方法。

关注个体差异和个体能动性的框架忽略了情境（Gunz et al., 2011）。作为一名组织心理学家，约翰斯（Johns, 2018）认为心理学家是基本归因错误的受害者，在探究他人行为的原因时过分强调个人特征，忽视了情境的影响。与其将生涯视为个人的属性或特权，不如将生涯再次视为涉及共同利益的联合项目（De Vos & Dries, 2013；Hirsh, 2016）。

为管理中的"最佳实践"寻找证据基础，会导致重点是确定不同情境中的平均值，而不是探索各种背景。这可能引起公式化的"数据主义"（Alvesson & Gabriel, 2013, p. 255），从而忽略情况的特殊性以及反向因果关系、非线性和不同元素"编织在一起"的可能性（Johns, 2018）。虽然统计分析变得越来越复杂，但利用人类学调查和生活广度发展的定性方法分析具体案例使人们能够深入了解特定群体的各种经验。强调社会结构对不同群体的不同影响，有助于我们理解工作场所的公平性和包容性（Cohen & Duberley，2015）。

最后，生涯观念的普遍性可能会受到质疑（Mayrhofer et al., 2007；Mitra, 2015；Thomas & Inkson, 2007）。虽然基于传统生涯假设的组织生涯发展理论不适用于非标准就业或全球生涯（Spreitzer et al., 2017），但可选择的、曾经激进的、新的生涯模式也受到过度概括（Dany, 2014）。组织越来越认识到生活和工作角色之间重要而复杂的相互作用，以及种族、残疾、性别和非二元身份在生涯中的重要性。承认文化背景的影响，以及更彻底地，承认组织生涯发展本土理论的重要性，将丰富现有的理论（Mitra，2015）。此外，对历史背景的认识或许质疑了我们正在经历极具动态性的时代的说法，这样的时代受到技术革命的威胁，导致我们所知道的工作突然消失，而不是持续地渐进式变化（Rodrigues & Guest, 2010）。对这种批评的敏感性可以突出个人生涯和组织之间的相互作用（Jones et al., 2016）以及我们对过去的重构。

151

结论

本章突出了组织生涯发展中的共同主题，揭示了个人与组织焦点之间、组织与结构之间的分歧，以及探索流程的重要性。对组织生涯发展理论的深入研究要求更多的整合（Collin, 1998；Daniel, 2014；Schein & Van Maanen, 2016），但是对其进行归纳的危险也十分明显，这样会过分简化复杂的观点、模糊利益冲突或提出过于复杂而无用的理论。对于生涯发展理论来说，认可不同的观点至关重要。最后，支持方法的丰富性和多样性可能比谋求单一的组织生涯发展统一理论更有成效。

参考文献

Alvesson, M., & Gabriel, Y. (2013). Beyond formulaic research: In praise of greater diversity in organizational research and publications. *Academy of Management Learning & Education, 12*, 245–263. doi:10.5465/amle.2012.0327

Arnold, J., & Cohen, L. (2008). The psychology of careers in industrial and organizational settings: A critical but appreciative analysis. *International Review of Industrial–Organizational Psychology, 23*, 1–44. doi:10.1002/9780470773277.ch1

Arthur, M. B. (2014). The boundaryless career at 20: Where do we stand, and where can we go? *Career Development International, 19*, 627–640. doi:10.1108/CDI-05-2014-0068

Arthur, M. B., & Rousseau, D. M. (1996). *The boundaryless career*. Oxford: Oxford University Press.

Ashkenas, R., Ulrich, D., Jick, T., & Kerr, S. (1995). *The boundaryless organization: Breaking the chains of organizational structure*. San Francisco: Jossey-Bass.

Barley, S. R. (1989). Careers, identities, institutions: The legacy of the Chicago school. In M. B. Arthur, D. T. Hall, & B. S. Lawrence (Eds.), *Handbook of career theory* (pp. 41–65). Cambridge, UK: Cambridge University Press.

Baruch, Y., & Vardi, Y. (2016). A fresh look at the dark side of contemporary careers: Toward a realistic discourse. *British Journal of Management, 27*, 355–372. doi:10.1111/1467-8551.12107

Bidwell, M. J. (2013). What happened to long-term employment? The role of worker power and environmental turbulence in explaining declines in worker tenure. *Organization Science, 24*, 1061–1082. doi:10.1287/orsc.1120.0816

Briscoe, J., Hall, D., & Frautschydemuth, R. (2006). Protean and boundaryless careers: An empirical exploration. *Journal of Vocational Behavior, 69*, 30–47. doi:10.1016/j.jvb.2005.09.003

Cappellen, T., & Janssens, M. (2010). Enacting global careers: Organizational career scripts and the global economy as co-existing career referents. *Journal of Organizational Behavior, 31*, 687–706. doi:10.1002/job.706

Cohen, L., & Duberley, J. (2015). Three faces of context and their implications for career: A study of public sector careers cut short. *Journal of Vocational Behavior, 91*, 189–202. doi:10.1016/j.jvb.2015.10.006

Collin, A. (1998). New challenges in the study of career. *Personnel Review, 27*, 412–425.

doi:10.1108/00483489810230343

Dabos, G. E., & Rousseau, D. M. (2004). Mutuality and reciprocity in the psychological contracts of employees and employers. *Journal of Applied Psychology, 89*, 52–72. doi:10.1037/0021-9010.89.1.52

Dany, F. (2014). Time to change: The added value of an integrative approach to career research. *Career Development International, 19*, 718–730. doi:10.1108/CDI-06-2014-0075

Dany, F., Louvel, S., & Valette, A. (2011). Academic careers: The limits of the "boundaryless approach" and the power of promotion scripts. *Human Relations, 64*, 971–996. doi:10.1177/0018726710393537

De Vos, A., & Dries, N. (2013). Applying a talent management lens to career management: The role of human capital composition and continuity. *International Journal of Human Resource Management, 24*, 1816–1831. doi:10.1080/09585192.2013.777537

Deci, E. L., & Ryan, R. M. (2000). The "what" and "why" of goal pursuits: Human needs and the selfdetermination of behavior. *Psychological Inquiry, 11*, 227–268. doi:10.1207/s15327965pli1104_01

Dries, N. (2013). The psychology of talent management: A review and research agenda. *Human Resource Management Review, 23*, 272–285. doi:10.1016/j.hrmr.2013.05.001

Duberley, J., Mallon, M., & Cohen, L. (2006). Exploring career transitions: Accounting for structure and agency. *Personnel Review, 35*, 281–296.

Fleming, P. (2017). The human capital hoax: Work, debt and insecurity in the era of Uberization. *Organization Studies, 38*, 691–709. doi:10.1177/0170840616686129

Greenhaus, J. H., & Kossek, E. E. (2014). The contemporary career: A work–home perspective. *Annual Review of Organizational Psychology and Organizational Behavior, 1*, 361–388. doi:10.1146/annurev-orgpsych-031413-091324

Gubler, M., Arnold, J., & Coombs, C. (2014). Reassessing the protean career concept: Empirical findings, conceptual components, and measurement. *Journal of Organizational Behavior, 35*, S23–S40. doi:10.1002/job.1908

Gunz, H., Mayrhofer, W., & Tolbert, P. (2011). Career as a social and political phenomenon in the globalized economy. *Organization Studies, 32*, 1613–1620. doi:10.1177/017084061142123903

Hall, D. T. (1976). *Careers in organizations*. Santa Monica, CA: Goodyear.

Hall, D. T. (1996). *The career is dead—Long live the career: A relational approach to careers*. San Francisco: Jossey-Bass.

Hall, D. T., & Doiron, K. (2018). Protean careers at work: Self-direction and values orientation in psychological success. *Annual Review of Organizational Psychology and Organizational Behavior, 5*, 129–156. doi:10.1146/annurev-orgpsych-032117-104631

Handy, C. (1989). *The age of unreason.* London: Arrow.

Herriot, P., & Pemberton, C. (1997). Facilitating new deals. *Human Resource Management Journal, 7*, 45–56. doi:10.1111/j.1748–8583.1997.tb00273.x

Hirsh, W. (2016). Growing leaders through career development. In J. Storey (Ed.), *Leadership in organizations: Current issues and key trends* (3rd ed., pp. 137–160). London: Routledge.

Huang, G. H., Wellman, N., Ashford, S. J., Lee, C., & Chen, S. (2017). Deviance and exit: The organizational costs of job insecurity and moral disengagement. *Journal of Applied Psychology, 102*, 26–42. doi:10.1037/apl0000158

Ibarra, H., & Obodaru, O. (2016). Betwixt and between identities: Liminal experience in contemporary careers. *Research in Organizational Behavior, 36*, 47–64. doi:10.1016/j.riob.2016.11.003

Iles, P., Xin, C. A., & Preece, D. (2010). Talent management and HRM in multinational companies in Beijing: Definitions, differences and drivers. *Journal of World Business, 45*, 179–189. doi:10.1016/j.jwb.2009.09.014

Inkson, K., Gunz, H., Ganesh, S., & Roper, J. (2012). Boundaryless careers: Bringing back boundaries. *Organization Studies, 33*, 323–340. doi:10.1177/0170840611435600

Johns, G. (2018). Advances in the treatment of context in organizational research. *Annual Review of Organizational Psychology and Organizational Behavior, 5*, 21–46. doi:10.1146/annurev-orgpsych-032117-104406

Jones, C., Svejenova, S., Pedersen, J. S., & Townley, B. (2016). Misfits, mavericks and mainstreams: Drivers of innovation in the creative industries. *Organization Studies, 37*, 751–768. doi:10.1177/0170840616647671

Kalleberg, A. L. (2012). Job quality and precarious work: Clarifications, controversies, and challenges. *Work and Occupations, 39*, 427–448. doi:10.1177/0730888412460533

King, Z., Burke, S., & Pemberton, J. (2005). The "bounded" career: An empirical study of human capital, career mobility and employment outcomes in a mediated labor market. *Human Relations, 58*, 981–1007. doi:10.1177/0018726705058500

Laudel, G., Bielick, J., & Gläser, J. (2018). Ultimately the question always is: "What do I have to do to do it right?" Scripts as explanatory factors of career decisions. *Human Relations, 72*, 932–961. doi:10.1177/0018726718786550

Lee, C., Huang, G.-H., & Ashford, S. J. (2018). Job insecurity and the changing

153

workplace: Recent developments and the future trends in job insecurity research. *Annual Review of Organizational Psychology and Organizational Behavior, 5,* 335–359. doi:10.1146/annurev-orgpsych-032117-104651

Lepak, D., & Snell, S. (1999). The human resource architecture: Toward a theory of human capital allocation and development. *Academy of Management Review, 24,* 31–48. doi:10.2307/259035

Mayrhofer, W., Meyer, M., & Steyrer, J. (2007). Contextual issues in the study of careers. In H. Gunz & M. Peiperl (Eds.), *Handbook of career studies* (pp. 215–240). Thousand Oaks, CA: Sage.

Michaels, E., Handfield-Jones, H., & Axelrod, B. (2001). *The war for talent.* Boston: Harvard Business Press.

Mitra, R. (2015). Proposing a culture-centered approach to career scholarship: The example of subsistence careers in the US Arctic. *Human Relations, 68,* 1813–1835. doi:10.1177/0018726715570100

Nicholson, N., & West, M. (1989). *Managerial job change: Men and women in transition.* Cambridge, UK: Cambridge University Press.

Patton, W., & McMahon, M. (2014). *Career development and systems theory: Connecting theory and practice* (Vol. 2). Cham, Switzerland: Springer.

Rodrigues, R. A., & Guest, D. (2010). Have careers become boundaryless? *Human Relations, 63,* 1157–1175. doi:10.1177/0018726709354344

Roper, J., Ganesh, S., & Inkson, K. (2010). Neoliberalism and knowledge interests in boundaryless careers discourse. *Work Employment and Society, 24,* 661–679. doi:10.1177/0950017010380630

Savickas, M. L., Nota, L., Rossier, J., Dauwalder, J.-P., Duarte, M. E., Guichard, J., ... van Vianen, A. (2009). Life designing: A paradigm for career construction in the 21st century. *Journal of Vocational Behavior, 75,* 239–250. doi:10.1016/j.jvb.2009.04.004

Schein, E. H. (1978). *Career dynamics.* Reading, MA: Addison-Wesley.

Schein, E. H., & Van Maanen, J. (2016). Career anchors and job/role planning: Tools for career and talent management. *Organizational Dynamics, 45,* 165–173. doi:10.1016/j.orgdyn.2016.07.002

Spreitzer, G. M., Cameron, L., & Garrett, L. (2017). Alternative work arrangements: Two images of the new world of work. *Annual Review of Organizational Psychology and Organizational Behavior, 4,* 473–499. doi:10.1146/annurev-orgpsych-032516-113332

Standing, G. (2011). *The precariat: The new dangerous class.* London: Bloomsbury Academic.

Super, D. E. (1990). A life-span, life-space approach to career development. In D. Brown & L. Brooks (Eds.), *Career choice and development* (2nd ed., pp. 197–261). San Francisco: Jossey-Bass.

Thomas, D. C., & Inkson, K. (2007). Careers across cultures. In H. Gunz & M. Peiperl (Eds.), *Handbook of career studies* (pp. 452–470). Thousand Oaks, CA: Sage.

Thunnissen, M., Boselie, P., & Fruytier, B. (2013). Talent management and the relevance of context: Towards a pluralistic approach. *Human Resource Management Review*, *23*, 326–336. doi:10.1016/j.hrmr.2013.05.004

Tomlinson, J., Baird, M., Berg, P., & Cooper, R. (2018). Flexible careers across the life course: Advancing theory, research and practice. *Human Relations*, *71*, 4–22. doi:10.1177/0018726717733313

154   Valette, A., & Culie, J. D. (2015). Career scripts in clusters: A social position approach. *Human Relations*, *68*, 1745–1767. doi:10.1177/0018726715569515

Van Maanen, J., & Schein, E. (1977). Career development. In J. R. Hackeman & J. L. Suttle (Eds.), *Improving life at work* (pp. 30–95). Santa Monica, CA: Goodyear.

Wang, H. J., Lu, C. Q., & Siu, O. L. (2015). Job insecurity and job performance: The moderating role of organizational justice and the mediating role of work engagement. *Journal of Applied Psychology*, *100*, 1249–1258. doi:10.1037/a0038330

Waters, L., Briscoe, J. P., Hall, D. T., & Wang, L. (2014). Protean career attitudes during unemployment and reemployment: A longitudinal perspective. *Journal of Vocational Behavior*, *84*, 405–419. doi:10.1016/j.jvb.2014.03.003

第10章
组织和管理中的生涯：共同进化的观点

休·冈茨（Hugh Gunz），沃尔夫冈·迈尔霍费尔（Wolfgang Mayrhofer）

摘要 组织和管理中的生涯（Organisational and Managerial Careers，OMC）领域涵盖的方法十分广泛，植根于社会学、职业和发展心理学等领域。本章借鉴了一个最近提出的框架（社会年表框架，the Social Chronology Framework，SCF），其中对生涯的研究，特别是在对 OMC 的研究中，同时应用了三个视角——存在、空间和时间。在此基础上，SCF 的观点强调了共同进化的重要性。在有限的社会和地理空间内，生涯发展以个人和集体生涯行动者的结构为基础，个人和集体互相影响、共同进化。本章通过说明 SCF 如何提出新方法以研究既定生涯发展安排（如生涯指导）来阐明这一点。

关键词 生涯理论，共同进化，指导，组织和管理中的生涯，社会年表框架

引言

本章采用广义的生涯发展视角，认为其既指行动者的生涯过程发展方式，也指他人对这一发展的可能影响方式。从这个意义上说，我们既采用这一术语广泛使用的被动含义，例如人们应该度过的阶段，又

采用其主动含义，即影响人们生涯经历的干预措施。我们呼应了这样一种观点，即巨大的背景变化需要超越传统阶段理论（Levinson et al., 1978），转而思考个人层面和组织层面的生活广度变化来源（Nagy et al., 2019）。我们进而说明了社会年表框架（Gunz & Mayrhofer, 2018）如何将生涯视为共同进化的终身过程，为生涯发展提供了动态、多层次的视角。

指导是一种广泛使用和备受争议的生涯发展形式，通过阐释指导这一过程（Chandler et al., 2011），我们说明了这种方法如何产生新的见解。在此之前，本文首先简要综述了有关组织和管理中的生涯文献，其次介绍了 SCF 及其对共同进化生涯过程的预测。

组织和管理中的生涯——主题和发展

156

OMC 和职业心理学、生活广度发展一样，是生涯研究初始领域内清晰可辨的话语之一（Gunz & Mayrhofer, 2018）。该领域以知名生涯学者的著作为基础（例如：Glaser, 1968；Hall, 1976；Hughes, 1958；Schein, 1978；Super, 1957；Van Maanen, 1977），涵盖了个人在组织内部、跨组织和与组织共同发展的个人工作生涯，特别强调管理者是一个特定的子群体，且因其组织角色、可见性和假定的重要性而受到关注。这种观点，即只有被安排生涯发展计划的那些人才拥有生涯，"普通人"并没有——在生涯文献中遭到人们的反对（例如，Hall, 2002），其中不乏批评者（Arthur & Rousseau, 1996；Vardi & Vardi, 2020）。就其本身而言，该领域是各种方法的混合体，类似于一个支离破碎的临时结构（Whitley, 1984）。幸运的是，一些权威的书籍讨论了重要的主题和发展历程（De Vos & Van der Heijden, 2015；Greenhaus & Callanan, 2006；Gunz et al., 2020；Gunz & Peiperl, 2007）。在这种背景下出现了五个领域，构成了充满活力的话语。

第一个基础性领域涉及关于生涯本身研究的问题，将生涯视为建构和研究重点，审视了生涯的概念（Gunz et al., 2020）和生涯的特定变体，例如无边界生涯（Arthur & Rousseau, 1996）、多变性生涯（Hall, 1996）、可持续生涯（De Vos & Van der Heijden, 2015）和万花筒生涯（Maniero & Sullivan, 2006）。此外，该领域还侧重于 OMC 研究采用的理论视角。这些理论主要来自经济学、社会学和心理学，专注于生涯成功、工作流动性以及生涯模式和进步（Dokko et al., 2020）。几个突出的例子就足以说明这一点，比如人力资本理论（Becker, 1975）被用于解释流动性产生的生涯成功结果（Dokko & Jiang, 2019）；社交网络理论（Granovetter, 1973）在求职过程的分析中是有用的（Barbulescu, 2015）；内部劳动力市场理论（Doeringer & Piore, 1971）为比较内部招聘与外部招聘的各个方面提供了一个适用的视角（Bidwell & Mollick, 2014）；人格理论关注个体差异，在不同的特质和客观的生涯成功之间建立了联系（Abele & Spurk, 2009）。最后，这个领域还涉及研究生涯的方法论问题（Kaše et al., 2020）。

第二个领域认为，一般的生涯，特别是 OMC，是个人和社会相交叉的社会现象（Grandjean, 1981），并且生涯与背景环境相关（Mayrhofer et al., 2007）。这种生涯环境观表明了生涯发展所处的社会和地理空间特定部分的重要性，包括各类行业和组织，如跨国公司（Stahl & Cerdin, 2004）、非营利组织（Steinbereithner, 2004）和专业服务公司（Williams van Rooij, 2013），它们提供了影响生涯的特定环境，并且也受到生涯的影响。此外，这也提醒我们注意制度和文化的多样性在经历和分析生涯时起到一定作用。相关示例包括文化环境（Smale et al., 2019）和跨越各种界限的生涯具体细节，正如在外籍人士（McNulty & Selmer, 2017）或难民身上体现的那样（Eggenhofer-Rehart et al., 2018）。

第三个领域指出，生涯与时间概念有着千丝万缕的联系。除了生涯

157

在时间上的反映（Mayrhofer & Gunz, 2020），这一领域强调 OMC 发展的各个方面以及将 OMC 的各个阶段和事件联系起来的关键时刻，例如职业选择（Gubler et al., 2017）、教育系统各个部分与劳动力市场之间的交汇（Lester et al., 2010），以及由于年龄、时期和队列效应而导致的生涯不同方面的变化（Harding, 2009）。

OMC 的第四个领域涉及个人到社会层面不同社会复杂度的干预措施，目的是改善所有参与生涯的行动者的状况。这一广泛的领域包括所有的生涯发展服务，帮助处于工作生涯特定阶段或面临特定问题的个人解决问题。相关示例包括针对新员工的有组织入职或伙伴计划（Minnick et al., 2014）；分类化的个人干预，如指导或辅导（Bozer et al., 2015）；组织层面的干预，其反映了组织为了让个人生涯和组织需求相一致所做的努力（McKevitt et al., 2017）；以及为了所谓的高潜力者进行的卓越者计划（Church et al., 2015）。可以肯定的是，其中的许多干预措施，例如管理发展的各个方面，都具有精英主义的味道，比如说授予获得精英主义地位的机会就体现并加剧了组织不平等现象（Ackers & Preston, 1997；Swailes, 2013）。

OMC 生涯研究领域的最后一个领域涉及未来的发展，包括生涯研究的趋势（Akkermans & Kubasch, 2017）和对个人生活中工作与非工作之间的关系的期望，以及更广泛背景下的发展，如数字化、技术变革、全球化和非传统工作形式（Shaffer et al., 2012）。

社会年表框架

"生涯"这个词吸引了许多不同的解释，在许多不同的学术学科中得到了研究（Moore et al., 2007），但这些不同话语之间的对话十分匮乏（Collin & Young, 2000；Hall, 2002）。因此，人们对该词的含义众说纷纭。它可以被看作是一个"客观"的角色序列（Hughes,

1958)、一种主观的体验模式（Schein，1980）、一种回顾性的意义建构形式（Nicholson & West，1989）、一种连接不同层次社会复杂性的手段（Hughes，1958）、一种自我建构的形式（Grey，1994），甚至是一种产品（Bird，1996）。生涯可能包含着野心、阶级跃迁和竞争策略的意味（Hall，2002）。这些理解生涯的方法都没有对以下两个方面做出区分：一方面，生涯是一个整体生活现象；另一方面，生涯是生活的一部分，例如工作生涯。OMC 的大部分文献都集中在工作生涯或其元素上（例如，先是作为职业足球运动员的"生涯"，然后是作为电视体育评论员的"生涯"），但其中也有大量的非专业文献研究了生活中工作和非工作方面相互作用的方式（Greenhaus，2020）。对生涯更广泛的解释借鉴了芝加哥社会学学派的传统（Hughes，1958），将生涯视为贯穿一生的事务（Gunz & Mayrhofer，2018；Van Maanen & Schein，1977）。

158

即使只是快速浏览生涯各种各样的定义，也可以清楚地看出，所有定义都以下面三点为支撑："拥有"生涯的生涯行动者，生涯所处的社会和地理空间（这种区别将在下面简要介绍），以及生涯发生的时间。SCF 利用这一基本观察结果推断出，生涯研究涉及三个视角的同时应用，分别为关注这些事物中的一个元素，即存在［即"属于或与实体有关，包括与之相关的事实"（OED，2013）］、空间和时间，这些视角是一种观察世界和理解观察结果的方式，反过来它们又依赖各视角的区分（Bateson，1972/2000）。

SCF 的三个视角及其区别是什么？为什么它们对于生涯十分重要？存在视角聚焦于生涯行动者，考虑了行动者的状况，即关于行动者的一切已知信息。具体的研究会考虑行动者的具体状况。例如，假设我们对进行生涯发展研究感兴趣，我们可能会对行动者状况的各个方面都感兴趣，比如他们的年龄、教育和社会资本，以及这些因素如何影响行动者的发展。存在视角通过比较行动者的状况来对其区分。因此，有些行动者比其他人年长，有些行动者受教育程度更高，有些行动者的社会资本水平更高等。

　　生涯行动者及其状况植根于社会和地理空间中，这两种空间和将行动者置身其中是空间视角的焦点。地图由分隔地理或政治特征的边界构成，行动者的社会和地理空间也由边界构成：组织之间、等级之间、职业之间、国家之间，等等。我们根据与这些边界的相对位置来定位行动者，例如组织 X 周围的边界内部（或外部），或 Y 国内部（或外部）。这使我们能够通过观察行动者的状况和位置如何相互作用，来丰富空间上单一的存在视角。例如，人们的教育水平是否会影响他们跨越组织、职业或国界的能力？权力关系（Emerson，1962）支配着社会空间。人们通过社会空间的规则来表达自己，并受到这些规则的塑造（Bourdieu，1989）。新兴的权力分配影响着生涯行动者的行为及他们之间的互动。

　　到目前为止，该叙述中隐含着一种运动感（a sense of movement）——这需要时间的参与，正是 SCF 时间视角的核心。假设我们正在比较两个生涯行动者在特定社会和地理环境中的经济报酬，例如在一家跨国公司在赞比亚的子公司中，将存在和空间视角相结合并不能提供太多信息，只能得出在赞比亚，A 的报酬高于 B。但是，明确引入时间会使信息更加丰富。例如，如果 B 比 A 年轻得多，那么我们对 A 在客观的生涯成功方面胜过 B 的初始印象会由于 B 没有足够的时间达到高薪职位而有所缓和。一旦我们明确地将时间视角添加到其他两个视角（存在和空间）中，我们就可以随着时间的推移追踪生涯模式。例如，C 和 D 可能在空间中达到了一个相似点，他们从大致相同的位置开始，但 C 可能到达得更快。

　　在生涯研究中，所有的视角都必不可少，尽管在特定情况下，重点可能更多地放在一个或两个视角上。冈茨和迈尔霍费尔（Gunz & Mayrhofer，2018，p. 70）将生涯视为**"生涯行动者迄今为止在有限的社会和地理空间中的地位和状况的模式"**时，认识到了这一点。SCF 提出了一个基本观点：生涯不是简单的个体能动性的产物，而是能动性和

159

环境的力量随着时间的推移相互作用的产物（另见 Inkson et al., 2012 和 Patton & McMahon 的 "Mutuality of Action and Interaction", 2014），因而形成了对生涯和生涯发展的多层次、共同进化的观点。

生涯的共同进化观

我们的出发点是确定生涯分析的基本单位，即各种学者所说的状态通道（Glaser & Strauss, 1971）、角色转变（Allen & Van de Vliert, 1984）、生涯转变（Louis, 1980）、工作角色转变（Nicholson, 1984）、宏观工作角色转变（Ibarra & Barbulescu, 2010）、微观角色转变（Ashforth et al., 2000），或者只是平缓转变（Louis, 1980）。这里它们都被称为生涯转变，即生涯（在行动者迄今为止的一生中）中位置之间的转变，而不是部分生涯之间的转变。

转变需要时间，"在此期间，个人要么改变角色……要么改变目前角色的定位"（Louis, 1980, p. 330）。在 SCF 的语境下，转变涉及"改变：（a）生涯行动者状况的某些方面；（b）他们在社会和地理空间中的位置，并且这两方面的改变需跨越至少一个边界；（c）发生这些变化的某段时间。在这些变化中，必须至少有一个足够重要，才能让生涯行动者或观察者对其感兴趣"（Gunz & Mayrhofer, 2018, p. 77）。

生涯行动者转变后的状况由以下三点决定：（1）过去的状况和地位；（2）预期的未来状况和地位；（3）状况和地位与社会和地理空间的复杂关系。首先，最显而易见的是，这取决于行动者在转变前的状况和位置。比如，神经外科医生从岗前培训的位置转至独立操作的专业人士的位置后，仍然是神经外科医生，只是比转变前年纪更大了，个性和其他个人特征仍大致相同。但是，如果他们在社会和地理空间中的位置发生变化，也会产生其他变化。也许他们会在自我展示中获得些许智慧、得到更好的补偿，而且他们的责任也会随之增加。其次，奇怪的是，时间

160

在生涯转变中是逆向的。在做出转变之前，生涯行动者会受到他们为自己未来所预想的各种位置的影响，尝试有时被称为"临时自我"的未来环境（Ibarra, 1999）。最后，转变后的环境取决于行动者社会和地理空间的相互作用。例如，一些组织的生涯结构类似于锦标赛：在一个层次成功意味着可能晋升到更高的水平，但失败就意味着出局（Rosenbaum, 1984）。某些地理环境使生涯转变愈加困难，这被视为艰苦的任务。这不一定是单向的：就像环境影响转变一样，行动者也可以改变环境。例如，许多人已经看到，当一个"明星员工"被希望担任一个新的职位时会发生什么：各种诱惑都给了明星员工，而不给其他人。

当然，一段生涯通常包括不止一次转变。一次转变之后还会有其他转变，只是时间间隔不同。因此，生涯模型涉及（a）行动者迄今为止生活中的一系列转变，以及（b）行动者与社会背景之间复杂、持续的一系列互动。

这种背景不只是一群无组织的行动者，相反，这个群体由复杂和不断变化的社会安排联系在一起，这些社会安排由他们所联系的组织及他们所属的社会所定义。个人随着其生涯的进步而改变，组织诞生、发展和消亡，社会以多种方式发生变化（例如，人口、政治和经济变化）。此外，行动者不只是个人。毫无疑问，集体本身也可以被视为行动者（Coleman, 1974），他们有自己的生涯（Clarke, 1991）。因此，生涯焦点人物实现自我生涯的社会环境由结构化的生涯行动者组成，包括个人和组织，他们各自都有自己的生涯。

这种说法的核心含义是，在生涯焦点人物的社会背景下，即他们的社会空间中的个人和集体行动者的生涯可能与焦点生涯人物的生涯相互作用。举一个简单的例子，假设生涯行动者 B 是与生涯焦点人物 A 关系要好的同事（即，B 在 A 的社会和地理空间中）。这两个行动者合作完成各项目，在这个过程中相互学习并成长为专业人士。B 为特定项目提供关键输入，因项目成功，帮助 A 得到晋升或另一个组织的青睐。

反过来，A 现在能够帮助 B 得到 A 目前所接触的其他具有影响力的行动者的注意，进而促进 B 的生涯发展。

现在假设 B 是一个集体行动者，为了更清楚地阐述，我们称之为贝塔，即雇用 A 的组织。贝塔提供了一个支持 A 工作的环境，使得 A 能够证明自己是一名高效的员工，进而促进贝塔的成功。例如，皮尔金顿公司是一家英国玻璃制造公司，公司中的一名员工研发了一种用于制造窗户平板玻璃的新型工艺。这种被称为浮法的玻璃工艺如果用于工业化规模生产，费用极其昂贵，对公司来说几乎是毁灭性的，然而，最终却被证明这是一个杰出的成就。这种工艺被授权到世界各地，主导了国际平板玻璃生产，为公司持续多年带来巨大的利润（Anonymous, 2007）。企业的成功反过来又为研发项目的发明者和领导者阿拉斯泰尔·皮尔金顿（Alastair Pilkington，他与拥有该公司的家族无关）带来了诸多荣誉，包括骑士勋章和皇家学会的会员资格。因此，回到上文我们对共同进化过程的概述，A（阿拉斯泰尔·皮尔金顿）在他的雇主贝塔（皮尔金顿兄弟）的支持下，在浮法玻璃工艺方面取得成功，促成了贝塔的商业成功（平板玻璃生产的市场主导地位），反过来又给 A 带来更大的个人成功（授予阿拉斯泰尔·皮尔金顿的荣誉）。

应该指出的是，这种简化的"成功"观念掩盖了权力关系在定义成功和失败方面的作用。毫无疑问，谁"成功"或谁"失败"在很大程度上取决于与权力相关的隐性决策。因此，基于 SCF 生涯观所呈现的图景便是生涯共同进化：生涯焦点人物与处于其社会空间的个人和集体生涯行动者共同发展。这一鲜明例子说明了环境对生涯的重要性，以及个体能动性和环境如何随着时间的推移共同塑造生涯。

示例：生涯指导是一种共同进化干预

前两节为把 OMC 解释为共同进化现象奠定了理论基础。有人认为，对生涯的全面理解，无论是普遍意义上的还是与工作相关的生涯，都需要同时采用三种视角——存在、空间和时间——以涵盖生涯的各个方面和社会复杂性水平。SCF 将这种三视角框架用于审视生涯转变，把共同进化判定为生涯发展的关键特征。这种观点承认，在生涯焦点人物的成长过程中，与其互动的人会在他们的生涯发展方面发挥作用。不仅如此，它还强调了生涯焦点人物与处于其社会空间的人和组织之间的动态关系。不仅是这些重要的他人会影响焦点人物的生涯，焦点人物的经历同样会影响他人的生涯。在持续的互动循环中，该社会空间中所有人的生涯都得到共同发展。

自莱文森等人（Levinson et al., 1978）注意到导师对成人早期发展的重要性以来，这种发展关系，特别是那些涉及明确指导的关系，在与组织相关的文献中得到大量研究。克拉姆（Kram, 1985）对指导关系阶段的研究使这一主题得到 OMC 学者的密切关注（Chandler et al., 2011）。虽然最初这些研究的重点是导师为单个学生提供的支持，但后来发展成为将指导视为群体现象的理论（Higgins & Kram, 2001），并且关于导师从这种关系中的受益方式的研究越来越多（Allen, 2007）。然而，文献并没有认识到指导关系的共同进化这一性质，导师和学生可能在多年内持续互动，他们的生涯也得到共同发展。正是将 SCF 应用于指导思维产生了这种独特的见解（Gunz & Mayrhofer, 2018）。本章最后简要说明了如何将指导界定为一个共同进化的过程，而不仅仅是对其进行重新标记。通过应用更广泛的共同进化理论领域的观点（Lewin et al., 1999），可以对指导关系的动态做出有违直觉的预测，这些预测对发展和维持指导关系具有重要意义。

如果学生可以从他们的导师那里获得生涯发展方面的好处，而导师也同样可以从他们的学生那里受益，那么这显然是一种共同进化。这一观点十分有趣，因为它引出了一个明显的问题：共同进化理论（Lewin et al., 1999）能否为指导关系的运作提供新的见解，从而丰富我们对这一关键生涯发展过程的理解？答案是肯定的，尽管鉴于篇幅原因，本文只能对分析做简要总结（有关更全面的说明，另见 Gunz & Mayrhofer, 2018）。海利根和坎贝尔（Heylighen & Campbell, 1995, p. 184）将共同进化定义为"相互依赖性，即一个系统适配度的变化会改变另一个系统的适配能力，反之亦然"。我们认为，生涯术语中的"适配度"可以通过多种方式实现，但鉴于有关指导关系的文献热衷于指导如何促进生涯成功，共同进化的确是帮助生涯指导取得成效的构念之一。因此，共同进化的一对一指导（或多人指导）中，一个成员的成功变化会影响其他成员的成功，反之亦然。许多关于指导的文献含蓄地假定这种共同进化关系是一件好事。SCF 以及在这种思维下的共同进化理论也通过指出潜在的危险和缺点带来了一些新的见解。两个有争议的结果尤其重要。

首先，海利根和坎贝尔（Heylighen & Campbell, 1995）的分析针对协同系统恶化的趋势。他们认为，共同进化系统有不同的种类，从协同作用（其中每个成员都从另一个成员的行为中受益），到超强竞争（其中一些成员的自利行为给所有人造成损失，以公地悲剧①的方式）（Hardin, 1968）。但是他们继续深入，使用共同进化理论逻辑来论证，随着时间的推移，协同系统具有内在会转变为超强竞争系统的倾向。指导关系暗示着协同关系可能会恶化为竞争关系。例如，导师可能会利用其较高的权力逐渐变得富有剥削性，学生也可能利用其导师的忙碌和分心，在导师不知情的情况下利用导师的名声使自己受益。一旦指导关系以这种方式开始恶化，就很难阻止其越来越糟。

其次，鲍姆（Baum, 1999）扩展了这项研究（基于 Kauffman, 1993），以模拟共同进化系统，并确定可能出现稳定次优状态的条件。

163

---

① 公地悲剧：也称哈定悲剧，指过度开发公共资源导致市场失灵，资源过度使用将给所有人带来负担。——译者注

结果表明, 在某些情况下, 系统有"陷入"次优状态中的风险, 而不是进化到更理想的状态。在指导关系下, 这可能意味着, 对于基于指导关系的小组而发展成的类似小圈子, 圈内的成员可能认为其对自己有利, 但从组织的角度来看却并无益处。鲍姆的模型建议对模型进行参数调整, 这反过来指明了组织可以采取的步骤, 以最大限度降低发生这种情况的风险。例如, 经常重组导师与学生的联系可以减小小圈子形成的可能性, 而在整个组织中引入更统一的政策和程序可能会减小次优状态的可能性 (可能由学生被导师误导而产生)。

结论

本章以较短的篇幅完成了一次漫长的旅程, 说明了 SCF 的生涯观如何引起更复杂的解释, 进而揭示了环境对生涯发展及其共同进化性质的影响。本章将研究者的注意力引至生涯在社会中并非孤立存在这一观点, 这意味着我们可以期望, 焦点人物的生涯将与那些在其社会空间中的成员的生涯共同发展。本章并未对这种共同进化的程度做出说明, 因为这取决于多种因素, 例如, 各种行动者之间联系的性质、行动者正在做的工作以及他们所处的社会结构。本章最后将 SCF 共同进化观应用于成熟的指导研究领域, 以说明其作用。将生涯视为共同进化的过程, 需要应用更广泛的共同进化理论领域, 这反过来又说明了对于指导关系在组织背景下的可能发展方式的反直觉见解。

像本章这样的介绍性章节只能浅显揭示 OMC 学术研究的影响力量, 为生涯发展研究增添有趣的见解。本章只采用 SCF 这一种方法, 仅探讨了从该方法中得出的一小部分预测。希望这个简短的探索能够吸引读者继续这段旅程。

参考文献

Abele, A. E., & Spurk, D. (2009). The longitudinal impact of self-efficacy and career goals on objective and subjective career success. *Journal of Vocational Behavior, 74*, 53–62. doi:10.1016/j.jvb.2008.10.005

Ackers, P., & Preston, D. (1997). Born again? The ethics and efficacy of the conversion experience in contemporary management development. *Journal of Management Studies, 34*, 677–701. doi:10.1111/1467-6486.00068

Akkermans, J., & Kubasch, S. (2017). Trending topics in careers: A review and future research agenda. *Career Development International, 22*, 586–627. doi:10.1108/CDI-08-2017-0143

Allen, T. D. (2007). Mentoring relationships from the perspective of the mentor. In B. R. Ragins & K. E. Kram (Eds.), *The handbook of mentoring at work: Theory, research, and practice* (pp. 123–147). Thousand Oaks, CA: SAGE.

Allen, V. L., & Van de Vliert, E. (Eds.). (1984). *Role transitions*. New York, NY: Plenum.

Anonymous. (2007). *Sir Alastair Pilkington*. Retrieved from https://www.pilkington.com/en/global/about/education/sir-alastair-pilkington

Arthur, M. B., & Rousseau, D. B. (Eds.). (1996). *The boundaryless career: A new employment principle for a new organizational era*. Oxford, UK: Oxford University Press.

Ashforth, B. E., Kreiner, G. E., & Fugate, M. (2000). All in a day's work: Boundaries and micro role transitions. *Academy of Management Review, 25*, 472–491. doi:10.5465/amr.2000.3363315

Barbulescu, R. (2015). The strength of many kinds of ties: Unpacking the role of social contacts across stages of the job search process. *Organization Science, 26*, 1040–1058. doi:10.1287/orsc.2015.0978

Bateson, G. (2000). *Steps to an ecology of mind*. Chicago, IL: University of Chicago Press. (Original work published 1972)

Baum, J. A. C. (1999). Whole-part coevolutionary competition in organizations. In J. A. C. Baum & B. McKelvey (Eds.), *Variations in organization science: In honor of Donald T. Campbell* (pp. 113–135). London, UK: SAGE.

Becker, G. S. (1975). *Human capital. A theoretical and empirical analysis, with special reference to education* (2nd ed.). New York, NY: National Bureau of Economic Research.

Bidwell, M., & Mollick, E. (2014). *Shifts and ladders: Comparing the role of internal and external mobility in executive careers*. Paper presented at the Annual Meeting of the Academy of Management, Philadelphia, PA.

Bird, A. (1996). Careers as repositories of knowledge: Considerations for boundaryless careers. In M. B. Arthur & D. M. Rousseau (Eds.), *The boundaryless career: A new employment principle for a new organizational era* (pp. 150–168). Oxford, NY: Oxford University Press.

Bourdieu, P. (1989). Social space and symbolic power. *Sociological Theory, 7*(1), 14–25. doi:10.2307/202060

Bozer, G., Baek-Kyoo, J., & Santora, J. C. (2015). Executive coaching: Does coach–coachee matching based on similarity really matter? *Consulting Psychology Journal: Practice & Research, 67*, 218–233. doi:10.1037/cpb0000044

Chandler, D. E., Kram, K. E., & Yip, J. (2011). An ecological systems perspective on mentoring at work: A review and future prospects. *The Academy of Management Annals, 5*, 519–570. doi:10.5465/19416520.2011.576087

Church, A. H., Rotolo, C. T., Ginther, N. M., & Levine, R. (2015). How are top companies designing and managing their high-potential programs? A follow-up talent management benchmark study. *Consulting Psychology Journal: Practice and Research, 67*, 17–47. doi:10.1037/cpb0000030

Clarke, A. E. (1991). Social worlds/arenas theory as organizational theory. In D. R. Maines (Ed.), *Social organization and social process: Essays in honor of Anselm Strauss* (pp. 119–158). New York, NY: A. de Gruyter.

Coleman, J. S. (1974). *Power and the structure of society*. New York, NY: Norton.

Collin, A., & Young, R. A. (2000). The future of career. In A. Collin & R. A. Young (Eds.), *The future of career* (pp. 276–300). Cambridge, UK: Cambridge University Press.

De Vos, A., & Van der Heijden, B. I. J. M. (Eds.). (2015). *Handbook of research on sustainable careers*. London, UK: Edward Elgar.

Doeringer, P. B., & Piore, M. J. (1971). *Internal labor markets and manpower analysis*. London, UK: D. C. Heath.

Dokko, G., & Jiang, W. (2019). Managing talent across organizations: The portability of individual performance. In D. Collings, K. Mellahi, & W. Cascio (Eds.), *Oxford handbook of talent management* (pp. 115–133). New York, NY: Oxford University Press.

Dokko, G., Tosti-Kharas, J., & Barbulescu, R. (2020). Bridging micro and macro: An interdisciplinary review of theories used in career studies. In H. Gunz, M. Lazarova,

165

& W. Mayrhofer (Eds.), *The Routledge companion to career studies* (pp. 25–41). Abingdon, UK: Routledge.

Eggenhofer-Rehart, P. M., Latzke, M., Pernkopf, K., Zellhofer, D., Mayrhofer, W., & Steyrer, J. (2018). Refugees' career capital welcome? Afghan and Syrian refugee job seekers in Austria. *Journal of Vocational Behavior, 105,* 31–45. doi:10.1016/j.jvb.2018.01.004

Emerson, R. M. (1962). Power dependence relations. *American Sociological Review, 27,* 31–41. doi:10.2307/2089716

Glaser, B. (Ed.). (1968). *Organizational careers—A sourcebook for theory.* Chicago, IL: Aldine.

Glaser, B. G., & Strauss, A. L. (1971). *Status passage.* Chicago, IL: Aldine-Atherton.

Grandjean, B. D. (1981). History and career in a bureaucratic labor market. *American Journal of Sociology, 86,* 1057–1092. doi:10.1086/227354

Granovetter, M. S. (1973). The strength of weak ties. *American Journal of Sociology, 78,* 1360–1380. doi:10.1016/B978-0-12-442450-0.50025-0

Greenhaus, J. H. (2020). Toward a work–home perspective on career studies. In H. Gunz, M. Lazarova, & W. Mayrhofer (Eds.), *The Routledge companion to career studies* (pp. 407–409). Abingdon, UK: Routledge.

Greenhaus, J. H., & Callanan, G. A. (Eds.). (2006). *Encyclopedia of career development.* Thousand Oaks, CA: SAGE.

Grey, C. (1994). Career as a project of the self and labour process discipline. *Sociology, 28,* 479–497. doi:10.1177/0038038594028002007

Gubler, M., Biemann, T., & Herzog, S. (2017). An apple doesn't fall far from the tree—Or does it? Occupational inheritance and teachers' career patterns. *Journal of Vocational Behavior, 100,* 1–14. doi:10.1016/j.jvb.2017.02.002

Gunz, H., & Mayrhofer, W. (2018). *Rethinking career studies: Facilitating conversation across boundaries with the social chronology framework.* Cambridge, UK: Cambridge University Press.

Gunz, H., Mayrhofer, W., & Lazarova, M. (2020). The concept of career and the field(s) of career studies. In H. Gunz, M. Lazarova, & W. Mayrhofer (Eds.), *The Routledge companion to career studies* (pp. 11–24). London, UK: Routledge.

Gunz, H., & Peiperl, M. (Eds.). (2007). *Handbook of career studies.* Thousand Oaks, CA: SAGE.

Gunz, H. P., Lazarova, M. B., & Mayrhofer, W. (Eds.). (2020). *The Routledge companion to career studies.* London, UK: Routledge.

Hall, D. T. (1976). *Careers in organizations*. Pacific Palisades, CA: Goodyear.

Hall, D. T. (1996). Protean careers of the 21st century. *Academy of Management Executive, 10*(4), 8–16. doi:10.5465/ame.1996.3145315

Hall, D. T. (2002). *Careers in and out of organizations*. Thousand Oaks, CA: SAGE.

Hardin, G. (1968). The tragedy of the commons. *Science, 162*(3859), 1243–1248. doi:10.1126/science.162.3859.1243

Harding, D. J. (2009). Recent advances in age-period-cohort analysis: A commentary on Dregan and Armstrong, and on Reither, Hauser and Yang. *Social Science & Medicine, 69*, 1449–1451. doi:10.1016/j.socscimed.2009.08.034

Heylighen, F., & Campbell, D. T. (1995). Selection of organization at the social level: Obstacles and facilitators of metasystem transitions. *World Futures, 45*, 181–212. doi:10.1080/02604027.1995.9972560

Higgins, M. C., & Kram, K. E. (2001). Reconceptualizing mentoring at work: A developmental network perspective. *Academy of Management Review, 26*, 264–288. doi:10.5465/amr.2001.4378023

Hughes, E. C. (1958). *Men and their work*. Glencoe, IL: Free Press.

Ibarra, H. (1999). Provisional selves: Experimenting with image and identity in professional adaptation. *Administrative Science Quarterly, 44*, 764–791. doi:10.2307/2667055

Ibarra, H., & Barbulescu, R. (2010). Identity as narrative: Prevalence, effectiveness, and consequences of narrative identity work in macro work role transitions. *Academy of Management Review, 35*, 135–154. doi:10.5465/amr.35.1.zok135

Inkson, K., Gunz, H., Ganesh, S., & Roper, J. (2012). Boundaryless careers: Bringing back boundaries. *Organization Studies, 33*, 323–340. doi:10.1177/0170840611435600

Kaše, R., Župić, I., Repovš, E., & Dysvik, A. (2020). Methodologies in organizational career research. In H. Gunz, M. Lazarova, & W. Mayrhofer (Eds.), *The Routledge companion to career studies* (pp. 90–108). Abingdon, UK: Routledge.

Kauffman, S. A. (1993). *The origins of order: Self-organization and selection in evolution*. New York, NY: Oxford University Press.

Kram, K. E. (1985). *Mentoring at work: Developmental relationships in organizational life*. Glenview, IL: Scott, Foresman.

Lester, S. W., Mencl, J., Maranto, C., Bourne, K. A., & Keaveny, T. (2010). The impact of passing the Professional in Human Resources exam on early career success for undergraduates entering the human resource field. *International Journal of Selection and Assessment, 18*, 282–290. doi:10.1111/j.1468–2389.2010.00511.x

166

Levinson, D. J., Darrow, C., Klein, E., Levinson, M., & McKee, B. (1978). *The seasons of a man's life*. New York, NY: Knopf.

Lewin, A. Y., Long, C. P., & Carroll, T. N. (1999). The coevolution of new organizational forms. *Organization Science, 10*, 535–550. doi:10.1287/orsc.10.5.535

Louis, M. R. (1980). Career transitions: Varieties and commonalities. *Academy of Management Review, 5*, 329–340. doi:10.5465/amr.1980.4288836

Maniero, L. A., & Sullivan, S. E. (2006). *The opt-out revolt. How people are creating kaleidoscope careers outside of organizations*. New York, NY: Davies-Black.

Mayrhofer, W., & Gunz, H. (2020). Time is of the essence: The temporal dimension of careers. In H. Gunz, M. Lazarova, & W. Mayrhofer (Eds.), *The Routledge companion to career studies* (pp. 111–128). Abingdon, UK: Routledge.

Mayrhofer, W., Meyer, M., & Steyrer, J. (2007). Contextual issues in the study of careers. In H. Gunz & M. Peiperl (Eds.), *Handbook of career studies* (pp. 215–240). Thousand Oaks, CA: SAGE Publications.

McKevitt, D., Carbery, R., & Lyons, A. (2017). A profession but not a career? Work identity and career satisfaction in project management. *International Journal of Project Management, 35*, 1673–1682. doi:10.1016/j.ijproman.2017.07.010

McNulty, Y., & Selmer, J. (Eds.). (2017). *Research handbook of expatriates*. Cheltenham, UK: Edward Elgar.

Minnick, W., Wilhide, S., Diantoniis, R., Goodheart, T., Logan, S., & Moreau, R. (2014). Onboarding OSH professionals: The role of mentoring. *Professional Safety, 59*, 27–33.

Moore, C., Gunz, H. P., & Hall, D. T. (2007). Tracing the historical roots of career theory in management and organization studies. In H. P. Gunz & M. A. Peiperl (Eds.), *Handbook of career studies* (pp. 13–38). Thousand Oaks, CA: SAGE.

Nagy, N., Froidevaux, A., & Hirschi, A. (2019). Lifespan perspectives on careers and career development. In B. B. Baltes, C. W. Rudolph, & H. Zacher (Eds.), *Work across the lifespan* (pp. 235–259). London, UK: Academic Press.

Nicholson, N. (1984). A theory of work role transitions. *Administrative Science Quarterly, 29*, 172–191. doi:10.2307/2393172

Nicholson, N., & West, M. (1989). Transitions, work histories and careers. In M. B. Arthur, D. T. Hall, & B. S. Lawrence (Eds.), *Handbook of career theory* (pp. 181–201). Cambridge, UK: Cambridge University Press.

OED. (2013). *Oxford English dictionary*. New York, NY: Oxford University Press.

Patton, W., & McMahon, M. (2014). *Career development and systems theory* (3rd ed.).

Rotterdam, the Netherlands: Sense.

Rosenbaum, J. E. (1984). *Career mobility in a corporate hierarchy.* London, UK: Academic Press.

Schein, E. H. (1978). *Career dynamics: Matching individual and organizational needs.* Reading, MA: Addison-Wesley.

Schein, E. H. (1980). Career theory and research: Some issues for the future. In C. B. Derr (Ed.), *Work, family, and the career: New frontiers in theory and research* (pp. 357–365). New York: Praeger.

Shaffer, M. A., Kraimer, M. L., Chen, Y.-P., & Bolino, M. C. (2012). Choices, challenges, and career consequences of global work experiences: A review and future agenda. *Journal of Management, 38,* 1282–1327. doi:10.1177/0149206312441834

Smale, A., Bagdadli, S., Cotton, R., Dello Russo, S., Dickmann, M., Dysvik, A., ... Cross-Cultural Collaboration on Contemporary Careers (5C) Research Collaborative. (2019). Proactive career behaviors and subjective career success: The moderating role of national culture. *Journal of Organizational Behavior, 40,* 105–122. doi:10.1002/job.2316

Stahl, G. K., & Cerdin, J.-L. (2004). Global careers in French and German multinational corporations. *The Journal of Management Development, 23,* 885. doi:10.1108/02621710410558486

Steinbereithner, M. (2004). *Career success in not for profit organizations* (PhD thesis Vienna, Austria: Wirtschaftsuniversität).

Super, D. E. (1957). *The psychology of careers: An introduction to vocational development.* New York, NY: Harper.

Swailes, S. (2013). The ethics of talent management. *Business Ethics. A European Review, 22,* 32–46. doi:10.1111/beer.12007

Van Maanen, J. (Ed.). (1977). *Organizational careers: Some new perspectives.* London, UK: John Wiley & Sons.

Van Maanen, J., & Schein, E. H. (1977). Career development. In J. R. Hackman & J. L. Suttle (Eds.), *Improving life at work* (pp. 30–95). Los Angeles, CA: Goodyear.

Vardi, Y., & Vardi, I. (2020). The dark sides of organizational careers. In H. Gunz, M. Lazarova, & W. Mayrhofer (Eds.), *The Routledge companion to career studies* (pp. 256–272). Abingdon, UK: Routledge.

Whitley, R. D. (1984). The development of management studies as a fragmented adhocracy. *Social Science Information/Information sur les Sciences Sociales, 23,* 775–818. doi:10.1177/053901884023004007

167

Williams van Rooij, S. (2013). The career path to instructional design project management: An expert perspective from the US professional services sector. *International Journal of Training & Development, 17*, 33–53. doi:10.1111/j.1468–2419.2012.00414.x

第 11 章
生涯发展理论的叙事转向：综合视角

杰罗姆·罗西尔（Jérôme Rossier），保罗·米格尔·卡多佐（Paulo Miguel Cardoso），玛丽亚·爱德华达·杜阿尔特（Maria Eduarda Duarte）

171　　**摘要**　过去 70 年里，不同的职业理论聚焦于不同的重要主题，如生涯选择过程或个人－组织的匹配度和适应性，以描述人们的生涯发展。最近，几位学者从生涯咨询干预中的对话自我理论和身份认同的生活故事模型中得到灵感，提出了叙事方法。这种叙事转向鼓励生涯干预更关注意义经历、所涉及的反身过程以及生涯道路的背景，例如人生设计干预。一旦我们把叙事性身份认同视为一种元能力，就能够促进对这些动态的理解，使人们能够在这些连续的相互关系中自我指导并规划自己的行为。叙事身份建立在对话关系之上，允许个人将自己置于社会空间中，并加强主观性、反身性和意向性。考虑到干预研究的叙事过程，我们将更详细地审查变化背后的过程。因此，本章讨论了叙事性生涯发展理论，如生涯建构理论和终身自我建构理论，如果参考已知的知识成果，就可以与现有的方法相辅相成，构成清晰的综合框架。

关键词　生涯发展，生涯干预，叙事方法，人生设计，叙事认同，主观性，意向性，生涯建构理论，终身自我建构理论，对话自我

引言

本章描述了生涯理论近期的叙事转变及其如何强调经验的意义、所涉及的反身过程，以及生涯道路的有关背景[①]，还说明了叙事心理学是如何在职业心理学领域出现的。首先，本章简要总结了不同形式的叙事方法，详细地介绍了它们如何改变我们对生涯选择和发展的看法，以及它们如何促进叙事生涯咨询、生活和生涯自我建构还有人生设计方法的出现。其次，为了说明这些方法如何应用，本章还详细描述了生涯建构咨询。最后，我们认为，叙事性生涯咨询方法不应被视为一种全新的备选方案，而应被视为综合框架（另见本书第 8 章，第 13 章，第 14 章），这个框架以发展、情境化、生活广度和整体视角看待人们身份认同、生涯和生活自我建构的进展和思考。

170

一直以来，人们都认为个人的生涯故事十分重要。克拉帕雷德（Claparède，1922）和阿德勒（Adler，1958）认为访谈是生涯顾问获取生活故事和评估职业能力的重要工具。然而，在 20 世纪的大部分时间里，从业者严重依赖心理评估和个人–环境匹配框架，他们怀有实证主义者的希望，认为科学发展能够为其干预带来更准确的工具。然而，人们的情况是复杂的，并且发展的背景各具特点。这意味着，如果不考虑人们的生活、轨迹和故事，就无法应用个人–环境匹配框架。将个人的生涯故事和身份认同感发展（Elliott，2005）纳入考虑增加了从业者和科学家对叙事方法的兴趣。这些方法于 40 年前在人文科学领域（Vassilieva，2016）为人所知，25 年前才在生涯发展文献中为人所知。

人们必须在不同的环境中找到正确的方向、扮演不同的角色、随着时间的推移而成长，并将他们的内心生活与他们在这个世界上的目标联

---

① 杰罗姆·罗西尔的贡献有一部分在瑞士国家科学基金会资助的国家研究能力中心 –LIVES（拨款 51NF40–160590）的框架内进行，还有一部分在瑞士国家科学基金会支持的正常和功能失调人格特征项目的框架内进行（100014_156540）。

系起来。这些动态活动从三个维度发展（内在生活、不同的角色、随着时间的推移），个人必须以有意义的方式将其表达出来。为了在不同的时间和环境下保持一致，人们需要一个持续性的结构化自我概念。这种持续的自我概念有利于他们整合自己最熟悉的感觉、如何在世界上实现自我，以及别人如何看待自己。在这种情况下，叙事是维系身份发展的一个有力过程，能够让人们将他们的内心和社会的成长经历联系起来，形成一个连贯的整体。生活故事有助于将人们的多维活动构建为连贯的自我概念。这种叙述生活的能力也能够通过促进意向性来培养能动性，将我们的故事与未来的目标和行动联系起来（Hartung，2015）。

如果生活故事和主题能维持人们的身份发展，那么自我叙事也使我们能够理解我们的生活道路（Ibarra & Barbulescu，2010），一直维持着自我概念和身份认同的发展。这项活动还有助于在我们与环境的对话互动中联系和构建我们自我表达的不同层次（Guichard，2005）。此外，认同感也可以被认为是个人的元认知资源，帮助个人监控和管理生活路径（Stauffer et al.，2014）。由于环境中的行为无法与一个人的自我概念和认同感区分开，因此这种方法利用反身过程的核心作用，将情感和认知整合在一起。

叙事心理学发展的四十年

人类是故事的叙述者，这一事实使得生活故事在心理学史上发挥了理解和干预人类的功能。此外，在过去的四十年中，人们对叙事的正式研究的兴趣有所增加，安格斯和麦克劳德（Angus & Mcleod，2004）、布鲁纳（Bruner，1986）、赫尔曼斯和赫尔曼斯 - 詹森（Hermans & Hermans-Jansen，1995）以及麦克亚当斯（McAdams，1993）等人所做的概念化工作就说明了这一点。这些概念有一个共同的观点，即个人通过叙述关于自己、他人和世界的故事来建构自己的生活意义。

人们对叙事方法的兴趣日益浓厚，这是社会科学范式转变的结果，社会科学范式从实证主义对客观现实的追求，转向对意义和建构现实的更后现代的追求。在这种后现代认识论中，叙事框架强调叙事思维在经验配置中的作用。正是通过故事的阐述，个人才为自己的经历赋予意义。正如指导科学活动的理论不断被重新表述一样，个人故事是在人际关系的矩阵中构建的，因而不断得到重塑，为自我体验带来新的可能性。

威廉·詹姆斯（William James, 1892/1963）对意识经验的描述为解释自我的叙事概念奠定了基础。这些理由在于"主体我（I）"和"客体我（Me）"之间自我的区别——即行动者和经验叙述者之间的区别。通过这种方式，故事的价值以时间为架构，成为人类行动的象征（Sarbin, 1986）。自我是涉及行动者（I）的叙述者（Me）的过程，在这种想法的启发下，麦克亚当斯（McAdams, 1993）以及赫尔曼斯和肯彭（Hermans & Kempen, 1993）发展了相关的自我叙事概念，而怀特和埃普斯顿（White & Epston, 1990）则率先发展了基于自我叙事观点的实践。

麦克亚当斯的叙事自我理论

基于前面的讨论，叙事是将个人故事变成一种交流行为。麦克亚当斯（McAdams, 2009）认为，个人通过发展，获得了连贯地讲述生活叙事的能力，将过去、现在和未来与连续性和连贯性联系起来。也就是说，个体培养了构建叙事身份的能力，这种身份被定义为"一个人有意识和无意识地构建出自我的内化和不断发展的故事，将自我的不同方面结合在一起"（p. 404）。然而，麦克亚当斯对人类功能的叙事方法是综合性的，因此，针对功能的叙事模式以广泛的人格视角为基础。在这种观点中，人格由三个层次组成，每个层次都提供了关于个人具体和详细的信息（McAdams & Pals, 2006）。第一个层次包括人格特质的描述，例如在大五因素方案中描述的概念化，即外倾性、神经质、开放性、尽

172

责性和宜人性特征。第二个层次包括特征性适应，如动机、价值观和可感知的行为模式，这些都与个人想要从生活中得到什么有关。第三个层次包括叙事身份，它描述了个人过去最重要的经历，并在个人过去的背景下解释发展。在这个框架中，一个人的多个故事可以结构化为统一的故事，这有助于为生活提供整体目标感和统一感（McAdams，2013）。

赫尔曼斯的对话自我理论

赫尔曼斯和肯彭（Hermans & Kempen，1993）同样受到人类功能叙事概念的启发，提出自我是多立场的。也就是说，梳理自我体验时并不采取单个"我"的立场，而是在不断的对话中梳理多个"我"的立场 / 声音。因此，叙事被视为不同声音或"我"的立场之间复杂对话的产物，这些声音或"我"的立场在对话关系中既相互支持又相互反对（Hermans，1997）。从这个视角来看，很难说明自我统一感和连贯性从何而来。麦克亚当斯（McAdams，2013）阐述的视角与之不同，他认为是一位作者用不同角色讲述了同一个故事。从赫尔曼斯的对话视角来看，不同的"我"的立场在不同的时刻和情境中变得突出，而其他角色则只是陪衬。在这个框架中，自我统一和连贯的感觉是一种突出的属性，在任何时刻和情境中，都会从自我中"我"的各个立场的对话关系中产生。因此，自我的对话概念并不意味着自我是混乱的，自我是一直在不同的"我"的立场之间寻求平衡的过程。此外，这种多立场的自我概念强化了人类功能作为一个复杂、多方面过程的适应性目的，涉及不同立场之间的对话，使个人能够以创造性的方式应对整个生命周期中出现的复杂挑战。

怀特和埃普斯顿的叙事干预

基于人类功能的叙事概念，怀特和埃普斯顿（White & Epston，1990）的工作体现出叙事方法如何帮助来访者重新创作更具适应性的叙事。这个视角强调了干预过程的三个基本方面：外化语言、问题的话语框架，以及独特结果的识别和扩展。外化过程试图将问题置于个人之外，从而将人与问题分开。从这个意义上说，治疗师会问一些问题，比如"悲伤对你的生活有什么影响？"问题的外化有利于形成问题的发散性框架。也就是说，问题不再被视为个体"内部"的问题，而是被视为语言过程。

173

话语在解释问题的过程中起作用，这表明了与来访者一起分析能够解决问题的话语十分重要。因此，在治疗师与来访者的对话中，问题被外化，叙事被分析和重新阐述，于是来访者话语中出现了例外情况，他们的话语与有问题的自我叙事形成对比。怀特和埃普斯顿（White & Epston, 1990）将这些可以被视为叙事变化标志的特殊时刻称为独特的成果。因此，从这个视角来看，干预的目标是支持来访者唤起这种独特的成果并将其拓展，从而促进自我叙事的重新创作（White, 2007）。从这个意义上说，独特的结果就是变化的标志，每当出现独特的结果时，治疗师都会提出问题、提供反思或反馈，帮助来访者保持并探索涌现出的新叙事。

叙事方法在生涯选择和发展领域的出现

20 世纪上半叶，随着心理评估的发展，生涯领域的许多学者和从业者都希望利用心理测量工具帮助自己和自己的顾问做出更合适的生涯选择（Rossier & Fiori, 2019）。这些工具结合了特征和因子理论，使研究人员能够为从业者制定清晰而有用的指南。这种方法特别适用于相对稳定的环境，在这种环境中，生涯选择主要考虑人们的能力和工作要求。这种方法在当代世界中似乎并不充分适用，但在某种程度上也仍然具有相关性［例如：另见人格评估（Rossier, 2015）］。发展方法的出现强调了在整个生活广度中考虑个体进化的重要性（Super, 1980）。这些发展方法并不意味着匹配度问题不重要，而是意味着匹配度因环境而异，取决于角色等因素，并且随着时间的推移而发展。这种发展包括过渡，可以视为脆弱的时刻，也可以视为变革的时刻。这些转变有时需要人们做出生涯选择。虽然发展方法描述了人们如何在不同的生活空间中找到正确的方向、采用不同的生活角色、跨越生活广度以及与社会环境持续互动（Lent, 2016），但这些方法并没有直接解决生涯决策过程中的问题。出于这个原因，认知方法可能是一个有效的补充（Gati & Levin, 2015）。这意味着所有这些方法都可以看作是相互补充的，并且在试图描述一个人复杂的生活道路时，同时考虑这些方法。对这种动态复杂性的描述恰恰是不同叙事性生涯发展理论的核心，例如人生设计方法（Savickas et al., 2009）。

174   叙事心理学可以被视为对认知行为方法所做出的反应，其主要关注信息处理，对于生涯的选择和发展非常重要。此外，人们的自我表征体现在与他们的背景、生涯故事、身份发展或生活和工作的意义的不断互动中（Busacca & Rehfuss, 2017），叙事和后现代生涯咨询方法强调了这种自我表征的重要性。这种意义创造活动是所有叙事性生涯咨询方法的核心，可以促进人们的意向性和自我导向性，帮助他们促进变革。在后现代世界中，选择的概念可能会被变化的概念所取代，那意味着一系列连续的选择。事实上，现实和选择可能不那么容易界定。人们必须在这种不确定性中选择正确的方向，并设计自己的认同感和生涯（Savickas et al., 2009）。学者们已经提出了许多叙事技巧和方法，其中一些替代了比较传统的方法，比如作为综合模型的人生设计方法。所有这些方法都旨在适应灵活性更强、流动性更高的社会，并培养个人和社会群体的心理韧性（Rossier et al., 2017）。从这个意义上说，它们具有以下特征（McIlveen, 2007）：（1）干预措施侧重于意义建构；（2）咨询师和来访者共同合作构建意义；（3）干预措施考虑了生涯和社会心理问题之间的界限；（4）情绪和行动（而不仅仅是思想）是促进变革的基础；（5）评估和干预是相互关联的过程。

我们接下来将简要介绍生涯咨询叙事方法的四个例子，以上提到的特征在其中有所体现。然而，为了加深对这些方法的理解，我们选择了生涯建构咨询（Savickas, 2011）进行更详细的探索。我们优先考虑这种方法是因为其得到的实证支持最多。

叙事生涯咨询

基于先前的研究成果（Cochran, 1990；Watkins & Savickas, 1990），科克伦（Cochran, 1997）为生涯咨询的叙事方法奠定了基础。他认为，生涯决策困难源于个人体验到的实际和理想生涯位置之间的差距或矛盾。为了消除这种差距并实现理想的未来叙述，科克伦建议个人采用连续和连贯的生涯叙事，同时使用具有整体性、和谐性和能动性并富有成效的标准（Cochran, 1992）。也就是说，来访者要详尽阐述连贯的生活故事中的生涯选择（整体性）。他们所设想或期望的工作角色的特殊性（例如，环境和工作时间以及人们可以负担得起的房型）应该与其他生涯角色的特殊性相匹配（和谐性），以避免生活中的不和谐。此外，在这个过程中，个人应该成为积极的能动者，努力克服实现目的时遇到的障碍（能动性），并拥有面对未来挑战所需的热情和喜悦（富有成效）。然而，如果只采用生涯叙事，生涯选择和发展会变得不完整。个人需要培养实践智慧，即态度和行为，从而面对生涯挑战。这一过程的完成伴随着一种能动性意识的发展，而这种能动性能够为做出生涯决策所需的行动提供支持并增强实践智慧（Cochran, 1997）。

生活与生涯的自我建构

生涯建构理论（Savickas, 2013）源于建构主义和叙事方法，该方法指出人们与环境的互动使其过去、现在和未来的生涯道路富有意义。这种意义表现为永久互动中共同构建的生活叙事。这种行为鼓励自我理解、意向性和自我导向性。因此，生涯干预也应该激励个人潜在的人生设计过程（Rossier et al., 2014）。出于这种原因，个人或团体环境中的生涯咨询和生涯教育干预包括许多叙事活动，如基于追溯生活经历、规划生涯目标以及讨论定性或定量测试结果的含义与意义。人们可以使用各种材料来开启这些叙事过程，但需要关注来访者的亲密关系，在来访者和咨询师的互动中讨论并加入这种亲密关系。这种方法利用了动态的意义创造过程，该过程基于人们对连续性的需求，以及在社会构建的空间中进行的互动的对话性，这一空间植根于人们与其环境保持一致的需求（Brewer, 2003）。这些过程为叙事性身份认同的重新定义打下基础，促进了这种连续性和连贯性观念的重塑和加强，并使来访者能够确定新的生涯选择。此外，个人的多个故事情节支持多种社会自我的发展，这些社会自我构成了一个身份体系，并代表了"在特定背景下与自己的某种观点相关的一系列存在、行为和互动方式"（Guichard, 2009, p. 253）。这些不同的生活故事代表了一个人认同感的不同方面或角色，使来访者能够在大量的社交场合中轻松找到方向。有趣的是，在日常生活中，个人并非总有机会更新自我概念。由于持续行动的要求，重新定义自我的任务被打断或减慢。这可能导致个人身份和行为之间的差异。这种差异最终会产生一种不和谐，这迫使个人中断他的活动并重新思考他们的认同感。

人生设计方法

人生设计方法是一种整体方法，结合了萨维科斯（Savickas, 2013）的生涯建构理论和吉查尔特（Guichard, 2005）的终身自我建构方法。它还考虑了文化和社会环境的多样性，并侧重于人们通过塑造环境和生活来成为自己生活道路的创作者的能力（Nota & Rossier, 2015）。有人认为，人们不仅是为了对情况做出反应，而且也为了成为自己生活故事的能动者和生活叙事的创作者（Savickas et al., 2009）。这种方法并未否认麦克亚当斯（McAdams, 2013）提到的自我的三个不同层次的重要性，这在本章前面也讨论过，因此可以被认为是整体的。事实上，这三个层次都涉及自我思考，以连接过去、现在、未来、职业人格、调节过程和适应性行为。这种概念化产生了一个三维空间，具有自我、生活地点和生活广度三个不同维度，所以应该考虑这种复杂性来理解和描述生活和生涯道路。此外，人生设计方法强调了人们自我组织能力的重要性，他们可以利用这些能力调动资源，主动规划自己的生活或改变自己的环境，而不会否认由于个人和背景突发事件而产生的无助感。出于这个原因，任何人生设计干预的目的都是为了促进叙事性和意向性、增加改变环境的能力，并增加个人能动性。

生活生涯评估

生活生涯评估（Gysbers et al., 2009）是另一种生涯咨询的叙事方法，旨在帮助来访者构建生活叙事并制订生涯计划。为此，干预涉及四个阶段。在第一阶段，咨询师探索生涯问题中包含的含义，例如工作经验、教育背景和人际关系。接下来，咨询师会对典型的一天做出分析，以展现来访者日常如何组织和生活。第三个阶段会探讨生涯发展的优势和障碍。最后，咨询师和来访者进行总结，以强调获得的信息，并将这些信息与生涯目标联系起来。

生涯建构咨询

在认识论术语中，生涯建构咨询属于社会建构主义，因为它强调解释意义建构的关系和叙事过程。反过来，生涯建构理论（Savickas, 2013）是职业行为和生涯发展的概念矩阵，支撑着干预活动，其目标是帮助来访者为生涯建构构建一个连续和连贯的生活叙事。为此，帮助来访者确定他们的生命主题，即他们的核心问题和能找到的解决方案（Csikszetmihalyi & Beattie, 1979），至关重要。生命主题的重要性源于其结构化功能，生命主题将叙事身份 [这里定义为过去、现在和未来生活故事之间的叙事连贯性（McAdams，2009）] 与持续发展联系起来。这种结构化功能可帮助来访者将生命主题与生涯规划联系起来。通过这种方式，生涯规划可能成为核心问题的解决方案，而生涯发展作为赋予自身存在秩序和意图的维度之一（Savickas，2011），被整合到个人的心理社会动态中。

生涯建构咨询干预通过三个环节开展，为来访者从中探索生活故事情节、确定生命主题并构建生涯规划提供支持。咨询环节的顺序并不是固定的，而是取决于咨询师与来访者的关系，根据来访者的需要进行调整。第一个环节通常会讨论对干预的期望，支持问题表述，并探寻情境、个人和适应性资源。在这一环节中，生涯建构访谈（Savickas，2015）用于评估生命主题。这一结构化的访谈涉及五个主题，以唤起来访者的生活情节：（1）探索过去令人钦佩之人以发现榜样，这个问题的答案将为来访者指导自我构建提供了角色和属性；（2）用喜欢的杂志、电视节目和网站作为激励，以唤起来访者感兴趣的环境和活动类型；（3）用一本书或电影中最喜欢的故事挖掘来访者的计划和策略；（4）用一句最喜欢的格言为问题提供解决方案的来源；（5）用早期的回忆来分析来访者对所提出的问题或当前生涯关注点的看法。

第二个环节会探讨前面唤起的生活情节的意义。咨询师扮演共同建构者的重要角色，帮助来访者探索并将自我体验象征化，以促进叙事的建构，表达出他们生活的核心问题，以目标的形式提出解决方案，并绘制出实现这些目标的方法。在整个过程中，对生命主题的叙事阐述是最根本的。通过帮助来访者了解早期需求（核心问题）如何构建满足过去需求的愿望（目标），可以对此起到促进作用。此外，咨询师还支持来访者了解他们的兴趣如何成为实现其目标的工具，从而满足他们的需求。

最后，在第三个环节帮助来访者将他们的生活故事投射到现实的生涯计划中，鼓励来访者讨论其新兴生涯意图的可能性和限制。

生涯建构咨询研究

在个人和团体干预中，我们已经建立了生涯建构咨询的有效性，这体现在职业确定性（Cardoso et al., 2017）、生涯决策的自我效能感（Di Fabio & Maree, 2011）和生涯适应力（Barclay & Stoltz, 2015）的显著增强，福祉增多，以及对未来生涯不稳定和不安全感的焦虑减少（Obi, 2015）。过程研究表明，良好的成果案例在叙事转变上极具特点，从理解问题的前因后果演变为新的自我表征的阐述和生涯规划的建构（Cardoso et al., 2016；Cardoso et al., 2014）。这种模式的运用应该是启发式的，以指导咨询师根据来访者当前的叙事变化水平调整咨询任务。问题制定是与问题保持距离的第一步。为了加深这一过程并增加对问题前因后果的理解，咨询师应帮助来访者将感受、行为和生活情节联系起来。自我体验的象征化是需求意识和生命主题阐述的基础。其次，为了促进持续和连贯的自我叙事，重要的是要支持来访者将生命主题与过去和现在的经历，以及期望的未来联系起来。这个过程应该在协作和安全的环境中进行。

178

结论

随着生涯发展理论和实践的范式转变，人们对叙事方法的兴趣日益浓厚。这种转变最初依赖实证主义方法，而现在更多地依赖后现代观点。这一转变要求我们重新思考生涯发展理论，在不否认先前概念化的重要性的情况下，更多地考虑叙事方面。这种叙事转向表明，我们要更多地关注工作的意义、工作身份、敬业度和意向性，也要重新考虑个人与环境之间的互动，以及人们如何在叙述生活时感知和理解这种持续的互动。在这种情况下，人生设计范式鼓励将自我的所有层次考虑在内，以及它们如何在不同的时间和空间发展并与环境相互作用。出于这个原因，叙事方法可以被视为理解生涯和生活发展的综合框架。生活叙事促使来访者将其三维视角（自我的层次、生活空间和某些时刻）建构并整合到一个连贯的自我概念和身份认同中。叙述生活的能力是一种意义创造活动，能够通过发展意向性将过去、现在和未来与连续性和连贯性联系起来，从而培养能动性。生涯发展的叙事方法将人类功能视为一个持续的自我组织过程。目前已经提出了许多叙事性生涯干预，并且其有效性也得到了证明。这些干预措施采用整体方法，将人们视为其行为表达的行动者、引发变革的推动者以及自我叙事的作者。叙事性生涯干预还指咨询师和来访者之间的协作过程，以促进生活故事的重新创作，其中生涯规划有可能成为将自我投射转变为自我构建的新可能性的方法。

参考文献

Adler, A. (1958). *The education of the individual*. New York: Philosophical Library.

Angus, L., & McLeod, J. (Eds.). (2004). *The handbook of narrative psychotherapy: Practice, theory and research*. London: Sage.

Barclay, S. R., & Stoltz, K. B. (2015). The life-design group: A case study assessment. *The Career Development Quarterly, 64,* 83–96. doi:10.1002/cdq.12043

Brewer, M. B. (2003). Optimal distinctiveness, social identity, and the self. In M. R. Leary & J. P. Tangney (Eds.), *Handbook of self and identity* (pp. 480–491). New York: Guilford.

Bruner, J. (1986). *Actual minds, possible worlds*. Cambridge, MA: Harvard University Press.

Busacca, L. A., & Rehfuss, M. C. (Eds.). (2017). *Postmodern career counseling: A handbook of culture, context, and cases*. Alexandria, VA: American Counseling Association.

Cardoso, P., Gonçalves, M. M., Duarte, M. E., Silva, J. R., & Alves, D. (2016). Life design counseling outcome and process: A case study with an adolescent. *Journal of*

179

Vocational Behavior, 93, 58–66. doi:10.1016/j.jvb.2016.01.002

Cardoso, P., Janeiro, I., & Duarte, M. (2017). Life design counseling group intervention with Portuguese adolescents: A process and outcome study. *Journal of Career Development, 44,* 1–14. doi:10.1177/0894845316687668

Cardoso, P., Silva, J. R., Gonçalves, M. M., & Duarte, M. E. (2014). Innovative moments and change in career construction counseling. *Journal of Vocational Behavior, 84,* 11–20. doi:10.1016/j.jvb.2013.10.001

Claparède, E. (1922). *Problems and methods of vocational guidance.* Studies and Reports Series J (Education), No. 1. Geneva: International Labour Office.

Cochran, L. (1990). *The sense of vocation.* Albany: State University of New York Press.

Cochran, L. (1992). The career project. *Journal of Career Development, 18,* 187–197. doi:10.1177/089484539201800303

Cochran, L. (1997). *Career counseling: A narrative approach.* Thousand Oaks, CA: Sage.

Csikszetmihalyi, M., & Beattie, O. V. (1979). Life themes: A theoretical and empirical exploration of their origins and effects. *Journal of Humanistic Psychology, 19,* 45–63.

Di Fabio, A., & Maree, J. G. (2011). Group-based life design counseling in an Italian context. *Journal of Vocational Behavior, 80,* 100–107. doi:10.1016/j.jvb.2011.06.001

Elliott, A. (2005). *Concepts of the self.* Cambridge, UK: Polity.

Gati, I., & Levin, N. (2015). Making better career decisions. In P. J. Hartung, M. L. Savickas, & W. B. Walsh (Eds.), *American Psychological Association handbook of career intervention, Volume 2: Applications* (pp. 193–207). Washington, DC: American Psychological Association. doi:10.1037/14439-015

Guichard, J. (2005). Life-long self-construction. *International Journal for Educational and Vocational Guidance, 5,* 111–124. doi:10.1007/s10775-005-8789-y

Guichard, J. (2009). Self-constructing. *Journal of Vocational Behavior, 75,* 251–258. doi:10.1016/j.jvb.2009.03.004

Gysbers, N. C., Heppner, M. J., & Johnston, J. A. (2009). *Career counseling: Contexts, processes and techniques* (3rd ed.). Alexandria, VA: American Counseling Association.

Hartung, P. J. (2015). Life design in childhood: Antecedents and advancement. In L. Nota & J. Rossier (Eds.), *Handbook of life design: From practice to theory and from theory to practice* (pp. 89–102). Göttingen, Germany: Hogrefe.

Hermans, H. J. M. (1997). Dissociation as disorganized self-narrative: Tension between splitting and integration. *Journal of Psychotherapy Integration, 7,* 213–223.

Hermans, H. J. M., & Hermans-Jansen, E. (1995). *Self-narratives: The construction of meaning in psychotherapy.* New York: Guilford.

Hermans, H. J. M., & Kempen, H. J. (1993). *The dialogical self.* San Diego, CA: Academic Press.

Ibarra, H., & Barbulescu, R. (2010). Identity as narrative: Prevalence, effectiveness, and consequences of narrative identity work in macro work role transitions. *Academy of Management Review, 35,* 135–154.

James, W. (1963). *Psychology.* Greenwich, CT: Fawcett. (Original work published 1892)

Lent, R. W. (2016). Self-efficacy in a relational world: Social cognitive mechanisms of adaptation and development. *The Counseling Psychologist, 44,* 573–594. doi:10.1177/0011000016638742

McAdams, D. P. (1993). *The stories we live by: Personal myths and the making of the self.* New York: Morrow.

McAdams, D. P. (2009). *The person: An introduction to the science of personality psychology* (5th ed.). Hoboken, NJ: Wiley.

McAdams, D. P. (2013). The psychological self as actor, agent, and author. *Perspectives on Psychological Science, 8,* 272–295. doi:10.1177/1745691612464657

McAdams, D. P., & Pals, J. L. (2006). A new Big Five: Fundamental principles for an integrative science of personality. *American Psychologist, 61,* 204–217. doi:10.1037/0003-066X.61.3.204

McIlveen, P. (2007). Narrative career counselling: Theory and exemplars of practice. *Australian Psychologist, 42,* 226–235. doi:10.1080/00050060701405592

Nota, L., & Rossier, J. (2015). *Handbook of life design: From practice to theory and from theory to practice.* Göttingen, Germany: Hogrefe.

Obi, O. P. (2015). Constructionist career counseling of undergraduate students: An experimental evaluation. *Journal of Vocational Behavior, 88,* 215–219. doi:10.1016/j.jvb.2015.03.009

Rossier, J. (2015). Personality assessment and career interventions. In P. J. Hartung, M. L. Savickas, & W. B. Walsh (Eds.), *APA handbook of career intervention: Foundations* (Vol. 1, pp. 327–350). Washington, DC: American Psychological Association. doi:10.1037/14438-018

Rossier, J., & Fiori, M. (2019). Career assessment in Europe: Overview and current trends. In K. B. Stoltz & S. R. Barclay (Eds.), *A comprehensive guide to career assessment* (7th ed., Chap. 17, pp. 2–17). Broken Arrow, OK: National Career Development Association. Retrieved from https://www.ncda.org

Rossier, J., Ginevra, M. C., Bollmann, G., & Nota, L. (2017). The importance of career

180

adaptability, career resilience, and employability in designing a successful life. In K. Maree (Ed.), *Psychology of career adaptability, employability and resilience* (pp. 65–82). Cham, Switzerland: Springer. doi:10.1007/978-3-319-66954-0_5

Rossier, J., Maggiori, C., & Zimmermann, G. (2014). From career adaptability to subjective identity forms. In A. Di Fabio & J.-L. Bernaud (Eds.), *The construction of the identity in 21st century: A festschrift for Jean Guichard* (pp. 45–58). New York: Nova Science.

Sarbin, T. (1986). The narrative as root metaphor for psychology. In T. Sarbin (Ed.), *Narrative psychology: The storied nature of human conduct* (pp. 3–21). New York: Praeger.

Savickas, M. L. (2011). *Career counseling.* Washington, DC: American Psychological Association.

Savickas, M. L. (2013). Career construction theory and practice. In R. W. Lent & S. D. Brown (Eds.), *Career development and counseling: Putting theory and research to work* (2nd ed., pp. 147–183). Hoboken, NJ: Wiley.

Savickas, M. L. (2015). *Life-design counseling manual.* Retrieved from http://www. vocopher.com

Savickas, M. L., Nota, L., Rossier, J., Dauwalder, J.-P., Duarte, E., Guichard, J., ... van Vianen, A. E. M. (2009). Life designing: A paradigm for career construction in the 21st century. *Journal of Vocational Behavior, 75*, 239–250. doi:10.1016/j.jvb.2009.04.004

Stauffer, S. D., Maggiori, C., Froidevaux, A., & Rossier, J. (2014). Adaptability in action: Using personality, interest, and values data to help clients increase their emotional, social, and cognitive career meta-capacities. In M. Coetzer (Ed.), *Psycho-social career meta-capacities: Dynamics of contemporary career development* (pp. 55–72). Cham, Switzerland: Springer. doi:10.1007/978-3-319-00645-1_4

Super, D. E. (1980). A life-span, life-space approach to career development. *Journal of Vocational Behavior, 16*, 282–298. doi:10.1016/0001-8791(80)90056-1

Vassilieva, J. (2016). *Narrative psychology: Identity, transformation and ethics.* London: Palgrave Macmillan.

Watkins, C. E., Jr., & Savickas, M. L. (1990). Psychodynamic career counseling. In W. B. Walsh & S. H. Osipow (Eds.), *Career counseling: Contemporary topics in vocational psychology* (pp. 79–116). Hillsdale, NJ: Erlbaum.

White, M. (2007). *Maps of narrative practice.* New York: Norton.

White, M., & Epston, D. (1990). *Narrative means to therapeutic ends.* New York: Norton.

第12章
社会公正的定位：生涯发展面临的关键挑战

巴里·A. 欧文（Barrie A. Irving）

摘要　生涯发展理论和实践有可能通过促进构建有意义的生活－生涯，以增强归属感和福祉。社会公正问题涉及公平和公正、(不)平等、文化多样性、社会心理健康和社会价值观，因而有不可或缺性。因此，生涯发展理论学家、研究人员和从业者需要对影响"生涯"诠释和"机会"呈现方式的多重复杂因素有更深的理解。这种理解应提供批判性的见解，认识到更广泛的社会文化和政治问题产生的影响，这些影响可能会出现在生涯的塑造和实施中。然而，在当代生涯文献中，"社会公正"一词的使用往往很空泛，或对其定义并不充分，并且往往不会在实践讨论中被提及。本章探讨了社会公正的争议性，概述了各种相互竞争的定义，并思考了批判性社会公正如何为生涯发展做出贡献。

关键词　生涯发展理论，批判性社会公正，公平，正义，生活－生涯，社会公正，价值观，福祉

引言

本章探讨了社会公正的社会政治和文化层面，并将这两个层面与生

涯发展背景联系起来。其重点是对社会公正如何以及在哪里"支持（fit）"生涯发展这一问题进行概括，并对其提出困惑。在《国家生涯教育与咨询研究所杂志》（*Journal of the National Institute for Career Education and Counselling*）的一期特刊中，所有文章都探讨了社会公正的各个方面。胡利和苏丹娜（Hooley & Sultana, 2016）认为，那些从事生涯发展的人需要"借鉴不同的理论传统，并促进新的实践形式"（p. 2）。本章认识到这一点，从教育学、社会学和批判社会理论等广泛的专业领域中汲取灵感，将社会公正的不同定义归入分析范畴中，并将其与当代政治立场联系起来。其目的是为生涯发展社群的成员提供确定理论、评估研究、检查政策和确立实践地位的机会。这个框架还为个人提供机会，使其反身地对自己的价值观和经历进行定位，这与瓦茨（Watts, 1996）在生涯教育和指导中提出的社会政治意识形态类型类似。此外，这个框架尤其关注从关键的社会公正视角出发来看待生涯发展的变革潜力。

182

对社会公正的讨论：承诺、困惑和争论

近来，人们愈加关注社会公正在哪里"支持"生涯发展。例如，国际教育和职业指导协会（IAEVG；2013）发表了一份公报，呼吁服务供应商、从业者、学者和政策制定者将社会公正作为核心价值观，积极揭露造成压迫的结构化和社会化障碍，并对其提出挑战。尽管社会公正这一问题在生涯发展文献中变得越来越突出，但胡利、苏丹娜和汤姆森（Hooley et al., 2018）已经指出，人们对于这个概念有不同的理解。通常情况下，"社会公正"一词的使用要么包罗万象，要么十分务实，并笼罩在非政治化的人文主义和仁慈的话语之下。在这种情况下，社会公正的理论化越来越不足，定义十分松散，表达不明确和／或应用不一致（McMahon et al., 2008）。因此，关于社会公正在理论上意味着什么、它在研究中"所处（fit）"的位置，以及它在实践中如何实施，这

些问题仍然存在（Arthur et al., 2009）。社会公正话语能够反映其政治可塑性（Thrupp & Tomlinson, 2005），同时还能证明一系列相互竞争的立场并使其合法化（Reisch, 2002），这加剧了社会公正在生涯发展中定位的问题（Arthur, 2014；Irving, 2010）。因此，社会公正的话语并不是转变和纠正不公正，而是有可能进行监管和压迫。例如，有人担心，将生涯发展实践纳入社会公正框架会使其政治化（见 Metz & Guichard, 2009），从而影响其作为"公正"的助人性职业的地位。

然而，政治不仅仅与政党忠诚度或议会代表权有关，还扎根于社会生活的模式和行为中，这些模式和行为就是政治的实现方式。政治与渗透到日常经验中的价值观、信仰和行为相互交织，这有助于赋予生活意义。正如佩因特和杰弗里（Painter & Jeffrey, 2009）所指出的"政治是所有社会生活和所有形式的社会互动的一部分"（pp. 8-9），因此其关注我们如何从个人和集体的角度确定塑造我们存在的道德原则，以及如何确定公平和正义。我们的个人和职业生活中充斥着相互竞争和形式复杂的政治观点和政策。因此，我们对其如何解释往往取决于我们对"自我"和"公正"的理解，这会影响我们对于特定问题的立场，并使我们明白如何理解不同当事人群体的需求。因此，政治问题与生涯建构和制定密不可分，其核心是培养社会自我意识、自我信念和自我认同。

在试图界定社会公正时，必须关注揭示其内在含义，并揭露潜在的社会政治价值观和世界观。例如，可以思考经济合作与发展组织如何构建和定义社会公正：

> "社会公正"是任何政治共同体合法性和稳定性的核心构成要素。然而，定义社会公正的含义以及如何以最佳方式实现社会公正，往往受到相当大的争议……社会公正的现代观念指的是实现机会平等和生活机遇平等的目标，它提供了一种概念化理想，即能够获得可持续的社会市场经济所需的共识……这

种公正概念涉及对个人"能力"发展进行有针对性的投资，从而保证每个人得到真正平等的自我实现机会。（OECD，2011，p. 10）

在这方面，经合组织认识到了社会公正与政治之间的关系，同时将自己定位为社会市场经济的倡导者。因此，在协同性的混合市场经济中（Giddens，1998），所有人都有望获得能力，从而建立自己有意义的生涯。然而，对个人能力发展的关注也与雇主的要求相一致，即教育要提供源源不断的、做好工作准备的劳动力（Spring，2015）。从这个角度来看，社会公正和有意义的生涯的建构似乎取决并服从于快速有效的市场经济。

变化的、有争议的生涯话语有多重相互竞争的解释（见 Harris，1999；Irving，2005；McIlveen & Patton，2006；Sultana，2018），在这种话语下审视社会公正时，对政治定位（以及相关的权力问题）的担忧变得更加明显。因此，对社会公正的主张及其如何与生涯发展背景相联系，受到相互矛盾的哲学的影响，反映了嵌入不同世界观中的社会政治价值观。就此，用加莱（Gale，2000）的话来说，鉴于社会公正的争议性，生涯发展领域的人（如政策制定者、研究人员、学者和从业者）和最终用户在看待它时将有何不同？

重塑/构建社会公正：改变界限

鉴于社会公正的模糊性，我们需要拥有有助于揭示其多种复杂性的概念化工具，这些复杂性包括：社会公正如何与诠释"生涯"的多种方式相关，"机会"如何呈现，文化如何定位，以及如何构建不同的生活方式。加莱（Gale，2000）和欧文（Irving，2010）的研究提出了四种社会公正模型，并将其与当代政治立场建立联系。这赋予了"社会公正"

一词以哲学实质和政治力量，为生涯发展理论家、研究人员和从业者提供了界定其实践的机会。虽然这些模型在理论上是离散的，但在某些方面存在重叠。

报复性社会公正

184

报复性社会公正与弗里德曼（Friedman，1962）和诺齐克（Nozick，1974）的理论化有关，其前提为经济自由、个人自由以及保护物质和财产权的概念。人们认为，社会将受益于一个强大而创新的市场，不受国家干预的束缚，而且个人作为利己主义的消费者可以选择如何最好地花费自己的财富。人们期望国家能通过消除"限制性做法"、培养个人责任感，以及对那些不能为创造财富做出贡献的人采取惩罚措施来促进自由市场的无阻碍运作。关于个人自由，自私自利的消费者被建构为那些对自己生活的各个方面进行选择并通过个人动力和决心取得成功的人。例如，诺齐克将积极的自尊置于"胜者为王"的竞争（经济）环境中。

在当代，报复性社会公正的模式与盛行的新自由主义政治相结合，在这种政治中，不平等被视为一种动力，并且在某种程度上，由寻求维持和保护现状的新保守主义思想所调和。总之，市场的公正占上风，因为每个人都为自己的福祉负责，所以很少有人关注结构性的不公正。在这里，自私的个人和不受约束的自由市场经济的概念优先于国家福利、集体责任和社会福祉（Harvey，2005）。例如，在人们看来，"不值得救助的穷人"享受的社会福利违背了个人的最大利益，对那些本应该经济产出高的人起到了抑制作用。因此，那些不遵守规定的人将受到经济制裁，例如减少或取消福利金，或被要求参加那些形式往往类似于强制劳动的"为福利而工作"的计划。社会公正的主要受益者是那些做出经济贡献的人，他们的利益根据财富、权力和地位不平均地分配。与此同时，歧视被定位为个人问题，在预估中，这些问题在雇主努力招聘现有最优秀的人才时能够得到解决。一个基本假设强化了这一点，即那些消耗最多精力并表现出最多"才能"的人总会在全球市场中脱颖而出（Arthur, 2014）。因此，人们期望"最优秀的人"在就业竞争中会自然地取得成功，同时也期望人们能不加批判地接受自我调节和符合主导市场价值的潜在话语（Bengtsson, 2014）。

　　亚瑟和卢梭（Arthur & Rousseau, 1996）提出了无边界生涯话语，鼓励灵活性、适应性和与劳动力市场参与相关的个人责任，其话语中充斥着新自由主义思想（见Roper et al., 2010）。在这里，个人在竞争激烈、市场驱动的背景下被构建为自由的能动者，他们需要学会成为自己的生涯管理者。因此，生涯发展的从业者应鼓励当事人适应、管理和积极应对生活（经济）挑战，提高他们的就业能力，并致力于终身追求自我发展。鉴于经济的紧迫性，与此交织所形成的是一种约束作用，生涯发展从业者可能会发现自己不得不劝告他们的当事人在自身和他们的就业技能上更加努力，调整其行为和期望，并接受任何空缺的职位，而不考虑工资水平、适应性或利益。这种观点是合理的，因为人们消极地认为，失业是个人赤字的结果，失业者被视为经济的不必要负担，这背后是一种预期，即生涯发展实践将确保雇主能够获得稳定的做好工作准备的劳动力，从而推动资本的运转。

185

分配性社会公正

　　分配性社会公正这一观点主要受到罗尔斯（Rawls, 1971）的自由民主哲学的影响。他的关注点在于主要社会机构（包括政府在内）在分配权利、义务以及物质和社会产品分配方面的平等和公平问题。在社会民主主义领域，像瓦尔策（Walzer, 1983）这样的政治理论家专注于公平，强调需要帮助来自不同社会群体的人，比如通过专项资金帮助低社会经济群体中的人获得教育（Gale, 2000）。因此，分配社会和经济产品以及资源，需要通过使用国家资助方案和立法措施（包括积极区别对待政策）促进生活各个方面的机会公平。

从当今的政治角度来看，分配性社会公正已经在包容性自由主义的话语中得到了重建，并被第三条道路的思维所重塑。虽然包容性自由主义"试图弥合市场与国家、经济和社会以及公共与私人之间的鸿沟"（Walker, 2009, p. 36），但第三条道路社会民主主义旨在"超越旧式社会民主主义和新自由主义"（Giddens, 1998, p. 26）。现今，第三条道路政治塑造了分配性公正，其中社会凝聚力和包容性得到特别重视，以此作为解决不平等问题的手段。个人责任取代了社会权利，选择（和生涯）基本只存在于劳动力市场背景中，而人们参与学习意味着他们是良好的工作者公民（Irving, 2018）。教育的经济效用受到高度吹捧，获得资格、能力和"恰当"行为的人被定位为第一批抓住机会的人。通过必要时进行调解和干预，国家积极参与社会市场，例如，解决不公平的优（劣）势问题或对带有歧视性的做法提出挑战。如果由国家（或合格的专业人士）决定谁的主张是合法的，确定哪些需求是公正的，确定应该采取什么补救措施，将如何、何时、何地采取补救措施，并确定生涯发展必须做出的贡献，则最好采取仁慈的方法。

186　　　　虽然现今占主导地位的生涯发展理论和模型建立在不同的规范之上（见 Holland, 1973；Savickas, 2015；Super, 1990），但可以按照分配性范畴将其分类。所有理论都希望通过测试和 / 或专业干预帮助当事人做出"合适""恰当""实际"和 / 或"宣泄情绪"的生涯决策。这些非政治性的帮助方法基于一种希望，即确保所有来访者获得深刻的自我认识和必要的能力，从而理性和有效地对其生涯进行自我管理（Bengtsson, 2011）。因此，生涯发展从业人士应是技术娴熟、权威且有些仁慈的专家，他们能够评估、诊断和 / 或分析当事人当前和未来的生涯需求，从而引导他们走上假定的正确道路。

上述这些理论融入了一种西方个性化和心理学化的单一文化世界观，这种世界观忽视了集体主义文化中家庭和社群的利益可能取代个人欲望的方式，以及期望和义务可能与主流规范的冲突之处。此外，米勒－泰德曼（Miller-Tiedeman，1988）指出，在生涯发展中存在一种倾向，即优先考虑职业选择和／或生涯的就业维度，这也许反映了人力资本理论的影响。人力资本理论在教育话语中愈加流行，这促进学习和收入相关联（Apple，2009），并且持续塑造着生涯发展政策（Bengtsson，2011；本书第3章；Irving，2018）。政治定位、政策和实践会通过多种复杂的方式影响来访者可能做出的决策的范围，但重要的是，人们提供生涯决策时很少对这些方式给予关注。因此，帮助当事人获得就业能力和提高劳动力市场洞察虽然是有好处的，但如果脱离更广泛的社会环境，这种做法就使从众、顺从和自我管理的话语导向得到强化（Hyslop-Margison & Sears，2006）。例如，无家可归、贫困、失业、歧视、环境问题、体面工作、工会制度和工业化民主等问题都与资本运作有关，因此在生涯发展实践中占有一席之地。此外，对劳动力市场参与的关注可以引发对各种方式更广泛的反思和理论化，这些方式与围绕生活目标进行建构和实施有意义的生涯有关，例如，有偿工作不会被优先考虑或作为重点（Richardson，2012）。

公认性公正

在杨（Young，1990）的政治哲学框架下，公认的社会公正植根于民主化社会主义政治。这种方法涉及分配模式，并消除一切形式的制度化压迫和统治，以此作为纠正不公正的手段。杨（Young，1990，pp. 39-65）提出压迫包含五个方面，她将其描述为：剥削、边缘化、无权、文化帝国主义和暴力。关于统治权，杨确定了制度化结构如何决定、促进和执行有利于主导利益的规则、规范和行为。杨认为，相比于"生产方式"，我们应该以更广泛的视角理解"制度背景"。制度背景包括任何指导其规则和规范的结构或实践，以及在其中调解社会互动的语言和符号（Young，1990，p. 22），因此可以被视为包括工作场所、家庭、国家和公民社会的所有领域。例如，如果一种新自由主义的世界观被植入

187

生涯教育中，那么作为生涯概念化基础的经济需求，被告知必须获得生产能力的学生，以及可获得的限制性主体职位（如企业家或工人），就会使一种影响所有人的统治文化延续下去，但也会使那些感受到文化异化的人受到压迫。

因此，公认性公正寻求社会群体差异的积极性认可，以增强自我认同、自我发展和自尊，并促进社会商品的公平分配。为了实现这一目标，公民（特别是受到压迫的公民）应该有机会参与交流的民主过程，在这一过程中，所有的声音都能被听到，不同的经历得到尊重，不同的价值观得到认可，关切的问题也得到回应。这里的问题涉及在多大程度上向所有人提供参与和促进体制决策过程的机会，这些过程决定了他们自己的行动或行动的条件。与此同时，经济问题存在于社会背景中，在这种背景下，关于物质商品公平分配的决定并不取决于劳动力市场的参与程度，而取决于社群本身的需要。

因此，发展交流的过程以促进多种观点的表达，并促进尊重、开放和有意义的对话，有助于缩小"生涯发展专业人士"和"当事人"之间的差距。汤姆森（Thomsen, 2017）展现了与正式和非正式社群组织更密切的直接接触如何提供对不同生活现实更深入的了解，有助于更深入地了解社会背景，并为倡导和协作行动提供机会。此外，建立公开分享专业知识和资源的多学科实践团体（其中可能包括雇主协会、利益／压力集团、社会／卫生／青年／社区工作者、教育机构、工会和其他此类机构），可以增进对生涯发展的了解，并扩大基层现有的信息和支助。

苏丹娜（Sultana, 2017）进一步举例说明了压迫和统治交叉的复杂方式，并探索了文化对生涯指导中意义形成的影响。在亚瑟和柯林斯（Arthur & Collins, 2011）以及纳萨－麦克米伦（Nassar-McMillan, 2014）为生涯专业人士提出的文化能力框架中，公认性维度也十分明显。欧文（Irving, 2013a）针对特定的社会群体提出了一个项目，该项目以就业为重点，以学校为基础，旨在扩大具有高端需求的残障学生的生涯可能性，而比姆罗斯等人（Bimrose et al., 2014）则确定了老年女性所需的生涯发展支持。巴克和欧文（Barker & Irving, 2005）与生涯服务部门和穆斯林社群代表合作，采用更广泛的生涯方法，为穆斯林女孩制订了一套具有文化敏感性的生涯教育方案，将有偿就业定位为一种有意义的"工作"形式。

当通过公认性视角来看待生涯管理时，它被定位为一个多方面的过程，与多种存在方式和归属感方式有关，并与与社会价值观以及自我、家庭、社群和文化的欲望相关联。这些生活方式不再取决于劳动力市场参与，并且在经济环境内外都得到了认可（Richardson, 2012）。因此，认可亚瑟和柯林斯（Arthur & Collins, 2011）的论断，即"生涯和生涯发展是由文化假设和解释定义的具有多种含义的建构化术语"（Arthur & Collins, 2011, p. 147，首次强调），对多种可能性持开放态度是有帮助的。

批判性社会公正

批判性模型借鉴了杨（Young, 1990）关于社会群体差异的理论，并且结合了她对压迫和统治的关注。该模型倡导交际性民主，并嵌入民主社会主义的政治中。批判性模型处于一种批判性的社会理论框架中，该框架旨在"批判统治和从属地位，促进解放利益，并将社会和文化分析与解释、批判和社会解释相结合"（Anyon, 2009, p. 2），它考虑到社会、政治和经济关系的复杂性和混乱性，这是因为社会群体在公平再分配和参与更广泛的社会政治批判之间建立了更紧密的联系（Rice, 2018）。批判性社会公正将分配、认知和政治问题交织在一起，承认地方和全球环境之间的相互作用，富有成效地参与权力问题，对资本关系的霸权提出挑战，并通过变革性的视角看待世界，这种视角促使看待和认识、存在和归属、生活和行动，以及想象和希望具有不同的方式（Freire, 1972）。

我们要特别注意关于主流话语普遍性和说服力的批判，这些话语试图通过"构建'世界是怎样'的表征，将社会建构的'真理'呈现出无可争议的特点，并建立对解释和解决方案的'常识'"（Irving, 2013b, p. 187），从而使其他选择边缘化并压制不同的声音。例如，欧盟、经合组织和世界银行等组织提出的许多跨国政策也试图通过制定通常与"生涯适应力"和就业能力相关的普遍措施来影响生涯发展"是什么"，以及它应该实现什么（见 Bengtsson, 2011）。从批判性的角度看待生涯发展使我们能够对抗这种政策话语，对将生涯失败归结于个人的解释提出挑战，并质疑生涯与经济参与的混淆和令人不安的市场驱动学说。因此，那些从事批判性实践的人企图创造机会以提出反对的主张，揭露不公平的权力关系，质疑普遍的价值观，并质问谁的利益拥有特权，从而为建设不同的世界开辟机会。加拿大的希斯洛普－玛尔吉森和麦克拉彻（Hyslop-Margison & McKerracher, 2008）以及新西兰的欧文（Irving, 2018）的文献能够体现这一点，他们批判性地分析了各自国家的生涯教育和指导政策。两者都揭示了市场驱动话语的普遍性，并确定了生涯教育课程和实践如何通过国家要求学校生产灵活的劳动力，以适应断裂的劳动力市场，从而引导对资本关系进行毫无疑问的新／自由主义理解。这与生涯指导在生态公正话语中的作用有关，同时或许为生涯管理的保守性理解提供了一种根本的替代方案。普兰特（Plant, 2015）以及欧文和马利克－列瓦诺（Irving & Malik-Lievano, 2019）认为，生涯发展不应该仅仅关注将来的绿色就业，还应该促进当事人关注不同生涯选择如何与维持或恶化地球的实践相关联。在这里，我们的注意力应集中在伴随生涯建设的社会／环境成本和责任上。

对政治知情的理解是批判性模型的核心，因为它为意识的改进创造了空间，并确定了在现实世界中与不公正和变化进行有效接触的可能性（Freire, 1972）。欧文（Irving, 2011）采用了杨（Young, 1990）提出的压迫概念，并将其与西蒙、迪普和申克（Simon et al., 1991）倡导的批判性教育方法联系起来，指出生涯教育可以通过打破资本关系的主导地位（这种关系对享有特权的少数人有利，并重视他们的价值观），从而有意义地捍卫社会公正（Freire, 1972；Giroux, 2011）。

展望未来：批判性社会公正运动

鉴于可用的概念化资源不足，生涯发展社群成员的关键问题是如何将社会公正问题纳入我们的理论、研究和实践中，以及应该采取何种形式进行批判（Irving, 2010; Sultana, 2014）。米德顿和麦卡什（Middtun & McCash, 2019）的文献在这里很有启发性。米德顿和麦卡什利用欧文（Irving, 2010）开发的社会公正框架，结合瓦茨（Watts, 1996）提出的社会政治意识形态的类型学，并应用西蒙等人（Simon et al., 1991）的批判性教学方法，创立了一个专业发展研讨会，使生涯从业者能够批判性地反思关于社会公正的相互冲突的概念，将这些概念与他们的个人世界观和专业状况联系起来，并在一个安全和能够给予支持的环境中将这些概念与其特定的生涯发展背景和实践联系起来。他们的评估表明，研讨会使参与者能够更深入地了解他们对社会公正的理解，考虑这与组织目标的关系，并确定实践的可能性。类似的专业发展研讨会可能对所有生涯理论家、研究人士和从业者都有好处——也许有代表性的国家和国际机构（如工会、专业组织、国际教育和职业指导协会等）可以在这方面发挥带头作用。

190

在许多相互竞争的话语中，追求社会公正仍然是一个不完整和持续进行的"在制品"（Sultana, 2014, p. 20）。因此，本章试图通过深入了解不同形式的社会公正的潜在和内在价值来揭示相互竞争的思想，并指出这些价值观如何与生涯发展交织，而生涯发展本身就是一个有争议的概念。尽管本章主张融入批判性社会公正的方法，并强调进行变革实践的必要性，但并非所有人都认同这一观点。因此，我们希望这次讨论能够促进关于生涯发展在促进社会公正中作用的对话和辩论，从而避免相对主义和务实的转变，即"社会公正"被用来赋予任何事物道德合法性。

参考文献

Anyon, J. (2009). Introduction: Critical social theory, educational research and intellectual agency. In J. Anyon, D. Dumas, D. Linville, K. Nolan, M. Perez, E. Tuck, & J. Weiss (Eds.), *Theory and educational research: Toward critical social explanations* (pp. 1–23). New York, NY: Routledge.

Apple, M. W. (2009). Understanding and interrupting neoliberalism and neoconservatism in education. *Pedagogies: An International Journal, 1*, 21–26. doi:10.1207/s15544818ped0101_4

Arthur, M. B., & Rousseau, D. M. (1996). *The boundaryless career: A new employment principle for a new organizational era*. New York, NY: Oxford University Press.

Arthur, N. (2014). Social justice and career guidance in the Age of Talent. *International Journal for Educational and Vocational Guidance, 14*, 47–60. doi:10.1007/s10775-013-9255-x

Arthur, N., & Collins, S. (2011). Infusing culture in career counselling. *Journal of Employment Counseling, 48*, 147–149. doi:10.1002/j.2161–1920.2011.tb01098.x

Arthur, N., Collins, S., McMahon, M., & Marshall, C. (2009). Career practitioners' views of social justice and barriers for practice. *Canadian Journal of Career Development, 8*, 22–31.

Barker, V., & Irving, B. A. (2005). Career education for Muslim girls: Meeting culture at the crossroads. In B. A. Irving & B. Malik (Eds.), *Critical reflections on career education and guidance: Promoting social justice in a global economy* (pp. 72–85). London, UK: RoutledgeFalmer.

Bengtsson, A. (2011). European policy of career guidance: The interrelationship between career self-management and production of human capital in the knowledge economy. *Policy Futures in Education, 9*, 616–627. doi:10.2304/pfie.2011.9.5.616

Bengtsson, A. (2014). Enterprising career education: The power of self-management. *International Journal of Lifelong Education, 33*, 362–375. doi:10.1080/02601370.2014.896085

Bimrose, J., Watson, M., McMahon, M., Haasler, S., Tomassini, M., & Suzanne, P. A. (2014). The problem with women? Challenges posed by gender for career guidance practice. *International Journal for Educational and Vocational Guidance, 14*, 77–88. doi:10.1007/s10775-013-9256-9

Freire, P. (1972). *Pedagogy of the oppressed.* Harmondsworth, UK: Penguin.

Friedman, M. (1962). *Capitalism and freedom.* Chicago, IL: University of Chicago Press.

Gale, T. (2000). Rethinking social justice in schools: How will we recognize it when we see it? *International Journal of Inclusive Education, 4*, 253–290. doi:10.1080/13603110050059178

Giddens, A. (1998). *The third way: The renewal of social democracy.* Cambridge, UK: Polity Press.

Giroux, H. (2011). *On critical pedagogy.* New York, NY: Continuum.

Harris, S. (1999). *Careers education: Contesting policy and practice.* London, UK: Paul Chapman.

Harvey, D. (2005). *A brief history of neoliberalism.* Oxford, UK: Oxford University Press.

Holland, J. L. (1973). *Making vocational choices: A theory of careers.* Englewood Cliffs, NJ: Prentice-Hall.

Hooley, T., & Sultana, R. G. (2016). Career guidance for social justice. *Journal of the National Institute for Career Education and Counselling, 36*, 2–11.

Hooley, T., Sultana, R. G., & Thomsen, R. (2018). The neoliberal challenge to career guidance: Mobilising research, policy and practice around social justice. In T. Hooley, R. G. Sultana, & R. Thomsen (Eds.), *Career guidance for social justice: Contesting neoliberalism* (pp. 1–27). Abingdon, UK: Routledge.

Hyslop-Margison, E. J., & McKerracher, A. (2008). Ontario's guidance and career education program: A democratic analysis. *Journal of Education and Work, 21*, 133–142. doi:10.1080/13639080802017933

Hyslop-Margison, E. J., & Sears, A. M. (2006). *Neo-liberalism, globalization and human capital learning: Reclaiming education for democratic citizenship.* Dordrecht, the Netherlands: Springer.

International Association for Educational and Vocational Guidance (IAEVG). (2013). *Communiqué on social justice in educational and career guidance and counselling.* Montpellier, France: International Association for Educational and Vocational Guidance. Retrieved from https://iaevg.com/Resources#Communiques

Irving, B. A. (2005). Social justice: A context for career education and guidance. In B. A. Irving & B. Malik (Eds.), *Critical reflections on career education and*

191

guidance: Promoting social justice in a global economy (pp. 10–24). London, UK: RoutledgeFalmer.

Irving, B. A. (2010). Shifting careers: (Re)constructing career education as a socially just practice. *International Journal for Educational and Vocational Guidance, 10*, 49–63. doi:10.1007/s10775-009-9172-1

Irving, B. A. (2011). Career education as a site of oppression and domination: An engaging myth or a critical reality? *Australian Journal of Career Development, 20*, 24–30. doi:10.1177/103841621102000305

Irving, B. A. (2013a). Access, opportunity, and career: Supporting the aspirations of dis/abled students with high-end needs in New Zealand. *International Journal of Inclusive Education, 17*, 1040–1052. doi:10.1080/13603116.2012.728634

Irving, B. A. (2013b). Discourses of delusion in demanding times: A critical analysis of the policy guidelines for career education and guidance in New Zealand secondary schools. *Qualitative Research Journal, 13*, 187–195. doi:10.1108/QRJ-03-2013-0019

Irving, B. A. (2018). The pervasive influence of neoliberalism on policy guidance discourses in career/education: Delimiting the boundaries of social justice in New Zealand. In T. Hooley, R. G. Sultana, & R. Thomsen (Eds.), *Career guidance for social justice: Contesting neoliberalism* (pp. 47–62). Abingdon, UK: Routledge.

Irving, B. A. & Malik-Lievano, B. (2019). Ecojustice, equity and ethics: challenges for educational and career guidance. *Revista Fuentes, 21*(2), 253-263. doi:10.12795/revistafuentes.2019.v21.i2.09

McIlveen, P., & Patton, W. (2006). A critical reflection on career development. *International Journal for Educational and Vocational Guidance 6*, 15–27.

McMahon, M., Arthur, N., & Collins, S. (2008). Social justice and career development: Looking back looking forward. *Australian Journal of Career Development, 17*, 21–29. doi:10.1177/103841620801700205

Metz, A. J., & Guichard, J. (2009). Vocational psychology and new challenges. *The Career Development Quarterly, 57*, 310–318. doi:10.1002/j.2161–0045.2009.tb00116.x

Middtun, K., & McCash, P. (2019). Social justice and continuing professional development: A workshop for career development practitioners. In T. Hooley, R. G. Sultana, & R. Thomson (Eds.), *Career guidance for emancipation: Reclaiming justice for the multitude* (pp. 183–199). Abingdon, UK: Routledge.

Miller-Tiedeman, A. (1988). *Lifecareer: The quantum leap into a process theory of career.* Vista, CA: Lifecareer Foundation.

Nassar-McMillan, S. C. (2014). A framework for cultural competence, advocacy, and social justice: Applications for global multiculturalism and diversity. *International Journal for Educational and Vocational Guidance, 14*, 103–118. doi:10.1007/s10775-014-9265-3

Nozick, R. (1974). *Anarchy, state, and utopia.* New York, NY: Basic Books.

Organisation for Economic Co-operation and Development. (2011). *Social justice in the OECD—How do member states compare? Sustainable governance indicators.* Gütersloh, Germany: Bertelsmann Stiftung. Retrieved from http://www.sgi-network.org/docs/studies/SGI11_Social_Justice_OECD.pdf

Painter, J., & Jeffrey, A. (2009). *Political geography: An introduction to space and power.* London, UK: SAGE.

Plant, P. (2015). Green guidance: Guidance for the future. *Revista Espanola De Orientacion Y Psicopedagogia, 26*, 115–123.

Rawls, J. (1971). *A theory of justice.* Cambridge, MA: Harvard Educational Press.

Reisch, M. (2002). Defining social justice in a socially unjust world. *Families in Society: The Journal of Contemporary Human Services, 83*, 343–354. doi:10.1606/1044-3894.17

Rice, S. (2018). Social justice in career guidance: A Fraserian approach. In T. Hooley, R. G. Sultana, & R. Thomsen (Eds.), *Career guidance for social justice: Contesting neoliberalism* (pp. 127–141). Abingdon, UK: Routledge.

Richardson, M. S. (2012). Counseling for work and relationship. *The Counseling Psychologist, 40*, 190–242. doi:10.1177/0011000011406452

Roper, J., Ganesh, S., & Inkson, K. (2010). Neoliberalism and knowledge interests in boundaryless careers discourse. *Work Employment Society, 24*, 661–679. doi:10.1177/0950017010380630

Savickas, M. L. (2015). *Life-design counseling manual.* Rootstown, OH: Author. Retrieved from http://www.vocopher.com/LifeDesign/LifeDesign.pdf

Simon, R. I., Dippo, D., & Schenke, A. (1991). *Learning work: A critical pedagogy of work education.* New York, NY: Bergin & Garvey.

Spring, J. (2015). *Economization of education: Human capital, global corporations, and skills-based schooling.* New York, NY: Routledge.

Sultana, R. G. (2014). Rousseau's chains: Striving for social justice through emancipatory career guidance. *Journal of the National Institute for Career Education and Counselling, 33*, 15–23.

Sultana, R. G. (2017). Career guidance in multicultural societies: Identity, alterity, epiphanies and pitfalls, *British Journal of Guidance & Counselling, 45*, 451–462. doi

192

:10.1080/03069885.2017.1348486

Sultana, R. G. (2018). Precarity, austerity and the social contract in a liquid world: Career guidance mediating the citizen and the state. In T. Hooley, R. G. Sultana, & R. Thomsen (Eds.), *Career guidance for social justice: Contesting neoliberalism* (pp. 63–76). Abingdon, UK: Routledge.

Super, D. (1990). A life-span, life space approach to career development. In D. Brown, L. Brooks, & Associates (Eds.), *Career choice and development: Applying contemporary theories to practice* (2nd ed., pp. 197–261). San Francisco, CA: Jossey-Bass.

Thrupp, M., & Tomlinson, S. (2005). Introduction: Education policy, social justice and 'complex hope'. *British Educational Research Journal, 31,* 549–556. doi:10.1080/01411920500240684

Thomsen, R. (2017). *Career guidance in communities: A model for reflexive practice.* Derby, UK: International Centre for Guidance Studies.

Walker, J. (2009). The inclusion and construction of the worthy citizen through lifelong learning: A focus on the OECD. *Journal of Education Policy, 24,* 335–351. doi:10.1080/02680930802669276

Walzer, M. (1983). *Spheres of justice.* Oxford, UK: Blackwell.

Watts, A. G. (1996). Socio-political ideologies in guidance. In A. G. Watts, B. Law, J. Killeen, J. Kidd, & R. Hawthorne (Eds.), *Rethinking careers education and guidance: Theory, policy and practice* (pp. 351–365). London, UK: Routledge.

Young, I. M. (1990). *Justice and the politics of difference.* Princeton, NJ: Princeton University Press.

第13章
文化学习理论与生涯发展

菲尔·麦卡什（Phil McCash）

摘要 本章重点介绍生涯发展工作的理论基础，展示了一个生涯发展的整合文化学习理论的案例，解释了这种理论观点的独特基础，并描述了文化学习理论的五个方面，即学习关系、学习内容、学习过程、学习情境和个人历程。为了提供生涯发展工作的相关信息，这些方面以文化学习联盟的形式结合在了一起。结合互动的初始阶段、中间阶段和结束阶段，联盟的形成和协议得到了详细描述。进一步的实用性创新包括支持来访者学习的七种技术，包括文化影响拼贴、生涯管理风格卡片分类和黄金线程活动等。本章还结合反思与评估，讨论了对从业人士培训和发展的影响。

关键词 生涯发展，综合理论，生涯理论，学习理论，文化学习，学习联盟，个人历程

引言

文化和学习与我们是谁有关。无论是走在城市街道上，还是在工作场所忙碌，抑或是在社交媒体上互动，我们都沉浸在文化学习中。沉浸意味着文化学习不是一种选择。文化学习理论帮助我们回答了关于这种

状况的五个相关问题：（1）我们和谁一起学习？（2）我们学到了什么？
（3）我们如何学习？（4）我们从哪里学习？（5）我们为什么要学习？
我们对这些问题的回应使我们能够制订计划并采取行动。在生涯发展工
作中，这些问题帮助我们以坚决和清晰的方式就角色和值得信赖的关系
达成一致，并以有益和负责任的方式帮助我们就工作的重点和目标进行
谈判，最后使个人能够以新的目的和意义重新出现在城市街道、工作场
所和社交媒体空间。

　　本章聚焦小组和一对一背景下的生涯发展工作的理论基础，通过使
用文化学习理论的综合方法，关键性地对这项工作做出重新定义，旨在
给所有对生涯帮助感兴趣的个人提供价值，无论他们的职业头衔、培训
经历、背景或专业化程度如何。这是为了加强个人与生涯发展工作的联
系，并将不同活动（如咨询、治疗、辅导、指导、建议和教育等）之间
潜在的断裂线连接起来。在结构上，本章分为两部分：第一部分阐述了
所采用的综合方法的独特性及文化学习理论的主要特征；第二部分对基
础理论中衍生出的文化学习联盟在生涯发展工作中的具体实践进行了描
述和应用。

所采用的综合方法的性质

　　长期以来，整合一直是生涯发展文献的一个特征，可以追溯到其最
早的根源（例如：Hughes，1937；Super，1957），这一特点在当代的文
献中也十分鲜明（例如：Patton & McMahon，2014；Savickas，2013）。
然而，并没有形成单一的、统一的整合方法，而是每个理论都以不同的
方式整合起来（另见本书第 8 章，第 11 章）。本节介绍此处使用的综合
方法的基础。

理论整合和批判性筛选

第一，文化学习理论试图使用批判性筛选过程来整合广泛的理论。孤立使用的个别理论对生涯的界定可能会过于狭隘，或者会呈现出排他性、边缘化和 / 或不加批判的特点。这个问题可以通过从生涯和教育理论中提取出关键概念来解决。通过这种方式，一种理论方法的缺点可以在其与对立思想进行三角互证中消除。同样，经典理论与当代方法相结合，能够促进旧说法的更新和对新论点的认可，同时保留了过去的宝贵见解。这是一个关键的过程，需要抛弃其他有用理论中有争议的材料。例如，在文化学习理论中仔细筛选出与拒绝强权叙述、刚性阶段、严格的等级制度和线性模型有关的思想。其余概念分布在文化学习的五个核心方面，这些方面既相互联系又相互独立。第一个方面包括与关系型学习相关的概念（例如社群成员资格）。第二个方面包括与学习内容有关的概念（例如生涯管理行为）。第三个方面包括与学习过程有关的概念（例如评估）。第四个方面包括与学习情境相关的概念（例如空间）。第五个方面包括与个人历程有关的概念（例如目的）。

丰富的文化洞察力

第二，文化学习理论中采取的综合观点优先考虑了文化洞察力的丰富性，这与强调理论建构简约性的方法形成鲜明对比（Brown，2002）。在人们看来，理论的形式应该是综合的，其价值在于它们在情境中对个人文化生活提供了生动的见解。未能这样做的理论被拒绝用于生涯发展工作。文化学习理论的主要目的是阐明生活经验并丰富地诠释文化生活，其目标不具有高度抽象性，也不是一种新的拒绝强权叙述。概念主要用作详细的解释工具，以打开和照亮他人的诠释世界，并感同身受地看待其他观点。这种方法借鉴了互动主义社会学和文化建构主义哲学中的思想。在互动主义传统中（Barley，1989；Becker，1966；Becker & McCall，1990；Blumer，1969；Denzin，1992；Hughes，1937；

195

Jacobsen, 2019；Law, 2009；Roberts, 1980；Shaw, 1966, 1931；
Super, 1957, 1980）生涯被认为是一个持续的社会互动过程，涉及他
者性和边缘性的主题，并且涉及多个社会自我——也就是说，发挥解释
作用的"主体我（I）"看到社会性"客体我（Me）"在一系列工作和非
工作角色中发挥作用。在这种方法中，生涯理论的功能是提供一种有
见地的文化生活范式（Hughes, 1937）。生涯理论不被视为文化的对立
面，而被视为培养文化理解的重要工具。同样，在文化建构主义传统中
（Gaines, 1991；Hutchison, 2006；von Glasersfeld, 1984），理论被视
为打开理解的钥匙，而不是与明确可知的现实相对应的地图。人们认为，
知识和存在都是文化建构的（即，我们是文化存在体，通过文化习得
我们目前所知）。文化建构主义消解了有争议的二元论，例如主观与客
观、个人建构主义知识与社会建构主义知识（Stead, 2013；Young &
Collin, 2004）。这种视角为个人和想象创造了空间，但宣称个人和想象
力的维度始终是与文化有关的。同样地，这种观点认为，没有哪种待发
现的终极客观现实是独立于文化存在的。文化现实总是由个人在情境中
随着时间的推移构建的，理论被认为有价值是因为它们有助于解释这些
多重现实。

衔接生涯和教育研究

第三，文化学习理论在寻求学科衔接方面体现出综合性。例如，它
试图将与学习相关的生涯理论与教育研究的想法相结合。以学习为重点
的生涯理论（Arulmani, 2014；Krumboltz, 2009；Law, 1996；Lent,
2013；McCash, 2006）有助于强调学习的细化方面，例如感知、筛选、
专注、概念化发展、任务处理技能、信念、结果期望和个人目标。例
如，**文化学习**一词通过生涯发展的文化准备过程模型在生涯研究中受
到了重视（Arulmani, 2014）。这是一个重要的贡献，因为它强调了学
习的跨文化、社会认知、全球维度以及生涯信念的演变。在教育研究

中，许多学习理论也与文化学习有关（Anderson & Krathwohl, 2001；Bruner, 1996；Freire, 1996；Hodkinson et al., 2008；Kolb, 2015；Lave & Wenger, 1991；McCash, 2018；C. R. Rogers, 1994；D. T. Rogers, 2012；Taylor & Cranton, 2012）。例如，霍金森等人（Hodkinson et al., 2008）认为，所有的学习都应该从文化和经验上理解。这是一个重大的贡献，因为它克服了社会和个人学习观点之间的二元论，并强调了体验式学习过程。此外，布鲁纳（Bruner, 1996）为文化学习理论提供了丰富的文化定义，即文化是一个系统过程，将价值观、权利、交换、义务、机会和权力的"宏观"维度以及个人如何构建现实和意义的"微观"方面联系起来。文化学习也被看作是沉浸式的。在人们看来，它与其他变量并非并列关系。所有的学习，无论是非正式的还是正式的，都是文化的。学校也不被视为对文化的准备。它们和所有组织一样，总是"已经"文化的。文化被视为"理解你的世界的技术和程序工具包"（Bruner, 1996, p. 98）。因此，文化学习并不意味着一个人在声望等级中是有文化的，而另一个人是没有文化的。我们一直都在接受文化学习，并为之做出贡献。文化学习包括刻板型、压迫型、启蒙型和解放型学习。

弥合生涯理论中的不同传统

最后，文化学习理论在企图弥合生涯理论中的不同传统方面呈现出综合性。例如，社会公正角度的生涯理论和叙事传统中的生涯理论有时被视为相反的术语，但两者都提供了对文化的丰富而有用的理解。与社会公正相关的生涯理论（Arthur, 2019；Blustein, 2013；Hooley et al., 2018；Mignot, 2001；Ribeiro & Fonçatti, 2018；Roberts, 1977；Simon et al., 1991；Stead, 2004）关注边缘化、参与、角色分配、收入分配、不稳定、压迫和权力。例如，里贝罗和丰萨蒂（Ribeiro & Foncatti, 2018）采用跨文化对话的概念来论证发展中国家和发达国家产生的理论之间的联系，从而产生新的综合性理论。他们还主张保留

196

"生涯"一词作为一个整体组织的概念，而不是"工作"或"生计"等词（Arulmani, 2014；Blustein, 2013）。此外，他们将文化间对话的概念扩大到生涯发展工作本身，并将所有这些干预措施视为文化间的对话。文化学习理论认识到这点，是通过借鉴发展中国家的理论（例如：Arulmani, 2014；Freire, 1970, 1996；Ribeiro & Fonçatti, 2018）、发达国家的理论（例如：Hodkinson, 2009；Savickas, 2013；Super, 1990)，以及推进文化学习联盟作为跨文化对话的一种概念形式来实现的。植根于这种观点的生涯理论转向叙事传统（Cochran, 1997；Collin & Young, 1992；McCash, 2018；本书第 1 章；Savickas, 2013)，强调了象征性文化资源在生涯发展中的重要性。这些生涯理论大部分并不是从人类学的角度来看待文化学习（Arulmani, 2014；Hodkinson et al., 2008)，而是强调个人通过他们从未亲眼见过但通过印刷品、视频、在线媒体和其他象征性文物了解到的个人学习。文化学习的这种扩展维度非常重要。使用这种文化材料可以以"照亮我们自己的处境"和"打开世界"（Ricoeur, 2008, p. 145）。这在寻求产生批判性思维和转变的生涯发展工作中具有明显的效用。此外，文化学习并不仅仅局限于个人出生时所属的群体。人们会通过使用过去和现在的象征性手工艺品，将他们的学习扩展到其他群体和个人。这种学习对个人来说可能比原生社群更重要。

197

小结

文化学习理论融合了广泛的经典思想和当代思想。现有的理论不是融为一体的，而是一个需要经过批判性筛选的过程。其中包括许多概念，这些概念为个人在情境中的文化生活提供丰富的见解，并直接为生涯发展工作的实践提供信息。此外，跨学科融合通过从生涯和教育研究领域汲取经验来实现，以阐明文化学习的本质。这种融合也通过弥合生涯研究中不同的传统而发生在学科内部，这凸显了跨文化对话和文化资源在生涯发展中的深远意义。

生涯发展的文化学习理论

生涯发展的文化学习理论认为，文化学习有五个相互关联的方面：学习关系、学习内容、学习过程、学习情境和个人历程。本节将描述与每个方面相关的概念，提供相关示例，并解释每个方面论述的核心问题和组织原则（见表13.1）。本节还提供了一些如何在实践中应用该理论的介绍性示例，并在随后关于实践中的文化学习理论的章节中展开更全面的讨论。限于篇幅，我们承认，并非所有的生涯和学习理论都在文中得到体现，而且这些理论的概念可以丰富一个或多个方面。

表13.1 文化学习理论综述

文化学习的五个方面	学习关系	学习内容	学习过程	学习情境	个人历程
中心问题	我们和谁一起学习	我们学到了什么	我们如何学习	我们从哪里学习	我们为什么要学习
组织原则	角色	主题	行动	空间	意义
例子	社群成员资格	生涯管理行为	评估	媒体	目的
实践	就学习角色达成一致	探索学习主题	推进学习行动	学习加强空间的利用	了解我们生活中的意义

学习关系

学习关系是生涯理论中的一个强大主题，传统方法揭示了生活角色、角色突出性和一系列与角色相关的个人建构之间的相互作用（Super, 1990）。工作心理学视角和工作关系理论强调了心理动力学影响、人际关系、内化关系对象、家庭、相互性、倾向、持有和关系文化维度的重要性（Blustein, 2011, 2013; Blustein et al., 2004;

Schultheiss, 2007)。此外，德里达（Gee, 2019）和阿德勒生涯理论
（Savickas, 2013）提到了在生涯发展中情感共鸣存在和缺席的意义。深
度心理学方法强调，学习关系超越了纯粹的人际关系，延伸到与当代和
历史象征手工艺品的联系（McCash, 2018；Taylor & Cranton, 2012）。

学习关系与学习对象有关，而组织原则与角色有关。人们扮演一系
列不同的角色（例如工作者、学生、伴侣、朋友和家人），并通过解释
自己与其他重要事物（例如物体、地点和想法）或人的相关的行为来学
习。人们还通过那些从未亲眼见过，但通过看到象征性手工艺品的解释
而了解到的人来学习，例如作家、歌手、设计师、艺术家和音乐家。由
此建立的学习关系可能比那些与处于直接社会环境中的人建立的关系更
有意义。关系学习具有"菊花链①"的性质。通过一个重要的事物或人
学习，无论是否在现实中看到，都会带来进一步的学习。权力总是存在
于人际关系中，权力的使用（和滥用）在生涯发展中具有相当大的意义。
例如，工作者与经理之间的关系特点是制度权力动态的差异。学习关系
也具有独特的情感品质，例如存在或缺少舒适、真诚、信任和同理心
（C. R. Rogers, 1994），控制（Blustein, 2011），支持（Law, 2009）。
在实践中，文化学习理论的关系方面强调了在生涯发展工作中就学习角
色达成一致的重要性。

学习内容

学习内容与学习什么以及组织原则有关，内容涉及学习重点关注
的特定主题。这里的关键之处是学习内容这一方面的广泛范围。其余四
个方面（关系、过程、情境、个人历程）中的任何概念成为被关注的对
象时，都可以成为学习内容。例如，当关系被纳入生涯教育计划时，关

---

① 原指将雏菊串在一起形成的花环，后被用于形容一类拓扑结构。雏菊好比节点，花
环象征连接的网络，节点之间既存在相连的环状结构，可以实现双向传输，又存在线性
的单向连接。在这里喻指关系学习丝丝相扣。——译者注

系就可以成为学习内容。主题包括生涯故事和项目（Cochran，1992；McCash，2018；Savickas，2013；Young & Valach，2000），生涯兴趣、能力、才能和技能（Holland，1997；Patton & McMahon，2014；Super，1990），生涯信息来源、决策框架和生涯管理行为（Gati，2013；Holland，1997；Ibarra，2002；King，2004；Sampson et al.，1999；Swanson & Schneider，2013）。例如，生涯管理行为是工作和教育环境中常见的讨论话题。

学习主题可以扩展到生涯问题、类型、价值观和发展任务（Arulmani，2014；Bloch & Richmond，1997；Blustein，2011；Clarke，2009；Holland，1997；Savickas，2013；Schein，1996；Super，1990；Swanson & Schneider，2013；Vaillant，2002）。它们包括与生涯相关的成功、失败、实践、记忆、对象、信仰、伦理和目标（Arulmani，2014；Blustein，2011；Cohen，2006；Lent，2013；McCash，2018；Savickas，2013；Schultheiss，2007）。例如，在变革时期，人们经常会讨论和探索与生涯相关的价值观。

学习主题还包括参考框架、行动视野、对话自我、可能的自我、社群联系以及多样性影响的交织（Hermans，2001；Hodkinson，2009；Law，2009；McCash，2018；Mezirow，2012）。此外，它们还涉及组织知识、角色分配、收入分配、不稳定、安全、非市场工作、社会内在/公正和跨文化对话（Arulmani，2014；Blustein，2013；Hooley et al.，2018；本书第15章）。最后，在宏观层面，主题还包括环境条件、情境、全球化、历史事件、政治决策、立法和技术（Hodkinson，2009；Mitchell & Krumboltz，1996；Patton & McMahon，2014；Super，1990）。例如，政治决策会影响就业机会和工作质量。

学习主题的广泛性强调了生涯发展工作的文化层面及其在个人和社会转型方面的潜力。实际上，文化学习理论的内容方面强调了探讨生涯发展工作将要重点关注的主题的重要性。例如，在与个人和团体的合作中，可以谨慎地讨论和探索社群期望的普遍影响。

学习过程

学习过程解决了人们如何学习的问题，其组织原则是行动。从时间上讲，学习过程发生在几秒钟、几分钟、几个月或几年内。学习过程没有隐含严格的等级制度或严格的线性结构，相反，其具有螺旋式特质，个人从幼儿期到晚年的一生中都在不断地重新学习。学习过程包含智力、情感和身体层面，还包括无意识过程（内省、投射、透视）和隐性知识（性情）。学习过程还融合了教育和生涯研究中的观点。例如，经典和当代学习理论中存在重要的过程维度，包括学习的建构（Piaget, 1954）、渐进式参与（Lave & Wenger, 1991）、批判性提问（Freire, 1970, 1996；Simon et al., 1991）、体验式学习（Dewey, 1997；Kolb, 2015）、教育目标（Anderson & Krathwohl, 2001），以及转化学习（Taylor & Cranton, 2012）。

生涯理论中也存在学习过程这一重要维度，其中包括意念、体验、交互和对象链接学习（Super, 1990），社会学习—任务取向技能—概括化—任务取向技能（Mitchell & Krumboltz, 1996），以及经验的感知、筛选和聚焦（Law, 1996）。它们也扩展到其他方面，例如个人生涯理论（Holland, 1997），认知信息处理（Sampson et al., 1999），社会认知、文化濡化、文化涵化和生涯信念（Arulmani, 2014；Lent, 2013），以及行动的视野、务实的理性和性格（Hodkinson, 2009）。

学习过程可以分解为越来越详细的学习行为，其中包括参与、感觉、感知和行动。理解会引发识别、命名、定义、选择、区分、分类和筛选。概念发展需要分析、批判、评估、评定、判断、估量和解释。创建新概念和项目涉及规划、应用、设计、综合、重新构想和转换。这种分解学习过程的方式强调了其解释个体通过对世界做出决策来建构学习

200

的作用。例如，某个人评估（即学习过程）一个生涯管理行为（即学习内容），从而得出一个关于如何行动的决定。换句话说，正是通过学习过程，个人才能对学习内容做出决定。学习过程使生涯发展工作者能够通过为来访者创造空间来决定什么是有价值的，从而避免说教主义（McCash，2006）。实际上，文化学习理论的过程方面为生涯发展（即学习成果）的可衡量目标的创建提供了信息。

学习情境

学习情境与学习的地方有关，其组织原则是空间。情境与学习的定位、空间和位置性质有关（例如家庭、街区、社区、工作组织、教育机构、休闲场所、城镇、城市、乡村、地区和国家）。学习情境的重要性在经典和当代生涯理论中得到了认可。早期互动主义者"芝加哥学派"生涯社会学（Becker，1966；Hughes，1937；Shaw，1966）确定了从物质上最弱势的地区到富裕的郊区中的一千种"芝加哥人"的不同生活方式，并强调生涯包括在与工作相关和非工作相关的空间中学习。在当代，家庭、工作场所、教育、社区、地理和媒体空间在一系列生涯理论中占有重要地位（Alexander，2018；Gunz & Mayrhofer，2018；Hodkinson，2009；Law，2009；Patton & McMahon，2014；Super，1980）。

空间同样是学习理论的重要特点，其突出外围性、位置性、文化认同、实践社群（Lave & Wenger，1991）和全方位学习（Bélanger，2016）的重要性。这些空间不可避免地受到阶级、性别、残疾状况、性取向和种族共同作用的影响。学习情境还与实体和虚拟媒体空间有关，包括书籍、电视、电影、电话、实物、图像、音乐、网站和社交媒体（另见本书第 20 章）。学习可以借助其中一种媒体进行，也可以借助以上提到的所有媒体，而且通常在多个位置或渠道中同时进行，例如使用互联网在家工作或在咖啡馆阅读在线书籍。最后，空间与替代性（他者性）的体验有关，即感觉自己作为内部人士或局外人，以及感觉处于熟悉或陌生空间当中。这些是生涯研究中反复出现的主题（Becker, 1966；Hughes, 1949；Park, 1915；Shaw, 1966, 1931），最近被当代作家重新审视（Gee, 2019；McCash, 2018；Ribeiro & Fonçatti, 2018）。实际上，文化学习理论的情境方面侧重于帮助来访者学会在生涯发展中有效利用空间。

个人历程

通过个人历程学习与学习的原因有关，其组织原则是意义。它是一种元认知形式的学习，从先前指出的文化学习的四个方面（关系、内容、过程和情境）中汲取灵感，以解决意义和目的问题。个人历程与学习和文化密切相关，这在精神分析学上得到了认可（Campbell, 1973；Jung, 1995；MacAdams, 1993；McCash, 2018；Stevens, 1995）。在生涯理论方面，它将叙事（Cochran, 1997；Collin & Young, 1992；本书第 11 章；Savickas, 2013）和学习传统（Krumboltz, 1979；Law, 1996；Mitchell & Krumboltz, 1996；Lent, 2013）联系起来。

个人历程整合了人类经验的各个方面，由生命线组成。生命线是个体思想和感觉能量的流动，是表明未来发展的线。生命线是合成的，在与当代（共时）和历史（历时）文物的对话中建构起来，并在挑战或变化时期为个人提供平衡点和定位点。生命线也是临时的、动态的，随着能量的流动而起起落落。通过这个过程，个人发展出一种生活哲学，我们称为个人历程，在整个生命周期中经常被成功和失败等经验所修改。对于某些人来说，这是一种精神过程的体验；无论如何，这是一个非常实际的学习与自己和他人一起生活的过程。**"个人历程"**一词强调，其自身将个人和社会结合在了一起，并且不能走向任何一个极端。根据定义，历程是许多人合作的结果。同样，它代表了能动论和宿命论两个极端之间的中间道路。与其说它是关于创作或表演（Savickas, 2013），不

202

如说是对某个人独特的生活模式持开放态度。个人历程试图成为这种生活的载体，并尽可能地使其得到充分实现。个人历程十分广泛，不能简化为现成的成功配方。其最终范围尚不清楚，从这个意义上说，任何个人历程都必须有一个神秘的元素。这需要我们了解自己与他人和更广阔世界的深厚联系——在文化上连接和重新连接我们的黄金线程。实际上，文化学习理论的个人历程方面使从业者能够在生涯发展工作中为意义和目的腾出空间。

小结

文化学习理论代表了生涯和学习理论独特的融合。它提出生涯发展是学习关系、学习内容、学习过程、学习情境和个人历程的丰富组合。这些方面解决了五个关键问题——和谁学、学什么、怎样学、在哪里学和为什么学，还融合了生涯的五个核心原则——角色、主题、行动、空间和意义。总而言之，这些元素构成了对生涯发展广泛、当代的定义，并为研究人员和从业人士提供了生动和批判性的语言，为进一步的研究提供信息。

文化学习理论实践

文化学习理论以文化学习联盟的形式应用于生涯发展实践。这更新并强化了目标、任务和纽带之间的工作同盟（Bordin, 1979），该同盟传统上为生涯发展工作提供信息（Gysbers et al., 2014；Kidd, 2006；Meara & Patton, 1994；Milot-Lapointe et al., 2018；Whiston et al., 2016）。文化学习联盟被定义为陌生人之间的跨文化对话（Ribeiro & Fonçatti, 2018），通过这种对话，用以解决问题的实际日常政治生活会出现并得到维持（Mignot, 2001），这需要代表从业者的反思性以及对学习成果评估的承诺。文化学习联盟由一个学习协议（Patton &

McMahon, 1998；D. T. Rogers, 2012）组成，该协议与角色、主题、目标、行动和意义有关，并且该联盟由三个活跃阶段组成：初始阶段、中间阶段和结束阶段。

　　本节的其余部分将介绍如何在实践中达成文化学习联盟。相关示例涉及一对一和小组情境，并且不是纸面上的 / 不是政策层面的，而是"既说得好，又做得到"。其目标是帮助从业者创造性地发展自己的实践，并制定与来访者合作的学习理念。本节讨论从业者的反身性，因为它为实践提供了必要的基础；描述了互动的初始阶段，其重点是就学习角色、服务的性质以及相互学习的议程达成一致；共同讨论了中间阶段和结束阶段，并根据实践背景确定与来访者合作的七种相关技术；最后讨论了如何通过对学习的评估来衡量文化学习联盟的影响。

反身性

　　文化学习理论的五个方面基本上包括小组和个人背景下生涯发展工作的非正式课程。从业者通过广泛的阅读和批判性的反身性来发展该课程的详细知识。他们与来访者和潜在的来访者协商，就最有价值的主题得出一系列观点，并使用各种反馈机制，包括焦点小组、访谈和调查来获取此信息。在这些步骤中，从业者反身地识别和认可他们自己的文化学习，例如对生涯成功的态度、职业道德和生涯管理行为（Cohen, 2006）。与性别、社会经济背景、地理、国籍、宗教、种族、残疾、性取向和政治观念相关的经验和信念也很重要（Arthur, 2019；Blustein, 2013）。此外，反身性有助于认识到生涯发展从业者的培训本身就是一个文化过程，而且与来访者共同适当地了解这种培训有助于透明度和文化分享。另一个方面与所谓的内部工作有关。通过深入参与他们正在进行的旅程和个人历程工作，从业者可以对自己和来访者的需求进行区分，同时认识到帮助他人可能会为他们自己的发展提供信息。反身性还要求从业者考虑与工作相关的情境性和定位，例如组织性和社会性影响和压力。一旦这些反身步骤完成，从业者就做好了准备，与来访者合作选择暂定的主题并共同设计互动。

初始阶段

实践中的学习关系聚焦于对学习角色性质的有效协商上。在这一点上避免误解和沟通不畅十分有益，因为这可能是生涯发展工作中最令人困惑的问题。定义明确和相互理解的学习角色促使从业者和来访者之间形成良好的关系（Blustein, 2011；Schultheiss, 2007）。这种关系的特点是真诚、信任和具有同理心（C. R. Rogers, 1994），并且能够对会话的进展达成一致。从业者对感觉和想法的总结十分详细，这使得来访者能够在学习关系形成、发展和结束的过程中感受到自己被倾听以及自己的存在，当从业者反思和评论任何对来访者来说特别有意义或突出的陈述时，情况更是如此。从业者肩负特殊的职责，需要监控关系的发展质量并关注其破裂和修复。例如，当来访者试图逃避从业者所谓的专业知识，或当从业者试图过早地进行对话时，心理联系可能会暂时中断。在确认联系中断并且双方重新关注商定的角色和主题时，联系就会恢复。商定的学习角色为个人被倾听和倾听自己的想法创造了空间，这么做是为了展露自我、成为自我或给自己惊喜。从业者的作用主要是建立和保持学习空间。

204

服务的性质

从业者向来访者解释，从促进来访者学习这一意义上说，他们提供的服务主要侧重于学习，其作用基本上是教育性的（Krumboltz, 2009；Mitchell & Krumboltz, 1996；Patton & McMahon, 2014）。这有助于来访者了解，无论在关系内还是关系外，生涯发展都是或至少可能是一个协商过程。它还强调了生涯发展工作的政治性和潜在变革性。从业者会询问来访者他们以前在生涯发展工作方面的经验以及他们对会话的期望，这是因为文化可以影响这些方面。例如，童年的学习经历、社会影响或早期生涯发展工作的经验可能会导致来访者要求从业者告诉他们该做什么，或期望从业者会想告诉他们该做什么。他们也可能认为从业者会直接提供专业性答案，例如职业信息。从业者对这个问题负责，并帮助来访者了解从业者的角色是促进他们的学习。来访者的需求（例如更好的决策或信息）得到了认可，但从业者并没有明确或隐晦地在这个关键点上妥协。尽管从业者可能会受到来访者或其他利益相关者的压力，但他们仍然坚持自己的立场，并遵守对学习的承诺。来访者对此的担忧会得到承认，从业者会基于他们对文化学习理论的了解做出陈述，让来访者安心。

商定共同议程

从业者指出，来访者和从业者都有要讨论的话题，这有助于明确各自的议程。从业者为来访者提供简要的指南，其中包括可能讨论的主题的范围和种类，例如生涯影响的日常主题、探索选择、申请机会、生涯管理、人际关系问题、信心、生涯相关问题、角色冲突、改变方向、平台期、角色变化、晋升、退休等。从业者解释，文化影响和资源与所有主题息息相关。这种菜单设置过程的目的并不是要破坏来访者的能动性和主动性，而是要开发各种可能性并阐明生涯发展工作的性质，对于那些文化背景可能没有为这种服务做好准备的人来说更是如此。从业者在实际会话中解释主题表单上没有的内容，并提出其他地方提供的可能更好的内容——如所依据的实践背景、快速变化的职业知识或其他特定专业知识的提供。从业者解释，他们希望了解来访者首选的初始讨论主题，从来访者的角度进行探索，并就后续步骤达成一致。这是因为所有这些元素在有时间限制的互动中都很有用（特别是单次会话），而从业者一开始就确定的讨论框架为来访者提供了一个结构化和舒适的空间。此外，在探索主题背景之前，从业者会确定来访者的初步主题，使讨论更加集中。从业者不断回顾并询问这些话题，直到来访者没有更多的话题可以展开讨论。这使来访者能够识别一系列问题并确定其优先级，还可以防止从业者只关注第一个呈现的主题而导致在讨论中失控。假设从业者和来访者对学习角色的意见达成一致，则来访者提出的所有生涯发展的日常主题都会得到从业者的积极回应。

中间阶段和结束阶段

超越从业者与来访者关系的学习联盟，能够更深入地接触更广泛的文化。这可能需要帮助来访者学习查看现有文化资源的新方法，例如信息源和网络。这还可能需要从业者探索新的资源。从业者通过借鉴文化学习理论并探索来访者生涯发展的人物、内容、方式、地点和原因来实现这一点。这些步骤阐明了来访者一直在学习的内容以及其中可能遇到的困境，让来访者有机会解释，并且从业者也有机会了解学习已经取得了多大进展和没有进一步发展的原因——例如，来访者通常会对大量可用信息感到不知所措。一旦来访者体验得到更好的理解，就有可能推进来访者学习。为了促进来访者学习，在中间阶段和结束阶段用到了七种简单的技术，包括文化影响拼贴、生涯管理风格卡片分类、黄金线程活动、衔接、审查、网络和生活故事。在每种情况下，正是因为处于获得信任和保持学习空间的过程中，来访者才能够转换现有的参考框架并计划进一步的学习。这些技术融合了文化学习理论的五个方面：学习关系、学习内容、学习过程、学习情境和个人历程。这些技术可以单独使用、融合使用，以及与其他方法结合使用。由更广泛的一对一或基于小组的活动序列所构成的长期互动，为更充分地练习技术提供了合适的环境。限于篇幅，此处提供的是简略版本，一些更详细的带有从业者注释的示例可以在其他地方找到（Frigerio et al.，2012；McCash，2011）。

206

文化影响拼贴

文化影响拼贴技术使来访者能够识别、分享和评估他们各自的文化影响，旨在避免采取去语境化、无文化的自我认识方法。从业者介绍了活动的背景和文化影响的关键概念（Arulmani，2014；Ribeiro & Fonçatti，2018）。来访者被要求单独或成对考虑这些影响与他们生活之间的关系，并混合使用自我创建和已有的图片来制作拼贴画。从业者让来访者考虑如何改变影响，让他们扩大自己的影响，并让其考虑对自己和他人的积极或消极影响。最后，从业者要求来访者与另一个人分享他们的拼贴结果和想法，并反思这一过程。

生涯管理风格卡片分类

这种技术侧重于在更广泛的生活中经常遇到的、在流行和学术文献中被探讨的不同生涯管理行为。从业者介绍该主题并邀请来访者观看两个简短的视频案例研究并使用活动表对每个案例进行记录，其中，这些案例研究阐明了不同生涯管理方法。来访者会获得一包卡片，卡片上描述了与相关理论有关的不同生涯管理方法（例如个人主义、集体主义、结构化、开放式、内在、外在、适应性、变革性、玩游戏、改变游戏、竞争或合作），然后来访者被要求评估每种风格。从业者通过要求来访者思考在人际关系、组织和社会术语中采用每种行为的后果来扩展学习。最后，从业者会邀请来访者制订计划以发现更多内容，并在下次会话上分享他们的研究结果。

黄金线程活动

黄金线程活动侧重于文化联系。从业者通过讨论人际关系和有意义的关系在生涯发展中的作用来介绍它。在许多文化中，线程图像的重要性被强调为连接和生活原则的象征（Stevens，1998）。从业者要求来访者回答与人和物有关的敏感问题（谁控制你？是什么抓住了你？），并邀请来访者考虑持有的积极方面和消极方面。从业者要求来访者就七个提示做出回应，但只能分享令他们自在的材料，其中包括：（1）与我认识／了解的人进行重要的互动；（2）变革性经验；（3）特殊物件；（4）有意义的梦想或遐想；（5）有意义的小说／视频／诗歌／电影／网站；（6）来自我在其中长大的文化之外的东西；（7）来自我所处时代之外的东西。如果资源和情境允许，从业者会分发一段金色的绳索和纸条，要求来访者写下他们希望在纸条上分享的示例，并将它们连到线上。最后，从业者会邀请来访者对材料做出回应，制定新的发展路线，形成了解更多信息的方法。

207

衔接

衔接技术涉及帮助来访者学习如何从一种类型的已知来源衔接到至少一种新的未知类型，例如从在线工作台衔接到职业概况。从业者抵制住诱惑，没有用他们所知道的能够呈现生涯目标的一切（可能已经过时，也可能不过时）吸引来访者。相反，他们通过学习来访者迄今为止学到的东西来保持学习空间。从业者利用他们对不同类型的文化学习资源的专业知识（而不是详细的职业知识）来促进生涯发展。来访者能够评估一个信息来源（在线工作委员会）相较于另一个信息来源（职业概况）的优点，并计划了解更多信息。他们用这些知识武装自己，如此一来就可以更坚定地穿越令人眼花缭乱的线上和线下资源迷宫。由于这个过程适用于一系列生涯问题，通过使用这种方法，从业者使来访者能够更普遍地学习研究生涯发展的可迁移技能。

审查

审查技术需要帮助来访者学习如何审查文化资源，例如现有的同行来源，并以新的方式与同行互动。从业者帮助来访者识别来访者现有社交空间内的潜在学习机会。例如，对律师助理工作感兴趣的来访者可能认识在同一家健身房锻炼的律师。探索性问题揭示了进步的障碍，例如在当代文化中，来访者与其同龄人社会经济地位差异相关的障碍。从业者帮助来访者在更平等的基础上重新构建关系，并超越高声望的联系，看到律师网络中更具相关性的潜在联系人，如律师助理同事。这使来访者能够设想未来的发展。

网络

网络技术涉及帮助来访者学习如何使用人际联系来处理生涯问题。来访者经常经历困难的事件，例如欺凌这种个别现象，而且更广泛的文化加剧了他们的自责和不作为感。来访者会学习如何识别社交空间中遇到类似困难的人以及或许能够提供帮助的相关个人。从业者帮助来访者学会将问题视为与组织文化有潜在联系的问题。行动计划讨论的焦点是确定可能提供支持的人员，以更多地了解更广泛的组织环境，并尽可能地对其进行改善。

208

人生故事

人生故事技术涉及通过研究当代和历史文化资源来帮助来访者学习如何找到新的榜样。来访者经常缺乏适当的榜样，例如在艺术领域工作的残疾人榜样，以及由于更广泛文化环境的个性化影响而导致孤僻的经历。来访者需要学习如何对他们没有遇到过的、也有类似困难的人进行辨别。从业者帮助来访者学习扩大和探索他们当代和历史文化学习资源范围（例如活动小组、自传／传记和艺术家词典）。遇到新的生活故事和榜样有助于来访者感到不那么孤独，更有连接感。

评估学习

文化学习联盟的成功取决于对学习成果的评估。在上面的示例中，这些技术旨在实现至少四种学习成果，包括：（1）识别和讨论生涯相关学习的文化资源，例如影响、生涯管理风格、文化联系、空职来源、职业概况、朋友、同事、社交媒体和榜样；（2）批判性地评估所选定的此类资源实例；（3）重新界定这些资源的使用；（4）在参与进一步学习方面制定响应措施。这些学习成果以学习过程为基础，并提供从业者工作的可衡量指标，这对受访者、利益相关者和从业者来说都很有用。学习成果的实证可以让从业者确定学习已经实现，还可以在学习没有发生，或者至少没有充分发生时予以显示。前面讨论的反身过程有助于反思原因并改变实践。学习成果提供了一个中档指标，直接由来访者告知对服务的独特且通常非常个人化的参与。同时，它们向利益相关者（如政策制定者、合同持有人、管理人员和潜在来访者）提供了一项行为指标，该指标可能在背景允许的情况下采用更正式的评估方法，包括数字衡量标准。

结论

本章讨论了文化学习理论的知识基础及其独特的综合性特征，并确定了文化学习理论的五个方面：（1）与学习者相对应的关系；（2）与学习什么有关的内容；（3）注重学习方式的过程；（4）与学习地点有关的情境；（5）关注学习原因的个人历程。这些方面息息相关、相辅相成，得到了人们的认可，并被提议作为适合当代生涯发展的丰富性和包容性定义。

通过使用文化学习联盟，本章将文化学习理论运用于实践，描述了 209 联盟的三个阶段并与支持来访者学习的创造性技术相关联。该联盟具有敏捷性和可扩展性，可在日常实践中使用，以及在单个或多个会话中与单个来访者和小组一起使用。它还为与更广泛的利益相关者进行协商提供信息。也许最重要的是，该联盟将生涯发展工作重新定位为学习和文化方向。过去、现在和未来世代之间增强的联系概括了基于文化学习理论的联盟的目标。通过它，来访者和从业者可以与更广泛的文化建立更深层次的关系，从而使生活得到最大限度的表达。

参考文献

Alexander, R. (2018). Social justice and geographical location in career guidance. In T. Hooley, R. G. Sultana, & R. Thomsen (Eds.), *Career guidance for social justice: Contesting neoliberalism* (pp. 77–91). New York, NY: Routledge.

Anderson, L. W., & Krathwohl, D. R. (Eds.). (2001). *A taxonomy for learning, teaching, and assessing: A revision of Bloom's taxonomy of educational objectives.* New York, NY: Addison Wesley Longman.

Arthur, N. (2019). Career development theory and practice: A culture-infused perspective. In N. Arthur & M. McMahon (Eds.), *Contemporary theories of career development: International perspectives* (pp. 180–194). Abingdon, UK: Routledge.

Arulmani, G. (2014). The cultural preparation process model and career development. In G. Arulmani, A. J. Bakshi, F. T. L. Leong, & A. G. Watts (Eds.), *Handbook of career development: International perspectives* (pp. 81–103). New York, NY: Springer.

Barley, S. R. (1989). Careers, identities, and institutions: The legacy of the Chicago school of sociology. In M. B. Arthur, D. T. Hall, & B. S. Lawrence (Eds.), *Handbook of career theory* (pp. 41–65). Cambridge, UK: Cambridge University Press.

Becker, H. S. (1966). *Outsiders: Studies in the sociology of deviance.* New York, NY: Free Press.

Becker, H. S., & McCall, M. M. (1990). *Symbolic interactionism and cultural studies.* Chicago, IL: University of Chicago Press.

Bélanger, P. (2016). *Self-construction and social transformation: Lifelong, lifewide and life-deep learning.* Hamburg, Germany: UNESCO Institute for Lifelong Learning.

Bloch, D. P., & Richmond, L. J. (Eds.). (1997). *Connections between spirit and work in career development.* Palo Alto, CA: Davies-Black.

Blumer, H. (1969). *Symbolic interactionism: Perspective and method.* Berkeley and Los Angeles, CA: University of California Press.

Blustein, D. (2011). A relational theory of working. *Journal of Vocational Behavior, 79,* 1–17. doi:10.1016/j.jvb.2010.10.004

Blustein, D. (2013). The psychology of working: A new perspective for a new era. In D.

Blustein (Ed.), *The Oxford handbook of the psychology of working* (pp. 3–18). New York, NY: Oxford University Press. doi:10.1093/oxfordhb/9780199758791.001.0001

Blustein, D., Schultheiss, D. E. P., & Flum, H. (2004). Toward a relational perspective of the psychology of careers and working: A social constructionist analysis. *Journal of Vocational Behavior, 64,* 423–440. doi:10.1016/j.jvb.2003.12.008

Bordin, E. S. (1979). The generalizability of the psychoanalytic concept of the working alliance. *Psychotherapy: Theory, Research and Practice, 16,* 252–260. doi:10.1037/h0085885

Brown, D. (2002). Introduction to theories of career development and choice: Origins, evolution, and current efforts. In D. Brown & Associates (Eds.), *Career choice and development* (4th ed., pp. 3–23). San Francisco, CA: Jossey-Bass.

Bruner, J. (1996). *The culture of education.* Cambridge, MA: Harvard University Press.

Campbell, J. (1973). *Myths to live by.* London, UK: Souvenir Press.

Clarke, M. (2009). Plodders, pragmatists, visionaries and opportunists: Career patterns and employability. *Career Development International, 14,* 8–28. doi:10.1108/13620430910933556

Cochran, L. (1992). The career project. *Journal of Career Development, 18,* 187–197. doi:10.1177/089484539201800303

Cochran, L. (1997). *Career counselling: A narrative approach.* Thousand Oaks, CA: SAGE.

Cohen, L. (2006). Remembrance of things past: Cultural process and practice in the analysis of career stories. *Journal of Vocational Behavior, 69,* 189–201. doi:10.1016/j.jvb.2006.02.002

Collin, A., & Young, R. A. (1992). Constructing career through narrative and context: An interpretive perspective. In R. A. Young & A. Collin (Eds.), *Interpreting career: Hermeneutical studies of lives in context* (pp. 1–12). Westport, CT: Praeger.

Denzin, N. (1992). *Symbolic interactionism and cultural studies.* Malden, MA: Blackwell.

Dewey, J. (1997). *Experience and education.* New York, NY: Touchstone. (Original work published 1938)

Freire, P. (1996). *Pedagogy of the oppressed.* London, UK: Penguin. (Original work published 1970)

Frigerio, G., Mendez, R., & McCash, P. (2012). *Re-designing work-related learning: A management studies placement module.* Retrieved from https://warwick.ac.uk/study/cll/about/cllteam/pmccash/wrl_final.pdf

Gaines, A. D. (1991). Cultural constructivism: Sickness histories and the understanding of

210

ethnomedicines beyond critical medical anthropologies. In B. Pleiderer & G. Bibeau (Eds.), *Anthropologies of medicine* (pp. 221–257). Wiesbaden, Germany: Vieweg.

Gati, I. (2013). Advances in career decision-making. In W. B. Walsh, M. L. Savickas, & P. J. Hartung (Eds.), *Handbook of vocational psychology: Theory, research and practice* (4th ed., pp. 183–215). New York, NY: Routledge.

Gee, R. (2019). *Exploring career via the lens of paradox: A longitudinal study of the transitional experiences of a small group of graduates* (Doctoral dissertation, Nottingham Trent University). Available from ProQuest Dissertations & Theses A&I. (2392040669). Retrieved from http://0-search.proquest.com.pugwash.lib.warwick.ac.uk/docview/2392040669?accountid=14888

Gunz, H., & Mayrhofer, W. (2018). *Rethinking career studies: Facilitating conversation across boundaries with the social chronology framework.* Cambridge, UK: Cambridge University Press.

Gysbers, N. C., Heppner, M. J., & Johnston, J. A. (2014). *Career counseling: Holism, diversity and strengths* (4th ed.). Alexandria, VA: American Counseling Association.

Hermans, H. J. M. (2001). The dialogical self: Toward a theory of personal and cultural positioning. *Culture and Psychology, 7*, 243–281. doi:10.1177/1354067X0173001

Hodkinson, P. (2009). Understanding career decision-making and progression: Careership revisited. *Career Research and Development: The NICEC Journal, 21*, 4–17.

Hodkinson, P., Biesta, G., & James, D. (2008). Understanding learning culturally: Overcoming the dualism between social and individual views of learning. *Vocations and Learning, 1*, 27–47. doi:10.1007/s12186-007-9001-y

Holland, J. L. (1997). *Making vocational choices: A theory of vocational personalities and work environments* (3rd ed.). Odessa, FL: Psychological Assessment Resources.

Hooley, T., Sultana, R. G., & Thomsen, R. (Eds.). (2018). *Career guidance for social justice: Contesting neoliberalism.* New York, NY: Routledge.

Hughes, E. C. (1937). Institutional office and the person. *American Journal of Sociology, 43*, 404–413. doi:10.1086/217711

Hughes, E. C. (1949). Social change and status protest: An essay on the marginal man. *Phylon, 10*, 58–65. https://www.jstor.org/stable/272218

Hutchison, C. B. (2006). Cultural constructivism: The confluence of cognition, knowledge creation, multiculturalism, and teaching. *Intercultural Education, 17*, 301–310. doi:10.1080/14675980600841694

Ibarra, H. (2002). How to stay stuck in the wrong career. *Harvard Business Review, 80*, 40–48. https://hbr.org/2002/12/how-to-stay-stuck-in-the-wrong-career

Jacobsen, M. H. (Ed.). (2019). *Critical and cultural interactionism: Insights from sociology and criminology*. London, UK: Routledge.

Jung, C. G. (1995). *Memories, dreams, reflections* (R. Winston & C. Winston, Trans., 5th ed.). London, UK: Fontana. (Original work published 1961)

Kidd, J. M. (2006). *Understanding career counselling: Theory, research and practice*. London, UK: SAGE.

King, Z. (2004). Career self-management: Its nature, causes and consequences. *Journal of Vocational Behavior, 65*, 112–133. doi:10.1016/S0001-8791(03)00052-6

Kolb, D. A. (2015). *Experiential learning: Experience as the source of learning and development* (2nd ed.). Upper Saddle River, NJ: Pearson Education.

Krumboltz, J. D. (1979). A social learning theory of career decision making. In A. M. Mitchell, G. B. Jones, & J. D. Krumboltz (Eds.), *Social learning and career decision making* (pp. 19–49). Cranston, RI: Carroll Press.

Krumboltz, J. D. (2009). The happenstance learning theory. *Journal of Career Assessment, 17*, 135–154. doi:10.1177/1069072708328861

Lave, J., & Wenger, E. (1991). *Situated learning: Legitimate peripheral participation*. Cambridge, UK: Cambridge University Press.

Law, B. (1996). A career-learning theory. In A. G. Watts, B. Law, J. Killeen, J. M. Kidd, & R. Hawthorn (Eds.), *Rethinking careers education and guidance: Theory, policy and practice* (pp. 46–71). London, UK: Routledge.

Law, B. (2009). *Building on what we know: Community-interaction and its importance for contemporary careerswork*. Retrieved from http://www.hihohiho.com/memory/cafcit.pdf

Lent, R. W. (2013). Social cognitive career theory. In S. D. Brown & R. W. Lent (Eds.), *Career development and counseling: Putting theory and research to work* (pp. 115–146). Hoboken, NJ: Wiley.

MacAdams, D. P. (1993). *Stories we live by: Personal myths and the making of the self*. New York, NY: Guilford.

McCash, P. (2006). We're all career researchers now: Breaking open careers education and DOTS. *British Journal of Guidance and Counselling, 34*, 429–449. doi:10.1080/03069880600942558

McCash, P. (2011). *Designing a generic career studies module: A practical example*. Retrieved from https://warwick.ac.uk/study/cll/about/cllteam/pmccash/ccms_career_studies_example_08_11.pdf

McCash, P. (2018). *Career development at depth: A critical evaluation of career*

211

development theory from the perspective of analytical psychology (Doctoral dissertation, University of Essex, University of Essex Digital Repository). http://repository.essex.ac.uk/21802/1/MCCASH%20PHD%2004%2018.pdf

Meara, N. M., & Patton, M. J. (1994). Contributions of the working alliance in the practice of career counselling. *The Career Development Quarterly, 43*, 161–177. doi:10.1002/j.2161-0045.1994.tb00855.x

Mezirow, J. (2012). Learning to think like an adult: Core concepts of transformation theory. In E. W. Taylor & P. Cranton (Eds.), *The handbook of transformative learning: Theory, research, and practice* (pp. 73–96). San Francisco, CA: Jossey-Bass.

Mignot, P. (2001). Working with individuals. In W. P. Gothard, P. Mignot, M. Offer, & M. Ruff (Eds.), *Careers guidance in context*. London, UK: SAGE.

Milot-Lapointe, F., Savard, R., & Le Corff, Y. (2018). Intervention components and working alliance as predictors of individual career counselling effect on career decision-making difficulties. *Journal of Vocational Behavior, 107*, 15–24. doi:10.1016/j.jvb.2018.03.001

Mitchell, L. K., & Krumboltz, J. D. (1996). Krumboltz's learning theory of career choice and counselling. In D. Brown, L. Brooks, & Associates (Eds.), *Career choice and development*. (3rd ed., pp. 233–280). San Francisco, CA: Jossey-Bass.

Park, R. E. (1915). The city: Suggestions for the investigation of human behavior in the city environment. *American Journal of Sociology, 20*, 577–612. https://www.jstor.org/stable/2763406

Patton, W., & McMahon, M. (1998). *Career development and systems theory: A new relationship*. Pacific Grove, CA: Brooks/Cole.

Patton, W., & McMahon, M. (2014). *Career development and systems theory: Connecting theory and practice* (3rd ed.). Rotterdam, the Netherlands: Sense.

Piaget, J. (1954). *The construction of reality in the child*. London, UK: Routledge and Kegan Paul. (Original work published 1937)

Ribeiro, M. A., & Foncatti, G. D. O. S. (2018). The gap between theory and context as a generator of social injustice: Seeking to confront social inequality in Brazil through career guidance. In T. Hooley, R. G. Sultana, & R. Thomsen (Eds.), *Career guidance for social justice: Contesting neoliberalism*. (pp. 193–208). New York, NY: Routledge.

Ricoeur, P. (2008). *From text to action: Essays in hermeneutics* (K. Blamey & J. B. Thompson, Trans.). London, UK: Continuum. (Original work published 1986)

Roberts, K. (1977). The social conditions, consequences and limitations of careers guidance. *British Journal of Guidance and Counselling, 9,* 1–9. doi:10.1080/03069887708258093

Roberts, R. J. (1980). An alternative justification for careers education: A radical response to Roberts and Daws. *British Journal of Guidance and Counselling, 8,* 158–174.

Rogers, C. R. (1994). *Freedom to learn.* New York, NY: Macmillan.

Rogers, D. T. (2012). The Learning Alliance Inventory: Instrument development and initial validation. *International Journal for the Scholarship of Teaching and Learning, 6,* 1–16. doi:10.20429/ijsotl.2012.060109

Sampson, J. P., Jr, Lenz, J. G., Reardon, R. C., & Peterson G. W. (1999). A cognitive information processing approach to employment problem solving and decision making. *The Career Development Quarterly, 48,* 3–18. doi:10.1002/j.2161-0045.1999.tb00271.x

Savickas, M. L. (2013). Career construction theory and practice. In S. D. Brown & R. W. Lent (Eds.), *Career development and counseling: Putting theory and research to work.* Hoboken, NJ: Wiley.

Schein, E. H. (1996). Career anchors revisited: Implications for career development in the 21st century. *The Academy of Management Executive, 10,* 80–88. https://www.jstor.org/stable/4165355

Schultheiss, D. E. P. (2007). The emergence of a relational cultural paradigm for vocational psychology. *International Journal of Educational and Vocational Guidance, 7,* 191–201. doi:10.1007/s10775-007-9123-7

Shaw, C. R. (1931). *The natural history of a delinquent career.* Chicago, IL: University of Chicago Press.

Shaw, C. R. (1966). *The jack-roller: A delinquent boy's own story.* Chicago, IL: University of Chicago Press. (Original work published 1930)

Simon, R. I., Dippo, D., & Schenke, A. (1991). *Learning work: A critical pedagogy of work education.* New York, NY: Bergin & Garvey.

Stead, G. B. (2004). Culture and career psychology: A social constructionist perspective. *Journal of Vocational Behavior, 64,* 389–406. doi:10.1016/j.jvb.2003.12.006

Stead, G. B. (2013). Social constructionist thought and working. In D. L. Blustein (Ed.), *The Oxford handbook of the psychology of working.* Oxford, UK: Oxford University Press.

Stevens, A. (1995). *Private myths: Dreams and dreaming.* Cambridge, MA: Harvard University Press.

212

Stevens, A. (1998). *Ariadne's clue: A guide to the symbols of humankind*. London, UK: Penguin.

Super, D. E. (1957). *The psychology of careers: An introduction to vocational development*. New York, NY: Harper and Brothers.

Super, D. E. (1980). A life-span, life-space approach to career development. *Journal of Vocational Behavior, 16*, 282–298. doi:10.1016/0001-8791(80)90056-1

Super, D. E. (1990). A life-span, life-space approach to career development. In D. Brown, L. Brooks, & Associates (Eds.), *Career choice and development: Applying contemporary theories to practice* (2nd ed., pp. 197–261). San Francisco, CA: Jossey-Bass.

Swanson, J. L., & Schneider, M. (2013). Minnesota theory of work adjustment. In S. D. Brown & R. W. Lent (Eds.), *Career development and counseling: Putting theory and research to work* (pp. 29–53). Hoboken, NJ: Wiley.

Taylor, E. W., & Cranton, P. (Eds.). (2012). *The handbook of transformative learning: Theory, research, and practice*. San Francisco, CA: Jossey-Bass.

Vaillant, G. E. (2002). *Aging well: Surprising guideposts to a happier life from the landmark Harvard study of adult development*. Boston, MA: Little, Brown.

von Glasersfeld, E. (1984). An introduction to radical constructivism. In P. Watzlawick (Ed.), *The invented reality: How do we know what we believe we know?* (pp. 17–40). New York, NY: Norton.

Whiston, S. C., Rossier, J., & Barón, P. M. H. (2016). The working alliance in career counseling: A systematic overview. *Journal of Career Assessment, 24*, 591–604. doi:10.1177/1069072715615849

Young, R. A., & Collin, A. (2004). Introduction: Constructivism and social constructionism in the career field. *Journal of Vocational Behavior, 64*, 373–388. doi:10.1016/j.jvb.2003.12.005

Young, R. A., & Valach, L. (2000). *Reconceptualising career theory and research: An action-theoretical perspective*. In A. Collin & R. A. Young (Eds.), *The future of career* (pp. 181–196). Cambridge, UK: Cambridge University Press.

第14章
生涯发展的文化准备

吉迪恩·阿鲁曼尼（Gideon Arulmani），萨钦·库马尔（Sachin Kumar），苏尼塔·什雷斯塔（Sunita Shrestha），马里邦·维雷（Maribon Viray），萨吉马·阿拉文德（Sajma Aravind）

摘要　生涯心理学越来越重视有关发展的文化共鸣理论和文化协调生涯干预。本章描述了文化准备过程模型（Cultural Preparation Process Model，CPPM）这一框架，以理解文化如何在个人和社群参与其生涯和生计的过程中发挥媒介作用，并且呈现了 CPPM 的核心命题及其应用维度。此外，本章不仅讨论了 CPPM 这一干预发展模型，还介绍了五大准则——认识文化领导权、扩大"当事人"的定义、识别和适应生活方式、规定文化符号的价值，以及整合生计与生涯。"有生"①是基于 CPPM 的一种干预，本章以印度的成果和其他国家的实施措施为例，对其影响和结果进行了阐述。我们认为，可以将 CPPM 用于评估兴趣和天赋，并用长处与成就问卷的例子说明这一点。总之，本章提出了一个参照标准，从而将文化引入生涯发展的话语体系。

关键词　文化准备，生涯咨询，评估，濡化，涵化，平衡，文化领导权，生计，有生

213

---

① 原文 Jiva，为印度哲学中的基本概念之一，意为"命"。——译者注

文化和生涯心理学

文化的含义众多，且人们看待文化的角度是多学科的，这也许是难以对这一术语做出定义的原因。如今，生涯心理学的发展日益聚焦于有关发展的文化共鸣理论（例如：Arulmani, 2014a；Leong & Pearce, 2014；本书第 13 章，第 15 章；Stead, 2004）和文化协调生涯干预（例如，Spokane et al., 2003）。有人呼吁发展多元文化思维（Leong & Hartung, 2000），并将生涯心理学视为一种"文化事业"（Stead, 2007, p. 181）。因此，主流的理论因其跨文化相关性而受到审视和修改，以便适应文化多样性（Leong & Hartung, 2000）。文化建构，例如个人主义 – 集体主义、控制点、工作目的和时间观念，也受到学者的研究（Thomas & Inkson, 2007）。这些理论正被扩展到部落群体（Albert et al., 2016）。学者还提出了许多以文化为媒介的生涯咨询模型，包括综合顺序模型（Leong & Hartung, 2000）、综合多维模型（Leon & Hardin, 2002）、生态模型（Cook et al., 2002）、文化嵌入型生涯咨询模型（Arthur, 2018），以及本章重点关注的文化准备过程模型（CPPM）（Arulmani, 2010, 2011, 2014a）。

这些发展也得到了批判性评价。其中一种担忧源于生涯文献将"文化"一词与替代分类变量（诸如种族、民族、语言、宗教、国家和大洲等）混淆，这一趋势不仅导致用法上的混淆，而且造成过度简化，"这些相关指代的类别仿佛成了独石柱[①]"（Stead, 2004, p. 392）。在文化对于所有人类的生活方式不可或缺这一认知下，工作本身就成了一种文化建构（Arulmani, 2014a）。因此，重要的是要理解心理过程和社会文化背景之间的动态构成关系，以及人与文化之间的双向性。

214

---

① 独石柱喻指"无差别的单一群体"，在这里指用文化概括所有变量，忽视了内部替代变量的差异性，也导致了"文化"一词的滥用，充满了批判性意味。——译者注

文化准备过程模型

CPPM 采用跨学科研究法，借鉴生物人类学、社会和发展心理学以及经济学的观点，为生涯从业者提供一个了解这些动态的有利视角。文化准备被描述为"随着时间变迁，对某一群体的学习和经验的涵化，经过吸收和系统化成为该社群与世界相处的方式，这可以说是社群的典型特征，并且能够使其区别于其他社群。这些相处方式依赖于一种社会认知环境，该环境的典型特征是具有一个与信仰、价值观、仪式、社会组织和习俗相互关联的系统，而且该系统已经深深地嵌入特定群体所习惯的习俗与惯例之中"（Arulmani，2019a，p. 197）。

该方法基于四个重要概念：文化学习、濡化、文化准备状态平衡和涵化。CPPM 通过这些概念之间的交互得以呈现，以下各节会对此进行概述。除了本章提及的例子外，框 14.1 还介绍了一项案例研究，该研究摘自库马尔（本章作者之一）进行的一系列深入访谈。

框14.1 文化准备方法：案例研究

以下例子发生在印度喜马偕尔邦最北端的昌巴。在 1948 年与印度联邦合并之前，昌巴是一个独立的土邦。众多表演和视觉艺术以及手工艺品在君主的慷慨赞助下蓬勃发展。文化准备过程模型关键建构的标识在下文中会以上标的形式体现：ACC（acculturation-consonant），涵化－一致；ACD（acculturation-dissonant），涵化－不一致；CL（cultural learning），文化学习；EN（enculturation），濡化；EQ（cultural preparation status equilibrium），文化准备状态平衡；NE（new equilibrium），新的平衡。

传统金工工人

哈里什（化名）23 岁，是塔哈尔族群的一名男性，他们家世世代代都是金工工人，用银、青铜和黄铜制作传统的家用器皿、雕像和其他装饰品。EQ 哈里什不知道他的家人从事这一行有多长时间，但传说他们几代人一直在用金属制造商品。EQ 通过观察和监管，他从父亲和祖父那里学到了这种复杂艺术的基础知识。然而，大约四十年前，他家族中的许多家庭不得不放弃这一职业，因为更便宜的机器制造器皿的引进替代了人们对手工金属制品的需求。ACD 人们几乎不再购买手工器皿，这导致许多从业者失业，他们被迫放弃传统贸易。ACD 哈里什的家人在族群的不断支持下幸存了下来。最重要的是，他们也不断重塑着自我。

在结婚时，人们交换的礼物仍然是手工制作的塔尔（大盘子），上面有印度教神像的浮雕。EN 人们对这种盘子的需求仍然存在。其他族群（穆斯林和锡克教徒）也逐渐产生了对这一家族制作的塔尔的需求。ACC 因此，这一家族开始制作带有伊斯兰和锡克教标志的塔尔，这扩大了他们的市场基础。EN 随着昌巴这一旅游胜地的知名度越来越高，他们开始更加关注装饰品。这立即受到游客的欢迎。EN 哈里什自豪地分享说，他的祖父和另外两位来自大家庭的工匠获得了印度总统颁发的现代大师级工匠国家奖。ACC 因此，这一家族职业再次得以生存。

文化学习

文化学习是一种借鉴自生物人类学的建构，其源于这样的发现：人类会以其他灵长类动物所没有的方式为文化做好生物学准备。文化学习在认知发展中也有所体现，认知发展通过模仿、指导和协作得以实现，是持续学习的基础（Tomasello, 2000）。此处，文化背景不仅被理解为"认知发展的促进者或激励者，而且是一种独特的'个体发育生态位'（发展环境），实际从根本上构建了人类认知"（p. 37）。文化学习既不是通过遗传产生的结果，也非有意识地参与正规教学教育体系的结果。它

215

是儿童沉浸在某种文化中而产生的对文化习俗的无意识吸收。虽然这通常是理性思维的一种方式而非结果，但文化学习的基础是学习的意图和儿童对其所处文化环境中的学习来源（例如，父母和长辈）的强烈认同。需要注意的是，本节提到的以文化为依托的象征性手工艺品因文化不同会有所差异。因此，一种文化环境中的儿童所学到的东西可能与另一种文化中的儿童所学到的东西大相径庭。托马塞洛有一个重要发现，即个人以相对忠实的形式习得对文化习俗的运用，而这种相对精确的学习"就像一种棘轮①——在社会群体中保持这种习俗，也许会在后世延续，直到一些创造性的创新出现"（Tomasello，2000，p. 137）。

在框 14.1 介绍的案例研究中，金工工人哈里什是工作本位学习的古老传统的一部分（类似于欧洲学徒制度）。各种文化嵌入型学习方式（例如，将他的父亲视为师傅）体现出文化如何在他学习家族职业中发挥中介作用。

濡化

文化学习会促进濡化，这是文化准备框架内的第二个重要建构，人们吸收其所处文化中的原则、内化并接受其价值观，认为这些价值观是正确的，并学习实践在该文化中受到认可的生活方式。三个要素进一步呈现出濡化过程的典型特征，它们是社会组织形态（文化在个人主义－集体主义连续体中的位置）、价值归因模式和角色分配过程（详细信息请参阅 Arulmani，2014a）。文化准备范式表明，正是这种以文化为媒介的学习取向将人类的工作参与转变为文化的表现形态。

在案例研究中，哈里什对家族职业的自豪感，塔尔作为善意的文化符号以及上帝祝福的代表就是濡化的例子。特别重要的是，在哈里什的家人陷入经济困境时，大家庭自发地给予支持。在大多数集体主义文化

---

① 只能向一个方向旋转，而不能倒转的齿轮。——译者注

中，这几乎是理所当然的。

文化准备状态平衡

文化学习和涵化之间的双向和互惠作用使个人／群体在参与生涯发展时处于独特的平衡状态。这被称为个人／群体的文化准备状态平衡。这种平衡"反映了一种内在稳定性以及由于以某种方式做某事的习惯而产生的心理和情感平衡"（Arulmani，2014a，p. 94）。必须指出的是，这种平衡并不取决于另一种文化关于其对或错、适当或不适当的判断，而只是反映了"一个人的行为培养方式所产生的平衡"（Arulmani，2019a，p. 200）。这种平衡可见于特定文化生活方式的各个方面，包括时间观念、性别和性向、饮食习惯、婚姻、育儿、死亡和来世。因此，保持一种独特的文化准备状态平衡是特定人群工作取向的典型特征。

在案例研究中，金工工作与塔哈尔族群在几代人中的联系体现出平衡性。传奇故事和社会影响夸大了他们的职业声望。更大的族群极有可能期望塔哈尔儿童继承家庭职业。

涵化

虽然濡化描述的是群体内部的过程，但内生动态、来自群体之间和群体外部的过程也产生、呈现出涵化作用。个人和族群对生涯和生计的参与是在全球环境、宏观趋势和超出他们控制的更大变革的背景下发生的。这些外部因素可能包括社会取向和哲学话语的变化、经济转型、政治动荡、技术进步或自然灾害。涵化的力量会影响文化平衡的原始状态。一致的涵化力量会支持、增强和进一步稳固现有的生涯准备状态平衡，而不一致的涵化力量会扰乱平衡。工作史上的每一个里程碑都改变了现有的平衡，这要求出现新的平衡。对这种干扰的反应可能存在于一个连续体中，这一连续体的过程包括从建立新的平衡到拒绝适应涵化影响并保留原始文化取向。

217

工业革命无情的涵化影响似乎在案例研究中的昌巴体现得更为深刻。最初，随着机器制造的金属物品取代人工制造的金属物品，塔哈尔人的平衡受到了严重影响。他们经历的是不一致的涵化。然而，他们能够团结起来，为自己创造一个新的平衡。

从历史上看，个人生涯的概念诞生于西方个人主义的工业化的背景下，以工业革命为标志，并以新教的职业道德为基础。然而，并非所有的文化和经济都直接受到工业革命和宗教改革的影响。在许多（主要是非西方的）社会中，人们依旧像几个世纪以来那样工作。职业在家庭中运作，而个人主要通过工作本位学习获得技能。在机会和建构生涯之间进行选择的问题并不会出现。因此，正如阿鲁曼尼、巴克希、梁和瓦茨（Arulmani et al.，2014）所论证的那样，可以在两个广泛的背景下看待生涯的表现："本土生涯所处的背景，以及从许多方面看还包括外来文化的背景。在前一种情况下，生涯的表现形式是自发的，在文化上是一致的；在后一种情况下，其表现可能是全球转型引起的迫切要求的结果。因此可以假设，生涯与工作的划分是沿着一个连续统一体进行的。一端是'生涯'的完全发展形式，而另一端几乎完全没有这种生涯概念。这一连续体在过程中会表现出各种生涯观念。"（p. 2）

这里出现的一个重要观点是，工业化前和工业化后的工作形式的变化不仅仅取决于时间推移或经济发展。在许多经济体中，工业化前和工业化后的工作形式同时存在。世界上拥有大量劳动力的国家中，有许多是发展中的经济体。虽然在这些社会中，生涯概念不是本土的，但在这些背景下，对生涯发展支持的需求越发强烈。然而，对于如何理解工作方向和生涯在这些环境中的表现形式的问题，人们还缺乏足够的思考。

生涯发展工作继续受到被这些文化所改变的生涯定义的影响。因此，即使在这些背景下参与生涯发展工作的人接受了思想、方法和理论培训，也并不能使他们有效地满足自己感知到的需求。

218

CPPM 试图解决的正是这一差距，下一节将介绍该模型的一些应用方式。

文化准备过程模型的应用

本节介绍两种 CPPM 用于生涯发展工作的方式。

文化准备过程模型作为干预发展的模板

一直以来，干预研究都表明，仅应用普遍原则而不使其适应文化的特定特征时，产生的结果通常较差（例如：Arulmani, 2019b；Reese & Vera, 2007）。相反，当干预措施背后的思想和概念与特定社区（族群）的历史、价值观和信仰相一致时，干预的有效性可能会较高（例如：Arulmani, 2011；Griffin & Miller, 2007）。因此，CPPM 的一个显著应用是促进干预方法的发展，使其根植于当地文化。下文概述了以文化准备框架为基础的五项重要的概念性准则，这些准则可以指导干预发展进程。

认可文化领导权

对于文化体系中已经具有领导权的结构，生涯发展专家、生涯发展理论或模型只能成为次要因素。我们必须承认，该组织的年长者和领导人是文化上受到认可的文化学习媒介。他们的经验、想法和观点必须得到认可，并且会为干预方法的制定提供信息。例如，这些人可以先参与开发，然后参与审查生涯指导干预的活动、工具和方法。

扩展"当事人"的定义

几乎现有的所有生涯发展模型都来自以个人为导向的认识论。然而，如前所述，在按照集体主义路线组织的文化中，个人应遵守社群的规范和期望。在这种背景下，当事人可能是群体（例如家庭）而非个人。这一点之所以重要也是因为年轻个体和族群之间可能会发生冲突。因此，在为集体主义导向的文化设计干预措施时，重要的是将家庭（特别是父母）纳入指导和咨询过程。从文化准备的角度来看，其中一个指导目标是促进以家庭为基础的决策，由此，当事人既包括个人也包括家庭，目的是加强族群成员之间的接触，减少隔阂。

219

识别并适应生活方式

根据 CPPM 的平衡原则，文化学习和濡化促成了文化与更广阔世界的接触方式的平衡。由于与指导和咨询过程密切相关，此处我们就以"决策"为例。行使个人意志做出决定是一种自由，其本质在个人主义和集体主义范畴中有所不同。在某些情况下，个人的决定应该与群体的价值观保持一致。一种与成人或群体角色相悖的干预可能并无成效，甚至会对已经成为该社会结构特征的更广泛的凝聚力产生破坏。同时，也可能是成人的观点已经过时，与时代实际不符，甚至适得其反。这里的指导目标是创造一个环境，使个人和家庭有机会共同开创一条新的道路。并且，这一目标还在保持和适应普遍生活方式的同时，促进新平衡的出现。

识别、评估和整合文化符号

如前所述，以文化为依托的符号在传统、仪式、语言和习俗中有所体现。确定这些要素并将其纳入干预方法和技巧中的干预措施将赋予它们价值，从而与正在制定干预措施的族群的文化准备更加一致。本章案例提到的是一个几乎在所有社会中都随处可见的文化手工艺品。传说、民间故事、譬喻、寓言、童话和神话是文化和价值观的容器和传播者。它们将几代人联系起来，具有启发性，可以为日常生活提供指导方针。每个故事都有其文化特定的维度，其意义诞生于故事的解释方式，并且因环境而异。正如拉马钱德兰和阿鲁曼尼（Ramachandran & Arulmani, 2014）所说，当我们将故事作为生涯发展工具时，我们其实正在使用一种最古老的咨询形式，这种方法使我们得以用当地背景中可能发生的事来解释普世主题。

整合生计和生涯

通常来说，生计与生存需求有关，在人们看来，谋求生计的主要是农村地区的农民、工匠和技术工人等低收入阶层的人。相比之下，生涯与城市生活以及中高社会阶层的联系更紧密，能够提供更好的机会和更高的收入。正规教育（中小学和大学）被视为进入生涯的途径，而传统的非正规技能传授的做法则与生计有关。然而，正如从哈里什的案例中所见，在许多文化中，生计是现实。然而，生涯发展专业人士的一个共同倾向是用生涯导向取代维持生计的活动（Kumar, 2016）。文化准备方法将生涯和生计视为同一种参考框架。因此，在一种情况下，其目标可能是帮助个人探索他们考虑范围之内的、与其能力和兴趣相关的特定生涯领域（例如，法律、新闻或护理）。在另一个更传统的环境中，生涯发展工作可能需要帮助族群识别和获得现代技能，以可行的方式管理其传统职业。阿鲁曼尼（Arulmani, 2014c）介绍了生计计划的概念，他称为生涯发展工作原则的应用，其目的是促进个人对工作的传统式参与，进而获得当代的关联性。此处，通过从当代角度看待传统职业（例如，接受与传统职业有关的正式培训的价值），现有的文化准备平衡得到认可和加强。同时，干预还可以引入需要正规教育的当代职业和生涯。

以文化为媒介的干预的结果和证据

阿鲁曼尼和阿卜杜拉（Arulmani & Abdulla, 2007）将马尔代夫的高中生的文化敏感干预与仅靠指导的生涯干预的结果进行对比，他们发现，如果群体接受的以文化为媒介的方案是专门针对马尔代夫的背景而开展的，那这一群体的消极生涯信念因干预而降低的程度会更大。

"有生"是一种基于 CPPM 且以文化为基础的生涯指导方法，它发源于印度（Arulmani，2010），借鉴了前文列出的原则，历时 3 年得以产生。该方案随后在印度各地区成功实施。这一成功主要归功于干预的文化一致性。例如，维莱（Viray，2017）在印度东北部的高中生中实践了这一方法。她的研究结果表明，参加有生研讨会的学生中，参与者做出生涯决定和学业成就动机的意愿得到改善，生涯信念的消极性显著下降，而那些没有接受以文化为基础的干预的学生中，这些改善并不显著。

在其他亚洲国家，文化准备原则也已被用于制定干预措施，且显示出类似的积极成效（越南：Arulmani，2014d；斯里兰卡：Arulmani，2016；尼泊尔：Shrestha et al.，2018）。这种定性和定量相结合的证据为以下论点提供了支持：基于族群文化准备的干预措施可以产生更好的结果。

评估和生涯指导

生涯发展干预的一个重要功能是与当事人合作，加深他或她的自我认知，尤其要参考他们的个人特征，如兴趣、才能、生涯信念、抱负和动机（Arulmani，2019b）。通常来说，用于引出和解释信息的方法是由生涯发展专业人士的哲学和理论取向决定的。评估和测量方法的基本原理一直是广受争论的主题，而且该领域已经分为定量（心理测量）和定性（非心理测量）两个方向。然而，有一种强大的仲裁力量经常被忽视，那就是文化。以下这种情况极有可能发生：某一评估方法在一种文化中容易被接受，在另一种文化中人们对此较为陌生、认为很奇怪，甚至可能觉得并不合适。定性方法自然适合鼓励对话、会话和个人经历叙事的

221

文化。在其他文化中（例如印度的城市），正规的定量测试是教育体系中不可或缺和预期的一部分。家长和学生都期望、重视且依赖心理测量评估。如果生涯报告没有包含有关子女能力水平的定量信息，那么父母就会质疑咨询过程的其余部分是否可靠。相反，如果心理测量学被用于不承认其价值的文化中，也会出现类似的结果。生涯发展专业人士的培训方案也往往从特定的认识论角度运作。因此，咨询师在一门课程中可能会接受与能力、兴趣和个性相关的心理测试培训，而另一门课程可能会培训他们进行面谈和观察，两者的底层脚本有时带有相互怀疑甚至相互否定的意味①。

文化准备观认为，定量和定性方法都是有价值的，而且与任何单一系统一样，两者都有其局限性。正如心理测试的好坏取决于其题目和常模的文化相关性，定性面谈也几乎完全取决于咨询师的技能和文化准备。当咨询师优先考虑她/他对某种方法或理论的投入，而不是从来访者的文化准备视角解决其需求时，就会出现困难。对当事人感知到的需求缺乏敏感性，可能会动摇其对生涯发展工作本身的信心。从文化准备框架来看，无论是定性方法还是定量方法，单独运用时都不足以用整体和可靠的方式加深当事人的自我理解。

长处与成就问卷

基于文化准备模型，长处与成就问卷（Strengths and Accomplishments Questionnaire, SAQ）是一种融合了定性方法和定量方法的评估方法（Arulmani, 2014b）。该方法的目的是确保测试方法以环境为基础，同时能够为评估者提供可以进行访谈的结构。该方法基于这样的假设：一个人在日常生活中的成就反映了他/她的才能和潜力。反应类别是从个人生活情形中实际存在的机会而得出的，通过这些机会，他/她可以记

222

---

① 作者以程序执行时的脚本作为比喻。——译者注

录各种程度的成就。SAQ 提供了当事人环境中潜在的成就清单，当事人需要选择他们经历过的活动并将实现所选成就的层面具体化。例如，可以是从"个人、私人层面"一直到"被选中代表国家的层面"。评估的目的不是对照规范来确定一个人的分数有多高。相反，评估的目标是确定所评估领域的得分模式。因此，SAQ 更强调个人潜在形象的形态而不是高度。成就清单和反应类别是通过定性方法和定量方法产生的，如系统观察、焦点小组讨论、清单、评级量表和开放式问题。

为了达到这样的规模，生成问卷条目的方式至关重要。如阿鲁曼尼（Arulmani，2014b）所述，SAQ 的条目是通过定性和定量方法生成的，例如系统观察、焦点小组讨论、清单和开放式问题。频率分析被用于计算群体中某项活动的普遍程度，SAQ 工具为该群体而构建。项目生成的参与者包括目标群体的代表性样本、社群中的长者、教师、家长、相关政府官员、非政府组织和其他福利工作者。教科书、报告和其他相关材料也会被用作案头研究的素材。接下来，收集到的信息被组合成问卷条目，并提交给当地一个相关和知情的小组，该小组有资格对最终量表的项目选择发表评论以便迭代修改。至关重要的是，最终选择的条目和反应类别需要在潜在应试者的生活经验范围内。第一个 SAQ 作为印度"有生"计划的一部分得到了开发和试验测试（Arulmani，2010）。随后，在文化准备方法和上述过程的指导下，针对多种文化的 SAQ 被开发出来（例如，越南：Arulmani，2014d；斯里兰卡：Arulmani，2016；尼泊尔：Shrestha et al.，2018；瑞典：Kalin et al.，2018；孟加拉国：Arulmani，2018）。阿拉文扩展了 SAQ 框架，为诵读困难儿童开发了一个评估系统（Aravind & Arulmani，2019）。据其报告，学生更容易接受这种问卷的测试评估，而且初步试验表明，该框架在识别诵读困难者的潜力方面具有较高的准确性。

总而言之，SAQ 是定性的，其允许评估者建构一个评估协议，该协议与测试者通过社会经济、学校教育和文化背景获得的机会保持一致。它强调了与个人生活经历相结合的重要性，为咨询师提供了一个结构以进行指导性访谈，来揭示、识别和评估当事人经验和成就的各个相关方面。同时，该方法基于评级量表的心理测量逻辑，借鉴了定量方法。虽然 SAQ 的结构保持不变，但 SAQ 完全以具体的环境为基础。为一个群体开发的版本可能与另一个群体的文化环境毫不相干。

223

结论

所有人类出生的环境都充满了"以传统、仪式、工具、语言、习俗以及家庭和宗教等集体为代表的以文化为依托的象征性手工艺品"（Arulmani，2019a，p. 197）。因此，环境在文化准备过程模型中十分突出。工作及其表现形式是文化编码的建构，生涯理论家和从业者需要对其进行解码，以确保其接受度、适当性和有效性。该模型假设，文化使个人为所有生活角色做好准备，其中包括工作者角色。它将生涯工作视为一种一致的涵化力量，可以在其文化准备平衡的框架内促进个人和族群的生涯发展。实践文化准备方法并不是要取代现有的生活方式，而是需要认可和承认流行的文化习俗，并协同发挥作用。

参考文献

Albert, S., Porter, J., & Green, J. (2016). Sap and the traditional healer: A tribal (Khasi) understanding of the human potential. *Indian Journal of Career and Livelihood Planning, 4,* 51–60. Retrieved from http://www.iaclp.org/yahoo_site_admin/assets/docs/6_Sandra_Albert.73115654.pdf

Aravind, S., & Arulmani, G. (2019). Understanding the career development of children with dyslexia: The cultural preparation process model of career development. In N.

Arthur, R. Neault, & M. McMahon (Eds.), *Career theories and models at work: Ideas for practice* (pp. 11–20). Toronto: CERIC.

Arthur, N. (2018). A culture-infused perspective on career development theory and practice. In N. Arthur & M. McMahon (Eds.), *Contemporary theories of career development: International perspectives* (pp. 180–194). Abingdon, Oxon: Routledge.

Arulmani, G. (2010). *The Jiva approach to career guidance and counselling: An Indian model (project report)*. Bangalore, India: The Promise Foundation.

Arulmani, G. (2011). Striking the right note: The cultural preparedness approach to developing resonant career guidance programmes. *International Journal for Educational and Vocational Guidance, 11*, 79–93. doi:10.1007/s10775-011-9199-y

Arulmani, G. (2014a). The cultural preparation process model and career development. In G. Arulmani, A. J. Bakshi, F. T. L. Leong, & A. G. Watts (Eds.), *Handbook of career development: International perspectives* (pp. 81–104). New York: Springer.

Arulmani, G. (2014b). Assessment of interest and aptitude: A methodologically-integrated approach. In G. Arulmani, A. J. Bakshi, F. T. L. Leong, & A. G. Watts (Eds.), *Handbook of career development: International perspectives* (pp. 609–630). New York: Springer.

Arulmani, G. (2014c). Career guidance and livelihood planning. *Indian Journal of Career and Livelihood Planning, 3*, 9–11. Retrieved from http://www.iaclp.org/yahoo_site_admin/assets/docs/3_Gideon_Arulmani_IJCLP_Vol_3.43213432.pdf

Arulmani, G. (2014d). *Preparing a guide on career guidance for rural areas and piloting it in Vietnam: Final report*. Hanoi, Vietnam: International Labour Organization.

Arulmani, G. (2016). *Pilot assessment to identify training needs of career guidance officers: Report to the Deutsche Gesellschaft fur International Zusammenarbeit (GIZ), Sri Lanka*. Colombo, Sri Lanka: The Promise Foundation.

Arulmani, G. (2018). *Establishing career guidance and job placement cells under the Skills-21 project in Bangladesh: First report*. Dhaka, Bangladesh: International Labour Organization.

Arulmani, G. (2019a). The cultural preparedness framework: Equilibrium and its alteration. In N. Arthur & M. McMahon (Eds.), *Contemporary theories of career development* (pp. 195–208). New York: Routledge.

Arulmani, G. (2019b). The cultural preparedness model of aspiration and engagement: Understanding the dynamics of integration. *British Journal of Guidance and Counselling, 47*, 20–34. doi:10.1080/03069885.2018.1513284

Arulmani, G., & Abdulla, A. (2007). Capturing the ripples: Addressing the sustainability

224

of the impact of social marketing. *Social Marketing Quarterly*, *13*, 84–107. doi:10.1080/15245000701678438

Arulmani, G., Bakshi, A. J., Leong F. T. L., & Watts, A. G. (2014). The manifestation of career. In G. Arulmani, A. J. Bakshi, F. T. L. Leong, & A. G. Watts (Eds.), *Handbook of career development: International perspectives* (pp. 1–10). New York: Springer.

Cook, E. P., Heppner, M. I., & O'Brien, K. M. (2002). Career development of women of color and White women: Assumptions, conceptualization, and interventions from an ecological perspective. *Career Development Quarterly*, *50*, 291–305. doi:10.1002/j.2161-0045.2002.tb00574.x

Griffin, J. P., & Miller, E. (2007). A research practitioner's perspective on culturally relevant prevention: Scientific and practical considerations for community-based programs. *The Counseling Psychologist*, *35*, 850–859. doi:10.1177/0011000007307999

Kalin, B., Axelsson, L., Petersson, C., & Arulmani, G. (2018, September). *The learning outcomes of structured career guidance using the Strengths and Accomplishments Questionnaire.* Paper presented at the IAEVG International Conference, Gothenburg, Sweden.

Kumar, S. (2016). Advocacy counselling for informal workers: A case for Indian street vendors. *Indian Journal of Career and Livelihood Planning*, *5*, 52–64. Retrieved from http://iaclp.org/yahoo_site_admin/assets/docs/6_Kumar_IJCLP_51.8111346.pdf

Leong, F. T. L., & Hardin, E. (2002). Career psychology of Asian Americans: Cultural validity and cultural specificity. In G. Hall & S. Okazaki (Eds.), *Asian American mental health: Assessment, theories and methods* (pp. 265–281). New York: Kluwer.

Leong, F. T. L., & Hartung, J. P. (2000). Cross-cultural career assessment: Review and prospects for the new millennium. *Journal of Career Assessment*, *8*, 391–401. doi:10.1177/106907270000800408

Leong, F. T. L., & Pearce, M. (2014). Indigenous models of career development and vocational psychology. In G. Arulmani, A. J. Bakshi, F. T. L. Leong, & A. G. Watts (Eds.), *Handbook of career development: International perspectives* (pp. 67–80). New York: Springer.

Ramachandran, K., & Arulmani, G. (2014). Mind the twist in the tale: The story as a channel for culture resonant career counseling. In G. Arulmani, A. J. Bakshi, F. T. L. Leong, & A. G. Watts (Eds.), *Handbook of career development: International perspectives* (pp. 431–452). New York: Springer.

Reese, L. E., & Vera, E. M. (2007). Culturally relevant prevention: The scientific and practical considerations of community-based programs. *The Counseling Psychologist, 35*, 763–778. doi:10.1177/0011000007304588

Shrestha, S., Regmi, S., Aravind, S., & Arulmani, G. (2018). Development of a culturally resonant career guidance programme for community schools in Nepal: The process and outcomes. *Indian Journal of Career and Livelihood Planning, 7*, 3–14. Retrieved from http://www.iaclp.org/yahoo_site_admin/assets/docs/2_Sunita.12230740.pdf

Spokane, A. R., Fouad, N. A., & Swanson, J. L. (2003). Culture-centered career intervention. *Journal of Vocational Behavior, 62*, 453–458. doi:10.1016/S0001-8791(02)00054-4

Stead, G. B. (2004). Culture and career psychology: A social constructionist perspective. *Journal of Vocational Behavior, 64*, 389–406. doi:10.1016/j.jvb.2003.12.006

Stead, G. B. (2007). Cultural psychology as a transformative agent for vocational psychology. *International Journal for Educational and Vocational Guidance, 73*, 181–190. doi:10.1007/s10775-007-9125-5

Thomas, D., & Inkson, K. (2007). Careers across cultures. In M. P. Hugh Gunz (Ed.), *Handbook of career studies* (pp. 451–470). London: Sage.

Tomasello, M. (2000). Culture and cognitive development. *Current Directions in Psychological Science, 9*, 37–40. doi:10.1111/1467-8721.00056

Viray, M. M. (2017). A school-based intervention study of urban and rural indigenous high school students in the East Khasi Hills District, Meghalaya. *Indian Journal of Career and Livelihood Planning, 6*, 29–45. Retrieved from http://www.iaclp.org/yahoo_site_admin/assets/docs/6_Viray_Intervention_29-45.119220302.pdf

第15章
来自发展中国家的生涯发展理论

马塞洛·阿方索·里贝罗（Marcelo Afonso Ribeiro）

摘要 在生涯发展领域，产生于发达国家的理论被引入发展中国家并且得到应用。然而，形成这些理论的社会经济和文化背景与发展中国家的背景并不相同，后者通常以脆弱性和不稳定性为典型特征。理论和实践如果想要对生涯发展服务的用户有所帮助，就必须情境化。本章有两个目的：第一，通过跨文化对话提议，讨论将理论置于情境中的必要性，以帮助人们解决生涯问题并促进社会公正；第二，介绍拉丁美洲、非洲和亚洲的发展中国家产生的生涯理论和实践，并讨论其作为扩展发达国家主流生涯发展理论的替代方案所具备的潜力。这些理论可以被视为发展中国家对世界社会公正议程的贡献。

关键词 生涯发展理论，发展中国家，跨文化对话，脆弱性，社会公正

引言

本章探讨了产生于发展中国家的生涯理论和实践如何扩展了主要发端于发达国家的主流生涯发展理论。第一部分介绍本章的目标，引入关键问题并将其情境化。第二部分探讨将理论情境化的必要性以及发展中

国家提出的理论的重要性，同时介绍并讨论了建构情境化理论的跨文化对话框架。第三部分提供了发展中国家的部分理论示例。结论部分总结了本章主要论点的意图和重点。

　　本章有两个目的。第一，通过跨文化提议，讨论将理论置于情境中的必要性，以适当地帮助人们解决生涯问题，促进社会公正。为此，有必要分析从发达国家向发展中国家引进理论方法所带来的影响和结果。我们也需要思考，在发展中国家的情境下产生理论和概念所面临的主要障碍。第二，用拉丁美洲（阿根廷和巴西）和亚洲（中国、印度和印度尼西亚）的例子介绍产生于发展中国家的生涯理论和实践，并讨论了其作为主流生涯发展理论的替代方案以及发展中国家对社会公正议程的贡献所具备的潜力。这并不是要用另一套理论取代发达国家的理论，而是要扩展这些理论，使其在多种情境下具备解释力。本章试图为双方对话开辟空间，这种对话认可两大理论体系的重要性，但又不会将双方的理论强加于彼此。

226

全球生涯发展理论中的关键问题

　　生涯发展领域的特色是那些产生于美国、加拿大、西欧、澳大利亚、新西兰和亚洲发达国家的理论，这些理论已引进到非洲、拉丁美洲和亚洲发展中国家并且得到应用。有观点认为，根据社会经济和政治特征，可以将世界大致划分为"发达"和"发展中"两大部分。（World Bank，2013）

　　随着时间推移，许多生涯发展理论诞生了。这些理论范围广泛，从传统的理论方法（例如，特质因素理论、类型学理论、发展理论和决策理论）到 20 世纪后期的理论方法（例如，社会认知理论、情境行动理论和系统理论）和 21 世纪的方法（例如，人生设计和工作心理学）。需要承认的是，所有这些理论都来自发达国家。然而，它们已被用于世界

各地的情境中 (Arulmani, 2007; Maree, 2010; Ribeiro et al., 2015; Savickas, 2011; Sultana, 2017a)。

发达国家理论方法在世界各地的主导地位应该被视为殖民主义立场的结果 (Benachir, 2017; Santos, 2014; Sarr, 2016; Sultana, 2018)。这种主导地位以霸权全球化生产模式或自上而下的全球化进程为基础 (Santos, 2014)。理论方法是社会和文化的产物，因此，它们的前提和概念受到这些因素的巨大影响。这些理论设定了一种世界观和人类概念，该概念构建了生活中被视为可能存在和令人向往的东西 (Blustein, 2013; Ribeiro, 2016)。

根据马扎维 (Mazawi, 2007) 的说法，这一过程导致了知识赤字，因为它阻碍了发展中国家的人拥有自己的话语体系。在生涯发展领域，这一过程限制了那些可能提出理论和概念的人，并迫使他们复制从发达国家引入的去语境化的理论。这一过程被贴上了全球社会不公正 (Santos, 2014)、认知不公正 (Benachir, 2017; Fricker, 2007) 或殖民主义认知不公正 (Bhargava, 2013) 的标签。由于霸权和缺乏对新兴理论的开放性，这阻止或妨碍发展中国家的理论产生，使得非传统情境下的理论方法难以出现 (Arulmani, 2007)。

相比发展中国家的生涯发展理论，发达国家理论通常处于主导地位，我们有必要对这一事实进行挑战和批判。发达国家理论的主导地位导致了认知和存在方式的普遍化、去语境化和强制化 (Arulmani, 2014a; Irving, 2010; McMahon et al., 2008)。其中，某些情境（主要来自发达国家）中的文化特定假设（主位研究法）得到改编和合法化，而成为全球的主流概念（客位研究法）。这令生涯发展理论转变为强加的客位模型，而且不能充分适用于其他文化 (Berry, 1989)，其基于一个所谓的官方版本的现实状况，强制推行了一个占主导地位的符号体系 (Irving, 2010; Leong & Pearce, 2011; Rascován, 2005; Ribeiro et al., 2015; Sultana, 2018)。通过这种方式，出现了"文化偏见"理论，

因而在识别来自不同文化的当事人需求方面造成了障碍（Launikari &
Puukari, 2005, p. 31）——例如，类型学、社会认知和情境行动理论。

同样值得注意的是，发达国家的大多数理论通常以选择自由（例如
特质因素理论、社会认知理论和人生设计理论）为基础。尽管在全世界，
选择都在某种程度上受到限制，但在发展中国家，社会经济条件、宗教
价值观和家庭责任对选择自由的限制往往更加明显（Arulmani, 2014b；
Leong & Pearce, 2011）。

然而，我们有必要指出，发达国家的许多文章也不是仅仅关注
个人，而是更多强调了情境和结构的重要性，但与个人主义和心理
学主流相比，这些被探讨得较少（Bimrose et al., 2015；Blustein,
2013；Cohen-Scali et al., 2018；Hooley et al., 2019；Sultana, 2017a,
2017b, 2018）。

发展中国家一直在引进发达国家产生的理论方法，并将其应用于各
自的国家。然而，设计这些方法的完整情境并没有与理论一起被引进。
桑托斯（Santos, 2014）将这一运动定义为本地化的全球主义，这被认
为是由跨国实践和当地条件制约所造成的特定影响。因此，理论和实践
之间产生了不协调（Lawrence, 2017；Ribeiro & Fonçatti, 2017）。

在这一方面，里贝罗和丰萨蒂（Ribeiro & Fonçatti, 2017）总结了
在发展中国家情境下构成和运用生涯发展理论的四种方式。他们认为，
发展中国家的生涯发展可能：（1）引入建构于发达国家的理论，并将其
不加改变地应用于发展中国家的情境（在没有适应的情况下并入或复
制）；（2）引入建构于发达国家的理论，进行一些更改，以应对当地特
点（适应）并将其应用于发展中国家的情境；（3）忽略发达国家预先存
在的理论，从发展中国家的情境中产生新的理论，这些理论脱离了主流
生涯发展理论（拒绝、孤立和生产）中产生的东西；（4）通过发达国家
的主导知识和发展中国家现实的情境化日常生活知识之间的跨文化对话
来产生理论（通过共同建构进行跨文化对话）。在后两种生涯发展理论

228

的产生方式下，发展中国家可能有机会提出理论、概念和实践，但往往不被主流生涯发展理论所关注，其对该领域的贡献往往受到忽视并且很少被注意到，不过也有例外（Arulmani et al., 2014；Cohen-Scali et al., 2018；Hooley et al., 2019；Irving & Malik, 2004；Sultana, 2018）。

此处必须指出，发达国家产生的理论方法已经建立并巩固了生涯发展领域。尽管这些理论受到了批评，但它们是发展中国家研究人员和从业者进行实践的重要参考，也界定了发展中国家现有理论的有用性。如前所述，笔者不建议用发展中国家的理论取代发达国家的理论，而建议将理论扩展，使其能够在多种情境下具有解释力。笔者的目标是为双方对话开辟空间，这种对话认可两大理论体系的重要性，但又不会让双方强加于彼此。

发展中国家建构情境化理论

理论情境化的必要性

布鲁斯坦（Blustein, 2013）和萨维科斯（Savickas, 2011）强调，生涯发展理论必须被情境化，以避免普遍主义概念。然而，这些理论经常不加改变地应用于发展中国家，人们也并未认识到文化多样性和社会多样性。

发达国家的理论家解决当事人群体多样情境问题的方式主要有三种：（1）在生涯发展中建构多元文化提议，通过适应与生涯发展当事人文化特征相关的理论和实践促使该领域本土化（Launikari & Puukari, 2005；Leong & Pearce, 2011；Savickas, 2011）；（2）叙事运动的出现和巩固，旨在促进讲故事和创造意义，并允许生涯发展当事人通过自己的文化参考来理解情境并构建意义（Maree, 2010；Nota & Rossier, 2015）；（3）生涯指导和社会公正运动的发展和加强，该运动旨在通过解放战略扩大批判性意识以打击社会不公（Blustein, 2013；Hooley et al., 2019；Irving, 2010；McMahon et al., 2008）。

然而，除了某些例外，这些理论忽略了那些来自非传统和非主导语境的人对产生理论的需求（Berry, 1989；Hooley & Sultana, 2016；Sultana, 2017a, 2017b, 2018）。

从发展中国家产生理论的重要性

根据贝纳奇尔（Benachir, 2017）和萨尔（Sarr, 2015）的说法，在非主导语境中建立理论是通过两种政治和社会行动重塑文明的问题：（1）产生知识和创新；（2）通过尊重本土的认识论来培养对他人的尊重（Hooley & Sultana, 2016）。

苏丹娜（Sultana, 2017a）认为，这既是一个前所未有的机会，可以"以不同的方式表达'思考'和'行为'、生涯指导方式"（p. 8），也是一个挑战，要审视并"以其他方式"看待"主流的'西方'生涯指导方法，通过不同的文化、生活取向、经济背景和日常生活条件的视角进行筛选和调整"，努力"重新定义该领域，并使其在不同的地区情境下具有意义"（Sultana, 2017b, p. 8）。因此，地方主义"维护社会公正"（Sultana, 2018, p. 48）。

阿鲁曼尼（Arulmani, 2007）、梁和皮尔斯（Leong & Pearce, 2011）以及苏丹娜（Sultana, 2017b）强调，生涯发展领域的情境化理论需要适应欠发达国家和发展中国家的特定特征。对此，苏丹娜认为，"为发展中国家提供发言的空间和机会，并让其使用自己的行动方式"来发展生涯理论是极有必要的（Sultana, 2017b, p. 7）。

构建情境化理论的跨文化对话框架

梁和皮尔斯（Leong & Pearce, 2011）认为，理论方法应该更具包容性，应该考虑到社会阶层、种族/民族和性别/性取向等方面的差异。理论方法还应将发达国家模式下的文化有效性与非主导性情境（如发展

229

中国家）中的文化特殊性相互关联。要考虑和适当重视当地的情境，并将其与全球背景联系起来，多位作者都对此表示同意，其中包括来自发展中国家的阿鲁曼尼（Arulmani, 2007）、贝纳奇尔（Benachir, 2017）、哈利勒（Khalil, 2015）、马瑞（Maree, 2010）、拉斯科万（Rascován, 2005）、里贝罗（Ribeiro, 2018）和里贝罗等人（Ribeiro et al., 2015），还有来自发达国家的布鲁斯坦（Blustein, 2013）、杜阿尔特和卡多佐（Duarte & Cardoso, 2018）、胡利和苏丹娜（Hooley & Sultana, 2016）以及欧文（Irving, 2010）。因此，生涯发展领域的研究和实践活动应根据当地情况进行文化调整（Fan & Leong, 2016）。

萨尔（Sarr, 2015, 2016）强调，发展中国家应该摆脱目前信息提供者或案例研究主体的地位，发挥公认且合理的知识生产者的作用。在这一点上，我们迫切需要对主流话语的批评和贴近现实的新方法。这将需要认知方面的分权或认识论的断裂以及知识的非殖民化，在这一过程中，霸权主义的原则被解构，话语得到重塑（Imorou, 2017）。这种新方法需要重建认识论的想象力，重构未来的隐喻，并探索其他理解地方和全球背景的方式。

地方和全球之间的相互关联是思考发展中国家理论提议的关键问题。这种关联"既是普遍的，也是文化特有的，因为其考虑了基本问题的普遍性和答案的差异"（Pitkänen, 2005, p. 127），从而避免了文化相对主义——因为缺乏被普遍接受的原则，这种主义阻碍了不同文化之间的对话（Matilal, 1991）。

这就引出了一个问题，即如何建立能够将地区和全球联系起来的情境化理论，换句话说，如何将通常产生于发达国家的全球概念与地区特点联系起来。这旨在重建概念，使其有本地相关性、适用于多种情境。

桑托斯（Santos, 2014）提出的跨文化对话原理属于一般性原则，其旨在通过不同情境（例如，发展中国家和发达国家）中的不同知识和技能之间的关联来促进理论和相应实践的共同建构。这里必须指出，任何一种知识都不能凌驾于其他知识之上，得到的知识也不能被普遍化，因为知识的创造总是不完整的，任何普遍化的主张都是错误的。理论和概念的重建一直以来都必不可少，并且应该在与情境相互作用的方式下进行（Freire，1975；Hooley & Sultana，2016；Martín-Baró，1994）或与情境共同建构（Nota & Rossier，2015）。这些过程必须"与他人一起建立，而不是**为他人建立**"（Freire，1975，p. 32）。

桑托斯（Santos，2014）将这一过程称为知识生态，并认为所有知识都是不全面的，应该通过所有相关社会行动者之间的全面性对话（所谓的**跨文化对话**）来建构。因此，席尔瓦、佩瓦和里贝罗（Silva et al.，2016）断言，"有效的知识是情境化的知识；只有在考虑到文化差异和政治差异时才是有效的……有效的知识应该以现实为导向，现实既是起点，也是终点"（p. 48），这也是弗莱雷（Freire，1975）和马丁－巴罗（Martín-Baró，1994）所陈述的观点。

因此，跨文化对话框架是建构情境化理论的一种很有潜力的方式，这些理论嵌入了不同的情境和社会实践，并且不存在一种文化的地位高于另一种文化的情况。这样的框架由一种深刻的不完整感驱动，缺乏完整的意图。一般而言，跨文化对话发生在两种文化和政治上截然不同的人或群体（例如，来自发展中国家的研究人员和发达国家的研究人员）之间，人们的为人处世方式不同，在世界上的生活方式不同，这些方式指导着人们的思想和活动。这种社会关系能够促使社会既定意义的解构和重建，并带来变化（例如，理论的更新或新的理论方法）。

该框架要求并认为，在不同知识和文化的交流过程中，"要在给定的文化空间中互相承认不同的文化，并通过共同建构过程进行对话"（Silva et al.，2016，p. 47）。我们必须强调的是，跨文化对话必须是共同的决定，而不是单方面的决定。因此，正如里贝罗和丰萨蒂（Ribeiro & Fonçatti，2017）所说，在发展中国家的情境下，从生涯发展理论构成和应用的四种方式中选择其一，这必须由每个研究人员或从业者决定，否则将成为一种新的强制行为。

在这一方面，胡利等人（Hooley et al., 2019）提出了通向情境化和社会公正的生涯指导的五个路标，其中包括：开展觉悟启蒙运动；揭露压迫；质疑标准并审视标准背后的假设和权力关系；鼓励人们开展集体行动；从个人层面推广到全球层面，反之亦然。

在此前的讨论、桑托斯（Santos, 2014）提出的跨文化对话框架以及上文提到的五个路标的启发下，本章提出了一些具体原则，可以用来支持生涯发展中情境化理论的建构。第一，在认识论层面，必须重建生涯发展领域的主要概念，并优先考虑跨学科性（Rascován, 2005；Ribeiro, 2016, 2018）。第二，必须在生涯发展理论和实践中纳入社会和文化情境（例如，性别 / 性取向、社会阶层和种族 / 族裔的交叉性问题；Blustein, 2013；Ribeiro, 2018；Ribeiro & Almeida, 2019）。第三，在传统的一对一工作模式外，应增加基于群体的干预和社群主义战略，以便适当地满足发达国家盛行的个人主义文化模式和发展中国家中占主导地位的集体主义文化模式（Arulmani, 2007；Maree, 2010；Rascován, 2005；Ribeiro, 2016；Sultana, 2017a）。最后，为生涯发展建构一个政治和道德方案极其重要（González Bello & Ledezma, 2009；Ribeiro, 2018；Sultana, 2017b）。

桑托斯（Santos, 2014）称这一过程为反霸权或自下而上的全球化，并将其定义为世界主义。在这种全球化模式下，能够培养所有重要行动者的开放精神，并建立跨国知识以捍卫共同利益。知识产生于互动，而非强加的行为。这一过程产生了混杂体或杂糅的知识，它们都源于地方与全球关系的变革。

根据里贝罗（Ribeiro, 2017）的说法，这些创新是关系性的，与规范的形成不同，并且在主流看来可能是不寻常的。一方面，它们可以在文化和社会上合法化，并及时作为混杂体纳入占主导地位的符号系统（例如，生涯发展理论的主流）（Latour, 1993）。另一方面，它们可能在文化和社会上不被认可，并继续被主流视为异类。例如，发展中国家产生的大多数生涯发展理论都被该领域的主流所忽视。总之，杂糅理解和跨文化对话应成为生涯发展建构情境化理论方法的基本原则。

下一节将介绍来自发展中国家的理论示例，以此作为对情境化理论方法的简要概述，这些方法可以被视为拓展生涯发展理论主流的替代方案。

来自发展中国家的理论示例

232

本节提供了产生于阿根廷和巴西（拉丁美洲）以及中国、印度和印度尼西亚（亚洲）等发展中国家的理论及相应的实践示例。要注意的是，这些并不是唯一的例子，不过它们很好地展现了发展中国家提出理论的方式。

在中国，儒学式的人际关系、家庭取向和牺牲自我奉献群体是生涯建构的关键因素。从这个意义上说，中国传统文化价值观在生涯建构中起着举足轻重的作用，生涯发展从业者必须意识到这一点。因此，一种文化包容性方法正处于发展之中，该方法聚焦于集体主义的影响、中国集体主义和个人主义价值观之间出现的冲突，以及实际经验和口头传统的重要性（Fan & Leong, 2016；Tien & Wang, 2016）。

根据范和梁（Fan & Leong, 2016）以及黄（Hwang, 2009）的说法，价值冲突是中国生涯发展的关键问题，并且中国已经制定了一些策略来应对提出文化包容性方法的挑战。主要策略是识别儒家文化遗产与西方个人主义之间的价值冲突，建构评估价值冲突的心理测量工具，并使用"中国当事人处理人际冲突的情境自我关系协调模型"（Hwang, 2009, p. 930）。虽然这是为中国的情境设计的，但文化包容性方法展示了一种建立知识的方法，可以应用于任何以价值冲突为关键问题的情境。

在印度尼西亚，西玛木偶咨询模型是基于爪哇文化提出的，其所用的木偶（西玛）是印度尼西亚祖先的文化遗产的一部分，目的是讨论人性和行为（Habsy et al., 2019）。印度尼西亚的木偶包含爪哇社会内心世界对智慧的崇高价值观。因此，一个人不是一个单独的个体，而是"源自上帝的爪哇人格"的一部分。在印尼社会，人与人之间相互联系，家庭是生活的基础。因此，在他们看来，从业者在生活中是可敬的父母，并将西玛表演用作帮助当事人面对问题和规划未来的共同方式。西玛和他的孩子们用言语和行动中的感觉和认知以解决出现的问题，从而教导人们如何处理当前生活支离破碎的状况。该模型旨在促进爪哇人从危机到健康的转变，这种转变过程基于西玛崇高的价值观。

在印度，吉迪恩·阿鲁曼尼（Arulmani, 2007）强调了"对现实的直观和体验方法……而非客观的观察和测量"（pp. 71–72）的重要性，以及将物质和精神以及时间和形而上学联系起来的需要（参见本书第14章）。他提出了一种文化准备过程模型，该模型"是一个让情境定义生涯发展的框架"（Arulmani, 2014a, p. 101），因为如果脱离了生涯概念的产生情境，那么任何理解它的尝试都不可能实现。该模型提出"虽然濡化的社会化力量在生涯发展方面创造了一种文化准备状态平衡，但涵化的力量改变了这种平衡"（Arulmani, 2014a, p. 101）。在这个模型中，生涯发展从业者应该了解影响文化准备状态平衡的过程，以协助当事人重新参与工作和生涯。

在阿根廷，塞尔吉奥·拉斯科万（Rascován, 2005）提出了一个关键、复杂的跨学科范式。首先，这是一个关键范式，因为生涯发展中的每一个理论和实践都应该通过强调生涯建构中形成的权力关系来支持**解放理性**。其次，它是一个复杂的范式，因为它不仅关注个人问题，而且还旨在触及职业的复杂性，这是在对医疗卫生、教育、工作和主观性的综合考虑下建构的。最后，这是一个跨学科范式，因为生涯职业这一领域包含许多现象，并不只有单一的对象。换句话说，它是一系列不可分割的社会、文化、政治和个人问题交织在一起的结果。

生涯发展的主要目标是确定脆弱的社会心理纽带所在的社会系统领域（医疗卫生、教育和工作），并试图帮助重建社会保护，同时又不忽视对个人的关注。其旨在帮助那些在社会和就业状况中处于弱势的人，"通过共享支持和充当他们与社群行动者和机构之间关系的中介来实现教育和劳动目标"（Ribeiro et al.，2015，p. 202）。这就是提议的范式倾向于社群主义生涯发展实践的原因，这种实践通过"共享支持和发挥咨询师与社群行动者和机构之间的中介作用"来实现（Ribeiro et al.，2015，p. 198）。

巴西的两项相关提案以不同的方式提出了生涯发展的理论和实践。前者的构思没有参考产生于发达国家的生涯发展主流（拒绝生产理论的方式），后者是通过发达国家与发展中国家的情境化理论（产生理论的共同建构方式）之间的跨文化对话而提出的。

首先，西尔维奥·博克（Silvio Bock）提出了一种基于历史和辩证唯物主义的生涯发展的社会历史方法，并受到保罗·弗莱雷（Freire，1975）观点的启发。该方法旨在提高人们对社会历史情境以及对他们在权力关系中所占据的地位的认识，以寻找超越这种方法的新方法。为此，一些基于群体的干预措施得到实施（Ribeiro et al.，2015）。

从技术上讲，这种方法将活动和辩论用作干预策略，讨论电视节目、报纸报道和互联网资源（例如 YouTube 视频）中的社会问题，最重要的是，讨论当事人对自己的社会现实叙事中的社会问题。这些活动和辩论以小组或学校的班级为单位进行。生涯发展模式基于对三个阶段的讨论：（1）探索选择的意义；（2）开展生涯发展活动；（3）提供信息并利用这些信息来提高当事人的自我认知。所有的辩论都需要根据每个当事人的社会背景来进行情境化。从业者扮演中间人的角色，以促进觉悟启蒙过程，并帮助当事人培养对社会和劳动力市场现实的批判性理解（Bock & Bock，2005）。

其次，在巴西，马塞洛·里贝罗（Marcelo Ribeiro）提出的跨文化

234

生涯发展方法融合了社会建构主义的认识论，主要受到人生设计范式（Nota & Rossier，2015）和工作心理学（Blustein，2013）的启发，这些理论来自发达国家，同时也有来自发展中国家的情境化理论，包括批判教育学（Freire，1975）、解放心理学（Martín-Baró，1994）和脆弱性与人权框架（Paiva，2005）等其他理论（Ribeiro，2016，2018；Silva et al.，2016）。跨文化生涯发展方法基于两个主要原则——跨文化对话（Santos，2014）和混杂主义（Latour，1993）——以及一些理论和实践基础，包括关系本体论（Blustein，2013）、可叙述性（Nota & Rossier，2015）、批判意识（Freire，1975）、历地解释学（Santos，2014）、话语验证（Winslade，2005）和权利主体性（Paiva，2005）。该方法旨在帮助人们了解他们在权力结构中所处的位置，意识到这些结构，并寻求突破这些结构的可能性。生涯发展实践基于叙事建构、对这些叙事中的社会话语的识别、对上述两者进行解构，以及对涉及生涯建构的交叉性问题的叙事重构。通过让人们积极参与生涯发展当事人的生涯建设，该方法将社群主义代理人和情境嵌入生涯发展工作中（Ribeiro，2016，2018；Silva et al.，2016）。

生涯发展实践可以单独进行，也可以在5—12人的小组进行。主要工具是从业者与当事人或当事人群体之间的对话、项目建设，以及与当事人身边的人和与当事人生活在相同情境下的人进行社群主义辩论，以建立一种扩大对话、谈判意义、避免理想化项目和整合差异的方式。跨文化方法的核心是，从业者像中介一样行事："他/她不应该只协助个人的生涯建构过程，而应该培养社群主义网络，以便探索当事人的情境中已有和潜在的生涯建构机会"（Ribeiro，2018，p. 140）。这涉及将生涯发展过程与当事人的生活叙事和工作项目以及当事人的家庭社群经验联系起来，因此跨文化方法将生涯发展定义为一种社群主义战略（Rascován，2005）。

这一中介定位"支持混杂干预的基本原理，根据该原理，知识建立在特定情境中涉及的所有社会行动者的关系之上"（Ribeiro & Almeida, 2019, p. 609），从业者－当事人关系延伸到所有当事人与世界的关系。这一点必不可少，因为从业者不是当事人世界的一部分，当事人需要利用其家庭社群的资源共同建构有意义的工作生活项目。

　　重要的是，前文讨论的方法只是几个例子。发展中国家的理论和技术提议更多，包括来自拉丁美洲人生意义的过渡性指导（Brunal et al., 2018）以及来自南非的定性和定量相结合的方法（Maree, 2018）。

结论

　　苏丹娜（Sultana, 2018）指出，"情境十分重要"（p. 48），发展中国家应该拥有自己的话语体系。从这个意义上说，发展中国家一直以两种方式产生情境化的理论和实践，正如里贝罗和丰萨蒂（Ribeiro & Fonçatti, 2017）所论证的那样：要拒绝，也要共同建构。前者与 S. D. 博克和 A. M. B. 博克（Bock & Bock, 2005）、哈布西等人（Habsy et al., 2019）和拉斯科万（Rascován, 2005）的提议一致；后者则与阿鲁曼尼（Arulmani, 2007, 2014a）、范和梁（Fan & Leong, 2016）、黄（Hwang, 2009）和里贝罗（Ribeiro, 2016, 2018；Silva et al., 2016）的主张相同。

　　这些建议部分涉及可用于支持建构生涯发展的情境化理论的具体原则。所有这些提议都涉及生涯发展理论中的社会和文化情境，并且都试图重构相关概念与实践。然而，基于群体的干预和社群主义策略在拉丁美洲的提案中更为常见，而家庭和精神层面的提议在亚洲更为常见。

　　对于本章探讨的所有发展中国家理论方法，一种可能的批评是，他们需要分析自己是否正在特定情境下将概念和实践普遍化，是否正在做他们认为存在争议和有压迫性的事情：通过理论方法强加一种认识和存在的方式。

总而言之，发展中国家有能力促进生涯发展领域的更新和民主化，但这一进程从根本上来说，应该是通过与发达国家的跨文化对话而采取的联合行动，以便可以考虑基本问题和共同问题的普遍性以及答案和由此产生的做法的差异。

参考文献

Arulmani, G. (2007). Counselling psychology in India: At the confluence of two traditions. *Applied Psychology, 56,* 69–82. doi:10.1111/j.1464-0597.2007.00276.x

Arulmani, G. (2014a). The cultural preparation process model and career development. In G. Arulmani, A. J. Bakshi, F. T. Leong, & A. G. Watts (Eds.), *Handbook of career development: International perspectives* (pp. 81–103). New York: Springer.

Arulmani, G. (2014b). Career guidance and livelihood planning. *Indian Journal of Career and Livelihood Planning, 3,* 9–11.

Arulmani, G., Bakshi, A. J., Leong, F. T., & Watts, A. G. (Eds.). (2014). *Handbook of career development: International perspectives.* New York: Springer.

Benachir, B. (2017). Sous l'injustice épistémologique, la clarté et une éthique possibles [Under epistemological injustice, clarity and possible ethics]. *Alazmina-Alhadita, 15,* 35–49.

Berry, J. W. (1989). Imposed etics–emics–derived etics: The operationalization of a compelling idea. *International Journal of Psychology, 24,* 721–735. doi:10.1080/00207598908247841

Bhargava, R. (2013). Overcoming the epistemic injustice of colonialism. *Global Policy, 4,* 413–417. doi:10.1111/1758-5899.12093

Bimrose, J., McMahon, M., & Watson, M. (Eds.). (2015). *Women's career development throughout the lifespan: An international exploration.* New York: Routledge.

Blustein, D. L. (2013). The psychology of working: A new perspective for a new era. In D. L. Blustein (Ed.), *The Oxford handbook of the psychology of working* (pp. 3–18). New York: Oxford University Press.

Bock, S. D., & Bock, A. M. B. (2005). Orientación profesional: una aproximación socio-histórica [Career guidance: A socio-historical approach]. *Revista Mexicana de Orientación Educativa, 5,* 4–16.

236

Brunal, A., Vásquez, S. G., Mora, A., Borja, C., & León, S. O. (2018). Orientación transicional para el sentido de la vida [Transitional guidance for meaning of life]. *Revista Orientacción, 4*. Retrieved from https://www.issuu.com/amilkarbrunal/docs/orientaccion_2018_orientacintran

Cohen-Scali, V., Pouyaud, J., Podgórny, M., Drabik-Podgórna, V., Aisenson, G., Bernaud, J.-L.,...Guichard, J. (Eds.). (2018). *Interventions in career design and education: Transformation for sustainable development and decent work*. New York: Springer.

Duarte, M. E., & Cardoso, P. (2018). Life design and career counseling: Contributions to social justice. In: Cohen-Scali, V., Pouyaud, J., Podgórny, M., Drabik-Podgórna, V., Aisenson, G., Bernaud, J.-L.,...Guichard, J. (Eds.). *Interventions in career design and education: Transformation for sustainable development and decent work* (pp. 215–229). New York: Springer.

Fan, W., & Leong, F. T. (2016). Career development and intervention in Chinese contexts. *Career Development Quarterly, 64*, 192–202. doi:10.1002/cdq.12054

Freire, P. (1975). *Conscientization*. Geneva: World Council of Churches.

Fricker, M. (2007). *Epistemic injustice*. Oxford: Oxford University Press.

González Bello, J. R., & Ledezma F., M. A. (2009). Guidance and counseling in Latin America. *Orientación y Sociedad, 9*, 1–10.

Habsy, B. A., Hidayah, N., Lasan, B. B., & Muslihati, M. (2019). The construction of Semar counseling. *European Journal of Education Studies, 6*, 45–63.

Hooley, T., & Sultana, R. G. (2016). Career guidance for social justice. *Journal of the National Institute for Career Education and Counselling, 36*, 2–11. doi:10.20856/jnicec.3601

Hooley, T., Sultana, R. G., & Thomsen, R. (Eds.). (2019). *Career guidance for social justice: Reclaiming justice*. Abingdon, UK: Routledge.

Hwang, K. K. (2009). The development of indigenous counseling in contemporary Confucian communities. *The Counseling Psychologist, 37*, 930–943. doi:10.1177/0011000009336241

Imorou, A. (2017). Le nouveau discours Africain, version bêta [The new African speech, beta version]. *Études Littéraires Africaines, 43*, 145–151. doi:10.7202/1040923ar

Irving, B. A. (2010). (Re)constructing career education as a socially just practice. *International Journal for Educational and Vocational Guidance, 10*, 49–63. doi:10.1007/s10775-009-9172-1

Irving, B. A., & Malik, B. (Eds.). (2004). *Critical reflections on career education and guidance: Promoting social justice within a global economy*. Abingdon, UK:

Routledge.

Khalil, S. (2015). Career guidance as educational innovation: A case study of Egypt. *Indian Journal of Career and Livelihood Planning, 4,* 5–10.

Latour, B. (1993). *We have never been modern.* Cambridge, MA: Harvard University Press.

Launikari, M., & Puukari, S. (2005). *Multicultural guidance and counselling.* Jyväskylä, Finland: Institute for Educational Research.

Lawrence, W. P. W. (2017). Career and life planning education in Hong Kong. *Hong Kong Teachers' Centre Journal, 16,* 125–149.

Leong, F. T., & Pearce, M. (2011). Desiderata: Towards indigenous models of vocational psychology. *International Journal for Educational and Vocational Guidance, 11,* 65–77. doi:10.1007/s10775-011-9198-z

Maree, J. G. (2018). Using career construction to manage career choice-related transitions and resolve indecision: A case study. In A. Di Fabio & J.-L. Bernard (Eds.), *Narrative interventions in post-modern guidance and career counseling* (pp. 15–29). Cham, Switzerland: Springer.

Maree, J. G. (2010). Brief overview of the advancement of postmodern approaches to career counseling. *Journal of Psychology in Africa, 20,* 361–368. doi:10.1080/14330 237.2010.10820387

Martín-Baró, I. (1994). *Writings for a liberation psychology.* Cambridge, MA: Harvard University Press.

Matilal, B. (1991). Pluralism, relativism, and interaction between cultures. In E. Deutsch (Ed.), *Culture and modernity: East–West philosophic perspective* (pp. 141–153). Honolulu: University of Hawaii.

Mazawi, A. E. (2007). "Knowledge society" or work as "spectacle"? Education for work and the prospects of social transformation in Arab societies. In L. Farrell & T. Fenwick (Eds.), *Educating the global workforce* (pp. 240–260). London: Routledge.

McMahon, M., Arthur, N., & Collins, S. (2008). Social justice and career development: Looking back, looking forward. *Australian Journal of Career Development, 17,* 21–29. doi:10.1177/103841620801700205

Nota, L., & Rossier, J. (Eds.). (2015). *Handbook of life design.* Boston: Hogrefe.

Paiva, V. (2005). Analysing sexual experiences through "scenes." *Sex Education, 5,* 345–358. doi:10.1080/14681810500278295

Pitkänen, P. (2005). A philosophical basis for multicultural counselling. In M. Launikari & S. Puukari (Eds.), *Multicultural guidance and counselling* (pp. 137–147). Jyväskylä,

237

Finland: Institute for Educational Research.

Rascován, S. E. (2005). *Orientación vocacional: Una perspectiva crítica* [Career counselling: A critical perspective]. Buenos Aires, Argentina: Paidós.

Ribeiro, M. A. (2016). Career counseling for people in psychosocial situations of vulnerability and flexicurity: A social constructionist proposal. In T. V. Martin (Ed.), *Career development: Theories, practices and challenges* (pp. 79–110). New York: Nova.

Ribeiro, M. A. (2017). Reflecting upon reality in a psychosocial manner. In A. M. Columbus (Ed.), Advances in *Psychology Research* (Vol. 132, pp. 113–143). New York: Nova.

Ribeiro, M. A. (2018). Towards diversified ways to promote decent working trajectories: A life and career design proposal for informal workers. In V. Cohen-Scali, J. Pouyaud, M. Podgórny, V. Drabik-Podgórna, G. Aisenson, J. L. Bernaud, I. Abdou Moumoula, & J. Guichard (Eds.), *Interventions in career design and education: Transformation for sustainable development and decent work* (pp. 131–151). New York: Springer.

Ribeiro, M. A., & Almeida, M. C. C. G. (2019). A socio-constructionist career counseling model grounded in the intersectionality of gender, class and race/ethnicity. In J. G. Maree (Ed.), *Handbook of innovative career counselling* (pp. 597–613). New York: Springer.

Ribeiro, M. A., & Fonçatti, G. O. S. (2017). The gap between theory and reality as a generator of social injustice. In T. Hooley, R. G. Sultana, & R. Thomsen (Eds.), *Career guidance for social justice: Contesting neoliberalism* (pp. 193–208). Abingdon, UK: Routledge.

Ribeiro, M. A., Uvaldo, M. C. C., & Silva, F. F. (2015). Some contributions from Latin American career counselling for dealing with situations of psychosocial vulnerability. *International Journal for Educational and Vocational Guidance, 15,* 193–204. doi:10.1007/s10775-015-9285-7

Santos, B. S. (2014). *Epistemologies of the south.* Boulder, CO: Paradigm.

Sarr, F. (2015). Economics and culture in Africa. In C. Monga & J. Y. Lin (Eds.), *The Oxford handbook of Africa and economics* (Vol. 1, pp. 334–350). Oxford: Oxford University Press.

Sarr, F. (2016). *Afrotopia.* Paris: Philippe Rey.

Savickas, M. L. (2011). New questions for vocational psychology: Premises, paradigms, and practices. *Journal of Career Assessment, 19,* 251–258. doi:10.1177/1069072710395532

Silva, F. F., Paiva, V., & Ribeiro, M. A. (2016). Career construction and reduction of psychosocial vulnerability: Intercultural career guidance based on Southern epistemologies. *Journal of the National Institute for Career Education and Counselling, 36,* 46–53. doi:10.20856/jnicec.3606

Sultana, R. G. (2017a). Career guidance in multicultural societies: Identity, alterity, epiphanies and pitfalls. *British Journal of Guidance & Counselling, 45,* 451–462. doi:10.1080/03069885.2017.1348486

Sultana, R. G. (Ed.). (2017b). *Career guidance and livelihood planning across the Mediterranean: Challenging transitions in South Europe and the MENA region.* Rotterdam, The Netherlands: Sense.

Sultana, R. G. (2018). Responding to diversity: Lessons for career guidance from the Global South. *Indian Journal of Career and Livelihood Planning, 7,* 48–51.

Tien, H. L. S., & Wang, Y. C. (2016). Career counseling research and practice in Taiwan. *Career Development Quarterly, 64,* 231–243. doi:10.1002/cdq.12057

Winslade, J. M. (2005). Utilising discursive positioning in counselling. *British Journal for Guidance and Counselling, 33,* 351–364. doi:10.1080/03069880500179541

World Bank. (2013). *World development indicators 2013.* Washington, DC: Author. doi:10.1596/978-0-8213-9824-1

第16章
批判心理学视角下的跨文化生涯心理学

格雷厄姆·B. 斯特德（Graham B. Stead），阿什利·E. 波克拉（Ashley E. Poklar）

摘要 本章从批判心理学的视角审视了跨文化生涯心理学的假设、方法、术语和建构（construct），目的是利用批判心理学来挑战跨文化生涯心理学的隐性假设和显性假设及其研究方法。一些跨文化生涯心理学的术语和建构是通过批判心理学的视角来研究的。跨文化生涯心理学也与文化心理学形成了鲜明对比。本章论述了批判心理学对跨文化生涯心理学的四大批判：服务性他者、认识论、普遍性以及个人主义／集体主义。每一种批判都聚焦于跨文化生涯心理学中出现的问题。当前跨文化生涯心理学的研究主题有：工作／家庭、移民、难民以及这些主题的结合等。本章最后对该领域未来的方向提出了建议。

关键词 生涯，跨文化，批判心理学，服务性他者，认识论，普遍性，个人主义／集体主义，工作／家庭，移民，难民

239

引言

本章旨在从批判心理学的视角来审视跨文化心理学，重点关注跨文化生涯心理学中使用的假设、术语、建构和方法（参见本书第13章，

第 14 章, 第 15 章), 并根据服务性他者、认识论、普遍性以及个人主义 / 集体主义指出其中存在的问题。此外, 本章反映了跨文化生涯心理学的常见主题, 即评估和建构有效性、报告异同之处、移民和难民以及工作 / 家庭。有人认为, 跨文化生涯心理学应该更多地关注文化中固有的或已经形成的文化行为, 而不是将理论和建构传播至未形成理论和建构的文化中。

跨文化生涯心理学

240

跨文化生涯心理学与跨文化心理学密切相关。因此, 其使用的建构及其定义主要来自跨文化心理学的一般性文献, 而跨文化生涯心理学家对术语的含义几乎并无分歧。由于跨文化生涯心理学深深植根于更广泛的跨文化心理学领域, 因此其方法在很大程度上也根系于此。出于研究目的, 对生涯心理学中的"文化"进行定义和描述时困难重重。文化有许多定义, 其中之一是由贝里、普尔廷加、布鲁格尔曼和萨姆 (Berry et al., 2011) 所提出, 他们将文化称为"一群人共同的生活方式", 将跨文化心理学称为"各种文化和民族文化群体中个体心理功能的相似和不同之处; 反映这种功能的变量的持续变化; 以及心理变量与社会文化、生态和生物变量的关系"的研究 (p. 4)。斯特德 (Stead, 2004) 从生涯心理学中的社会建构主义视角出发, 将文化视为"由人们在与他人的关系中相互协商而形成的共同符号、意义、观点和社会行为所组成的社会系统"(p. 392)。

要注意的是, 跨文化心理学与文化心理学的不同之处在于, 后者是"研究文化传统和社会实践如何调节、表达和转换人类心理, 并且它们导致的是人类思想、自我和情感方面的种族分歧而非精神统一"(Shweder, 1995, p. 41)。因此, 文化心理学的兴趣不在于寻求普遍的特征和行为, 而是热衷于更好地理解文化的存在和感知方式。

根据设拉耶夫和利维（Shiraev & Levy，2013）的说法，"跨文化心理学是关于文化对人类心理影响的批判性和比较研究"（p. 7）。有趣的是，他们讨论的是文化对人类心理的影响，就好像文化是一个离散的自变量，而非人类是文化的。他们似乎认为，"批判性"在跨文化心理学领域内具有"元思想"（字面意思为"关于思想的想法"；p. 50），而不具有批判心理学视角，这挑战了心理学领域的结构和基础。梁和布朗（Leong & Brown，1995）称，跨文化生涯发展的"特点是关注欧裔美国人行为的基本规律对其他文化或国家的人的普遍性"（p. 143）。对文化进行操作化定义通常采用参与者的主要语言、国家或民族的形式（Stead，2004），例如将国家（Lee et al.，2015）或种族 / 民族（Byars-Winston & Rogers，2019）与文化混为一谈，从而使文化成为这些术语的代名词。文化不是同质的，很少（如果有的话）受到国家边界的束缚。除了拥有多元文化和亚文化背景的群体，一个人的文化认同会根据性别、阶级、性取向、职业和许多交叉的身份而被分裂成各部分。在询问人们自己的文化是什么时会产生许多不同的答案（如果他们能够明确地作出回答）。事实上，跨文化生涯心理学研究人员很少要求参与者陈述他们的文化，而是为他们提供替代方案。有趣的是，费斯克（Fiske，2002）建议研究人员关注文化的各个方面或实践，而非关注一般性的文化，并从参与者那里征求对婚姻、宗教、亲属关系系统、关系模型和制度（例如学校教育）等方面的反馈。这些方面的共性在于它们都以社会关系为基础。

241

批判心理学

批判心理学不是单一的，而是具有家族相似性的多种视角、方法和批评。由于其思想具有多样性，因此不能被简洁地定义（Stead & Perry，2012）。批判心理学受到丹尼斯·福克斯、艾萨克·普列尔滕斯基、伊恩·派克、托德·斯隆和托马斯·泰奥等作家的支持。批判心理学的特征已经得到细致的描述（例如：Fox & Prilleltensky, 1997; Fox et al., 2009; Hook, 2004; Parker, 2015a; Teo, 2015）。批判心理学质疑主流心理学（Teo, 2015）及其领域（如跨文化生涯心理学）的相关性，研究心理学对社会现状和支配性制度的支持，强调社会背景（Prilleltensky & Fox, 1997）而非仅仅关注个人。批判心理学方法似乎非常适合满足心理学的需求，这种心理学"远离基于个人主义和对背景否认的概念化，声称该领域不仅仅是一种技术活动，而是一种道德和规范的事业，在寻求有价值的生活时不将个人和社会的成就相分离"（Hooley et al., 2018, p. 16）。

帕克（Parker, 2015b）指出，虽然心理学旨在描述人类活动，但它始终包括政治、意识形态（例如为权力和利益服务）以及受主观价值影响的假设，例如中立性和客观性。批判心理学家关注的一个问题是压迫和社会公正。这一点表现为心理学在边缘化人们和对现状的支持中发挥的社会文化、政治和历史作用，其表现方式之一是心理学强调个人主义观点，而不是关注社会问题和不平等，个人往往受到指责（Sloan, 2009）。心理学的本体论、认识论和价值论观点也受到质疑（Stead & Perry, 2012）。例如，生涯心理学中的真理和知识与生涯心理学家应该研究的内容以及由此产生的所需研究方法有着千丝万缕的联系。这些都是基于价值的决策，而不是客观的决策。围绕真理、知识和价值观的所有此类决策都是基于权力——即谁决定什么是被接受的实践和知识，以及谁默许这些决策（有关更全面的讨论，见 Teo, 2009）。

权力在批判心理学中十分重要，在福柯（Foucault, 1972, 1980）的著作中也较为显著。从福柯视角来看，权力既不被视为一个人拥有的东西，也不被视为一个人内在的东西。权力是通过话语（即制度化的沟通方式，例如使用跨文化生涯心理学术语和短语）和与他人相关的语言来行使的。权力通过对所用话语的抵制表现出来。通过话语中的力量，

心理学学科以及跨文化生涯心理学得以传播。权力以多种形式存在,例 242
如在心理情结中,它是"话语、实践、动因和技术的复合体"(Rose,
1985, p. 9),用于"诊断、概念化和调节行为病理"(Rose, 1985, p.
226)。权力用于组织和学科(例如跨文化生涯心理学)中,其中通向知
识的门户已经形成,例如批准的研究课题、批准的研究方法和认可的建
构(有时称为"核心建构")。这是生涯心理学在研究和实践中正常化
过程的一部分,其中包括支持现状并协助当事人根据社会规范约束其
行为。

因此,权力创建了跨文化生涯心理学思考工具中固有真理的接受制
度。正是这些约束(学科话语边界)产生了"真理",即"用于生产、调节、
分配、流通和操纵话语的有序程序系统"(Foucault, 1980, p. 133)。权
力通过一个人在文化背景下与他人的关系来构成自我。权力构成了这些
术语,因为这些术语是为某些目的而建构的,不是自我的或"被发现
的",因此随着时间的推移,其用法和含义各不相同。权力可以是有益
的,因为它提供了知识和洞察力,因此也具有吸引力,但它也限制了理
智思考。权力的局限之处在于,心理学中存在着一些实践和术语,而决
定它们是否被人所接受的是某些人和机构。从福柯视角来看,权力和知
识是相互关联的,或者被视为同一枚硬币的两面。事实上,可以说针对
跨文化生涯心理学的这一章是关于真理主张、知识和权力以及真理政
治的。

批判心理学批评心理学过度关注个人(Parker, 2015b;Teo,
2009),却对关系方面不予强调。人类行为的关系方面在跨文化生涯研
究中十分罕见。方法论关系主义(即专注于关系而不是内在个人特征
的研究)在亚洲已经发展起来,用以对抗方法论的个人主义(Paredes-
Canilao et al., 2015),这在许多跨文化研究中都很普遍。一种众所周知
的强调关系的方法就是社会建构主义(Gergen, 2009)。

批判心理学不同于批判性思维。批判性思维侧重于使用心理学中的

规则和推理来评估心理学证据（Bensley et al.，2010），而批判心理学主要挑战心理学的主题、方法论、价值观和相关性（Teo，2015）。批判心理学关注的是研究心理学的基本原理，而不是对心理学及其实践进行微小的调整。正是考虑到这一点，本章对跨文化生涯心理学进行了细致的审视。

243

与跨文化生涯心理学相关的批判心理学

我们所论述的批判心理学对跨文化生涯心理学的四大批判包括：服务性他者、认识论、普遍性，以及个人主义/集体主义，这些都在批判心理学的框架之内。每种批判都聚焦于跨文化生涯心理学中出现的问题，这些问题产生于常见的跨文化生涯主题中，包括评估的有效性和对不同文化之间生涯心理学结构的异同之处的探索，表现最为显著的领域有：生涯和家庭的相互作用、移民及他们在工作和适应方面的经验，以及难民工作经验。

服务性他者

桑普森（Sampson，1993，p. 152）引入了"服务性他者"这一说法，其体现了跨文化的生涯研究。"他者"被视为从属群体或异类文化群体，是用主导文化的术语建构的，其中主要包括主导文化的理论、建构和评估工具，也包括误导性的中立和客观概念。通常，人们会看到非西方与西方文化比较的研究报告，这些报告以西方环境产生的建构和措施为基础（例如：Işık et al.，2018；Roche et al.，2017）。进行比较时，西方样本几乎没有采用非西方建构和措施的替代方法。这在很大程度上解释了服务性他者，即情愿为表面上的主流文化需求和利益充当"镜子"的文化。根据桑普森的说法，"服务性他者包括要求沉默的群体可以被听到，但前提是他们使用了占主导地位群体认可的形式"（Sampson，

1993, p. 10)，即公认的科学话语、建构和评估工具。

桑普森提到了"缺失的标准"（Sampson, 1995, p. 1224），因为如果没有西方的研究及其心理学研究进程，包括外国文化在内的研究可能几乎无法引起期刊读者的兴趣，甚至与读者毫不相干。不仅如此，标准的缺失对于心理学的自我定义必不可少。心理情结（Rose, 1998）以差异为基础，因此人们感兴趣的建构是一些人拥有而其他人没有的，或至少自己拥有更少的建构。在跨文化生涯心理学中，缺失的标准源自家庭文化，是描述和审视其他文化的标准。显而易见，服务性他者是权力话语和主流文化凝视的影响。虽然凝视是这种文化所独有的，但它认为自己是普遍的、公正的（Sampson, 1993）。

认识论

跨文化和跨文化生涯研究主要基于西方哲学、科学方法和认识论（Tchombe et al., 2013）。这包括后实证主义范式，其重点是经验主义、定量技术、简化论、客观中立性及其实现客观真理的目标。这不足为奇，因为为了保持其合法性，跨文化生涯研究需要与主流心理学保持密切联系。穆加达姆和施图德（Moghaddam & Studer, 1997）强调了这一点，他们指出，跨文化心理学并未挑战主流心理学的哲学基础，而是仍然坚持使用因果模型，并且在将文化用作影响其他变量的独立变量时尤其如此。为了使文化充当自变量，需要将它与其他变量相分离，但这在大多数情况下难以证实。文化嵌于其他变量中，因此很难确定其因果影响。穆加达姆和施图德补充说，跨文化心理学是"一只沮丧的牛虻"（Moghaddam & Studer, 1997, p. 18），尽管它对外国文化的研究有着独特的关注点，但却受到边缘化，也并未给主流心理学带来实质性的变化。反过来，生涯心理学对更广泛的跨文化心理学领域几乎没有实质性的补充。

跨文化生涯心理学对后实证主义范式的遵循与定性方法论相矛盾，

244

在定性方法论中，寻找普遍性无关紧要，并且关注点在于地区和背景研究。定性方法论者对普遍化的兴趣也可以忽略不计，这使他们无法为普遍性的宏大叙事做出贡献。虽然定性研究包含在跨文化生涯研究中，但其在跨文化生涯心理学中的应用很少（Stead et al., 2012）。在对 3279 篇发表的生涯心理学文章的内容分析中，斯特德等人称，55.9% 的文章使用定量方法，35.5% 的文章是理论 / 概念，只有 6.3% 的文章使用定性研究方法。

当定性研究被主流期刊采用时，人们常通过使用结构化的定性技术对其进行"净化"，且定性研究通常用于对定量数据的补充，以便为推动研究项目的研究方法和理论提供支持（Gough, 2015）。事实上，研究过程的假定客观性是跨文化生涯心理学的方法论和评估工作的核心。具有讽刺意味的是，跨文化生涯研究是为西方读者视角建构的，因而放弃了假设的客观性，并引发了前面提到的"缺失的标准"。

普遍性

根据罗斯（Rose, 1998）的说法，文化和通过语言及其心理情结建构的心理学是不断变化的。试图建立一种普遍的心理学有点像试图冻结一个移动的物体。心理测量与固定的仪器（如测量尺或体重秤）不同，它们由样本、时间、地点和当天的评估方法来定义。此外，由于心理测量是文化和理论设定的主观建构，因而毫无客观性。

245　　　　跨文化生涯研究人员提供了关于研究普遍性的论据，包括假定的共同遗传基因；人格相似性；相较于差异，人类的相似性更多（Krumov & Larson, 2013）；以及心理功能建构（例如人格特质）只有在所有文化中都能找到时，才具有理论上的有效性（Berry et al., 2011）。正如拉特纳（Ratner, 2008）所指出的那样，普遍性变量不应受到文化特有因素的影响。这对于跨文化比较的出现及其促进普遍化（科学的一个目标）都必不可少。由于建构在文化中形成，因此很难想象它们如何与其他文化分离并超越其他文化。除了跨文化心理学家对于模仿科学的自然规律的渴望之外，普遍性很可能延续思想殖民化主导作用（Hook，2004）。心理学的起源和当前的实践在很大程度上扎根于西方思想，通过在遥远的土地上强加心理情结，从而获得对某一领域的统治和控制，以及急需的"服务性他者"。

个人主义/集体主义

个人主义 / 集体主义指的是对自我或群体的关注，在跨文化生涯心理学中得到了研究（Hartung et al.，2010 ; Marks et al.，2016）。它还包括另外四个维度，即横向个人主义、纵向个人主义、横向集体主义和纵向集体主义（Berry et al.，2011）。将文化称为个人主义、集体主义或分类变量模糊了人们在不同情境下的不同行为。以这种方式对文化进行分类在很大程度上忽略了群体内部的差异以及人们通常所属的各种文化，这意味着一个人只属于一种文化。人是社会性的，将文化归为个人主义 / 集体主义是一种严重的过度简化。这种观点假设，文化易于识别，也可以很容易地把人们分配到一种文化中（即使一种文化在仔细审查时难以区分）。正是通过关系，人们在一生中形成了身份和自我，坚持与文化有关的"个人主义"一词是简化论的另一个例子。个人主义 / 集体主义的二分法极大地忽视了移民和全球化因素。正如冈崎（Okazaki，2018）所说，对于来自亚洲文化的人，个人主义 / 集体主义消除了其群体内部的可变性（社会经济地位、宗教等），并且有着将亚裔美国人与来自亚洲文化的人都归为集体主义的风险。冈崎主张对文化差异进行更细致的研究。个人主义 / 集体主义只是普遍性论点的延伸，由于这种模型具有简单性、不变性和同质性，国家能够被据此分类（Ratner，2008）。

通过梳理文献，费斯克（Fiske，2002）认为，没有实证支持个人主义和集体主义是连续体上的对立面这一假设。他指出，国家之间的差异取决于采取了不同的个人主义 / 集体主义研究方式。建构的含义和诠释取决于所使用的衡量方法，正如将衡量方法用作建构的调节变量的元分析研究所证明的那样（Hurtado Rúa et al., 2019；McLeod et al., 2007）。在评估了跨文化研究中个人主义 / 集体主义的维度后，沃罗诺夫和辛格（Voronov & Singer, 2002）得出结论，个人主义 / 集体主义是简化论的缩影，没有充分解释群体的内部差异，其建构过于简单，需要在更广泛的社会文化背景下理解人类行为的复杂性。

246

我们认为，研究应侧重于特定文化、其中共同和协商达成的行为，以及它们与工作和生涯发展相关的意义。研究人员应该确定哪些结构对人们的文化是重要的，而不是将预先确定的建构及其相关意义强加给他们。通过这种方式，跨文化生涯心理学可能会变得比现在更具相关性。

跨文化生涯心理学中常见的生涯主题

在跨文化生涯心理学中，有几个主题十分突出。大多数研究侧重于确定跨文化评估的有效性，以及探索文化之间生涯心理学建构的异同之处。次要主题包括生涯和家庭的相互作用、移民及其在工作和文化适应方面的经验，以及难民工作经验。这些主题的论述视角皆为批判心理学。

评估和建构有效性

跨文化生涯研究的一个常见用途是确定在一个国家创建的测量方法在另一个国家的适用性（最近的例子包括但不限于：Heikamp et al., 2014；Lee et al., 2017；Nye et al., 2018；Puigmitja et al., 2019；Roche et al., 2017；Yu et al., 2018）。尽管这一类别下的大多数研究都试图将美国、英国或澳大利亚制定的措施推广到其他国家（主要是亚洲或非洲国家），但这一常态也有例外，例如李等人（Lee et al., 2017）审视了用于美国人口的韩国措施。值得注意的是，即使在这种例外情况下，最初形成于韩国的措施也来源于西方传统。

在跨文化生涯研究的目的陈述中，深入了解普遍性方面的一般性主题十分常见，同样常见的还有对一种更加标准化、可操作化的方式来识别和衡量跨文化建构的呼声。此外，使量表适应特定人群也常被确定为研究目的，其次要目标通常是分析结构之间关系或验证针对其他文化量身定制的"新"衡量方法。

从批判心理学的角度来看，诸如"普遍""标准化"和"操作化"之类词语的使用令人担忧，因为它们表明，可能存在一个单一的真理，这一真理源于传统的西方化理论，并通过经常用于西方化人群的评估措施得以"证明"。这种问题陈述的风险在于，其不假思索地将"家庭"文化、理论或衡量方法认定为"正确"的，却期望服务性他者符合这一模型并支持该措施，从而证明评估或理论的普遍有效性。

这种目的陈述背后的第二个问题是，它们表明，这些衡量方法只需要在另一种文化中使用，就能成为该文化中被衡量的建构或理论的有效体现。然而，绝大多数跨文化生涯研究都使用翻译和回译方法来确保语言等效性。在某些情况下，人们认为，通过验证性因素分析进行的不变性测试足以显示一种文化到另一种文化的"适配"，还认为来自被测试国家的样本对文化进行了测量和控制。一些研究人员甚至利用一种受限的主位方法（参见 Naidoo & Rabie, 2019；初次讨论见于 Einarsdóttir et al., 2010）来确保"他者"文化的特定生涯环境在研究中得到体现。这种方法包括让研究该文化的"专家"审查对于所研究建构的适当性这一问题，尽管该方法更具文化意识，但其仍然缺少潜在参与者在共同创造关于他们生活经历的建构和理解方面的声音。虽然不可否认，这种抱怨在心理学领域定量研究中十分常见，但在跨文化生涯心理学等研究中，这一点尤其明显，其中建构往往明确植根于和被研究人群不同的现实中。这不仅导致语言不对等的问题，而且导致文化不对等的问题。

格斯坦（Gerstein, 2018）认为，要使一项措施在各种文化中得到

247

充分利用，就必须证明构念等同；不仅需要在语言或结构上提出相同的问题，还需要在内容和应用上提出相同问题。例如，自我决定被认为是自我决定理论和总体幸福感的必要组成部分（Yu et al., 2018）；然而，诸如"我选择这个专业是因为它反映了我在生活中最看重的东西"之类的说法在不同文化中的含义可能并不相同，也并不意味着相同的构念。参与者对自我决定的理解是否和研究人员一致？他们是认可它是幸福的必要组成部分，还是将其视为一个障碍？一个以选择专业为基础的问题（这件事很少单独进行）是否提供了一个人自我决定的证据？要知道这一说法或衡量方法是否具有构念等同性，唯一的方法就是与被研究人群交谈并倾听他们的想法。

此外，格斯坦提出了方法对等的必要性。这被定义为数据收集、研究方法和测量格式是否可以真正地研究跨文化的兴趣建构。例如，在前文讨论的研究中，李克特量表是了解参与者正在做出自我决定的最佳方式吗？还是参与者与访谈、观察或强制选择反应更具相关性？有证据表明，在任何给定人群当中，各种研究方法能够并且确实导致了不同的结果。这或许表明，在确定研究特定建构的措施和方法以及试图在不同群体中寻找特定类型措施的有效性时，我们需要考虑周全（van de Vijver & He, 2016）。

格斯坦提出了一种更深入的多维方法来确定对等性。虽然这一观点的方向是正确的，但从批判心理学的视角可以断言，这种方法仍然是在权力不匹配的情况下发挥作用的——在这种不匹配中，另一种文化的成员正在提供他们对权力文化中预先存在的建构的理解。更有益的做法是，允许群体中的个人创造自己的意义，然后这些意义可以成为他们自己的建构。他们不再是服务性他者，而只是他者。

报告异同之处

不可避免地，跨文化研究以讨论异同之处、所提出模型的适配性

和 / 或跨文化评估的有效性而告终（其他例子包括：Andre et al., 2019；Autin et al., 2019；Işık et al., 2018；Kim et al., 2017）。尽管许多研究确定了群体之间存在某种程度的差异，但这些差异通常被视为个人主义与集体主义的差异，这过于简单化（Ratner, 2008），而关于这一假设为何成立却几乎没有任何更深入的资料。此外，许多研究确定了文化群体之间的差异，但这些研究认为平均年龄或性别传播的差异"可能"是文化差异的原因，而没有探索年龄、性别和文化之间的交叉，也没有更彻底地讨论文化差异作为已确定的差异这一潜在特征。

穆加达姆和施图德（Moghaddam & Studer, 1997）指出，跨文化心理学对政治、意识形态和群体间关系的漠视证明了其遵循简化论。在一项单一的定性研究中，申等人（Shen et al., 2015）回应了这一说法，他们认为，根据一个国家的疆界创造的主观边界而将人们划分为不同的群体过于简单，如果同时忽略其他相互作用的背景因素则更是如此。跨文化生涯文献中常用的定量研究方法中几乎不会囊括这种抽象的、跨越边界的背景因素，这造成了哈丹和施图德所指出的简化论循环。

此外，当我们审视文献时，我们想知道为什么会产生这种确切的国与国之间的比较。对此几乎没有令人信服的理由。除了寻找普遍特征 / 行为的愿望外，这还可能与两个不同国家研究人员之间预先存在的专业关系所产生的便利抽样有关。我们感到困惑的是，在没有充分理由的情况下，为什么有必要将美国或英国的样本与印度、韩国、尼日利亚、冰岛或其他任何地方的人进行比较。除了简单地断言样本的异同，或者是否关于普遍的生涯心理学特征的证据之外还能够获得哪些知识，目前尚未可知。

次要主题：工作-家庭、移民和难民

在专注于工作－家庭、移民和难民等次要主题的跨文化生涯研究中，不再忽视政治问题，也不再提及服务性他者。例如，许多工作－

家庭研究的基础本质上是政治的、建构主义的（Loison et al., 2017；Ollo-López & Goñi-Legaz, 2017；Tammelin et al., 2017）。这些研究聚焦于在职人员在试图应对工作和家庭时的经历，他们从各国自己的政策出发理解各国的不同趋势，而不是根据国家之间的对比，因此在这些研究中，没有一个国家是"服务性他者"。此外，奥尔洛－洛佩斯和戈尼－莱加兹打破了按国家标记群体的简化文化的传统；相反，他们根据类似的反应模式创建了国家分类，从而产生了斯堪的纳维亚、地中海、盎格鲁－撒克逊等更大的文化标签。这种国家标签的联结方式扩大了文化的可操作性，从而将跨地理界线的共同规范包含在内。

相比于差异性，对政治和背景的关注被纳入最近关于移民和难民人口的研究中（Guan et al., 2018；Polenova et al., 2018；Rajani et al., 2018；Ramakrishnan et al., 2018）。其中许多研究本质上是定性的，侧重于身份认同发展、生涯适应力、涵化，并就如何提供职业支持进行了有目的的讨论。同样，在这些研究中，移民和难民不被视为他者，而是被视为跨越文化界限的个人，并基于各种背景和个人具体情况有着独特的需求。这些研究侧重于工作和家庭、移民和难民，并且似乎正在采取与主流跨文化生涯心理学不同的轨迹，从而寻求在社会、政治和个人发展因素的背景下理解经验。这种方法不是将一个群体与另一个群体对立起来，而是通过背景的视角来看待群体，并确定是否存在不同的模式，命名并描述模式，但避免确定哪种模式更为可取。这种轨迹是否会继续朝着这个方向发展还有待观察。我们担心的是，跨文化心理学家将试图把这些发现普遍化和操作化，从而通过对彼此对立的群体进行定义，来为群体创造内在力量。

未来研究与实践

根据切姆贝等人（Tchombe et al., 2013）的说法，跨文化心理学不是跨文化的，因为西方现实已经传至其他国家，比较也随之产生。为了克服这种情况，跨文化生涯心理学家需要包容其他文化中的心理学观点。为了在生涯心理学中进行有意义的跨文化比较，需要从各自的文化视角利用这些文化中的建构和研究工具进行研究。主流心理学中大肆吹嘘的核心建构在其他文化中可能也有一些用处，但这并不意味着它们也是这些文化的核心建构，甚至其含义也不一致。使用跨文化生涯心理学衡量方法，并在另一种文化中提供该衡量方法的有效性证据，不一定说明构念等同。人们必须了解该构念在该文化中是如何概念化的，这可能与其想表达的含义完全不同（Owusu-Bempah & Howitt，2000；Teo，2015）。正如费斯克（Fiske，2002）所说，"现在是时候分析文化构成的制度和实践，以发现无数新的、迄今为止未被觉察的心理过程，这些过程塑造了文化并受到文化的影响"（p. 87）。

　　我们建议跨文化生涯心理学领域的研究人员仔细思考比较文化的目的以及使用的研究过程。我们也鼓励思考文化的定义、跨文化建构和措施的适用性，以及有目的地将研究结果应用于职业培训、建构调整和跨文化知情框架。这样一来，该领域可能会重新焕发活力，以探索新的和有意义的跨文化研究方向。

　　我们鼓励从业者在与当事人探索生涯主题时采取情境化方法，从而了解每个人独特的交叉身份及其建构现实的方式会影响他们如何看待自己、工作世界及其在工作世界中的位置。虽然了解当事人的祖国或母语可能有助于确定恰当的筛查措施或为从业者指明特定的生涯干预，但从业者在与当事人合作时不能采取"一刀切"的方法。在有关青年或寻求新生涯领域的生涯发展工作中，这一点可能尤其重要，因为他们可能还不清楚自己如何看待工作世界以及自己在其中的位置，因此诊疗师或研究人员的假设可能会将这一过程遏止在萌芽阶段。

参考文献

Andre, L., Peetsma, T. T. D., van Vianen, A. E. M., Jansen in de Wal, J., Petrović, D. S., & Bunjevac, T. (2019). Motivated by future and challenges: A cross-cultural study on adolescents' investment in learning and career planning. *Journal of Vocational Behavior, 110*, 168–185. doi:10.1016/j.jvb.2018.11.015

Autin, K. L., Allan, B. A., Palaniappan, M., & Duffy, R. D. (2019). Career calling in India and the United States: A cross-cultural measurement study. *Journal of Career Assessment, 25*, 688–702. doi:10.1177/1069072716665860

Bensley, D. A., Crowe, D. S., Bernhardt, P., Buckner, C., & Allman, A. L. (2010). Teaching and assessing critical thinking skills for argument analysis in psychology. *Teaching of Psychology, 37*, 91–96. doi:10.1080/00986281003626656

Berry, J. W., Poortinga, Y. H., Breugelmans, S. M., & Sam, D. L. (2011). *Cross-cultural psychology: Research and applications* (2nd ed.). New York: Cambridge University Press.

Byars-Winston, A., & Rogers, J. G. (2019). Testing intersectionality of race/ethnicity × gender in a social–cognitive career theory model with science identity. *Journal of Counseling Psychology, 66*, 30–44. doi:10.1037/cou0000309

Einarsdóttir, S., Rounds, J., & Su, R. (2010). Holland in Iceland revisited: An emic approach to evaluating U.S. vocational interest models. *Journal of Counseling Psychology, 57*, 361–367. doi:10.1037/a0019685

Fiske, A. P. (2002). Using individualism and collectivism to compare cultures—A critique of the validity and measurement of the constructs: Comment on Oyserman et al. (2002). *Psychological Bulletin, 128*, 78–88. doi:10.1037/0033-2909.128.1.78

Foucault, M. (1972). *An archaeology of knowledge*. London: Tavistock.

Foucault, M. (1980). *Power/knowledge: Selected interviews and other writings 1972–1977*. New York: Pantheon.

Fox, D., & Prilleltensky, I. (Eds.). (1997). *Critical psychology: An introduction*. London: Sage.

Fox, D., Prilleltensky, I., & Austin, S. (Eds.). (2009). *Critical psychology. An introduction* (2nd ed.). London: Sage.

Gergen, K. J. (2009). *An invitation to social construction* (2nd ed.). Los Angeles: Sage.

Gerstein, L. H. (2018). Systematic test of equivalence procedure: New method to investigate cross-cultural validity. *Revista de Cercetare Si Interventie Sociala, 62*,

251

278–293.

Gough, B. (2015). Qualitative methods: Critical practices and prospects from a diverse field. In I. Parker (Ed.), *Handbook of critical psychology* (pp. 107–116). Hove, UK: Routledge.

Guan, Y., Liu, S., Guo, M. J., Li, M., Wu, M., Chen, S. X., ... Tian, L. (2018). Acculturation orientations and Chinese student Sojourners' career adaptability: The roles of career exploration and cultural distance. *Journal of Vocational Behavior, 104*, 228–239. doi:10.1016/j.jvb.2017.11.008

Hartung, P. J., Fouad, N. A., Leong, F. T. L., & Hardin, E. E. (2010). Individualism-collectivism: Links to occupational plans and work values. *Journal of Career Assessment, 18*, 34–45. doi:10.1177/1069072709340526

Heikamp, T., Alessandri, G., Laguna, M., Petrovic, V., Caprara, M. G., & Trommsdorff, G. (2014). Crosscultural validation of the positivity-scale in five European countries. *Personality and Individual Differences, 71*, 140–145. doi:10.1016/j.paid.2014.07.012

Hook, D. (Ed.). (2004). *Critical psychology.* Cape Town, South Africa: UCT Press.

Hooley, T., Sultana, R. G., & Thomsen, R. (Eds.). (2018). *Career guidance for social justice: Contesting neoliberalism.* London: Routledge.

Hurtado Rua, S. M., Stead, G. B., & Poklar, A. E. (2019). Five-factor personality traits and RIASEC interest types: A multivariate meta-analysis. *Journal of Career Assessment, 27*, 527–543. doi:10.1177/1069072718780447

Işık, E., Ulubey, E., & Kozan, S. (2018). An examination of the social cognitive model of well-being in Turkish college students. *Journal of Vocational Behavior, 106*, 11–21. doi:10.1016/j.jvb.2017.11.010

Kim, H. J., Praskova, A., & Lee, K.-H. (2017). Cross-cultural validation of the Career Calling Scale for Korean emerging adults. *Journal of Career Assessment, 25*, 434. doi:10.1177/1069072716639852

Krumov, K., & Larson, K. S. (2013). *Cross-cultural psychology: Why culture matters.* Charlotte, NC: Information Age.

Lee, D., Peterson, G. W., Sampson, J. P., & Park, M. (2015). A cross-cultural comparison of negative career thoughts. *Journal of Career Assessment, 64*, 685–700. doi:10.1177/1069072715616112

Lee, J. H., Cho, S., Lee, S., Eum, W. J., Jang, H., Suh, S., & Lee, S. M. (2017). Initial validation of the Planned Happenstance Career Inventory–English version. *Career Development Quarterly, 65*, 366–378. doi:10.1002/cdq.12114

Leong, F. T. L., & Brown, M. T. (1995). Theoretical issues in cross-cultural career development: Cultural validity and cultural specificity. In W. B. Walsh & S. H. Osipow (Eds.), *Handbook of vocational psychology: Theory, research, and practice* (2nd ed., pp. 143–180). Mahwah, NJ: Erlbaum.

Loison, A., Paye, S., Schermann, A., Bry, C., Gaillard, J.-M., Pelabon, C., & Brathen, K.-A. (2017). The domestic basis of the scientific career: Gender inequalities in ecology in France and Norway. *European Educational Research Journal, 16*, 230–257. doi:10.1177/1474904116672469

Marks, L. R., ÇiftÇi, A., & Lee, B. (2016). Dimensions of acculturation and work hope in international students. *Journal of Employment Counseling, 55*, 115–123. doi:10.1002/joec.12091

McLeod, B. D., Wood, J. J., & Weisz, J. R. (2007). Examining the association between parenting and childhood anxiety: A meta-analysis. *Clinical Psychology Review, 27*, 155–172. doi:10.1016/j.cpr.2006.09.002

Moghaddam, F., & Studer, C. (1997). Cross-cultural psychology: The frustrated gadfly's promises, potentialities, and failures. In D. Fox & I. Prilleltensky (Eds.), *Critical psychology: An introduction* (pp. 185–201). London: Sage.

Naidoo, A. V., & Rabie, S. (2019). Validating the adaptation of the first career measure in isiXhosa: The South African Career Interest Inventory–isiXhosa version. *South African Journal of Psychology, 49*, 109–121. doi:10.1177/0081246318772419

Nye, C. D., Leong, F., Prasad, J., Gardner, D., & Tien, H. L. S. (2018). Examining the structure of the Career Adapt-Abilities Scale: The Cooperation Dimension and a five-factor model. *Journal of Career Assessment, 26*, 549–562. doi:10.1177/1069072717722767

Okazaki, S. (2018). Culture, psychology, and social justice: Toward a more critical psychology of Asians and Asian-Americans. In P. L. Hammack (Ed.), *The Oxford handbook of social psychology and social justice* (pp. 141–156). New York: Oxford University Press.

Ollo-Lopez, A., & Goni-Legaz, S. (2017). Differences in work–family conflict: Which individual and national factors explain them? *International Journal of Human Resource Management, 28*, 499–525. doi:10.1080/09585192.2015.1118141

Owusu-Bempah, K., & Howitt, D. (2000). *Psychology beyond Western perspectives.* Leicester, UK: British Psychological Society.

Paredes-Canilao, N., Barbaran-Diaz, M. A., Florendo, M. N. B., Salinas-Ramos, T., & Mendoza, S. L. (2015). Indigenous psychologies and critical emancipatory psychology. In I. Parker (Ed.), *Handbook of critical psychology* (pp. 356–365). Hove,

UK: Routledge.

Parker, I. (Ed.). (2015a). *Handbook of critical psychology.* Hove, UK: Routledge.

Parker, I. (2015b). Introduction: Principles and positions. In I. Parker (Ed.), *Handbook of critical psychology* (pp. 1–9). Hove, UK: Routledge.

Polenova, E., Vedral, A., Brisson, L., & Zinn, L. (2018). Emerging between two worlds: A longitudinal study of career identity of students from Asian American immigrant families. *Emerging Adulthood, 6*, 53–65. doi:10.1177/2167696817696430

Prilleltensky, I., & Fox, D. (1997). Introducing critical psychology: Values, assumptions, and the status quo. In D. Fox & I. Prilleltensky (Eds.), *Critical psychology: An introduction* (pp. 3–20). London: Sage.

Puigmitja, I., Robledo, E., & Topa, G. (2019). Cross-cultural validity and psychometric properties of the ISC Intrapreneurial Self-Capital Scale in Spain. *Personality and Individual Differences, 151.*

Rajani, N., Ng, E. S., & Groutsis, D. (2018). From India to Canada: An autoethnographic account of an international student's decision to settle as a self-initiated expatriate. *Canadian Ethnic Studies Journal, 50*, 129–148. doi:10.1353/ces.2018.0007

Ramakrishnan, S., Barker, C. D., Vervoordt, S., & Zhang, A. (2018). Rethinking cross-cultural adaptability using behavioral developmental theory: An analysis of different migrant behaviours. *Behavioral Development, 23*, 138–152. doi:10.1037/bdb0000061

Ratner, C. (2008). *Cultural psychology, cross-cultural psychology, indigenous psychology.* New York: Nova Science.

Roche, M. K., Carr, A. L., Lee, I. H., Wen, J., & Brown, S. D. (2017). Career indecision in China: Measurement equivalence with the United States and South Korea. *Journal of Career Assessment, 25*, 526–536. doi:10.1177/1069072716651623

Rose, N. (1985). *The psychological complex: Psychology, politics and society in England 1869–1939.* London: Routledge & Kegan Paul.

Rose, N. (1998). *Inventing ourselves: Psychology, power, and personhood.* Cambridge, UK: Cambridge University Press.

Sampson, E. E. (1993). *Celebrating the other.* Hemel Hempstead, UK: Harvester Wheatsheaf.

Sampson, E. E. (1995). Identity politics: Challenges to psychology's understanding. *American Psychologist, 48*, 1219–1230. doi:10.1037/0003-066X.48.12.1219

Shweder, R. (1995). Cultural psychology: What is it? In N. R. Goldberger & J. B. Veroff (Eds.), *The culture and psychology reader* (pp. 41–86). New York: New York University Press.

Shen, Y., Demel, B., Unite, J., Briscoe, J. P., Hall, D. T., Chudzikowski, K., ... Zikic, J. (2015). Career success across 11 countries: Implications for international human resource management. *International Journal of Human Resource Management, 26,* 1753–1778. doi:10.1080/09585192.2014.962562

Shiraev, E. B., & Levy, D. A. (2013). *Cross-cultural psychology: Critical thinking and contemporary applications.* Boston: Pearson.

Sloan, T. (2009). Theories of personality. In D. Fox, I. Prilleltensky, & S. Austin (Eds.), *Critical psychology: An introduction* (2nd ed., pp. 57–74). London: Sage.

Stead, G. B. (2004). Culture and career psychology: A social constructionist perspective. *Journal of Vocational Behavior, 64,* 389–406. doi:10.1016/j.jvb.2003.12.006

Stead, G. B., & Perry, J. C. (2012). Toward critical psychology perspectives of work-based transitions. *Journal of Career Development, 39,* 315–320. doi:10.1177/0894845311405661

Stead, G. B., Perry, J. C., Munka, L. M., Bonnett, H. R., Shiban, A. P., & Care, E. (2012). Qualitative research in career development: Content analysis from 1990 to 2009. *International Journal for Educational and Vocational Guidance, 12,* 105–122. doi:10.1007/s10775-011-9196-1

Tammelin, M., Malinen, K., Ronka, A., & Verhoef, M. (2017). Work schedules and work–family conflict among dual earners in Finland, the Netherlands, and the United Kingdom. *Journal of Family Issues, 38,* 3–24. doi:10.1177/0192513X15585810

Tchombe, T. M. S., Nsamenang, A. B., & La-Loh, J. (2013). Epistemologies in cross-cultural psychology: An Africentric appraisal. In T. M. S. Tchombe, A. B. Nsamenang, H. Keller, & F. Fulöp (Eds.), *Cross-cultural psychology. An Africentric perspective* (pp. 3–14). Limbe, Cameroon: Design House.

Teo, T. (2009). Philosophical concerns in critical psychology. In D. Fox, I. Prilleltensky, & S. Austin (Eds.), *Critical psychology: An introduction* (2nd ed., pp. 36–53). Thousand Oaks, CA: Sage.

Teo, T. (2015). Critical psychology: A geography of intellectual engagement and resistance. *American Psychologist, 70,* 243–254. doi:10.1037/a0038727

van de Vijver, F. J. R., & He, J. (2016). Bias assessment and prevention in noncognitive outcome measures in context assessments. In S. Kuger, E. Klieme, N. Jude, & D. Kaplan (Eds.), *Assessing contexts of learning: Methodology of educational measurement and assessment* (pp. 229–253). Cham, Switzerland: Springer.

Voronov, M., & Singer, J. A. (2002). The myth of individualism–collectivism: A critical review. *Journal of Social Psychology, 142,* 461–480.

doi:10.1080/00224540209603912

Yu, S., Zhang, F., Nunes, L. D., & Levesque-Bristol, C. (2018). Self-determined motivation to choose college majors, its antecedents, and outcomes: A cross-cultural investigation. *Journal of Vocational Behavior, 108*, 132–150. doi:10.1016/j.jvb.2018.07.002

第三部分

实践

第 17 章

生涯发展专业：专业化、专业性和专业认同

约翰·高夫（John Gough），西奥本·尼瑞（Siobhan Neary）

摘要 本章探讨了世界各国生涯发展服务的专业化，通过几个概念对"专业化"和"专业性"进行研究，包括社会封闭、专业项目和议价监管。本章认为，专业性是生涯发展领域的一个有用且重要的概念，但也应认识到该领域在获得专业地位方面所面临的挑战。首先，本章承认对专业性的部分批评，并探讨了这些批评与生涯专业人士的关系。其次，认为该领域内专业性的提高需要被视为一个必须在个人、组织和专业层面上进行的持续过程。最后，概述了该领域可用于推进未来专业性进程的一些关键策略。

关键词 生涯发展专业，专业化，专业性，专业认同，议价监管

引言

本章旨在定义和探索生涯发展实践的专业化和专业性，并通过使用两个主要的理论视角来实现这一目标。第一个视角是对专业的特质观点（Millerson，1964），该观点认为，专业（profession）具有将其与工作（job）区分开来的基本特征。第二个视角关注与专业项目相关的社会权

力和尊重（Larson，1977）以及议价监管（MacDonald，1995）的问题。"议价监管"的概念是有关专业的一个关键思想。有人认为，专业性是政府与某一行业之间的交易，赋予该行业法律权力，以界定成为专业人士所需的培训、控制专业准入并明确规定实践标准。作为对这些权力的回报，各个专业负责本行业的自我管理和监管。这种议价监管的后果是，通过赋予该行业内部人士特权，默许维持和强化社会等级制度。涂尔干（Durkheim，1893，1984）最早描述了这种专业和社会等级之间的关系，后来佩尔金（Perkin，1989）对其进行了探索。

在大多数国家，尽管有专业机构的宣传和游说，生涯发展行业仍无法与政府达成议价监管。生涯发展专业的专业化项目仍在进行，并且在继续发展，以应对政府在就业、教育和培训方面不断变化的政策。正如佩克（Peck，2004）所说，英国的生涯发展专业一直与政府的关键政策密切相关，尽管其重要性显而易见，但该专业尚未得到法律上规定的标准化准入要求、规范实践的能力以及公认专业的许多其他特征的支持。

尽管议价监管未能实现，但在某些情况下，生涯发展专业通过为该专业建立一些有限的法律和政治权威，建立了部分社区壁垒（Weber，1949）。本章探讨了这种部分专业化对生涯发展从业者的影响，随后表明，即使没有达成正式的议价监管，生涯发展专业人士在贯彻专业性方面也表现出了复原力和创造力（Stones，2005）。

定义专业

专业化是职业受到社会认可并享有特殊地位的过程。特质观点是考虑将专业区别于其他职业的起点。特质观点侧重于专业做什么，及其为什么与其他职业不同。佩尔金（Perkin，1989）认为，西方工业主义的增长扩大了服务和支持发展中经济体和社会的作用。结果，某些职业形成或获得的特征使其与其他工作区分开来。

258

贝克尔（Becker, 1962）确定了 6 个标准，包括工作所需的培训、知识的广度与深度等。米勒森（Millerson, 1964）进一步确定了 23 个特征，涵盖了专业行为准则和公共服务理念如何构建从业者的技能和胜任力等领域。拉尔森对专业的定义包括功能主义和结构方面。

> 专业是具有特殊权力和声望的职业。社会赋予专业权力和声望既是由于专业在与社会系统的核心需求和价值观相关的深奥知识体系中具有特定胜任力，也是因为专业致力于为公众服务，超越了物质激励。（Larson, 1977, p. x）

"社会"的作用在该定义中至关重要，在实践中，国家通常代表了社会。国家有权正式认可一种专业，授予其权力、控制权和资源，并以各种方式（包括使用媒体）影响其威望。虽然专业的特质观在考虑其特征和组成部分时十分有用，但如果没有结构性支持，工作就不能要求拥有一个新的、更强大的地位。议价监管（MacDonald, 1995）阐明了如何在与国家谈判中获得这种地位。社会赋予了专业制定排他性准入条件和专业执业标准的法律权力，以换取其对社会制度的维护。这种功能主义交易（Durkheim, 1893, 1984）虽是默许的，但十分有效。正如佩尔金（Perkin, 1989）所说，法律和医学等专业通常由中产阶级组成。进入这些专业能够确保个人得到并展示其社会经济地位。

某一专业的成员显然有兴趣通过达成议价监管来获得这一专业的正式地位。一旦实现了这一点，专业人士就可以设定标准，增强其自尊和巩固权力。比如说，在法律专业，只有那些具有认证资格的人才有交易的合法权利（例如，在法庭上代表客户或确定合同的性质和范围）。作为排他性专业的一部分，它可以带来社会尊重，并获得社会经济优势（Perkin, 1989）。一个公认的专业，特别是一个拥有有效专业机构的专业，有实力游说政府并保持这些优势。

对于某一专业的客户或用户来说，指定专业地位也可以被视为一种指标，表明其从业人员所提供服务的质量。专业人士应将保持自己的知识和技能作为其专业性的关键部分，因此他们必须致力于持续的专业发展。专业机构的存在是为了制定这些标准，支持其成员达到这些标准，并最终谴责那些达不到标准的人。这种自我管理体系的存在为客户提供了一种投诉、解决疑虑和提出渎职问题的机制。例如，英国律师协会制定了实践标准、培训课程（Law Society，2020）并组建了一个相关机构，即律师监管局，负责投诉和纪律程序，以保护客户免受不良行为的影响。

目前为止所讨论的专业和专业化的定义为思考什么是专业性提供了信息。日常使用的"专业性"一词不仅仅涉及正式设立的专业的实践。"专业"可以表明其符合一些社会标准，包括自我表现、守时，或者表示某人有能力以高标准完成工作。更具体地说，特别是对于有明确议价监管的专业，专业性体现在其成员按照专业机构制定和管理的标准来行事。例如，医生通过严格遵守其专业机构制定的道德行为标准来展示他们的专业性。

虽然生涯发展专业没有像医学专业那样受到正式管理，但许多国家已经建立了生涯发展专业协会，并附有相应的执业准则和道德规范。于是，生涯发展专业人士可以通过加入协会并遵守这些准则来证明他们的专业性。例如，由英国生涯发展协会（CDI，2019b）和澳大利亚生涯工业理事会（CICA，2019）制定的标准涵盖了以来访者为中心、保密性、平等性、多样性，以及促进个人对决策的所有权。

260

对专业的批判

从积极方面看，专业的存在为国家、公民和专业成员提供了好处。对国家而言，专业承担着管理和规范关键社会功能的责任。对公民而言，专业保证了服务质量和可靠性。对专业人士而言，从属于一个受到公众认可的专业可以提高其社会地位、身份和赚钱能力。然而，并非所有评论者都如此积极地看待专业人士。对专业的批判凸显了专业性在构成方面的模糊性、与组织议程的紧张关系，以及专业如何作为既得利益者发挥作用以凝聚权力。

比尔登等人（Birden et al., 2014）认为，对专业性的强有力的共同定义可能难以捉摸。其他不具备专业地位的职业与专业有共同的特征，这一现象十分常见。在这种情况下，可能很难解释为什么一个职业特征的集合证明了专业地位的合理性，而另一个却不能。

组织内部也存在冲突，人们可能认为，在这些组织中，专业以与组织议程不一致的方式从事自己的议程。在雇主看来，专业及其从业者过于注重专业标准，因而不利于组织的成功。正如班克斯（Banks, 2004）和埃维茨（Evetts, 2005）所讨论的那样，人们越来越期望，在管理驱动的公共服务中运作的专业合格从业人员能对组织负责，而不是面向更抽象的专业机构。从这一意义来说，专业性意味着对雇主负责和对客户或接受专家服务的人做出回应，这些当事人在行使市场化选择后会期望获得灵活的高质量服务（Alcock et al., 2013）。这导致满足管理要求和当事人需求的专业性与符合道德守则的专业性之间产生了冲突（Banks, 2004）。对于英国的生涯指导，卢因和科莱（Lewin & Colley, 2010）以及科莱、卢因和查德顿（Colley et al., 2010）指出了所谓的联结管理主义所产生的影响——其不仅影响从业者的专业性意识，还影响从业者为年轻人提供更广泛、更全面的支持的能力，这与联结服务模型所要求的内容一致。

专业中的另一个冲突是，人们可能认为其过度自私。在过去的 30 年里，专业和从业人员的排他性通常受到法律保护，这越来越成为政府和当事人眼中的问题。正如阿尔科克等人（Alcock et al., 2013）所指出的那样，人们可能认为专业及其成员自私自利、过度保护自己的地位，从而对服务产生不良影响并且抵制变革。此外，人们批评那些具有排他性准入要求的人过于精英化，倾向于使那些拥有高水平的社会资本和文化资本的人受益（Sutton Trust，2017）。

生涯发展工作是一种专业

如果将这些定义和考虑因素应用于"生涯发展专业"，显然其并非完全符合专业的标准。生涯发展专业人士分布于多种专业环境，包括中小学、职业学校、大学和公共就业服务机构，因此很难将一种专业性模型平等地应用于所有的环境（Gough，2017a）。其中每种环境都包括不同的驱动因素，这些驱动因素以不同的方式塑造了专业性，并对将生涯发展专业视为单一专业的想法提出了挑战。在许多情况下，国家继续掌握监管权，而不是将其移交至该专业。

以英国为例，我们可以看到生涯工作植根于青年服务的悠久传统，而且在高等教育和成人行业也有广泛的实践（Peck，2004）。从历史上看，这些不同的行业一直由政府的不同部门资助、管理和监管。英国最近发布的生涯战略（Department for Education，DfE，2017）表面上涉及整个终身生涯发展领域，但实际上主要关注中学和大学。该战略的实施通过法定指导（DfE，2018a，2018b）得到了强化，这种法定指导对中学和大学的活动进行规范。该战略并未要求现有的生涯发展专业来推动和监督这些活动，而是建立了一个新的混合专业，并将其描述为"生涯领袖"（Andrews & Hooley，2019）。于是，专业协会通过创建实践社群及其他资源共同体，试图将这一新角色纳入其职权范围（CDI，2019a）。在这种情况下，该专业无法发挥引领作用，而是由国家负责定义和规范（尽管方式十分有限）学校的生涯发展专业性。

生涯的组织和政策设置与实践中的地区传统相结合，构建了不同国家的生涯发展方式。梅兹、尹和哈金森（Maze et al., 2018）陈述了许多国家示例，探讨了建立生涯发展工作的主要驱动因素，及其如何促成从业者的资格认证。他们认为，对生涯支持的需求往往始于教育系统的某一部分，例如高等教育。在乌干达和阿拉伯联合酋长国等国家，教育系统要求毕业生在日益动态化的工作环境中最大限度地学习，因此生涯支持将有助于实现这一目标并促进社会稳定（Maze et al., 2018）。一旦这种支持在一个行业建立起来，新兴的专业就有可能被纳入教育部门的其他部分。例如，我们可以看到，在中国（Jin, 2018）和巴基斯坦（Zahid et al., 2019），高等教育领域的早期发展已经扩大，以至囊括了中学的生涯发展工作。

262　　这些例子表明了生涯发展部门的专业化植根于地区甚至行业背景之中的方式。在世界不同国家，生涯发展专业的形式各异，一些国家尚未实现专业化，而另一些国家则拥有完善成熟的专业协会、标准、伦理以及与政策的联系。梅兹等人（Maze et al., 2018）强调，这不是发展中国家 / 发达国家的二元对立，相反，各国在专业化历程中都经历了类似的发展阶段。同样清楚的是，专业化不是一条单行道，生涯发展专业的权力和地位起伏不定，这意味着在某些情况下，该领域需要重新专业化。

本节的其余部分讨论了对全球生涯发展专业的发展至关重要的三个关键主题。所举的例子表明，相对来说，很少有已经建立全面议价监管的生涯发展专业。一些较成熟的系统对资格和培训或专业实践有明确的要求，但缺乏完全成形的法律关系（Maze et al., 2018）。即使在那些专业化程度较高的国家，专业化也往往局限于特定部门，通常为中等教育，而不是在年轻人、高等教育、成年人（就业和失业）和私营产业等所有环境中都具有一致性。

认识生涯发展和生涯发展专业性的必要性

支撑专业讨论和协商的一个关键问题是，公众和国家需要认识到生涯发展支持的价值，以及一个专门的专业可以为此做出的贡献。在日本，工作不确定性的增加使人们认识到自己对生涯发展和专门的生涯发展从业人员的需要（Watanabe-Muraoke & Okada, 2009）。虽然这得到了日本政府的支持，但其最初仍被归为准专业职业。最近，美津浓、小泽和松本（Mizuno et al., 2018）表示，在2016年的《人力资源促进法》中，生涯发展资格被定义在生涯顾问这一职别之下，这部法律中，政府为生涯胜任力确立了基线。

获得政策支持和合作关系

正如日本的例子所表明的那样，专业的发展是与政策谈判以谋求认可的一部分。如果生涯专业与政策目标完全一致，通常可以获得更大程度的专业认可。在苏格兰，生涯发展专业人士是国家技能机构——苏格兰技能发展委员会（Skills Development Scotland, SDS）的核心，并且对生涯发展工作在技能政策中需要发挥的作用有明确说明（SDS, 2018）。SDS为员工制定了生涯发展框架，员工在框架中的角色与学术水平相关，并且员工可以得到资助以进行大学培训计划，其中包括生涯发展资格（QCD），这是经CDI确认的公认专业资格（SDS, 2012）。虽然SDS对生涯发展有着强有力的控制措施，但这些控制并不普遍适用于苏格兰的所有生涯发展供应商。

263

在爱尔兰，教育和技能部制定了《方案认可框架：指导咨询》（Department for Education and Skills, 2016），其中详细说明了提供岗前培训的高等教育机构所需的标准和准则。只有完成这些受到认可的课程之一的学生才能在学校、继续教育和成人教育环境中担任指导顾问。与苏格兰一样，对专业性的监管局限于政府直接控制的领域，因此排除了高等教育和私营产业中的生涯服务。

沃里宁和凯图宁（Vuorinen & Kettunen, 2018）提供了更多国家的例子，这些国家已经制定了与生涯发展相关的法律要求。例如，在芬兰，法律要求学校辅导员和职业心理学家必须具备专业资格。此外，综合学校和高中的年轻人在法律上有权获得适当的生涯教育和指导，并在课程中投入专门的时间。冰岛的情况与之类似，在冰岛，从业者必须获得教育、科学和文化部的许可，并且如果要得到许可证明，他们需要得到硕士学位资格。大多数从业者也是专业协会——冰岛教育和职业指导协会（Euroguidance, 2019）的成员。尽管包括波兰和斯洛伐克在内的其他国家 / 地区都有与专业资格相关的法律要求（Vuorinen & Kettunen, 2018），但冰岛和芬兰似乎是最接近实现议价监管的国家。

管理混合专业

在许多国家，生涯发展工作并没有演变成一个单独的专业，而是作为其他专业，如教学、咨询和心理学的辅助手段。例如，在哥伦比亚，生涯辅导员的职别并不存在，该角色被归入学校辅导员的角色，而学校辅导员必须是教育 / 咨询或心理学专业人士（Brunal, 2018）。迄今为止，仍没有正式的培训方案能支撑以生涯支持为重点的专业实践。

在马耳他，由于政策变化，生涯指导与个体咨询相分离；指导教师的教学责任减少，生涯指导成为其主要工作（Debono, 2017）。这种差异化的进一步发展使其囊括了许多明确的生涯发展角色，包括指导教师、生涯顾问和生涯指导教师。生涯顾问和指导教师需要经历持续的专业发展，但正式的专业培训不是强制性的（Euroguidance, 2018）。这些例子表明了需求的判定方式和现存工作人员最初的运用方式，但也使我们认识到，我们可能需要一个更专业的角色。

生涯发展专业性的挑战

264

在大多数国家，生涯发展领域都涉及持续的专业化过程。这导致生涯发展专业地位和权力的水平十分不同，而且几乎和定义传统专业的议价监管截然不同。因此，该领域的专业人士经常发现自己承受着压力，也缺乏其他专业具有的权力和权威。

道格拉斯（Douglas，2011）描述了新西兰的生涯发展专业人士如何越来越多地受到可量化的绩效目标的影响。这种管理主义方法基本上用自上而下、目标驱动的文化取代了专业自主权和责任感。这种方法破坏了专业性的基本原理，并将生涯工作者视为生产单位，而不是独立的行动者。道格拉斯所举的新西兰的例子反映了更广泛的辩论，该辩论与专业人士和专业性在公共服务中的作用有关。公共服务越来越多地要求对组织目标负责，并要求工作者通过绩效制度展示其价值（Banks，2004；Evetts，2005）。这种纯理性方针减少了专业化议程的发展和制定专业性的空间。

对专业性的挑战也可以具体体现为组织定义的职称的激增，例如生涯导师、生涯咨询师、生涯发展顾问、生涯和就业能力顾问、就业能力顾问、就业能力和企业顾问，以及生涯教练（Bergamo-Prvulovic，2014；Douglas，2010；Neary et al.，2014）。尼瑞等人（Neary et al.，2014）在英国的研究分析了生涯从业者的招聘信息和任职要求，并确定了103种不同的职称。这种术语的激增似乎并不影响那些已经获得议价监管的专业（例如法律或医学）。虽然名称和角色的变化看起来只是浮于表面，但它们可能掩盖了将生涯发展专业成员团结在一起的理论、实践和道德规范，并破坏了其集体行动和责任的范围。

坚持专业认同

尽管生涯发展的专业化环境充满挑战，但许多专业人士都对自己的专业身份坚定不移。许多评论者认为，专业人士必须积极维护他们的专业性。例如，马尔维（Mulvey, 2013）主张一种坚定的存在主义方法，鼓励个体从业者在充满挑战的环境中将自己视为个人英雄。他们若要更适应对自身专业表现的质疑，其中一种方法是在面对关于其专业性的攻击时变得具有韧性（Bimrose & Hearne, 2012）。

有证据表明，从业者正在积极抵制去专业化，并声称自己是知识渊博的社会代理人（Giddens, 1984）。道格拉斯（Douglas, 2010）认为，从业者一直在努力"重述"自己和有效应对政策与实践之间的持续性挑战。尼瑞（Neary, 2014）指出，持续的专业发展对于让从业者恢复和发展其专业感和身份认同感发挥着至关重要的作用。高夫（Gough, 2017b）认为，来自各种交付环境的生涯发展从业者远非受迫害的和去专业化的文化受骗者（Gidden, 1984），他们表现出强烈且一致的专业认同感和同样坚定的效能感，相信自己知道如何将以来访者为中心的承诺付诸实践。这种赋权感源于他们对自己在日常结构中的地位及调动其力量的深刻而实际的理解（Stones, 2005）。令人鼓舞的是，尼瑞和高夫都指出，他们研究中的从业者强烈地感到自己属于一个重要的专业。他们的方法或许能为更广泛的地缘政治背景下研究生涯发展工作者的专业性和身份认同提供更多的可能性。

决心、韧性、重述和专业发展的策略显然为生涯发展专业人士提供了方法，使他们能在面对该领域的政治、文化和经济挑战时保持专业性。正如道格拉斯、尼瑞和高夫都认为的那样，这种方法允许生涯专业人士发挥其能动性，并建立专业人士的身份认同，即使国家可能不承认他们的专业性。文献中不太具有指导意义的地方是，它提供了一些允许这些专业人士改变其工作环境的想法，以此提高他们的专业地位和自我决定的能力，并以此消解坚持不懈和抵抗的需要。正如本章所指出的那样，虽然个人有能力在困境下表现出专业性，但真正的解决方案需要一种更具结构性的方法，以通过有效的议价监管从根本上为专业人士赋权。

结论

生涯服务的专业化程度很难确定。世界各地的情况各异，该专业本身的发展和组织也各不相同，并且有时会与其他重叠的专业（如咨询、心理学、教学、青年工作和就业服务）联系在一起。此外，专业性的斗争已经发展到不同的阶段，并在与政府谈判中发挥作用，这些政府或多或少地对生涯发展和专业化本身的想法表示支持。但几乎少有国家（如果有的话）建立监管框架。对于最接近实现这一点的国家，监管框架仅限于公共资助的供应商范围内，并未扩大到所有生涯发展从业者。

正如本章所述，成为专业不是一个最终状态，而是一个过程，是生涯发展专业人士始终参与发展其专业性和努力实现其专业认同的过程。同样，在任何一个国家，生涯专业都处于这样的进程中——不断谈判与斗争、逐步变得健全并抵制去专业化。如果该专业要成功地提高和保持其专业性，就需要使公众和政府更加理解生涯发展实践的好处和影响。这一点的关键之处可能在于发展证据基础（参见本书第 23 章，第 24 章），在实践中应用这些实际证据并促进其延续。建立国际合作关系和实践分享机会也具有价值，例如国际生涯发展和公共政策中心（ICCDPP ；见本书第 6 章）以及国际教育和职业指导协会（IAEVG）。这些机构提供了分享实践和想法的机会，并建立了对该领域专业化是一项全球努力的认识。

未来，来自技术、全球化和新自由主义议程的挑战会日益严峻，可能会影响所有人的工作。这些变化在宏观和微观层面上都会影响生涯发

266

展实践。专业化问题不是直接的，而是根据政策要求迂回变换的。因此，专业化将继续发展，我们应该预期，在未来很长一段时间内，关于生涯发展专业化的价值、性质及最佳实现策略的讨论将继续进行。

参考文献

Alcock, C., Daly, G., & Griggs, E. (2013). *Introducing social policy*. London, UK: Routledge.

Andrews, D., & Hooley, T. (2019). Careers leadership in practice: A study of 27 career leaders in English secondary schools. *British Journal of Guidance and Counselling, 47,* 556–568. doi:10.1080/03069885.2019.1600190

Banks, S. (2004). *Ethics, accountability and the social professions*. Basingstoke, UK: Palgrave MacMillan.

Becker, H. (1962). The nature of a profession. In N. B. Henry (Ed.), *Education for the professions,* 61st Yearbook of the National Society for the Study of Education (pp. 27–46). Chicago, IL: University of Chicago Press.

Bergamo-Prvulovic, I. (2014). Is career guidance for the individual or the market? Implications of EU policy for career guidance. *International Journal of Lifelong Education, 33,* 376–392. doi:10.1080/02601370.2014.891886

Bimrose, J., & Hearne, L. (2012). Resilience and career adaptability: Qualitative studies of adult career counselling. *Journal of Vocational Behaviour, 81,* 338–344. doi:10.1016/j.jvb.2012.08.002

Birden, H., Glass, N., Wilson, I., Harrison, M., Usherwood, T., & Nass, D. (2014). Defining professionalism in medical education: A systematic review. *Medical Teacher, 36,* 47–61. doi:10.3109/0142159X.2014.850154

Brunal, A. (2018). The status of careers services and credentialing in Colombia from 2010–2016. In H. J. Yoon, B. Hutchinson, M. Maze, C. Pritchard, & A. Reiss (Eds.), *International practices of career services, credentials, and training* (pp. 81–94). Broken Arrow, OK: National Career Development Association.

Career Development Institute (CDI). (2019a). *Career leaders community of practice*. Stourbridge, UK: Career Development Institute. Retrieved from https://www.careersleaders.thecdi.net/

Career Development Institute (CDI). (2019b). *Career Development Institute code of ethics*. Stourbridge, UK: Career Development Institute. Retrieved from https://www.thecdi.net/write/Documents/Code_of_Ethics_update_2018-web.pdf

Career Industry Council of Australia (CICA). (2019). *Code of ethics for Australian career development practitioners*. Greensborough: Career Industry Council of Australia. Retrieved from https://www.cdaa.org.au/documents/item/616

Colley, H., Lewin, C., & Chadderton, C. (2010). *The impact of 14–19 reforms on career guidance in England: Full research report*. ESRC End of Award Report, RES-000-22-2588. Swindon, UK: Economic and Social Research Council.

Debono, M. (2017). Career education and guidance in Malta: Development and outlook. In. Sultana, R.G. (Ed.), *Career guidance and livelihood planning across the Mediterranean*. Rotterdam: Sense Publishers.

Department for Education (DfE). (2017). *Careers strategy: Making the most of everyone's skills and talents*. London, UK: DfE.

Department for Education (DfE). (2018a). *Career guidance and access for education and training providers*. London, UK: DfE.

Department for Education (DfE). (2018b). *Career guidance, guidance for further education colleges and sixth form colleges*. London, UK: DfE.

Department for Education and Skills. (2016). *Programme recognition framework: Guidance counselling, criteria and guidelines for programme providers*. Dublin, UK: DES.

Douglas, F. (2010). Sustaining the self: Implications for the development of career practitioners' professional identity. *Australian Journal of Career Development, 19*, 12–32.

Douglas, F. (2011). Between a rock and a hard place: Career guidance practitioner resistance and the construction of professional identity. *International Journal of Educational and Vocational Guidance, 11*, 163–173. doi:10.1007/s10775-011-9205-4

Durkheim, E. (1984). *The division of labour in society*. New York, NY: Free Press. (Original work published 1893)

Euroguidance. (2018). *National guidance systems: Malta*. Retrieved from https://www.euroguidance.eu/guidance-system-in-malta

Euroguidance. (2019). *National guidance systems: Iceland*. Retrieved from https://www.euroguidance.eu/guidance-system-in-iceland/

Evetts, J. (2005). *The management of professionalism: A contemporary paradox. Changing teacher roles, identities and professionalism symposium*. London, UK: Kings College.

267

Giddens, A. (1984). *The constitution of society*. Cambridge, UK: Polity.

Gough, J. P. (2017a). A professional identity for career guidance practitioners. *Journal for the National Institute of Career Education and Counselling, 38*, 15–20. doi:10.20856/jnicec.3803

Gough, J. P. (2017b). *Professional identity: The case of careers guidance practitioners in England* (Doctoral dissertation, University of Warwick). Retrieved from https://pugwash.lib.warwick.ac.uk/search/Y?searchtype=X&SORT=D&searcharg=John+Gough+Professional+Identity&searchscope=1

Jin, L. (2018). Careers services and professionals in mainland China's educational settings. In H. J. Yoon, B. Hutchinson, M. Maze, C. Pritchard, & A. Reiss (Eds.), *International practices of career services, credentials, and training* (pp. 49–80). Broken Arrow, OK: National Career Development Association.

Larson, M. S. (1977). *The rise of professionalism: A sociological analysis*. Berkeley: University of California Press.

Law Society. (2020). *About us*. Retrieved from https://www.lawsociety.org.uk/about-us/

Lewin, C., & Colley, H. (2010). Professional capacity for 14–19 career guidance in England: Some baseline data. *British Journal of Guidance and Counselling, 39*, 1–24.

MacDonald, K. M. (1995). *The sociology of the professions*. London, UK: SAGE.

Maze, M., Yoon, H. J., & Hutchinson, B. (2018). Introduction. In H. J. Yoon, B. Hutchinson, M. Maze, C. Pritchard, & A. Reiss (Eds.), *International practices of career services, credentials, and training* (pp. 5–11). Broken Arrow, OK: National Career Development Association.

Millerson, G. (1964). *The qualifying associations: A study in professionalization*. London, UK: Routledge.

Mizuno, S., Ozawa, Y., & Matsumoto, K. (2018). Careers service and professionals in Japan. In H. J. Yoon, B. Hutchinson, M. Maze, C. Pritchard, & A. Reiss (Eds.), *International practices of career services, credentials, and training* (pp. 128–136). Broken Arrow, OK: National Career Development Association.

Mulvey, R. (2013). How to be a good professional: Existentialist continuing professional development (CPD). *British Journal of Guidance and Counselling, 41*, 267–276. doi:10.1080/03069885.2013.773961

Neary, S. (2014). Reclaiming professional identity through postgraduate professional development: Careers practitioners reclaiming their professional self. *British Journal of Guidance and Counselling, 42*, 199–210. doi:10.1080/03069885.2013.869790

Neary, S., Marriott, J., & Hooley, T. (2014). *Understanding a 'career in careers':*

Learning from an analysis of current job and person specifications. Derby, UK: International Centre for Guidance Studies, University of Derby.

Peck, D. (2004). *Careers services, history, policy and practice in the United Kingdom*. London, UK: RoutledgeFalmer.

Perkin, H. (1989). *The rise of professional society: England since 1880*. London, UK: Routledge.

Skills Development Scotland (SDS). (2012). *A qualifications and continuous professional development framework for the career development workforce in Scotland*. Glasgow, Scotland: Skills Development Scotland. Retrieved from http://dera.ioe. ac.uk/15019/1/00396723.pdf

Skills Development Scotland (SDS). (2018). *Delivering Scotland's career service*. Glasgow, Scotland: Skills Development Scotland.

Stones, R. (2005). *Structuration theory*. Basingstoke, UK: Palgrave MacMillan.

Sutton Trust. (2017). *The class ceiling: Increasing access to the leading professions*. London, UK: Sutton Trust.

Vuorinen, R., & Kettunen, J. (2018). The European status for career service provider credentialing: Professionalism in European Union (EU) guidance policies. In H. J. Yoon, B. Hutchinson, M. Maze, C. Pritchard, & A. Reiss (Eds.), *International practices of career services, credentials, and training* (pp. 95–111). Broken Arrow, OK: National Career Development Association.

Watanabe-Muraoke, A., & Musaki Okada, R. (2009). A perspective on career counselling in Japan. *Asian Journal of Counselling, 16,* 171–191.

Weber, M. (1949). Objectivity in social sciences. In E. A. Shils & H. A. Finch (Eds.), *The methodology of social sciences*. London, UK: Free Press.

Zahid, G., Hooley, T., & Neary, S. (2019). Careers work in higher education in Pakistan: Current practice and options for the future. *British Journal of Guidance & Counselling*. doi:10.1080/03069885.2019.1576030

268

第18章
在中小学和高校中应用生涯转化教育

安东尼·巴恩斯（Anthony Barnes）

269 **摘要** 本章从生涯发展理论和转化学习理论之间的联系出发，阐释了生涯转化教育在中小学和高校中的应用。生涯转化教育可以对年轻人的生活产生深刻而持久的影响。尽管有相当多的证据表明，通常只需少量投入，生涯教育就能产生小到中等程度的影响，但这方面的研究还不充分。生涯教育在课程中的应用范围和价值经常受到争议。本章探讨了更有前途的生涯教育途径有潜力取得不同凡响的进步成果，还探讨了在快速变化和不可预测的时代，人们生活、学习和工作的方式对个人、经济和社会的潜在好处。本章也探讨了如何将生涯教育嵌入课程中，以及中小学和高校为促进生涯转化教育可以利用的支持结构、系统和技术。最后，本章介绍了有效的教学、学习和评估方法，可以帮助学习者在自我认知、与他人的关系、自身的行动潜力和世界观方面发生转变。

关键词 转化，生涯教育，生涯发展理论，转化学习理论，课程，自我认知

定义生涯转化教育

生涯转化教育关乎志向。对儿童和青年而言，生涯转化教育可以使

他们充分利用机会，并克服自我实现的障碍。对中小学和高校而言，它有助于学校的生涯课程取得更大成就。对社会和经济而言，它可以培养儿童和青年做好准备，为自己、他人、社会和世界的福祉做出贡献。

　　本章首先对生涯转化教育、支持其蓬勃发展的背景，以及支撑的理论做出定义。如何在课程设计中融入生涯转化教育是一个关键问题。本章讨论了最适合实现生涯转化教育预期学习结果的方法，分别是自我发展、生涯探索和生涯管理。本章最后对生涯转化教育所带来的挑战作了现实评估，重申了其作为所有人的目标的重要性。

　　生涯教育可以定义为有计划地应用教学和学习过程来促进个人生涯的学习和发展（Barnes et al., 2011）。对于本章重点关注的年轻人来说，它可以在一系列环境中进行，如中小学、高校和青年组织。生涯教育的"转化"旨在为学习者创造条件，让他们重新思考对自己和工作世界的现有看法，特别是一些基于主流文化和社会规范及价值观的不容置疑的观点（Mezirow, 2009）。

　　转化使青年人能够以更自主、更具批判意识、更积极主动和更乐观的方式管理自己的生涯。转变的诱因或催化剂往往是一些关键事件，这些事件可能是积极的（如与他人的积极接触），也可能是消极的（遭受歧视的亲身经历）。生涯发展从业者可以通过识别诸如低期望、脱离学习、定式思维等问题来刺激转化学习，然后设计生涯学习体验以带来改变。他们还可以使学习者将注意力集中在影响个人角色、价值观和信仰的当代经济政策和实践上，并使学习者能够根据这些政策和实践来自我定位。生涯发展从业者不能保证在涉及如此多不受控制因素的情况下实现转化，但是，如果生涯教育不追求转化，它在课程中的地位就会被边缘化。

　　苏丹娜（Sultana, 2014）确定了生涯指导的三个主要方向，可以应用于生涯教育。"技术派专家"的观点是，生涯指导对于促进工作准备、了解劳动力市场现状、进行工作调整和服从（如在合同和条件方面）十

270

分重要。"发展派"强调个人成长和幸福感，也重视个人的自主性、自我理解、适应性和复原力。"解放派"认为，生涯指导的目的不仅仅是促进个人改变，还会引发社会变化，如提高社会流动性、社会多样性和社群凝聚力。一种不断发展的文献从解放的角度看待生涯教育，将其视为社会公正问题（Arthur & Collins, 2014；Hooley & Sultana, 2016；Hooley et al., 2017；Irving & Malik, 2005；另见本书第 12 章）。在实践中，生涯发展从业者可能会将这些不同的观点进行融合和编织，以上三种视角都可以转变为期望的结果。

生涯转化教育的理念在转化学习理论和生涯发展理论中都得到了支持。转化学习理论倾向于关注成人教育（Mezirow, 2009），但也有明确应用于年轻人的教育，因为它关注的是对假设的批判性评估，认识到一个人的经验是共享的，并且探索新的角色、关系和行动的选择。在许多中等教育中，学习者不假思索地接受老师传授的知识，生涯教育的许多方面也同样具有传授性（如申请工作的信息）；但我们不能把目光局限于此。例如，在交互式生涯教育中，学习者会与他们网络中的个人以及机会提供者（如应聘者和招聘者）进行接触和互动。交互式生涯教育支持批判性思维和反思，从而为转化学习提供基础。充分的生涯转化教育能够使学习者进一步批判以前在自我、角色、生涯和工作中未受质疑的解释，从而有新的理解和参考框架。

生涯教育能在多大程度上实现转化，很大程度上取决于生涯发展从业者所处的政策背景和环境。在中小学或高校，坚定的领导力对建立愿景、战略、资源、员工发展机会、质量保证和评估框架十分重要（The Careers & Enterprise Company, 2018）。同样，与父母和看护者的接触也一样重要，这可以培养他们支持孩子生涯发展的能力（Oomen, 2018）。与教育和社会服务机构密切合作，对于支持青年的看护者、受照料儿童、有特殊教育需求的儿童以及其他弱势儿童至关重要，他们在生涯转化教育中的受益最多，从而增强他们的自信心和个人能力。与生涯指

导服务机构、雇主以及校 - 企联动服务机构等建立强有力的伙伴关系
（Education and Employers Taskforce, 2010）也可以做出重要贡献。

　　许多生涯发展理论都隐含着对生涯转化教育理念的支持，这些理论在建立实践模式和指导方案设计方面发挥了重要作用。我们不可能在一个章节中对所有这些理论做出公正的评价（见 Arthur et al., 2019；另见本书第 13 章），所以我们选择了五个例子来说明。第一，认知信息加工理论（Sampson et al., 2004）专注于四个信息处理领域：自我认识、职业知识、决策技能和元认知。该理论展示了学习者如何从简单的信息存储和检索发展到进行更高层次的生涯学习。元认知（即思考自己思维的能力）使年轻人能够批判性地审视思想；从更长远的角度出发；质疑自己的假设和价值观，这也是转化的前提。第二，生涯学习理论（Law, 1996a）试图解释年轻人如何通过从"感知"到"筛选"和"聚焦"再到"理解"，从简单到复杂的心理和情感储备或能力，发展更深刻的理解、新的观点和更牢固的行动基础。更高层次的能力可以包括自我改变和行为改变的重新融合，这些是转化的关键要素。第三，生涯建构理论（Savickas, 2013）可以帮助从业者设计干预方法，帮助年轻人接受转化，克服他们正在经历的冲突、困境和困难。该理论侧重于构建学习机会，使个人能够通过建立自己的叙事和加强自主性、能动性和适应性来（重新）设计自己的生活。第四，生涯发展的系统理论框架（Patton & McMahon, 2014）有助于帮助从业者思考如何调动学习者的生涯影响系统（McMahon et al., 2005；Patton & McMahon, 2014）来帮助转化过程。最后，生涯的混沌理论也提出了系统的观点（Bright & Pryor, 2014；Pryor & Bright, 2019），鼓励个人了解并发展自己所需的技能和资源，如适应性和复原力，以应对不确定性。

272

课程设计中的生涯转化教育

将生涯教育纳入课程不是一件容易的事。例如，在对北欧国家的调查中，普兰特（Plant, 2007）指出，课程是由信息性的生涯课程、工作经验课程、工作场所考察和小型企业组成的，并以个人行动计划和个人指导作为补充，但他得出结论："在为真正的生涯学习创建理想的框架时，没有简单的办法"（p. 21）。课程可以被定义为：为个人或团体学习者计划的教学和学习经验的总和（Barnes et al., 2011）。生涯教育与中小学或高校整体课程的关系备受争议。例如，在英国，劳（Law, 2006）将其描述为"永远停留在时间表的边缘"（p. 9）。当时，生涯教育被纳入法定要求，但竞争的压力使得学校很难将其作为一门单独课程，而政府的课程指南亦未能给予充分的支持，把这门课列为其他科目课程的组成部分。

从广义上讲，在课程设计中实现生涯教育有三种途径。第一，在**以学科为基础**的课程中，生涯教育必须被视为一门学科。生涯教育可以通过构成学校学科的"关键测试"，即具备核心的组织概念（即"生涯"）、自成体系的知识和技能、相关和必要的探究重点、独特的教学法，以及植根于人文和社会科学的严谨的解释形式；然而，课程中单独科目的空间是有限的，这可能导致分散式学习。变化是为了发展跨学科的不同形式，如英国高等教育的生涯研究方法促进了从多角度的批判性理解（McCash, 2008）。课程设计者也可以将生涯教育视为综合学科的一部分，采用综合或模块化的方式，如个人、社会和健康教育，以便更全面地了解学习者的幸福感和发展。

273　　　第二，生涯教育可以作为一种**跨课程的**元素来构思和实施。整个课程的生涯教育基于一种互惠关系，在这种关系中，学习者通过他们正在学习的科目、课程和主题来了解生涯，并通过生涯教育所能提供的生涯背景、资源和相关性来激励自己学习主学科。以跨学科的元素引入生涯教育是有吸引力的，但很难实施，可能会遇到来自教师和学习者的阻力（Watts，2011）。将课程学习与生涯联系起来的基本原理包括使学科学习"人性化"（例如，在科学领域，告诉学生科学家的生活情况以及科学过程和产品对人类的影响）；激励和鼓舞学习者；使他们意识到学习与成年后的机会、责任和经历的相关性，以及与工作生活的相关性。

第三，可以通过**丰富课程内容**或**课外活动**的方式促进各个层面的生涯教育，对学习者正在学习的主流课程进行补充。这些活动可以采取推迟时间表中原定计划，以课后活动或课外经验的形式，如表演、演出、竞赛、俱乐部或工作实习。内容的丰富和课外活动可以利用非正式学习（Colley et al.，2003）和偶然学习（Krumboltz，2009）的潜在收益。

这些方法中的每一种都有自己的优势和不足，如果目标是生涯转化教育，这一点尤为明显。为了解决这个问题，中小学和高校需要因地制宜，将这些方法结合起来，以促进生涯学习的连贯性和进步。例如，在芬兰，生涯教育是国家核心课程的一部分，并辅之以地方元素，课程改革有可能通过促进深入学习以适应迅速变化的世界，从而提供生涯转化教育。基于现象的学习（即针对主题或专题）对基于学科的学习进行了补充，以确保与现实世界之间的关联性。支撑课程的价值观强调个人成长、文化多样性、积极的公民意识，以及对可持续生活的必要性的理解。此外，基于这些价值观的横向能力强调工作生活能力、创业精神、参与，以及置身于建设可持续的未来（Halinen，2018）。通过在课程设计中促使"学习者发声"，使学习者对课程的规划、交付和评估做出贡献，可以使上述每种方法都更加有效（Walker & Logan，2008）。

有效实施生涯转化教育

关于如何有效地实施生涯转化教育的证据基础十分有限，而且在一定程度上必须从与生涯教育影响相关的一般研究和对转化学习的广泛研

究中推导出来。这些研究得到了一些高质量的论证和元分析的支持（例
如：Hughes & Karp，2004；Hughes et al.，2016）。研究表明，生涯教
育通常会对适度的投入产生小到中等的影响，但很少有这样的研究，即
以强大或转化的生涯教育环境为基础，为学习者提供令人信服的、颇具
影响力的学习经验（Collins & Barnes，2017）。一部分原因是演示影响
具有内在复杂性，其涉及复杂的生活、社会关系和漫长的时间。例如，
旨在促进社会经济条件差的学生参与高等教育的活动的影响，很难使用
去向等定量数据来评估。在一篇有关英国大学拓展项目的讨论报告中，
哈里森和沃勒（Harrison & Waller，2017）认为，应该对引发此类项目
参与者发生转化的具体步骤进行评估。

实施生涯转化学习的模式或框架可能来源于一般的学习模式，如比
格斯和摩尔（Biggs & Moore，1993）提出的学校学习情境模型。该模
型的学习背景和环境侧重于在中小学或高校中培育一种学习文化，并由
社群合作伙伴加以强化，使年轻人充满希望、乐观和自信。学习文化也
会影响教师和学习者的积极性。该模型的另一个优点是，其认识到需要
选择教学和学习过程（包括评估的方式），以适应所涉及的教师和学习
者的特点以及学习干预的预期结果。该模型表明，学习是一个反复的过
程，学习投入、学习过程和学习结果相互影响。因此，确定生涯教育的
预期结果、管理教学投入和过程是可以实现的，从而最大限度地提高实
现预期学习目标的概率。

最著名的生涯学习成果框架之一是北美蓝图（National Life/
Work Centre，2000），该蓝图已应用于包括澳大利亚在内的许多国
家（Ministerial Council for Education, Early Childhood Development and
Youth Affairs，2010）。澳大利亚的框架确定了 11 种生涯发展能力，分
为三个领域，扩展了对不同生命阶段的描述。这三个分组类似于英国生
涯发展研究所（Career Development Institute，2020）提出的框架，其确
定的领域包括自我发展、生涯探索和生涯管理，它们在生涯转化教育方

面尤其能够引起共鸣。自我发展包含的概念认为，个体可以改变对自己的看法，生涯探索是帮助个体改变世界观的基本要素，生涯管理是采取行动完成个体转变的过程。对于每个领域，都有研究阐明实现转化生涯学习的重点以及最能促进转化的方法或途径。

自我发展

自我发展学习有助于学习者培养自主地理解自己及其与他人关系的终身能力。它让个体反思自己不断变化的经历以促进转化，反思内容包括他们的个人认同感、特质、做出的选择，以及其参与学习、工作和社会的意义。精选的活动可以增强个体能动性、自我主张、自我调节（McCowan et al.，2017）、激励能力（Hart，2014）、自信和自尊。在美国，为高风险残疾少女设计的课程极大地促进了她们的自我决定、自我主张和生涯发展预期方面的改善（Doren，2013）。赫克曼、西格德和乌尔苏亚（Heckman et al.，2006）的观点表明，学校教育会影响年轻人的非认知行为，其影响与认知能力对年轻人的学习成绩和薪资的影响一样重要。怀特（White，1990）认为，教育的总体目标是促进个体自主、个体幸福和利他主义（即个体为他人的幸福做出贡献）。将其应用到生涯教育中，意味着通过各种形式的工作——居家工作、公益性工作和有偿工作，可以促进自我决定、幸福和对他人福祉的贡献。

一些基于研究的学习方法支持生涯转化教育。叙事方法是一种了解自己的有效方式，可以从自己以及他人的故事中学习（Savickas，2013）。故事作为生涯的隐喻，对很多人都有帮助（Inkson，2007）。个人反思性写作使年轻人能够发现他们生活中的主题，必要时关注他们背后故事中的积极因素（在可信赖成年人的帮助下），通过讲述他们的故事来探索未来的情景（例如，提出"三年后我将在哪里"的问题）。卡片分类以及它们的数字等价物，有助于进行生涯评估（Osborn et al.，2015），使年轻人能够阐明他们的兴趣、态度和价值观。他们可以独立操作，也可以和伙伴一起，或者以小组形式完成。针对已确定的群组或目标群体，例如那些被确定为有提前离职风险（Cedefop，2016）或不接受继续教育、就业或培训的人，其合作活动在转化学习中可能尤为有效。协作学习可以采取多种形式（例如项目工作和商业游戏），还能带来一系列的好处，如合作的机会、达成成就和练习新技能。团队合作技能涉及就业能力、与难相处的人打交道、解决冲突以及学习如何成为团体的有效成员。荷兰的研究表明，得到支持的反思性对话可以促进个体的生涯发展（Kuijpers，2009）。年轻人有时会觉得反思很困难，但精心组织的活动（包括对话、思考实践经验、展望未来、讨论指导评估等）可以加强年轻人的生涯学习。生涯发展从业者可以利用很多工具和资源来帮助反思，比如圆圈时间（Mosley & Tew，1999）：学习者组成一个圈子，本着平等和包容的精神在其中分享想法、讨论问题，并解决个人问题。基于组合的学习可以创造一个强大的学习环境，学习者可以在其中计划、回顾和反思（Belgrad et al.，2008；Law，1996b）。

生涯探索

276

生涯探索活动使学习者能够向外拓展，查明当前生涯和工作中的问题，并对自己的世界观进行批判。它可以教会学习者如何处理偏见、误解、刻板印象、营销炒作和不准确的信息，这对于帮助他们克服可能面临的困难至关重要，在使用社交媒体和网站时尤其如此。彻底改变是生涯转化教育的核心，促进生涯探索为学习者提供了工具，以挑战工作场所的歧视和剥削以及更广泛的社会公正问题。它还让学习者有机会考虑诸如技术的道德应用和他们为应对紧急情况而做出的生涯选择等问题。促进转化生涯探索的关键活动之一是对话式教学。整个课程的素养技能——读、听、说、写，是成功的对话式教学的核心（Alexander，2017）。通过巧妙的提示、提问和讨论，生涯发展从业者可以让学习者参与探索生涯和工作中需要解决的现实问题。例如，他们可以问："全民基本收入的情况是什么？""影子职业（即一个人安于现状而不是推动自己前进）是不正常的吗？""你如何解释持续存在的性别不平等现象？"以及"气候变化和环境破坏对人们的生涯有什么影响？"转化生涯探索的另一个有用的方法是拼图式课堂，这种方法最初在美国发展起来，旨在促进转化的多种族和谐。它是一种组织同伴间教学的结构化方式，鼓励学习者以集体的方式对自己的学习负责（Aronson & Patnoe, 2011）。每个学生学习一种不同的主题（如工程的不同分支），并把它教给自己的小组成员（从而使他们都能掌握工程领域的概况）。

基于项目或探究的学习是另一种有力的技术。在荷兰，关于职前和生涯教育学习者获得生涯能力的研究将探究式学习、实践式学习和对话式学习并列为丰富生涯学习环境的特征（Kuijpers et al., 2009）。基于项目的研习有助于调查当代生涯中的重要问题，如工作不平等、不稳定、企业、就业能力、自动化、人工智能和全球化。基于项目的学习（Patton, 2012）包括处理复杂的材料，并授予学习者一种可以在日常生活和工作中应用的技能。

数字技术和媒体的使用在生涯教育中越发重要（Sampson & Osborn, 2015），有可能增加生涯教育的可用时间，而不会带来额外的压力。数字技术在通信（如虚拟助手和聊天机器人）、生产（如使用办公软件创建文档）、在线学习（如大规模开放的在线课程）、信息和指导（如应用程序和网站）以及模拟（如虚拟现实世界）方面都有所应用。数字化生涯工具可以反映年轻人在日常生活中如何使用技术，特别是社交媒体。例如，在线兴趣调查问卷已经变得更加灵活。基于游戏的学习（涉及规则、策略和收益）和增强虚拟现实有可能产生巨大影响。

基于实践的体验式学习（Kolb, 1984）在实现转化方面有相当大的潜力。具体的经验和基于实践的活动（如参观、访问、游戏和模拟、工作经验、工作见习、与职业相关的志愿服务和社会行动）强调"边做边学"的好处，例如增强动力、学习迁移，以及重新诠释学习经验的能力

277

(Collins & Barnes, 2017)。体验式学习的收获可以与"脚手架"(即建立在以前的学习基础上)、结构化的准备、有组织的实施以及结构化的汇报和反馈联系起来。

生涯管理

让年轻人掌握管理自己生涯的技能,能够使他们完成循环往复的转化学习,从而形成新的行为。生涯管理是一个复杂的终身过程。它涉及个人对自己的需求、兴趣、价值观和优势的不断评估,要求个人有能力在选项之间做出选择、进行转变,并保持就业能力。诸如开始新工作、处理他人的生涯行为、生涯转换、角色平衡、适应不同的组织文化,以及处理晋升、裁员和退休等工作与生活中的事件,需要个人表现出主动性和进取心,具有适应性和复原力,并发展个人财务能力(Abad et al., 2017;Career Development Institute, 2020;Sultana, 2011)。

重大的生涯转变事件可能会让人迷失方向、造成创伤,并带来问题,这需要通过转化学习来解决。研究表明,关键的活动和经历可以帮助年轻人管理他们的生涯。强调准备和演练的示范和实践对于获得生涯管理技能非常重要。它们使学习者能够发展在特定情况下为他们提供做事情的结构化方法的模式(有组织的知识"包"),例如制作有效的简历或履历表,以及促进学习迁移,这样他们就可以迅速将在一种情况下学到的技能应用到另一种情况下。教学计划和记录使学习者能够发展管理其生涯的组织技能。基于档案和电子档案的工具(例如,马尼托巴省的生涯发展)可以用来创建强大的生涯发展学习环境,使学习者反思他们的经历和成就、设定目标、制订计划和做出决定。

当这些工具的使用得到具有辅导或指导能力的成年人支持时,这些工具可能会非常有效。指导提升了自主学习、激励和解决问题的技能,而指导的目的是通过示范和传授过来人的经验来提高学习者的生涯管理技能。它可以采取多种形式,包括同龄人、员工、企业和校友的指导。

278

与雇主指导有关的实证基础相当坚固，其表明，在通常情况下，指导具有微小但积极的影响（Hooley，2016）。校友指导的一个好处是，它使学习者能够看到"像他们一样的人"取得了什么成就。

所有这三个领域的学习都可以通过适当的评估方法来加强。"支持"和"作为"学习的评估已被证明在提高成绩方面非常有效（Black et al.，2002），并且与生涯转化学习具有特别密切的相关性。如果教师使用提问来获取信息，给予适当的反馈，确保学习者的理解质量，并参与同伴和自我评估，那么学习者就会有更大的进步（James，2008）。学习评估，包括分数的授予，对学习的影响较小（Bassot et al.，2014）。认证/证书制度的好处本质上是学习过程的外在因素，但通过授予学分或以更创新的方式，如通过数字人（Digitalme）等组织的开放数字徽章对学习进行认可，是具有发展前景的。

结论

本章阐述了生涯转化教育的案例，能够使年轻人的自我认知、世界观和行动力发生根本而深刻的变化。世界上许多地区的年轻人都面临着一种持续存在的风险，即感知生涯和劳动力市场运作方式的现状面临的不平等、剥削和歧视现象。对于在课程中边缘化生涯教育的学校来说，它们无法使年轻人做好充分准备去迎接他们在工作生活中将面临的挑战。生涯教育并不是解决年轻人面临的更广泛的社会和经济问题的灵丹妙药，但是它可以帮助年轻人变得更加自主、积极主动地寻找机会，并成功地释放出自身和他人的潜力。为了实现这一目标，中小学和高校需要将生涯教育作为一门学科、一种跨课程的元素、一个丰富的/共同的课程活动来管理，并且以更多元的方式来实施。它们还需要关注生涯能力涉及的三个主要领域——自我发展、生涯探索和生涯管理，并通过精选的教学、学习和评估过程来促进转化学习。

参考文献

Abad, J., Amblàs, S., Andricopoulou, A., Bujok, E., Iannis, G., İlin,C., Koutoudis, P., Marconi, A., Neary, S., Panagiotidou, A., Patsouratis, V., & Spanu, P. (2017). *Improving career management skills: Models, practices and guidance resources.* Retrieved from http://www.leaderproject.eu/images/documents/Handbook_ LEADER_EN2017.pdf

Alexander, R. (2017). *Towards dialogic teaching: Rethinking classroom talk* (5th ed.). Thirsk, UK: Dialogos.

Aronson, E., & Patnoe, S. (2011). *Cooperation in the classroom: The jigsaw method.* London: Pinter & Martin.

Arthur, N., & Collins, C. (2014). Diversity and social justice: Guiding concepts for career development practice. In B. C. Shepard & P. S. Mani (Eds.), *Career development practice in Canada: Perspectives, principles and professionalism* (pp. 77–103). Toronto: Canadian Education and Research Institute for Counselling.

Arthur, N., Neault, R., & McMahon, M. (Eds.). (2019). *Career theories and models at work: Ideas for practice.* Toronto: CERIC.

Barnes, A., Bassot, B., & Chant, C. (2011). *An introduction to career learning and development 11–19: Perspectives, practice and possibilities.* London: Routledge.

Bassot, B., Barnes, A., & Chant, C. (2014). *A practical guide to career learning and development: Innovation in careers education 11–19.* London: Routledge.

Belgrad, S., Burke, K., & Fogarty, R. J. (Eds.). (2008). *The portfolio connection: Student work linked to standards* (3rd ed.). Thousand Oaks, CA: Corwin.

Biggs, J. B., & Moore, P. J. (1993). *The process of learning* (3rd ed.). New York: Prentice Hall.

Black, P., Harrison, C., Lee, C., Marshall, B., & Wiliam, D. (2002). *Working inside the black box: Assessment for learning in the classroom.* London: GL Assessment.

Bright, J., & Pryor, G. (2014). The chaos theory of careers (CTC): Ten years on and only just begun. *Australian Journal of Career Development, 23,* 4–12. doi:10.1177/1038416213518506

Career Development Institute. (2020). *Framework for careers, employability and enterprise education.* Retrieved from https://www.thecdi.net/write/CDI-Framework-Jan2020-web.pdf

Career Development Manitoba. (n.d.). *A guide to building a career portfolio.* Retrieved

279

from http://www.manitobacareerdevelopment.ca/cdi/docs/bldg_portfolio.pdf

Cedefop. (2016). *Leaving education early: Putting vocational education and training centre stage. Volume 1: Investigating causes and extent; Volume 2: Evaluating Policy Impact.* Luxembourg: Publications Office of the European Union.

Colley, H., Hodkinson, P., & Malcolm, J. (2003). *Informality and formality in learning: A report for the Learning and Skills Research Centre.* Retrieved from https://kar.kent. ac.uk/4647/3/Informality%20and%20Formality%20in%20Learning.pdf

Collins, J., & Barnes, A. (2017). *Careers in the curriculum: What works?* London: The Careers & Enterprise Company.

Doren, B., Lombardi, A. R., Clark, J., & Lindstrom, L. (2013). Addressing career barriers for high risk adolescent girls: The PATHS curriculum intervention. *Journal of Adolescence, 36,* 1083–1092. doi:10.1016/j.adolescence.2013.08.014

Education and Employers Taskforce. (2010). *Helping young people succeed: How employers can support careers education.* Retrieved from https://www. educationandemployers.org/wp-content/uploads/2014/06/deloitteeet-young-people-succeed-report-final.pdf

Halinen, I. (2018). The new educational curriculum in Finland. In M. Matthes, L. Pulkkinen, C. Clouder, & B. Heys (Eds.), *Improving the quality of childhood in Europe.* Brussels: Alliance for Childhood European Network Foundation.

Harrison, N., & Waller, R. (2017). Evaluating outreach activities: Overcoming challenges through a realist "small steps" approach. *Perspectives: Policy and Practice in Higher Education, 21,* 81–87. doi:10.1080/13603108.2016.1256353

Hart, C. S. (2014). Agency, participation and transitions beyond school. In C. S. Hart, M. Biggeri, & B. Babic (Eds.), *Agency and participation in childhood and youth: International applications of the capability approach in schools and beyond* (pp. 181–203). London: Bloomsbury.

Heckman, J. J., Sixrud, J., & Urzua, S. (2006). *The effects of cognitive and noncognitive abilities on labor market outcomes and social behaviour.* Cambridge, MA: National Bureau of Economic Research. Retrieved from http://www.nber.org/papers/w12006. pdf

Hooley, T. (2016). *Effective employer mentoring: Lessons from the evidence.* London: The Careers & Enterprise Company.

Hooley, T., & Sultana, R. (2016). Career guidance for social justice. *Journal of the National Institute for Career Education and Counselling, 36,* 2–11. doi:10.20856/ jnicec.3601

Hooley, T., Sultana, R., & Thomsen, R. (Eds.). (2017). *Career guidance for social justice: Contesting neoliberalism*. London: Routledge.

Hughes, D., Mann, A., Barnes, S.-A., Baldauf, B., & McKeown, R. (2016). *Careers education: International literature review*. London: Education Endowment Foundation.

Hughes, K. L., & Karp, M. M. (2004). *School-based career development: A synthesis of the literature*. New York: Institute on Education and the Economy, Teachers College, Columbia University.

280 Inkson, K. (2007). *Understanding careers*. London: Sage.

Irving, B. A., & Malik, B. (2005). *Critical reflections on career education and guidance: Promoting social justice within a global economy*. Abingdon, UK: RoutledgeFalmer.

James, M. (2008). Assessment and learning. In S. Swaffield (Ed.), *Unlocking assessment* (pp. 20–36). London: Routledge.

Kolb, D. A. (1984). *Experiential learning*. Englewood Cliffs, NJ: Prentice Hall.

Krumboltz, J. D. (2009). The happenstance learning theory. *Journal of Career Assessment, 17*, 135–154. doi:10.1177/1069072708328861

Kuijpers, M. (2009). Career dialogue: About learning to talk (and) about learning to choose. In M. Kuijpers & F. Meijers (Eds.), *Career learning: Research and practice in education* (pp. 175–189). 's-Hertogenbosch, the Netherlands: Euroguidance.

Kuijpers, M., Meijers, F., & Winters, A. (2009). *Guidance on career development in vocational education in the Netherlands*. Retrieved from https://www.researchgate.net/publication/279666550_Guidance_on_career_development_in_vocational_education_in_the_Netherlands

Law, B. (1996a). A career-learning theory. In A. G. Watts, B. Law, J. Killeen, J. M. Kidd, & R. Hawthorn (Eds.), *Rethinking careers education and guidance: Theory, policy and practice* (pp. 46–71). London: Routledge.

Law, B. (1996b). Recording achievement and action planning. In A. G. Watts, B. Law, J. Killeen, J. M. Kidd, & R. Hawthorn (Eds.), *Rethinking careers education and guidance: Theory, policy and practice* (pp. 247–268). London: Routledge.

Law, B. (2006). Careers education in schools and colleges: Forever clinging to the edge of the timetable? *Career Research & Development, 15*, 9–15.

McCash, P. (2008). *Career studies handbook: Career development learning in practice*. York, UK: The Higher Education Academy.

McCowan, C., McKenzie, M., & Shah, M. (2017). *Introducing career education and development: A guide for personnel in educational institutions in both developed and developing countries*. Underwood, Australia: InHouse.

McMahon, M., Patton, W., & Watson, M. (2005). *My system of career influences*. Camberwell, Australia: ACER.

Mezirow, J. (2009). Transformative learning theory. In J. Mezirow & E. W. Taylor (Eds.), *Transformative learning in practice: Insights from community, workplace and higher education* (pp. 18–32). San Francisco: Jossey-Bass.

Ministerial Council for Education, Early Childhood Development and Youth Affairs. (2010). *The Australian blueprint for career development*. Canberra, Australia: Author.

Mosley, J., & Tew, M. (1999). *Quality circle time in the secondary school: A handbook of good practice*. London: Fulton.

National Life/Work Centre. (2000). *The blueprint for life/work designs*. Ottawa, Ontario, Canada: Author.

Oomen, A. (2018). *Parental involvement in career education and guidance in senior general secondary schools in the Netherlands*. Doctoral dissertation, University of Derby, Derby, UK. Retrieved from http://hdl.handle.net/10545/623103

Osborn, D. S., Kronholz, J. F., & Finklea, J. T. (2015). Card sorts. In M. McMahon & M. Watson (Eds.), *Career assessment: Qualitative approaches* (pp. 81–88). Rotterdam, the Netherlands: Sense.

Patton, A. (2012). *Work that matters: The teachers' guide to project-based learning*. Retrieved from http://www.innovationunit.org/wp-content/uploads/2017/04/Work-That-Matters-Teachers-Guide-to-Project-based-Learning.pdf

Patton, W., & McMahon, M. (2014). *Career development and systems theory: Connecting theory and practice*. Rotterdam, the Netherlands: Sense.

Plant, P. (Ed.). (2007). *Ways—On career guidance*. Copenhagen: Danish University of Education Press.

Pryor, R., & Bright, J. (2019). Chaos theory for career counselors. In N. Arthur, R. Neault, & M. McMahon (Eds.), *Career theories and models at work: Ideas for practice* (pp. 347–356). Toronto: CERIC.

Sampson, J. P., & Osborn, D. S. (2015). Using information and communication technology in delivering career interventions. In P. J. Hartung, M. L. Savickas, & W. B. Walsh (Eds.), *APA handbook of career intervention* (Vol. 2, pp. 57–70). Washington, DC: American Psychological Association.

Sampson, J. P., Reardon, R. C., Peterson, G. W., & Lenz, J. G. (2004). *Career counseling and services: A cognitive information processing approach*. Pacific Grove, CA: Brooks/Cole.

Savickas, M. L. (2013). Career construction theory and practice. In S. D. Brown & R. W. Lent (Eds.), *Career development and counseling: Putting theory and research to work* (pp. 147–183). New York: Wiley.

281

Sultana, R. G. (2011). Learning career management skills in Europe: A critical review. *Journal of Education and Work, 25*, 225–248. doi:10.1080/13639080.2010.547846

Sultana, R. G. (2014). Rousseau's chains: Striving for greater social justice through emancipatory career guidance. *Journal of the National Institute for Career Education and Counselling, 33*, 15–23.

The Careers & Enterprise Company. (2018). *Understanding the role of the careers leader: A guide for secondary schools*. London: Author. Retrieved from https://www.careersandenterprise.co.uk/sites/default/files/uploaded/understanding-careers-leader-role-careers-enterprise.pdf

Walker, L., & Logan, A. (2008). *Learner engagement: A review of learner voice initiatives across the UK's education sectors*. Slough, UK: NFER. Available from https://www.nfer.ac.uk/learner-engagement-a-review-of-learnervoice-initiatives-across-the-uks-education-sectors

Watts, A. G. (2011). Global perspectives in effective career development practices. *Curriculum and Leadership Journal, 9*, 9. http://www.curriculum.edu.au/leader/global_perspectives_in_effective_career_developmen,33172.html?issueID=12379

White, J. (1990). *Education and the good life: Beyond the National Curriculum*. London: Kogan Page.

第 19 章
劳动力市场信息之于生涯发展：是枢纽还是边缘？

珍妮·比姆罗斯（Jenny Bimrose）

摘要　劳动力市场信息（Labour Market Information，LMI）是生涯发展干预所需知识的核心组成部分，将生涯发展从业者的工作与其他类型的辅助性工作做出了区分。然而，从业者经常发现，让这些知识保持与时俱进并有效地将其传播给不同的受众群体是具有挑战性的。生涯理论有助于确认各种可能的假设，这些假设或许巩固了 LMI 在实践中的运用。虽然信息和通信技术在获取和传播可靠且坚实的 LMI 方面发挥着越来越重要的作用，但研究表明，生涯专业人士采取的面对面干预仍然对来访者产生极大影响。于是，向来访者推荐在线 LMI 似乎不太可能将积极结果最大化，因为由专业人士进行专家解读，使来访者了解信息对于自己特定情况的意义往往十分必要。事实上，专业性是大多数生涯发展从业人士所认同的概念，它为实践规定了最低标准，包括以专业和当前 LMI 为基础的实践。LMI 是整体生涯干预的一个组成部分，本章讨论了提高其有效性的各种方法。

关键词　劳动力市场信息，生涯发展，生涯干预，技术，生涯理论，专业性

引言

人们早就认识到高质量生涯干预在个人生活广度中的重要性。经济论点对于确保这些服务的资金支持至关重要，并且在考虑这些干预措施的价值时，通常被放在首位。例如，经济合作与发展组织（OECD, 2010）认为，经济论点在两个层面上极为宝贵：社会层面，支持经济的健康运转；个人层面，支持公民个人有效地参与自己的终身学习和发展。随着世界各地劳动力市场愈加动荡和不稳定，政府要求提高效率（Hughes, 2017），这导致生涯干预的质量和有效性受到密切关注（Whiston et al., 2017）。在这种形势下，生涯发展实践的广大社群有责任应对挑战，持续提高生涯干预的质量。本章认为，将高质量、可靠和最新的劳动力市场信息（LMI）有效地融入实践，是提高实践质量和有效性的主要方法之一。本章探讨了 LMI 在广泛的生涯干预（包括一对一、团体、面对面和虚拟）中的作用和性质，并从理论视角确定了将 LMI 融入实践的必要性以及由此带来的一些后果，从而思考理论的作用。后文会对 LMI 与专业性、道德实践的关系，及与这两个议题的联系进行讨论。最后，本章探究了有效使用坚实的 LMI 所带来的一些显而易见的挑战，以及可能的解决方案。

劳动力市场信息的作用和性质

劳动力市场信息将生涯干预与其他类型的帮助区分开来，例如辅导和其他一般形式的咨询或指导（Offer, 2001），从业者被劝告与来访者建设性地使用这些信息，防止出现偏见（Hayes & Hopson, 1975）。尽管劳动力市场信息至关重要，但其在实践层面的研究仍然存在不足，对这一领域的文献进行全球性综述可以得出结论，该领域的研究不仅"材料匮乏"，而且存在明显的偏见，因为目前真实存在的研究主要来自发达国家（Alexander et al.，2019，p. 10）。

用于描述支持生涯过渡所需的劳动力市场信息的术语各不相同。虽然目前通常将其称为生涯信息，但以前却叫作有关职业的信息。以下引文阐明了早期的趋势，性别化的语言明显地反映了其写作的时代：

> 过去，许多职业指导从业者倾向于向个人提供有关各种职位的信息，并向他（原文本）提供一系列外部生成的标准，用于评估这些替代方案……今天，人们越来越强调鼓励学生根据自己对自己的评估来制定标准。通过这种方式，他能够将收到的关于职业世界的信息个性化，并利用这个标准探索其与自身的相关性，也就是说，就他看待自己的方式而言，他认同自己的标准并认为其具有意义。（Hayes & Hopson，1975，p. 35）

直到几十年前，人们认为 LMI 对发展和实现来访者的自我认知十分重要。也就是说，它被用来帮助来访者了解劳动力市场上的哪些工作最符合自己的能力、任职资格和志向。最近，它的作用得到了扩大和深化，例如它在减少生涯犹豫不决和／或打击职业刻板印象方面的价值得到了认可（Osipow & Fitzgerald，1996）。

LMI 和劳动力市场情报之间也有一个重要的区别，其中 LMI 是指原始信息来源（通常可从调查中获得并以表格、电子表格和图表等形式报告）中的定量数据或定性数据。而劳动力市场情报则与 LMI 的诠释有关，指的是经过进一步分析得到的信息子集（Cambridge Training & Development，2004）。非交互式和交互式 LMI（Sampson et al.，2004）之间已经有了进一步的区分，非交互式 LMI 本质上通常是线性的、纸质的，范围通常更广，并且主题覆盖面更为详细，而交互式 LMI（使用信息通信技术，Information and Communications Technology，ICT）通常

285

是非线性的，用户对信息的选择和排序具有一定的控制力。尽管通过使用 ICT，LMI 的来源范围和数量不断增加，但可用于生涯支持的数据仍然存在许多缺陷（Bimrose & Barnes，2010）。因此出现了政府机构在技术方面投资的范例，以确保能够将最佳可用的 LMI 数据用于生涯干预。例如，英国的全民 LMI 数据门户网站（Bimrose et al.，2018）确保人们获得数据的来源坚实、可靠，且被明确标识为由政府资助。这项工作被视为优秀实践和国际创新的典范（Alexander et al.，2019；Cedefop，2016）。这些数据包括过去的和预计的就业，替换需求，薪酬和收入，工作时间，失业率，空缺职位数量，职业描述，技能、能力和兴趣，当前空缺职位，以及接受高等教育的场所。只要有可能，数据会直接从原始来源流动传输。但是，这是一个数据门户，生涯从业者需要使用集成了此门户可用数据的应用程序。如前所述，LMI 数据存在不足之处。例如，在英国，薪酬数据受到与保密有关的立法限制。来自政府机构（如国家统计局）的数据的潜在用户有义务签署保密数据的数据访问协议。当数据允许（直接或间接）识别数据主体或允许披露有关数据主体的信息时，数据被视为具有披露性。因此，对于就业人数相对较少（没有具有统计意义的样本）的职位和 / 或位于该国可能易于识别的地区的职位，可用的薪酬数据将受保密协议的约束，因此需要谨慎对待。

劳动力市场的狭义定义是指雇主（需求方）与潜在卖方或雇员（供应方）之间的劳动力交换，有关劳动力市场的信息对于这一过程的顺利运作至关重要。然而，LMI 并不局限于劳动力的供求关系。该术语现在的用法更加笼统，包括与学习、技能、就业、劳动力市场运作及其与更广泛经济的关系相关的信息。LMI 来源广泛，包括一般就业趋势（历史趋势和未来需求）的信息，关于劳动力市场结构的数据（有哪些工作、数量如何、属于哪个行业部门、是哪种职业），有关劳动力市场运作方式的信息（人们如何找到工作并在雇主之间流动），劳动力需求和供应之间的相互作用（不匹配，其反映在失业率、技能差距、技能短缺等方面），关于国家、区域和地方劳动力市场变化的数据（劳动力规模、主要部门等），侧重于平等和具有多样性的数据（哪些人受雇于不同部门以及处于什么级别），以及有关发展路线的信息（生涯结构、收入和技能的可迁移性）（Bimrose & Barnes，2010）。

事实上，关于生涯背景下 LMI 的定义，文献中几乎没有达成共识（Alexander et al.，2019）。在本章的其余部分，LMI 泛指用于支持生涯过渡的信息。生涯从业者的 LMI 需求是复杂多变的，因为不同目标受众出于各种目的都需要用到它。例如，LMI 作为生涯干预的一部分，用于不同的来访者群体，这些来访者群体在生涯发展的不同时期（例如中小学和高校的学生，相较于长期失业者）具有不同的需求，这与他们的专业和个人发展所需的 LMI 形成鲜明对比。为了确保生涯从业者认为 LMI 来源与目的相契合，必须考虑他们对所需内容的看法。对这些看法的研究表明，从业人员认为最重要的 LMI 包括当地的信息和趋势、平等机会问题、区域数据和趋势以及自主创业趋势。最无用的 LMI 是原始统计数据和 / 或过时的信息。在该项研究中，从业者还确定了所需的 LMI 的首选格式（Bimrose & Barnes，2010）。然而，有效提供 LMI 是所有生涯干预（包括一对一，或是远程或面对面地向一群人提供）的一部分，涉及多个方面，突出了专业性、道德实践和理论等相互关联的问题。

生涯理论的作用

上一节中提到的关于 LMI 语言使用不一致的问题，也普遍地适用于国家内部和各国之间的生涯干预（Bimrose & Barnes，2010）。这对实践有各种影响，例如，英国政府在 2003 年发表了一份关于成人生涯准备的讨论文件，并将成人生涯准备分为三类：信息、咨询和指导（Department for Education and Skills，2003）。这份讨论文件是实施差别化资助模式的先驱，其中的信息被认定为这项服务中最廉价的组成部分。然而，经证明，该框架难以实施，部分原因是这三项活动之间存在划定明确界限的问题，因为随着来访者需求的出现，在干预过程中，一个活动通常会无缝合并到另一个活动中（Bimrose & Barnes, 2010）。然而，在这个实例中，政策不恰当地推动实践，确实强调了生涯从业者通过指导其实践的理论框架，将 LMI 有意识融入实践的重要性。

如前所述，关于 LMI 的争议是存在的。有些人不仅挑战 LMI 的来源和方式，还挑战其呈现方式。与从互联网上获取的任何材料一样，终端用户需要熟悉判断 LMI 最佳实践的标准，以便就其可靠性和可信度做出明智的决定，包括来源和演示风格（参见"劳动力市场信息的质量"一节）。其他人可能会对与生涯发展从业者在实践中解释或传播 LMI 有关的问题提出质疑。下一节将探讨这些类型的问题。通常，从业者提出的问题仅与提供 LMI 的最佳方式有关。对所有这些问题和 / 或批评的回应至少部分可以通过理论框架来进行解读，这些理论框架用于指导他们使用 LMI。耶茨在本书第 8 章提供了所选理论方法的概述。这些框架清楚地表明了对这些和其他问题的回应。不同理论框架对 LMI 进行了举例说明，对 LMI 作用的重新审视不仅有助于我们理解如何在实践中最好地使用 LMI（Alexander et al., 2019），还可以定义生涯从业者的专业身份（Walsh, 1990）。

如果采用源自特质因素方法的理论框架（例如，源自差异心理学的方法），那么生涯从业者承担的是专家的专业角色，其干预的目的是收集有关来访者的数据，以便他们（根据他们的 LMI 知识）为来访者匹配出最合适的生涯。理性决策是这种方法的核心，该方法基于以下假设，即个人会自动通过其行为实现经济利益最大化。LMI 在这一过程中发挥着重要作用。通常，在面谈中，从业者会作为专家把 LMI 直接提供给来访者，向来访者解释其含义并对来访者产生影响（例如，有关提交课程或工作申请表的截止日期的信息，以激励来访者遵守这些期限）。其中，（从业者）在提供 LMI 时假设来访者的行为即将发生变化，那么提供申请表的提交截止日期信息时，也假定来访者会遵守这一截止日期。

相比之下，在实践中采用发展框架意味着主要目的是评估来访者的职业发展阶段。使用这个框架来指导实践时，从业者要承担促进者的专业身份。在生涯干预期间（无论是面谈还是团体会议），他们不是直接提供 LMI，而是帮助来访者培养自己获取 LMI 来源所需的技能和方法。这不仅使来访者能够评估他们对职业目标的兴趣程度，而且还使他们能够发展必要的研究技能，以开展自己未来的 LMI 调查。与特质因素方法相比，这一框架很少强调将信息提供看作生涯面谈的核心部分。相反，从业者将专注于确保来访者将来能够进行自己的 LMI 研究，从而学着变得更加自主。

第三个例子，涉及社会学习理论在生涯情境中的应用。在这里，生涯从业者将承担教育者的专业身份。所以生涯干预的总体目的是确定来访者是否对工作世界有准确的理解或了解。一旦从业者对来访者理解的准确性表示满意，那么从业者就会与来访者一起确定职业抱负的动机，然后确定核心目标。如果在这个理论框架内运作以指导实践，从业者将以允许其来访者与 LMI 互动的方式使用 LMI（例如，他们可能会使用真/假测验对职业角色或行业的误解提出挑战）。在这里，LMI 将被用作纠正误解或刺激探索的教育技术。

最后一个例子与最近的理论有关，即系统理论框架。这种方法已被巴顿和麦克马洪（Patton & McMahon, 1997, 1999）以及麦克马洪和巴顿（McMahon & Patton, 2017）用于生涯，他们很清楚这不是生涯发展理论，而是一个综合的元理论框架，其深受建构主义影响，属于建构主义的范畴，并且受到情境行动理论的影响（McMahon & Patton, 2017）。该框架提供了一个"可能指导生涯咨询师工作的图景"（McMahon & Patton, 2017, p. 113），研究了影响生涯发展的内部和外部变量之间的相互联系（Arthur & McMahon, 2005），并且整合了心理学和社会学方

288

法。因此，在实践中采用这种方法需要认识和理解对从业者的主要理论影响，这反过来又表明了 LMI 在干预中的作用。

因此，理论框架不仅为从业者在实践中使用 LMI 提供了清晰的图景或框架，而且还有助于定义从业者的专业身份（Brown & Bimrose，2017）。因此，如前所述，当从业者在特质因素框架下工作时，他们将承担专家的身份（即将 LMI 与心理测量、测试或清单等工具一起使用）。如果从业者在发展方法的框架下工作，他们将承担促进者的专业角色。如果他们在社会学习方法下工作，他们将承担教育者或教师的专业角色。

专业性和道德实践

专业被定义为"一群纪律严明的个人，他们遵守道德标准，自称并被公众视为拥有广泛受认可的学习体系中的特殊知识和技能，这些知识和技能源于高水平的研究、教育和培训，他们还准备好运用这些知识和技能来为他人的利益服务"（Professions Australia, n.d.）。这与专业性的概念密切相关，专业性被描述为一种职业价值观，尽管不断变化，但"可能会改善专业工作的行为和实践，并使从业者和消费者受益"（Evetts, 2011, p. 416）。由于生涯从业者通常将自己视为专业人士，提供专业服务，因此在维持这种公共地位的同时，重要的责任随之而来，作为其持续专业发展的一部分，他们会对知识的更新产生影响。专业人士也需要在涉及遵守道德标准的专业文化内开展工作。高质量、强有力且可靠的 LMI 代表了这种类型的专业知识。然而，LMI 知识的专业性不仅仅使生涯干预不同于其他形式的帮助。LMI 提供给来访者的公正性在生涯干预中才是独一无二的。一个例子是，当雇主和／或雇主组织为了营销其工作领域或雇主组织而发布 LMI 时，不充分或有偏差的 LMI 就会出现。此处，提供的 LMI 可能会满足特定需求——为部门或组织招聘最优秀的员工，因此所提供的数据可能是被挑选过的，所呈现出的数据是为了实现这一结果。

国际教育和职业指导协会（IAEVG）等专业生涯协会将公正性置于合乎道德的生涯实践的中心："IAEVG 的成员加强了来访者的独立行为，因此避免了这种情况，即有意识地支配或胁迫来访者代表咨询师或其他人的选择、价值观、生活方式、计划或信仰（例如对经济生活的一般看法），而非来访者的个人取向或观点"（IAEVG, 1995）。要成为 IAEVG 等协会的成员，从业者必须承诺遵守其道德行为准则。然而，一项关于成年人生涯支持公正性的研究发现，在现实中，这些往往受到组织文化、员工培训不足的情况以及缺乏高质量 LMI 等因素的影响（Connelly et al., 1996）。其他压力可能对 LMI 在生涯实践中的道德诚信构成额外威胁，这突出了从业者严格遵守道德准则的重要性。

例如，当生涯从业者在工作中面对的是希望考虑从事科学、技术、工程和数学（science, technology, engineering, and mathematics, STEM）生涯的女性时，重要的是要记住可能需要进行解释的 LMI 数据的含义。由于在这些行业就业的女性人数很少，加上政府和雇主可能向这些行业的招聘从业人员施加了压力，因此从业者在追求合乎道德的实践方面可能面临窘境。英国工程部（Engineering UK, 2017）发布的一份报告提出了五项关键建议，其中第一条指出，必须增加教育的"工程师供应渠道"。为了实现这一目标，该报告建议我们必须"鼓励更多的学生选择 STEM 科目，并做出明智的选择，即坚持选择工程和技术生涯"（p. 13）。如果生涯从业者不加批判地采纳这些建议，就有可能损害公正的道德原则，因为这些建议可能导致将女性来访者置于高度性骚扰或欺凌的生涯环境中（Bimrose, 2004）。

除了专业性、道德实践和公正性，在确保生涯干预中有效使用高质量的 LMI 方面还会面对其他挑战。高夫和尼瑞在本书第 17 章更详细地探讨了更深入的专业性问题。

将劳动力市场信息融入实践的挑战

有效使用 LMI 作为生涯干预的一部分，需要从业者参与五个相互关联的过程。第一，他们必须准确地确定与他们合作的来访者需要什么。例如，向未完成义务教育的学生提供有关继续教育和培训课程的 LMI，可能与向辞职一段时间（照顾儿童或老人）后返回劳动力市场的人提供的同类型 LMI 不同。第二，他们必须精准地确定需要哪种类型的 LMI。以面向不同来访者群体开办的教育和培训课程为例，通过信息通信技术获得的数据量对许多来访者来说可能是巨大的。作为生涯干预过程的一部分，从业者可能会选择与来访者兴趣相关的信息——例如，他们是否对特定机构的特定课程感兴趣？从业者还必须考虑来访者的能力：他们是否有足够的资格申请特定课程？此外，还必须考虑来访者情况。例如，他们是否能够负担自己所选的课程？他们会从家人/朋友等那里得到所需的支持吗？第三，从业者必须从可靠的来源检索数据，进行这项研究需要时间和专业知识。第四，来访者通常需要生涯从业者针对他们特定的生涯情况帮助解释 LMI。例如，在决定要参加某一职业培训课程之后，来访者可能会问，如果自己申请某一特定机构的课程，那么在成功完成课程后，自己在该国的某一特定地区找到工作的可能性有多大？在做出解释后，进而对 LMI 提供的关键信息进行诠释通常是第五个过程。

有时，来自 LMI 的关键信息可能无法为来访者提供他们希望得到的答案，因而很难被来访者吸收。例如，由于某种原因（例如，缺乏适当的交通方式、交通费用和无法担负起托儿设施），他们首选的课程可能不可行。从业者需要以一种来访者可能觉得可理解和接受的方式解读这些信息。因此，提供信息的高水平技能至关重要。

提供信息的技巧

向来访者提供信息可以被视为一种高水平的具有挑战性的技能（Egan，2001），因为它有助于对某一问题形成新的观点。它还可以提供新的见解和 / 或纠正错误的看法，因此有可能改变和调节个人的自我认知。但是，LMI 不会改变来访者的结果或行为。例如，向来访者提供有关提交工作或课程申请截止日期的信息，并不一定能够保证来访者在该截止日期之前提交。造成这种情况的原因可能是信息太复杂或太多而导致来访者不理解信息。来访者可能由于以下原因而无法理解 LMI 在特定情境中的含义：太过焦虑；没有认识到不同信息之间的联系或 LMI 最重要的方面；可能理解 LMI，但却不相信；LMI 挑战了其基本信念或价值观。当然，来访者可能理解且相信 LMI，但可能会选择不采取行动，因为这样做太具破坏性或令人不愉快，例如，由于来自他人的压力或感知到的好处没有超过感知到的风险（Caress，2003）。

为了应对以上这些类型的困难，需要明确地发展有效提供信息的技能并将其融入实践，包括使用简短的单词和句子，避免行话，重复信息，内容要具体和详细，举例说明，尽可能进行分类，使用图像和类比在情境和信息之间建立联系，建议做什么而不是不做什么，经常总结和停顿，不同的表现形式和 / 或语气，提供书面备份以强调关键点（Nicolson & Bayne，1990）。除了这些技能之外，还有一些增强信息提供有效性的一般原则，例如确保它适合来访者的能力水平和年龄，确保来访者有意愿接受并已经做好接受的准备，帮助来访者将他们的信息与情况联系起来，确认他们是否准确理解，以及在提供信息的过程中表现出尊重和真诚的帮助意愿。

当然，在生涯干预中有效地使用 LMI 比以往任何时候都更需要应用信息通信技术（ICT）。有争议且经常被忽视的一点是，支持从业者及其管理者将信息通信技术引入和整合到实践中的重要性（Bimrose，

291

2017），但这仍然是有效使用 LMI 的关键组成部分。

使用信息通信技术的能力和信心

通过使用 ICT 获得的信息质量面临挑战（Hooley et al., 2010；Sampson & Makela, 2014），应对这些挑战的方法越来越明确（Sampson & Makela, 2014；Sampson et al., 2018）。事实上，国际上生涯行业专业化程度提高的部分过程与加强劳动力使用 LMI 和 ICT 的能力有关（Bimrose et al., 2010；Bimrose et al., 2011；Schiersmann et al., 2012）。因此，对于将 LMI 融入其实践的从业者来说，至少部分挑战在于他们对使用 ICT 的能力和信心。这对政策优先事项、组织文化和从业者愿意致力于持续专业发展方面的变化产生了影响（Alexander et al., 2019；Bimrose et al., 2015）。

292

劳动力市场信息的质量

技术确保了生涯从业者获得 LMI 的充足来源。于是，挑战就变成了在来源之间进行选择，这就需要对来自不同来源的数据的相对质量做出判断。来自互联网的 LMI 可能已经过时或没有足够的细节来做出合理的判断。数据源可能不一致或不完整，有些来源难以理解。重要的是，数据不太可能实现个性化，供具有特定生涯发展要求的来访者使用。在来源之间做出判断可能既耗时又困难，但简单的清单可以帮助从业者更有信心确定他们选择的来源是高质量的，并有助于对 LMI 的质量有更深入、更批判性的理解。例如，从业者应该问：谁发布了 LMI？LMI 是如何收集和拆分的？LMI 是否是最新的并且符合所要达成的目的？至关重要的是，是否可以对照另一个来源检查 LMI，以便识别任何不一致之处？

当然，雇主有责任收集和提供高质量的数据，以帮助个人过渡到劳动力市场。为收集和提供 LMI 进行生涯干预的雇主组织（例如，英国的行业委员会）提供指导的协议包括道德实践、数据来源和数据拆分（Bimrose et al., 2008）。下文就每项内容作简要介绍。

数据收集中的道德实践

用于生涯干预的 LMI 的整理应合乎道德（即，在受访者完全知情的情况下收集信息；在相关情况下，已遵守知情同意原则）。用于传播 LMI 的方法应（尽可能）确保不排除某些来访者中的特定群体（例如，无法接触互联网的来访者）。LMI 的展示风格应遵守无障碍指南（例如，适用于视障人士）。所有 LMI 使用的语言应没有任何偏见（例如，避免性别歧视语言和图像），以免强化模式化的假设。语言不应代表某个群体的利益或使用行话。

数据来源

数据源十分重要。数据来源涵盖了如何收集数据、收集数据的原因、何时收集数据、谁负责收集数据以及从何处收集数据等问题。这种信息应提供给用户，并能让用户对数据的可靠性和稳健性进行初步评估。

数据拆分

一般而言，国家层面的数据来源比区域或地方层面的数据来源更可靠。虽然在地方层面，提供信息可能会面临压力，地方数据也通常会按照某些维度的利益群体拆分（例如，特定行业或性别），但由于样本量和保密方面的限制，这种拆分往往并不可行。正如工业和职业分类制度可能随时间而变化一样，地理区域的边界也可能随时间而变化（例如，通过地方政府重组或建立新区域）。因此必须提供数据 / 信息所指地理区域的确切细节。

本节和前两节讨论了在生涯干预中使用高质量 LMI 的各种挑战，

293

这强调了将 LMI 有效整合在实践中所需的复杂性和专业知识。

结论

几十年来，LMI 在生涯干预中的作用和目的各不相同，这取决于各种理论框架的主导地位和不同时代的政策倾向。毫无疑问，它有时被外部压力和某些考虑挤到边缘位置。然而，尽管在有效使用方面仍然存在问题，但不可否认的是它对有效的生涯实践至关重要。为成功地将 LMI 融入有效实践所必须克服的持续性挑战已经得到确认和探讨。它在某些不同的理论观点和框架中的地位已经得到审视，如果生涯从业者希望被他们所服务的来访者和社会视为专业人士，就必须用这些理论和框架指导自己的实践。

尽管挑战持续存在，但与提供高质量、可靠和最新的 LMI 相关的进步使其潜在用途比以往任何时候都更加振奋人心。ICT 的发展意味着 LMI 比以往任何时候都多，我们有可能掌握更一致的 LMI 信息，以及个性化和有针对性的 LMI，这可以为来访者的生涯学习和探索的不同阶段增加价值。当然，这也意味着，通过获得 ICT，来访者比以往任何时候都更了解他们所锚定的劳动力市场，因而更可能带着更多更复杂的问题来寻求生涯支持。因此，LMI 和 ICT 的发展有可能重新定义生涯干预的性质。

参考文献

Alexander, R., McCabe, G., & De Backer, M. (2019). *Careers and labour market information: An international review of the evidence.* Education Development Trust. Retrieved from https://www.educationdevelopmenttrust.com/our-research-and-insights/research/careers-and-labour-market-information-an-internati

Arthur, N., & McMahon, M. (2005). Multicultural career counselling: Theoretical applications of the systems theory framework. *Career Development Quarterly, 53,* 208–222. doi:10.1002/j.2161–0045.2005.tb00991.x

Bimrose, J. (2004). Sexual harassment in the workplace: An ethical dilemma for career guidance practice? *British Journal of Guidance and Counselling, 32,* 109–121. doi:1 0.1080/03069880310001648049

Bimrose, J. (2017). Constructivism in online career counselling. In M. McMahon (Ed.), *Career counselling: Constructivist approache*s (2nd ed., pp. 210–222). New York: Routledge.

Bimrose, J., & Barnes, S.-A. (2010). *Labour market information (LMI), information communications and technologies (ICT) and information, advice and guidance (IAG): The way forward?* London: UK Commission for Employment and Skills. Retrieved from https://warwick.ac.uk/fac/soc/ier/publications/2010/bimrose_lmi_and_ict_2010. pdf

Bimrose, J., Barnes, S.-A., & Attwell, G. (2010). *An investigation into the skills needed by Connexions personal advisers to develop internet-based guidance.* Education Development Trust. Retrieved from https://www.educationdevelopmenttrust.com/our-research-and-insights/research/an-investigation-into-the-skillsneeded-by-connexi

Bimrose, J., Barnes, S.-A., Owen, D., Hughes, D., Wilson, R., Attwell, G., & Rustemeier, P. (2018). *LMI for all: Stakeholder engagement and usage, data and technical developments.* London: Department for Education. Retrieved from http://www. lmiforall.org.uk/wp-content/uploads/2014/10/Labour_market_information_for_all. pdf

Bimrose, J., Green, A., Barnes, S.-A., & Marris, L. (2008). *Protocols for the development of labour market information produced for the guidance process by the Sector Skills Councils.* Coventry, UK: SSDA/Warwick Institute for Employment Research. Retrieved from https://warwick.ac.uk/fac/soc/ier/research/qualitystandards

Bimrose, J., Hughes, D., & Barnes, S.-A. (2011). *Integrating new technologies into careers practice: Extending the knowledge base.* London: UK Commission for Employment and Skills. Retrieved from https://warwick.ac.uk/fac/soc/ier/ publications/2011/bimrose_2011_ict.pdf

Bimrose, J., Kettunen, J., & Goddard, T. (2015). ICT—The new frontier? Pushing the boundaries of careers practice. *British Journal of Guidance & Counselling, 4,* 8–23. doi:10.1080/03069885.2014.975677

Brown, A., & Bimrose, J. (2017). Learning as a driver of identity development at work. In M. Milana, S. Webb, J. Holford, R. Waller, & P. Jarvis (Eds.), *The Palgrave*

294

international handbook on adult and lifelong education and learning (pp. 245–265). London: Palgrave Macmillan.

Cambridge Training & Development. (2004). *LMI matters! Understanding labour market information*. Nottingham, UK: Department for Education and Skills/Learning Skills Council. Retrieved from https://warwick.ac.uk/fac/soc/ier/ngrf/effectiveguidance/improvingpractice/lmi/lmi_matters_lsc.pdf

Caress, A.-L. (2003). Giving information to patients. *Nursing Standard, 17*(43), 47–54. doi:10.7748/ns2003.07.17.43.47.c3417

Cedefop. (2016). *Labour market information and guidance*. Cedefop research paper No. 55. Luxembourg: Publications Office. Retrieved from https://epale.ec.europa.eu/sites/default/files/labour_market_information_and_guidance.pdf

Connelly, G., Milburn, T., Thomson, S., & Edwards, R. (1996). *Impartiality in guidance provision for adults: A Scottish study*. Glasgow/Milton Keynes, UK: University of Strathclyde/The Open University.

Department for Education and Skills. (2003). *Information, advice and guidance for adults: Towards a national policy framework: Discussion document*. Sheffield, UK: Author. Retrieved from http://dera.ioe.ac.uk/id/eprint/10347

Egan, G. (2001). *The skilled helper: A problem-management approach to helping*. Belmont, CA: Brooks/Cole.

Engineering UK. (2017). *The state of engineering: Synopsis and recommendations*. Retrieved from https://www.engineeringuk.com/media/1356/enguk_report_2017_synopsis.pdf

Evans, K. (2008). *Gaining cultural competence in career counseling*. Boston: Lahask Press.

Evetts, J. (2011). A new professionalism? Challenges and opportunities. *Current Sociology, 59*, 406–422. doi:10.1177/0011392111402585

Hayes, J., & Hopson B. (1975). *Careers guidance: The role of the school in vocational development*. London: Heinemann.

Hooley, T., Hutchinson, J., & Watts, A. G. (2010). *Careering through the web: The potential of Web 2.0 and 3.0 technologies for career development and career support services*. London: UK Commission for Employment and Skills.

Hughes, D. (2017). Careers work in England's schools: Politics, practices and prospects. *British Journal of Guidance & Counselling, 45*, 133–137. doi:10.1080/03069885.2017.1346234

IAEVG. (1995). *Ethical Standards* (original version). International Association for

Educational and Vocational Guidance.

McMahon, M., & Patton, W. (2017). The systems theory framework: A conceptual and practical map for story telling in career counselling. In M. McMahon (Ed.), *Career counselling: Constructivist approaches* (2nd ed., pp. 113–126). New York: Routledge.   295

Nicolson, P., & Bayne, R. (Eds.). (1990). *Applied psychology for social workers* (2nd ed.). London: Macmillan.

Offer, M. (2001). The discourse of the labour market. In B. Gothard, P. Mignot, M. Offer, & M. Ruff (Eds.), *Careers guidance in context* (pp. 76–92). London: Sage.

Organisation for Economic Co-operation and Development. (2010). *Learning for jobs*. Retrieved from http://www.oecd.org/education/skills-beyond-school/Learning%20 for%20Jobs%20book.pdf

Osipow, S. H., & Fitzgerald, L. F. (1996). *Theories of career development* (4th ed.). Needham Heights, MA: Allyn & Bacon.

Patton, W., & McMahon, M. (1997). The systems theory framework. In W. Patton & M. McMahon (Eds.), *Career development in practice: A systems theory perspective* (pp. 15–34). Sydney: New Hobsons Press.

Patton, W., & McMahon, M. (1999). *Career development and systems theory: A new relationship*. Pacific Grove, CA: Brooks/Cole.

Professions Australia. (n.d.). *Definition of profession*. Retrieved from http://www. professions.com.au/about-us/what-is-a-professional.

Sampson, J. P., & Makela, J. P. (2014). Ethical issues associated with information and communication technology in counseling and guidance. *International Journal for Educational and Vocational Guidance, 14*, 135–148. doi:10.1007/s10775-013-9258-7

Sampson, J. P., Osborn, D. S., Kettunen, J., Hou, P.-C., Miller, A. K., & Makela, J. (2018). The validity of social media-based career information. *Career Development Quarterly, 66*, 121–134. doi:10.1002/cdq.12127

Sampson, J. P., Reardon, R. C., Peterson, G. W., & Lenz, J. G. (2004). *Career counseling and services: A cognitive information processing approach*. Belmont, CA: Thompson Brooks/Cole.

Schiersmann, C., Ertelt, B.-J., Katsarov, J., Mulvey, R., Reid, H., & Weber, P. (2012). *NICE handbook for the academic training of career guidance and counselling professionals*. Heidelberg, Germany: Heidelberg University. Retrieved from http:// www.nice-network.eu/Our-Goals/Publications/

Walsh, B. W. (1990). A summary and integration of career counseling approaches. In W. B. Walsh & H. Osipow (Eds.), *Career counseling: Contemporary topics in vocational psychology* (pp. 263–282). Hillsdale, NJ: Erlbaum.

Whiston, S. C., Li, Y., Goodrich Mitts, N., & Wright, L. (2017). Effectiveness of career choice interventions: A meta-analytic replication and extension. *Journal of Vocational Behavior, 100*, 175–184. doi:10.1016/j.jvb.2017.03.010

第 20 章
数字技术在生涯发展中的作用

特里斯特拉姆·胡利（Tristram Hooley），汤姆·斯汤顿（Tom Staunton）

摘要 本章分析了数字技术在生涯发展中的作用，并且认为数字技术改变了个人生涯的环境并提供了生涯支持的机会。数字技术对生涯的影响部分取决于技术与社会互动的方式。它们可能被视为工具、社会的塑造者，或是社会实践。对个人而言，数字技术可以通过六个隐喻来理解：（1）图书馆，（2）媒体渠道，（3）监控摄像头，（4）市场，（5）会面场所，（6）竞技场。对于生涯发展专业人士来说，他们的选择在于将数字技术用于提供信息、自动交互或沟通。本章最后认为，有三种主要的教学立场（工具性、联结主义和批判性）可以指导生涯发展专业人士结合不同的技术，并指导他们应对在生涯发展中个人所遇到的机遇和挑战。

关键词 生涯发展，生涯指导，数字技术，互联网，在线，教学法

297

引言

生涯发展一直以来都在利用技术、对技术做出响应并受到技术的影响。对个人而言，新技术的发展开辟了新的工作、学习和生活方式。生涯专业已经对可能的实践方式产生了影响。从这个意义上说，在贝恩的

术语中，技术被理解为"所有工具、机器、器皿、武器、仪器、住房、服装、通信和运输设备以及我们生产和使用它们的技能"（Bain, 1937, p. 380）。

从掌握火的使用到传送带和汽车的出现，再到智能手机，技术能够在我们的生涯中开辟一些可能性，也可能消除其他的可能性。因此，飞行技术的产生及其在大众运输中的应用，既对飞行员、机组人员和地勤人员这些新职业产生了直接影响，也对劳动力市场的全球化和生涯可能性的社会心理视野的扩大产生了意想不到的结果。

正如技术总是与个人的生涯发展相互作用一样，它与生涯发展干预也有着动态的关系。在该领域形成初期，帕森斯（Parsons, 1909, p. 165）认为，新的职业指导活动应该利用"科学可以发明出的每一个设施，从而测试感官和能力，以及儿童的整个身体、智力和情感构成"。在陈述这一点时，他将新领域植根于理性实证主义，并将技术置于生涯发展过程的核心。

随着新兴生涯发展领域的发展，其利用广泛的技术，并越来越依赖信息和计算机技术。瓦茨（Watts, 2002）通过四个阶段追溯了 20 世纪 60 年代生涯发展干预措施中信息通信技术的发展：大型机、微型计算机、网络和数字。随着最后两个阶段的展开，瓦茨描述了一种范式转变，即个人越来越能够以新的方式在生涯中为自我服务，而无须直接参考生涯发展专业人士的意见。虽然自助服务方法在数字技术之前就已经存在，但互联网实现并加速了这种形式的生涯交付。

随着数字阶段的开始，探索数字技术在生涯发展干预中效用的工具、技术和举措呈现出爆炸式增长（Cdefop, 2018；Hooley et al., 2015；Vigurs et al., 2017）。本章汇集了文献的一些关键发现，探讨了数字生涯指导实践的定义，并研究了数字环境的本质及其如何塑造社会和个人生涯。本章首先着眼于数字环境的本质，探究其如何塑造社会，然后研究了互联网对个人生涯发展意义重大的原因，最后探索了如何将数字技术整合到生涯工作中。

什么是数字环境?

"数字"的概念字面上指的是以数字(通常是二进制)形式表示信息的能力。数字技术已经发展到能够描述日益复杂的信息形式:数字、语言、图像、音频、视频,甚至实物。这种描述信息的能力与通信技术的结合使信息几乎可以立即在全世界得以复制和传播。以边际成本复制和传达信息的能力是与数字技术相关的最大范式转变之一,并支撑着从数字技术发展而来的大量社会、文化和经济形式,包括万维网、社交媒体、视频流技术和数字加密货币。

数字技术以各种方式应用于社会的方方面面,这意味着几乎在考虑社会的任何方面(包括生涯)时,它们都很难被忽视。一些评论家认为,我们现在生活在数字时代,数字技术的发展越来越多地定义了我们的社会。施瓦布(Schwab, 2016)将这种新的社会和经济范式称为"第四次工业革命",这由"数字革命"所引起。

299

数字技术如何塑造社会

本章认为,数字技术以历史和社会学现实为基础。数字技术是历史性的,因为技术是从历史进程中发展而来的,而不是突然出现的。数字技术是社会的,因为它既改变了社会世界,又在更广泛的社会现实中发挥作用并得到发展。

有多种方式可以将新技术与社会之间的关系概念化。探索这些不同的观点十分重要,因为它们影响着我们如何看待数字技术与生涯和生涯发展干预之间的相互作用。这些不同的观点可以总结为:(1)技术是工具,(2)技术是社会的塑造者,(3)技术是社会实践。

第一种观点将数字技术视为一系列可供个人使用的工具。数字技术可以使个人和团体以技术存在之前无法做到的方式采取行动和互动。这些工具能够使人们改善自己的生活，例如改善信息获取途径、促进沟通、实现新形式的教学和学习，或允许人们超越距离。

关于数字工具几乎可以在每个领域改善人们生活的方式，有许多振奋人心的描述，但生涯领域的积极示例包括关于互联网的以下承诺：可以帮助人们找到和获得工作（Hooley et al., 2016）、建立自己的事业（Paulson, 2017），以及在工作场所获得认可和尊重（Adlam, 2018）。当然，并非所有工具都用于积极方面。数字工具也可能有黑暗的一面，使个人做出违反或攻击社会和道德规范的事情，并且使他们的生活或其他一些人的生活变得更糟，例如网络欺凌（Whittaker & Kowalski, 2015）或数字犯罪（Bryant & Bryant, 2016）。

在将数字技术主要视为工具的情况下，重点在于对个人的影响，而不是对社会的影响。个人使用这些工具的影响不断累积，可能最终对社会产生影响，但是当技术被视为一种工具时，这一点很难被看到。相比之下，第二种观点强调利用数字技术塑造和形成社会的方式。这种观点建立在麦克卢汉（McLuhan, 1994）的分析基础上，即人类历史是塑造社会的技术发展的历史。在这种观点中，互联网作为一种媒介，对社会的影响比互联网实际携带的内容（信息）更大。卡尔（Carr, 2008）和基恩（Keen, 2012）得出结论，数字技术提供的可用性已经在消极层面对社会生活进行了重新构建。他们认为，新闻提要、迷因[①]、通知、好友申请和自拍导致了一个以肤浅、假新闻和社会碎片化为特征的社会。另外一些人从更积极的角度看待数字技术，认为它们是赋权和平衡的。因此，舍基（Shirky, 2009）认为，数字技术可以使社会民主化，并将民主扩展到公共领域，而萨德勒（Sadler, 2010）和阿吉拉尔、菲尼、奥

300

---

① meme，也称米姆、模因，指通过模仿而传播的文化基因。——译者注

伯格和陆克文（Aguilar-Millan et al., 2010）等作家认为，包括数字技术在内的新技术将改变政治经济、消除稀缺性，并为更充分地满足人类需求开辟可能性。这种观点表明，新技术将对社会产生决定性影响。这种观点让技术重新合法化，并把技术本身变成了一个"社会行动者"。

第三种观点将技术视为一种社会实践。该观点承认，技术可以以各种方式使用（例如，第一种观点提到的，作为工具），并且可以改变社会和变换工具的使用环境（如第二种观点），但该观点也提醒我们，技术反过来是由社会产生和塑造的。这种观点挑战了社会和技术的割裂性，技术被视为社会的一部分，而不是与社会分离。因此，谷歌开发的技术不是在脱离社会的情况下对社会发挥作用，而是从 20 世纪末至 21 世纪初资本主义、硅谷文化以及美国公司、版权、知识产权和劳动法相关的社会、政治和经济形态中产生和发展而来（Whelan, 2019）。技术不是中立的或外部的参与者。正如布雷弗曼（Braverman, 1998, p. 133）所说，它们不是"征服人类的异己力量"，而是从现有权力关系中产生并将权力赋予拥有者和控制者的工具。

如果数字技术被视为一种社会实践，那么认识到它们也是一种政治实践形式是有帮助的。政治被理解为管理、处理和解决社会中各个利益群体争端的方式，这些群体利益不一致，且通常是相互竞争的。数字环境为这种争论提供了空间，尽管像梅希亚（Mejias, 2013）和范·迪克（Van Dijck, 2013a）这样的作者与布雷弗曼的观点一致，认为数字技术由特定架构组成，为私人组织所有并且受到政府的监管和利用。因此，虽然互联网可能看起来开放且民主，任何人都可以发表观点或倾听他人，但数字技术是由个人和团体设计的，对于事物应该如何组织，他们有自己的设想，并且期望既得利益能够增加。在许多情况下，这意味着数字技术归强者所有，并用于维护和扩展这种权力。然而，由于技术是社会实践，在某些情况下，它们也可以被重新用作创造抗议、抵抗和权力再分配的工具（Bennett & Segerberg, 2013；Castells, 2015）。

技术不仅决定了我们的生涯，还决定了我们的生涯如何构建和实施。人们就如何生活所做出的个人和集体决定塑造了得到构思、发展和利用的技术。在本章的其余部分，第三种观点得到广泛采用，以展示技术如何以动态方式与生涯和生涯发展干预相互作用，同时将其在生涯制定中的使用及其作为生涯发展干预的一部分视作一种社会实践。

为什么数字技术对个人的生涯发展十分重要？

如果牢记数字环境的本质及其如何更广泛地与社会互动，我们就可以转向探索这如何改变个人制定生涯的方式。由于目前数字技术在社会世界中嵌入颇深，几乎所有与生涯相关的过程都有数字技术的成分。数字技术是教育、招聘、工作、公民参与和休闲的核心。

数字工具如此深入地嵌入社会生活，以至于数字和非数字体验常常难以区别。例如，把 YouTube 电影用作讲座的一部分，这一行为将数字内容置于面对面学习体验的核心，而在工作场所的会议中经常使用平板电脑和智能手机来查看信息，甚至涉及并未实际在场的参与者，这创造了一个有关收集信息、交互的物理和数字方式之间的结合，这种结合通常不被承认但十分深刻。

尽管数字技术深深地融入了生涯的日常实践中，但仍然有可能确定其所扮演的一些特定角色，这些角色与"数字"对社会的影响相互交织。我们以胡利（Hooley，2012）的类型学为基础，将其扩展并提出了六个隐喻来描述数字技术在个人职业生涯中的作用：（1）图书馆，（2）媒体渠道，（3）监控摄像头，（4）市场，（5）会面场所，（6）竞技场。

图书馆

数字技术为个人提供了获得各种信息的途径，人们可以用来为自己的生涯思考提供信息。在互联网上可以找到的信息不一定是准确的，它们往往是片面的，并且反映了信息产出者的目标（Sampson et al.，2018）。有鉴于此，数字信息作为生涯资源的潜在价值在很大程度上取决于个人质询此类信息，并批判和评估其价值的能力。

媒体渠道

数字技术允许人们散布他们想要散布的任何东西，而且不需要许可或编辑。人们可以掌控自己在网络上的自我呈现，并可能选择隐瞒自己的身份或采用化名。在生涯背景下，个人有可能利用这种媒体渠道有意或无意地创造一个关于自己的叙事，这些叙事对于人们的生涯可能发挥各种帮助（Batenburg & Bartels，2017）或阻碍作用（Soares et al.，2017）。

监控摄像头

302

媒体渠道的另一面是数字技术如何让个人接受每个人的监视，尤其是接受那些有权力的人的监视。从生涯角度来看，这种监视有可能将在线捕获的每个行为转化为可用于选择（Gandini & Pais，2018）或管理过程（Ajunwa et al.，2017）的材料。同样，有关学生的数据越来越多地被教育机构（包括生涯服务）采集和使用。也许更有害的是对持续监视的感知，即使是并非真实的，也可以塑造个人的行为，鼓励人们遵从自己想象中雇主和其他人的期望（Duffy & Chan，2019；Hooley & Cutts，2018）。

市场

数字技术也是生涯机会的市场，通过各种形式的电子招聘和选拔，为个人创造了与机会提供者（雇主和学习提供者）互动的新机会（Holm & Haahr，2018）。科学技术让个人能够借助领英等工具永久"在售"，或者让其通过基于平台（如 Uber 或 Task Rabbit）的工作直接获得工作，由此，科学技术越来越多地塑造了劳动力市场的运作方式。

会面场所

数字技术为人们创造了一个"会面"和建立关系网的地方。这种对话可以用作生涯制定的一部分，个体彼此交谈、共享信息和建立联系，并建立和维护与生涯相关的网络（Utz, 2016）。这可以发生在与生涯更明确相关的网站上，如领英或推特，但也可能涉及个人通过更受兴趣驱动的网站（如 Reddit 或 YouTube）发展影响他们职业生涯的人际关系。

竞技场

最后，数字技术创造了一个竞技场，具有不同利益和霸权的人可以在此进行斗争，规范可能得以建立，也可能受到挑战。这种斗争既可以是个人的，也可以是集体的，并且可以通过多种方式与现有的权力结构相互作用。劳（Law, 2012）讨论了网络如何从一个玩乐和探索的地方变成一个抗议和批评的地方。例如，MeToo 运动提高了人们对女性生涯经常遭遇虐待和性剥削的认识，并开始了挑战这些权力关系的过程。这种形式的标签行动主义（Yang, 2016）利用互联网来挑战生涯规范（Wood & Pasquier, 2018），允许人们以此前不可能的方式分享经验、与他人联系，并将人群作为一种保护形式。信息传播的能力以及个人快速、自由联系的能力，使人们能够采取集体形式的行动，挑战生涯规范和结构，并寻求以激进的方式对其进行重塑。然而，除此之外，互联网也一直是 MeToo 运动受到质疑和进行辩论的场所。该运动受到来自各个角度的批评，从应该始终相信受害者的假设，到对该运动主要关注中产阶级职业的白人女性经历的担心。另外一些人则认为，该运动过于关注个人的故事，而不是审视结构条件（Donegan, 2018；North, 2018；Quart, 2018）。竞技场的隐喻表明，互联网既为运动留出了空间，同时又使运动的批评者能够组织起来表示反对。

个人在制定生涯时会利用数字技术，因此需要通过这些隐喻为自己指明方向。一种回应是鼓励个人从战略上进行自我定位，进而有效利用这些技术的可用性，同时避免或尽量减少技术的不利方面。对于生涯发展专业人士来说，这通常被视为，呼吁花时间培养个人的数字生涯管理技能或数字生涯素养（Hooley，2012）。

专注于提高个人数字生涯管理技能可以归结为采用了上述以工具为基础的技术概念。斯汤顿（Staunton，2018）认为，我们需要更批判性地看待数字技术，意识到熟练运用互联网（发展生涯管理技能）所能达成的是有限的，并鼓励个人思考如何改变和适应互联网的可用性和实践。在前文讨论的 MeToo 运动的例子中，数字生涯管理技能方法将侧重于如何利用互联网来研究特定部门的性骚扰程度，并成功地找到一份让个人摆脱压迫的工作。一种更具批判性的方法强调了个人使用互联网参与生涯相关的其他政治叙事、通力合作以改变其生涯发展环境的能力，正如 MeToo 运动所证明的那样。

利用技术提供生涯发展支持

数字技术还为生涯发展干预措施的提供带来了一系列可能性和挑战（Harris-Bowlsbey & Sampson，2005）。通过数字技术提供生涯支持有很多优势。胡利、谢泼德和多德（Hooley et al.，2015）认为，这些技术可能会被生涯提供者用于：

- 跨越地理限制；
- 为各种当事人提供平等的机会；
- 随时提供各种不同级别的服务；
- 提供保密和谨慎的服务；
- 允许灵活配置，以更大的容量来管理和应对需求高峰；
- 提供"专家"服务（例如，围绕特定行业的需求、裁员、退休、

304

工作变动、学徒制或不同语言）；

- 将在线服务提供与有关工作和学习的全国性媒体活动联系起来，从而为运动提供支持；

- 利用自主学习、自动化或规模经济来节省成本。

这种服务可以采取各种形式。随着新技术的发展，可用的方法范围不断扩大。胡利、哈钦森和瓦茨（Hooley et al., 2010）将这些方法分为三大类：提供信息、使用自动交互以及使用互联网进行通信。

将数字技术用于支持人们生涯发展的第一种方式是提供信息和资源，如前文关于图书馆的隐喻所述。这些资源可能包括有关劳动力市场或教育系统的信息，也与如何解决特定问题的建议有关。信息可以是定量的，也可以是定性的，可以包括文本、图像和多媒体内容。虽然信息一直被用作生涯发展工作的一部分，但互联网消除了与维护传统生涯图书馆相关的各种物理限制。此外，由于利用数字技术的利用，生涯发展专业人士传递、解读信息的需求从此消失，现在个人可以用数字技术开发的新方式进行自主学习。这带来了机会增加的巨大机会，也带来了潜在危险，因为专业便利被取消，个人可能只能独自在线上的生涯信息泥沼中筛选。

有证据表明，提供在线生涯信息资源的效果有限，因为许多用户不知道这些资源、选择不使用它们，或者没有从使用中获得太多好处（Galliott, 2017；Vigurs et al., 2017）。正如奥斯本（Osborn, 2019）所指出的那样，只有当个人参与其中并能够从中获得一定的生涯学习时，信息的提供，或者任何在线生涯资源的提供才有意义。奥斯本利用桑普森、伦茨、里登和彼得森（Sampson et al., 1999）的认知信息处理方法来解释这种学习是如何发生的。但是，无论采用何种学习模式，奥斯本的观点都很有道理：信息或资源的传播，无论是以在线还是其他方式，都不应该被假定为能够促成生涯学习。

信息和资源本质上是静态的，为所有用户提供着相同的内容。第二类数字生涯发展实践利用自动化交互和人工智能形式来定制为个人提供的信息和资源。这可能包括提供在线评估和诊断，以复制传统建议和指导服务元素（Harris-Bowlsbey，2013）。这种自动化交互还可以提供工作模拟和在线（需认真思考的）游戏等体验，以新的方式支持生涯学习。因此，麦奎尔、布鲁安、怀特和迪维（McGuire et al.，2018）描述了使用游戏化工作场所模拟如何帮助学生开发新的机会，以探索不同的职业，进而了解他们需要哪些技能，并通过模拟招聘流程展示他们的学习成果。麦奎尔及其同事认为，这种游戏化学习可以增加学生参与生涯学习的动力。

最后，可以使用数字工具来促进围绕生涯发展的沟通和互动。这种在线交流可以增加个人获得生涯支持的机会，而且人们不必在同一个地方或同时进行互动。这种方法可以促进一对一、一对多或多对多形式的交流。这可能包括将传统的生涯咨询互动放到网上，也许可以通过视频会议或聊天技术起到促进作用（Bimrose，2016）。数字技术还可用于让个人与那些虽然不是生涯发展专业人士但为他们提供生涯发展资源的人进行互动（Hooley et al.，2016）。这可能包括数字化促进的指导关系、向更有经验的人提问的机会，以及更多的生涯发展形式，例如通过领英等工具建立在线网络。

以这种方式划分技术会导致将数字技术视为一个工具箱，生涯从业者可以从中选择一种工具。然而，数字技术的发展更具变革性。从业者和当事人越来越多地以各种方式部署、组合并使用各项技术。维格斯等人（Vigurs et al.，2017）认为，重要的是不能将数字形式的实践视为模拟和面对面实践形式的替代品，而是将它们视为互补和相互强化的存在。在实践中，各种生涯发展干预措施通常被整合在一起（Bakke et al.，2018），并将数字和非数字方法结合在一起。诺塔、桑蒂利和索雷西（Nota et al.，2016）的在线人生设计干预提供了一个很好的例子：它将在线数字内容与线下辅导和书面练习相结合。诺塔等人表示，这种综合干预比传统的面对面干预更能提高学生的生涯适应力、生活满意度和抱负。

数字化生涯学习教学法

个人的生涯以多种方式与数字技术相互作用，这些技术也支持了新形式的生涯发展实践的出现。本节借鉴了数字教学法中的当代思维，提出了可以将数字或综合生涯发展实践概念化的新方法。这一点通过参考将技术教学法与生涯联系起来的三种可能的方法（工具性、联结主义和批判性教学法）来实现。

工具性方法侧重于个人的生涯学习需求，并探寻如何通过技术来满足这些需求。这种方法受到以结果为基础的教学和学习（Biggs & Tang, 2011）观念的启发，该思想侧重于让学习策略与特定的学习结果保持一致，同时这种方法借鉴了特鲁什（Trouche, 2005）的工具起源理论，该理论认为任何技术本身仍然是无生命和被动的，需要通过适当的教学法转化为有用的东西。技术被视为教育工作者可以部署的工具，用以实现既定目标。科勒和米什拉（Koehler & Mishra, 2009）认为，数字技术与以前的技术有一些重要的区别，因为它们是多用途的、不断变化的，并且通常极其不透明。但是，尽管如此，它们仍然是熟练的教育工作者可以使用的工具，如果他们拥有足够的技术知识、教学知识和内容知识，就可以将这些工具用以实现学习。

工具性教学法与基于工具的技术概念密切相关。对于生涯发展专业人士来说，使用这些工具就是要弄清楚何时何地可以最好地部署它们来推进生涯学习。在这样的概念中，生涯发展学习的基本目的、目标和方法保持不变，但它们是通过新工具提供的，这些工具需要一些专业适应性和关于如何将工具整合到现有道德框架中的讨论（Sampson & Makela, 2014）。

工具性方法受到数字生涯学习的联结主义方法的挑战，这些方法将重点从专业人士转移到学习者。学习者可以在数字环境中自助服务、访问生涯网站，并推动自己的学习，这样一来就不必赋予生涯发展专业人士特殊地位。因此，学习者可以访问领英、收集信息、寻求指导和建议，并参与生涯转型，而无须与生涯发展专业人士接触。

联结主义方法与技术是社会塑造者的概念有关。对学习者的关注突出了这样一个事实，即现在与以前的结构顺序已经迥然不同。学习者以不同的方式追求自己的生涯，这需要生涯发展专业人士接受范式转变并重新思考自己的角色。惠勒和杰弗（Wheeler & Gerver, 2015）以及西门子（Siemens, 2005）和科米尔（Cormier, 2008）等人描述了互联网如何挑战学校、大学和图书馆等机构持有的现有正式知识库，以及互联网如何促使个人以新的方式自由地连接到信息和网络，以支持他们自己的学习之旅。他们颂扬这种"联结主义"，并认为它赋予学习者权力，并使教育工作者发挥支持和促进作用。

联结主义者将互联网视为一个变革性空间，这增加了凯图宁及其同事（Kettunen et al., 2013, 2015）发表的生涯特异性研究与学习者的自主权之间的联系，凯图宁及其同事专注于社交媒体和生涯实践，并研究了生涯专业人士应对不断变化的技术的不同方式。在调查了将数字技术用于生涯工作的各种方法之后，凯图宁、桑普森和沃里宁（Kettunen et al., 2015）认为，从业者应该认识到范式已经发生了变化，因而需要一种新的方法，他们将其描述为"共同生涯"。这是一种教学法形式，具有以下特点：（1）不再关注信息的传递；（2）是非等级制的且以学习者为中心；（3）以学习者自主使用数字工具为基础，利用一系列在线资源促进其生涯。在共同生涯中设想的生涯发展专业人士的角色是促进和发展性的，但也是由技术变革塑造的角色，而不是寻求塑造或批评此类技术的角色。

在线教学法的批判性方法与技术的第三个概念有关，即技术是一种社会实践。批判性方法承认技术塑造人类行为的方式，但也认为这些方式是有争议的，并且可能会发生变化和重新谈判。批判性方法质疑互联网的开放性在多大程度上赋予了个人权力，这与联结主义的共同生涯观点所表达的一致。塞尔温（Selwyn，2016）提出了对教育更具灵活性这一呼吁，以及个性化的假设，即假设个人有能力利用这种新的学习形式的担忧。这忽略了一些批评：数字环境需要获取技术硬件，但目前这些硬件更多地掌握在社会中更富裕的人手里（Warschauer，2010）；有效利用这些数字工具所需的能力并不一致；参与这些网络要求个人放弃隐私，并且这样做会使社会上更容易接受的个人受益更多（Keen，2012；Van Dijck，2013b）；最后，这些网络在设计层面上有着输赢之分，因此无论如何都是让少数人受益（Keen，2012；Mejias，2013）。

这些批评提出了一些重要的观点，即需要考虑个人如何在数字环境中真正地建立自己的生涯，以及是什么促成和限制了这一过程。对忽视个人社会地位的数字环境采取过于乐观和积极的态度，可能会存在危险。此外，这可能忽略了数字技术如何携带意识形态要求，以鼓励个人以某种方式行事（Mejias，2013），从而鼓励个人主义、竞争力和类似游戏的行为（Keen，2012）。互联网显而易见的新前沿可以掩盖其在社会中复制现有新自由主义倾向的方式（Van Dijck，2013a）。

布坎南（Buchanan，2018）提出了一种担忧：如果生涯发展干预措施仅仅是为了帮助个人适应数字世界，它们就有可能使个人社会化陷入主导但压抑的逻辑之中。这表明，有必要进行生涯发展干预，以批评现有的数字生涯发展形式，并鼓励个人思考如何在监视资本主义中重新协商自己的立场（Zuboff，2019）。劳（Law，2012）和斯汤顿（Staunton，2016，2018）认为，有效的数字生涯发展教育应该帮助学生对技术建立批判性的理解，并思考其如何以积极和消极的方式塑造自己的生涯。在实践中，这可能涉及帮助当事人讨论通过社交媒体网站推进其生涯和处理隐私泄露问题之间的得失，或者探索不依赖监视来创造利润的数字平台，如 MeWe 和 Ello。

结论

本章探讨了数字技术与生涯发展之间复杂的相互关系。生涯发展专业越来越多地接受新技术，认识到两者都塑造了个人追求生涯的方式，并为实践的发展提供了新的机会。考虑到在生涯实践中使用数字技术，我们需要首先了解技术如何在运作的过程中与社会相关联。我们不仅挑战了这样一种观点，即技术只是个人获取并使用的工具，也挑战了它们决定社会整体形态的观点。数字技术是社会中充满活力的一部分，既作用于又塑造着人们的生涯，同时也受到我们使用此类技术的方式以及更广泛的政治和经济环境的影响。

对于个人来说，数字技术为生涯发展带来了新的机遇，但也带来了挑战。生涯发展服务可以利用这些技术，通过提供信息、自动化互动以及促进与生涯发展专业人士的沟通和其他形式的支持来帮助个人。但是，关于如何最好地使用这些技术以及应该将其用以达到什么目的，仍然存在重要的教学问题。生涯专业人士在提供数字中介的生涯发展教育时，可以采取工具性、联结主义或批判性立场。

我们相信，批判性方法最终会为个人带来最大的机遇。这种方法认识到，数字技术不仅仅是中性工具，还促进了生涯发展的制定并提供生涯支持。技术塑造了我们的世界和主观性，因此对不同技术的选择以及我们使用它们的方式既有个人意义，也有政治意义。鉴于此，重要的是，生涯发展专业人士既要帮助个人认识到数字技术塑造机会结构的方式，又要仔细思考最适合用于哪里和最不适用于哪里。

最终，我们对数字技术在生涯工作中的可能性持乐观态度。学习者现在有机会利用有关世界各地工作和生涯的信息，从而与他人建立联系、开创共同的事业而不受地理和时间的阻碍，并且更好地控制他们所需的学习。尽管如此，我们还需要认识到这个新数字世界的阴暗面，并注意到它塑造我们生涯的方式以及培养民主和赋权的幻觉的方式。在这样一个世界中，生涯发展专业人士作为系统运作见解的提供者以及批判性调查、探索和生涯制定的促进者，仍然至关重要。

参考文献

Adlam, D. (2018). *Professional LinkedIn profile: How to gain the recognition that you deserve*. London, UK: Paul Smith Publishing.

Aguilar-Millan, S., Feeney, A., Oberg, A., & Rudd, E. (2010). The post-scarcity world of 2050–2075. *The Futurist, 44*, 34–40.

Ajunwa, I., Crawford, K., & Schultz, J. (2017). Limitless worker surveillance. *California Law Review, 105*, 735–776.

Bain, R. (1937). Technology and state government. *American Sociological Review, 2*, 860–874. https://doi.org/%2010.2307/2084365

Bakke, I. B., Haug, E. H., & Hooley, T. (2018). Moving from information provision to co-careering: Integrated guidance as a new approach to e-guidance in Norway. *Journal of the National Institute for Career Education and Counselling, 41*, 48–55.

Batenburg, A., & Bartels, J. (2017). Keeping up online appearances: How self-disclosure on Facebook affects perceived respect and likability in the professional context. *Computers in Human Behavior, 74*, 265–276. doi:10.1016/j.chb.2017.04.033

Bennett, W. L., & Segerberg, A. (2013). *The logic of connective action: Digital media and the personalization of contentious politics*. Cambridge, UK: Cambridge University Press.

Biggs, J. B., & Tang, C. (2011). *Teaching for quality learning at university: What the student does*. Maidenhead, UK: Open University Press, McGraw-Hill Education (UK).

Bimrose, J. (2016). Constructivism in online career counselling. In M. McMahon (Ed.), *Career counselling: Constructivist approaches* (pp. 210–221). London, UK: Routledge.

Braverman, H. (1998). *Labor and monopoly capital: The degradation of work in the twentieth century*. New York, NY: Monthly Review Press. (Original work published 1974)

Bryant, R., & Bryant, S. (Eds.). (2016). *Policing digital crime*. London, UK: Routledge.

Buchanan, R. (2018). Social media and social justice in the context of career guidance: Is education enough? In T. Hooley, R. G. Sultana, & R. Thomsen (Eds.), *Career guidance for social justice: Contesting neoliberalism* (pp. 119–134). London, UK: Routledge.

Carr, N. (2008). Is Google making us stupid? *Yearbook of the National Society for the Study of Education, 107*, 89–94.

Castells, M. (2015). *Networks of outrage and hope: Social movements in the Internet age*. Hoboken, NJ: John Wiley & Sons.

CEDEFOP (European Centre for the Development of Vocational Training). (2018). *Handbook of ICT practices for guidance and career development*. Luxembourg: Publications Office of the European Union.

Cormier, D. (2008). Rhizomatic education: Community as curriculum. *Innovate: Journal of Online Education, 4*, 5.

Donegan, M. (2018, May 11). How #MeToo revealed the central rift within feminism today. *The Guardian*. Retrieved from https://www.theguardian.com/news/2018/may/11/how-metoo-revealed-the-central-rift-withinfeminism-social-individualist

Duffy, B. E., & Chan, N. K. (2019). 'You never really know who's looking': Imagined surveillance across social media platforms. *New Media & Society, 21*, 119–138. doi:10.1177/1461444818791318

Galliott, N. Y. (2017). Online career guidance: Does knowledge equate to power for high school students? *Journal of Psychologists and Counsellors in Schools, 27*, 190–207. doi:10.1017/jgc.2017.7

Gandini, A., & Pais, I. (2018). Social recruiting: Control and surveillance in a digitised job market. In P. Moore, M. Upchurch, & X. Whittaker (Eds.), *Humans and machines at work* (pp. 125–149). Cham, Switzerland: Palgrave Macmillan.

Harris-Bowlsbey, J. (2013). Computer-assisted career guidance systems: A part of NCDA history. *Career Development Quarterly, 61*, 181–185. doi:10.1002/j.2161–0045.2013.00047.x

Harris-Bowlsbey, J., & Sampson, J. P., Jr. (2005). Use of technology in delivering career services worldwide. *The Career Development Quarterly, 54*, 48–56. doi:10.1002/j.2161–0045.2005.tb00140.x

Holm, A. B., & Haahr, L. (2018). E-recruitment and selection. In M. Thite (Ed.), *e-HRM* (pp. 172–195). London, UK: Routledge.

Hooley, T. (2012). How the Internet changed career: Framing the relationship between

310

career development and online technologies. *Journal of the National Institute for Career Education and Counselling, 29*, 3–12.

Hooley, T., Bright, J., & Winter, D. (2016). *You're hired! Job hunting online: The complete guide*. Bath, UK: Trotman.

Hooley, T., & Cutts, B. (2018). 'It all kind of symbolises something doesn't it?' How students present their career image online. *Journal of the National Institute for Career Education and Counselling, 40*, 40–47.

Hooley, T., Hutchinson, J., & Neary, S. (2016). Ensuring quality in online career mentoring. *British Journal of Guidance & Counselling, 44*, 26–41. doi:10.1080/0306 9885.2014.1002385

Hooley, T., Hutchinson, J., & Watts, A. G. (2010). *Careering through the web: The potential of web 2.0 and web 3.0 technologies for career development*. London, UK: UKCES.

Hooley, T., Shepherd, C., & Dodd, V. (2015). *Get yourself connected: Conceptualising the role of digital technologies in Norwegian career guidance*. Derby, UK: International Centre for Guidance Studies, University of Derby.

Keen, A. (2012). *Digital vertigo: How today's online social revolution is dividing, diminishing, and disorienting us*. London, UK: Macmillan.

Kettunen, J., Sampson, J. P., & Vuorinen, R. (2015). Career practitioners' conceptions of competency for social media in career services. *British Journal of Guidance & Counselling, 43*, 43–56. doi:10.1080/03069885.2014.939945

Kettunen, J., Vuorinen, R., & Sampson, J. P. (2013). Career practitioners' conceptions of social media in career services. *British Journal of Guidance & Counselling, 41*, 302–317. doi:10.1080/03069885.2013.781572

Kettunen, J., Vuorinen, R., & Sampson, J. P. (2015). Practitioners' experiences of social media in career services. *The Career Development Quarterly, 63*, 268–281. doi:10.1002/cdq.12018

Koehler, M., & Mishra, P. (2009). What is technological pedagogical content knowledge (TPACK)? *Contemporary Issues in Technology and Teacher Education, 9*, 60–70.

Law, B. (2012). On-line careers work—Hit and myth. *Journal of the National Institute for Career Education and Counselling, 28*, 25–47.

McGuire, A., Broin, D. O., White, P. J., & Deevy, C. (2018, October). The effect of game elements in a career awareness system. In Ciussi, M. (Ed.), *European Conference on Games Based Learning* (pp. 836–844). Reading: Academic Conferences International Limited.

McLuhan, M. (1994). *Understanding media*. London, UK: Routledge Classics.

Mejias, U. A. (2013). *Off the network: Disrupting the digital world*. Minneapolis: University of Minnesota Press.

North, A. (2018). Why women are worried about #MeToo. *Vox*. Retrieved from https://www.vox.com/2018/4/5/17157240/me-too-movement-sexual-harassment-aziz-ansari-accusation

Nota, L., Santilli, S., & Soresi, S. (2016). A life-design-based online career intervention for early adolescents: Description and initial analysis. *The Career Development Quarterly, 64*, 4–19. doi:10.1002/cdq.12037

Osborn, D. S. (2019). Innovating career development through technology via a cognitive information processing theory lens. In J. G. Maree (Ed.), *Handbook of innovative career counselling* (pp. 733–744). Cham, Switzerland: Springer.

Parsons, F. (1909). *Choosing a vocation*. London, UK: Gay and Hancock.

Paulson, M. (2017). *Online business from scratch: Launch your own seven-figure internet business by creating and selling information online*. Sioux Falls, SD: American Consumer News.

Quart, A. (2018, September 25). #MeToo's hidden activists? Working-class women. *The Guardian*. Retrieved from https://www.theguardian.com/global/2018/sep/25/metoo-activism-working-class-women-sexualharassment

Sadler, P. (2010). *Sustainable growth in a post-scarcity world*. Abingdon, UK: Routledge.

Sampson, J. P., Lenz, J. G., Reardon, R. C., & Peterson, G. W. (1999). A cognitive information processing approach to employment problem solving and decision making. *The Career Development Quarterly, 48*, 3–18. doi:10.1002/j.2161-0045.1999.tb00271.x

Sampson, J. P., & Makela, J. P. (2014). Ethical issues associated with information and communication technology in counseling and guidance. *International Journal for Educational and Vocational Guidance, 14*, 135–148. doi:10.1007/s10775-013-9258-7

Sampson, J. P., Osborn, D. S., Kettunen, J., Hou, P. C., Miller, A. K., & Makela, J. P. (2018). The validity of social media–based career information. *The Career Development Quarterly, 66*, 121–134. doi:10.1002/cdq.12127

Schwab, K. (2016). The Fourth Industrial Revolution: What it means, how to respond. *World Economic Forum*. Retrieved from http://www.weforum.org/agenda/2016/01/the-fourth-industrial-revolution-what-it-meansand-how-to-respond

Selwyn, N. (2016). *Is technology good for education?* Cambridge, UK: Polity Press.

Shirky, C. (2009). *Here comes everybody: How change happens when people come*

311

together. London, UK: Penguin.

Siemens, G. (2005). *Connectivism: Learning as network creation*. Retrieved from http:// masters.donntu.org/2010/fknt/lozovoi/library/article4.htm

Soares, W., Shenvi, C., Waller, N., Johnson, R., & Hodgson, C. S. (2017). Perceptions of unprofessional social media behavior among emergency medicine physicians. *Journal of Graduate Medical Education, 9*, 85–89. doi:10.4300/JGME-D-16-00203.1

Staunton, T. (2016). Social media, social justice? Consideration from a career development perspective. *Journal f the National Institute for Career Education and Counselling, 36*, 38–45.

Staunton, T. (2018). A critical response to Hooley's seven Cs of digital literacy. *Journal of the National Institute for Career Education and Counselling, 40*, 47–53.

Trouche, L. (2005). Instrumental genesis, individual and social aspects. In D. Guin, K. Ruthven, & L. Trouche (Eds.), *The didactical challenge of symbolic calculators* (pp. 197–230). Boston, MA: Springer.

Utz, S. (2016). Is LinkedIn making you more successful? The informational benefits derived from public social media. *New Media & Society, 18*, 2685–2702. doi:10.1177/1461444815604143

Van Dijck, J. (2013a). *The culture of connectivity: A critical history of social media*. Oxford, UK: Oxford University Press.

Van Dijck, J. (2013b). 'You have one identity': Performing the self on Facebook and LinkedIn. *Media, Culture & Society, 35*, 199–215. doi:10.1177/0163443712468605

Vigurs, K., Everitt, J., & Staunton, T. (2017). *The evidence base for careers websites: What works?* London, UK: The Careers & Enterprise Company.

Warschauer, M. (2010). Digital divide. *Encyclopedia of Library and Information Sciences, 1*, 1551–1556.

Watts, A. G. (2002). The role of information and communication technologies in integrated career information and guidance systems: A policy perspective. *International Journal for Educational and Vocational Guidance, 2*, 139–155. doi:10.1023/ A:1020669832743

Wheeler, S., & Gerver, R. (2015). *Learning with E's: Educational theory and practice in the digital age*. Camarthen: Crown House Publishing.

Whelan, G. (2019). Born political: A dispositive analysis of Google and copyright. *Business & Society, 58*, 42–73. doi:10.1177/0007650317717701

Whittaker, E., & Kowalski, R. M. (2015). Cyberbullying via social media. *Journal of School Violence, 14*, 11–29. doi:10.1080/15388220.2014.949377

Wood, A., & Pasquier, V. (2018). *The power of social media as a labour campaigning tool: Lessons from our Walmart and the fight for 15*. Brussels, Belgium: European Trade Union Institute. Retrieved from https://ssrn.com/abstract=3219307

Yang, G. (2016). Narrative agency in hashtag activism: The case of #BlackLivesMatter. *Media and Communication, 44*, 13–17. doi:10.17645/mac.v4i4.692

Zuboff, S. (2019). *The age of surveillance capitalism*. London, UK: Profile Books.

第 21 章
生涯评估

彼得·麦基尔文（Peter McIlveen），哈沙·N. 佩雷拉（Harsha N. Perera），杰森·布朗（Jason Brown），迈克尔·希利（Michael Healy），萨拉·哈默（Sara Hammer）

313　　**摘要**　生涯评估是生涯发展专业实践所固有的。生涯评估在应用心理学和教育方面具有科学、技术和美学基础，以客观或主观的形式观察他人（学生或来访者），或者进行自我反思。评估使从业者、研究人员、来访者和学生能够将对于生涯发展行动至关重要的行为概念化，例如辨别职业兴趣、决策以及在不同的教育和工作情境下创造意义。生涯评估在高等教育中的效用通过侧重于就业能力的定性和定量生涯评估方法案例得到了证明。此外，本章思考了生涯评估的未来潜力和局限性。

　　关键词　生涯评估，高等教育，叙事，心理测量学，职业兴趣，就业能力

　　高中毕业年级的一名学生对自己将来应该做什么感到困惑："因为我擅长数学，我的家人说我应该成为工程师，但我对心理学更感兴趣。"教师希望运用评估活动来帮助学生探索工作世界："工作和生涯各式各样。我怎样才能为我的学生提供一个结构化的活动，从而更好地组织他们的探索和自我反思呢？"一位工作者希望改变生涯方向："我已经从

事这份工作十年了，我感到无聊，但又不知道下一步该做什么。"这只是一些典型情况，在这些情况中，生涯评估不仅有助于个人选择的探索，而且对专业人士也很有用，它们的作用是帮助人们在教育和职业情境中度过普通发展阶段和过渡阶段。

本章综述了生涯评估的主要特点。鉴于篇幅有限，无法讨论其潜在应用的广度，因此本章的讨论仅限于和高等教育相关的定性和定量生涯评估方法的案例。最后，我们研究了生涯评估的一些技术发展和局限性。

什么是生涯评估？

314

生涯评估包含无数要素，例如生涯兴趣和职业身份，教育和职业抱负与成就，职业探索、选择和决策，求职行为，以及工作、生活满意度和幸福感（Larson et al., 2013）。生涯评估涉及数据的收集和分析，以及之后的报告和数据解读，以便进行生涯的自我管理过程，例如探索、选择、决策和采取与教育和工作相关的行动。因此，生涯评估实践与"评估"的定义一致，即"获取信息以用于推断人们特征的任何系统性方法"（American Educational Research Association et al., 2014, p. 216）。

生涯评估包括定性叙事和创造性方法（McMahon & Watson, 2015），例如侧重于生活主题的半结构化访谈（Savickas, 2011）、生涯影响的图形描述（McMahon et al., 2017）或自传式写作（McIlveen, 2015）。定性方法与咨询的临床传统有关，来访者和咨询师就来访者的个人历史、家庭和社区进行对话，界定生活、教育和工作的经历，并对未来进行想象。定性方法可以是自我指导，也可以在没有咨询师支持的情况下嵌入教育活动中。

生涯评估还包括定量心理测量方法，例如旨在衡量特定结构的调查问卷和清单。例如，当某个人在完成一份不同工作活动的清单以辨别工作兴趣时，他可能会被要求对诸如"我喜欢（某项工作活动）""我对

（某项工作活动）非常有信心"之类的陈述作出回应。心理测量方法通常是一个项目列表，个人做出选择（是 / 否），从最高到最低的偏好排名，或按照李克特式量表（"1 = **非常不符合**"到"7 = **非常符合**"）计分。根据分数的结构对其进行解读，并适当考虑措施的有效性和可靠性（American Educational Research Association et al., 2014）。

生涯评估可以被理解为普适性的和个体性的。普适性传统旨在计量群体之间共性的心理因素，从而能够制定关于人的类型学和概论。例如，普适性传统已经辨别了在不同人群中都显而易见的人格特质，例如大五（Big Five）：对经验的开放性、责任心、外倾性、宜人性和神经质（McCrae & Costa, 2003）。某些职业可能需要在某一特质上达到较高或较低水平，因此了解一个人在每个特质方面的水平，可能有利于为他们探索和决定进入一个职业提供信息。个体性传统关注的是个人的独特品质，而不是各民族之间共同的普遍特质。个体性方法包括进行个性化评估的定量和定性方法。例如，个体性传统包括对心理测量措施（如兴趣清单）中的定量数据以及访谈和卡片分类中的定性数据的综合解释。独特性解释的重点是结果对个体本身的意义，该个体并不能代表某个更广泛的群体。

生涯评估以不同的交付模式进行。它可以通过网站和自助书籍展开自我指导活动，这种方式下专业人士的投入最少。或者，生涯评估也可以在专业人士的指导下整合到个人生涯咨询和教育活动中。例如，参与生涯咨询的来访者可以通过进行评估来作为咨询中探索工作的一部分，来访者和专业人士对导致来访者忧虑的关键因素进行评估，然后合作制订可能的解决方案。研究表明，与缺乏从业者指导的服务相比，个性化的综合方法是最有效的（Whiston et al., 2017）。

生涯评估发生在多种场景中，包括中小学、职业学校、大学、工作场所和咨询中心，并且可能由不同的专业人士提供。不同国家对合乎伦理的生涯发展实践有着专业标准，然而这些标准因国家和专业而异

（Yoon et al., 2018）。专业生涯评估以伦理标准为依据。例如，**教育和心理测试标准**（American Educational Research Association et al., 2014）在各个方面对良好的实践做出规定，包括对从业者的必要培训以及对评估结果的管理、解读和报告。理想的情况是，该专业人士需要经过培训且具备资格证明（须由生涯发展从业者专业协会认可），或是专门知识中涵盖生涯评估的类似专业人士（例如，心理学家、学校指导顾问或康复顾问）。

生涯评估中的关键职业概念

虽然生涯评估的范围很广（Larson et al., 2013），但篇幅有限，这里仅讨论几种方法。出于这个原因，我们选择关注定量心理评估中使用的两种建构——职业兴趣和自我效能感——并将其与基于生活故事讨论的定性评估方法进行对比。该样本体现了定量心理测量传统，其中的测量因素几乎不随时间变化而变化，因此可用于为未来的选择（即兴趣）和以行动为导向的认知提供信息，以及对人们用来创造生活意义的故事进行定性评估。这些认知符合学习经验并且很有可能发生改变（即自我效能感）。

职业兴趣是生涯评估的一个共同关注点。职业兴趣会影响一个人的生涯探索、选择、决策和行动。职业兴趣的主要理论是职业兴趣和工作环境的 RIASEC 模型（Holland, 1997），该模型将兴趣划分为六个领域：现实型（R）、研究型（I）、艺术型（A）、社会型（S）、企业型（E）和传统型（C）。每个人对这些领域感兴趣的程度不同。例如，具有高度 R 兴趣的人可能具有相对较少的 A 兴趣，反之亦然。这些兴趣可能集合成代表某些职业的组合。例如，组合 RI 表示 R 兴趣最强，I 次之，其他四个（A、S、E 和 C）的水平相对较低。RI 组合以木匠、汽车修理工或土木工程师等职业为代表。美国劳动力市场数据库和 O*NET 分

316

类（National Center for O*NET Development，2020）等资源已经根据这六种职业兴趣对职业进行了分类，以帮助个人探索与其职业兴趣相关的潜在生涯。出于生涯评估的目的，职业兴趣的六个领域可以使用个人职业兴趣量表（Tracey，2010）等问卷来测量，该量表得到了国际性、跨文化的应用（Glosenberg et al.，2019）。测量后的职业兴趣不仅是重要生涯成果的预测因素（Nye et al.，2017），也是生涯探索和决策的精髓。

自我效能感是主观信念，即"我能"。自我效能感会影响一个人对现在和未来生涯期望的想法，还会影响他们与生涯相关的行为。自我效能感不是一般意义上的自信感；相反，它是一种对特定领域的信念，表现为与特定行为领域相关的"我能做到"的信念。例如，一个在决策方面自我效能感高的人可能会走上一条行动的道路，而一个在这方面自我效能感低的人可能会推诿和拖延，最终不会朝着生涯目标前进。自我效能感与以个人能动性作为其概念核心的社会认知范式密切相关（Bandura，2001），而社会认知生涯理论（Lent，2013）将自我效能作为生涯行为的主要预测因素，例如生涯探索（Lent et al.，2016）和求职（Lim et al.，2016）。通常情况下，自我效能感的评估是通过使用针对生涯行为某一领域的特定问卷测量来实现的，例如求职自我效能感（Saks et al.，2015）或职业自我效能感（Rigotti et al.，2008）。通过这种方式，可以从一个人的信念来理解其生涯，这些信念可以增强对挑战的适应能力。

定性评估方法侧重于收集生活故事（McAdams，1995），允许个人表达和创造他们的生活，因为无论过去、现在还是将来，生活永不停歇。了解来访者的生活故事为生涯从业者提供了更好地了解或评估个人情况和支持其需求的机会。从个体性的角度来看，生涯评估有助于个人故事的建构、收集、解读和应用。个人故事体现为个人的探索、决策、妥协和对其生涯的理解。"生涯故事解释了为什么个人做出他们所做的生涯选择，以及指导这些选择的个人意义。它们讲述昨天的自我如何成为今天的自我，并将成为明天的自我。"（Savickas，2005，p. 58）各种各样的定性方法（McMahon & Watson，2015）将生活故事作为生涯评估的一部分。例如，自我反思的创意写作可以成为促进生涯探索和身份认同的有效评估方法（Lengelle et al.，2014）。

317

高等教育中的生涯评估

我们现在讨论高等教育中的生涯评估，以探索其背景及应用，我们关注的一个特定话题是**就业能力**，这不仅受到生涯发展从业者的关注，而且是学生、毕业生、学者、大学、产业和政府关注的核心主题（Römgens et al.，2020）。关于生涯发展和就业能力，有大量的理论、研究和实践文献（例如，Maree，2017）；然而，这个术语本身是有争议的，其概念化肯定没有在高等教育话语中得到解决（Römgens et al.，2020）。就业能力辩论吸引了来自高等教育和生涯心理学学科的贡献者，每个学科都有自己的认识论和方法论偏好。那些在高等教育阵营中的人倾向于将就业能力概念化为一组可迁移的技能和属性，这些是雇主希望毕业生能够应用的（Oliver & Jorre de St Jorre，2018）。威廉姆斯、多德、斯蒂尔和兰德尔（Williams et al.，2016）在他们的系统性文献综述中将这一概念称为"人力资本维度"，其通过增强雇主可用的技能为雇主提供"额外的功能"（p. 887）。在与生涯心理学相关的就业能力文献中，另一个广泛的阵营倾向于强调社会资本的各个方面，例如关系网（Bridgstock，2016；Hoye et al.，2009）或心理社会特质（Fugate et al.，2004）。即使人们一致认为，性格特质和行为，如自我效能感和适应性，值得在课程中作为生涯学习重点的一部分进行发展，但将评估确定为促进发展和评估的学习和教学计划的一部分并不简单。如何在这些就业能力概念中重新构建评估——生涯评估——是一项重大挑战。以下各节将举例说明侧重于就业能力的生涯评估定性和定量方法。

评估就业能力的定性方法

学生的生涯故事对他们在学习和工作中找到意义和目标至关重要。通过帮助来访者描绘、修正和丰富他们的生活叙事，生涯发展的综合方法将评估的诊断阶段扩展为生涯学习的过程（Meijers & Lengelle, 2015）。生活叙事是人们理解和呈现自己的方法，将"重建的过去、感知到的现在和想象的未来"编织在一起（Adler et al., 2017, p. 519）。在生活叙事中，人们在自己的生活和文化背景下表达自己的特质和特征适应的具体含义（McAdams & McLean, 2013）。生活叙事不仅是身份的表达，而且是本质的，反映了一个人在意义创造方面的努力，并可能暴露让他们感到焦虑、具有挑战性的边界性经历（Hermans et al., 2012）。

如果我们向他人讲述的关于自己的故事揭示了我们的叙事身份（McAdams, 1995），那么我们向自己讲述的故事则建构了叙事身份（Hermans & Hermans-Konopka, 2010）。身份和意义是在对话中建构的，对话形成了定性评估的过程。生涯和就业能力学习的对话方法（Meijers & Lengelle, 2015）试图通过创建、测试和修改其生涯叙事的内部和人际关系学习过程来支持来访者，特别是通过表达、反思和创造性的生涯写作（Healy et al., 2018；Lengelle et al., 2016）。这些叙事方法被赋予了许多经验衍生的生涯干预的关键要素：书面练习，咨询师或教育工作者的个性化反馈和支持，社会学习和支持，价值观澄清和心理教育（Milot-Lapointe et al., 2018；Whiston et al., 2017）。

从业者必须考虑如何用评估促成叙事反应，因为对叙事身份维度的实证研究强调了书面提示如何影响由此产生的叙事（McLean et al., 2019）。用于提示的评估可以作为过程的第一步，将个人评估阶段扩展到与他人共享的学习经验中：共同建构或揭示故事的关键要素；解构或讲述故事，其间会有例外或另类的观点；重建或开发架构，从故事中创造意义；通过设定目标或进行预测将故事建构或扩展到未来（Brott, 2015）。这些步骤引导来访者以自我对话的方式完成探索，进而构成新的叙事（Meijers & Hermans, 2018），并支持反思、决策、身份探索和定位的学习过程，这些过程是当代生涯发展和就业能力理论的基础。

评估就业能力的定量方法

大学根据毕业生的经历和就业结果来推断就业能力。然而，考量经历和就业率并不能使机构了解就业的前因，也无法适当地设计影响结果的课程干预措施。因此，研究文献中开始出现对就业能力前因（例如性格、特质和特征适应）的心理测量评估（Di Fabio, 2017）。就业力倾向性是一种社会心理建构，这一概念是为了支持技能、知识和其他对雇主重要的属性朝积极方向发展（Fugate et al., 2004）。

澳大利亚毕业生就业能力量表（Australian Graduate Employability Scale, AGRADES）是一系列调查问卷，用于测量假设与就业能力相关的性格和特征适应。AGRADES 测量的核心项目包括：就业力倾向性测量（Dispositional Measure of Employability, DME；Fugate & Kinicki, 2008），生涯未来清单修订版中的子量表（Career Futures Inventory-Revised, CFI-R；Rottinghaus et al., 2012）和求职自我效能量表（Job Search Self Efficacy, JSSE；Saks et al., 2015）。DME 由五个维度组成：工作和生涯弹性、对工作变化的开放性、工作和生涯主动性、生涯动机和工作身份。在一项针对失业求职者的研究中，那些在 DME 上得分高的人比得分较低的人在求职行为方面行动更加频繁（Tomas & Maslić Seršić, 2017）。CFI-R 衡量的是生涯适应能力。AGRADES 中的子量表涉及职业意识、负面生涯前景和生涯能动。麦基尔文、伯顿和贝卡里亚（2012）发现短版 CFI 部分涉及就业力倾向性（Fugate & Kinicki, 2008）。JSSE 量表是一个二维量表，用于测量个人对开展求职行动和实现求职相关结果的信心。

AGRADES 作为线上的一个系列问卷，学生可以在参加生涯咨询会议或生涯教育研讨会之前完成这些问卷。之后会生成一份报告，其中包含核心测量项目的简要说明。报告呈现出学生每个子量表的分数，总体的平均分、最低分和最高分也有所体现。结果的解释侧重于探索分数低于或高于平均值的子量表，并思考这些量表如何与其他量表相互作用。例如，一个考古学学生可能在对变化的开放性方面得分较低，而在工作身份方面得分较高。这样的概况可能表明，学生只关注一个单一的生涯目标并且可能会面临失业的风险，如果在劳动力市场稀缺的情况下，她不会考虑其他选择。生涯发展从业者可以询问学生对其他生涯选择的看法，以及她对当前劳动力市场对考古学毕业生需求的理解等问题，来测试这一假设。为了增加对变化的开放性，可以鼓励学生关注许多人经历的非线性生涯道路，例如使用领英查看相关专业人士的个人资料（Brown et al.，2019），并留意雇用具有考古学学位员工的组织。

在团体层面，AGRADES 可以用作学习活动，其中学生完成调查，教育工作者向全班讲解如何解读他们的个性化报告。课堂讨论可以探索学生对生涯自我管理以及所需的积极生涯行为的想法，并获得工作经验或实现毕业生就业。对于教育工作者和生涯从业者来说，在团体层面应用 AGRADES 可以提供数据以确定支持学生发展就业能力的适当干预措施。如果结果表明一个班级的乐观程度较低，可以设计一种干预措施，帮助学生促进他们的乐观情绪并提高学习参与度。

320

生涯评估中的进展

个体的心理现实是性格特质和特征适应的复杂混合体，主观上由生活故事串联。假设一个人完成了职业兴趣生涯评估，该评估针对 RIASEC 兴趣的六个领域单独产出了分数。从个体性的角度来看，这个人对每种兴趣的分数可以相互比较，或者，从普遍性的角度来看，他的分数可以与一般人群的分数进行比较。我们假设这个人可能现实分数较高但社会分数较低，并且这些分数可能分别高于或低于他所在细分群体的平均值。但是，仅仅在 RIASEC 模型中将一个人对一种兴趣的分数与另一种兴趣进行比较，或者将该人的分数与 RIASEC 模型的常模平均值进行比较，可能无法掌握此人的全部情况。**以人为中心的**心理测量理论和统计分析的最新进展更好地捕捉到个体的复杂性。生涯评估中以人为中心的一种分析方法是潜在特征分析（LPA）（McLarnon et al.，2015）。

LPA 的重点是根据个人对测量变量（例如职业兴趣）反应的相似性，将个人分组，形成不同的类型。正如霍兰德（Holland，1997）的假设，个人在 RIASEC 六种兴趣中关于每种兴趣的分数都可以结合起来进行审视，进而分为不同的类型（例如，现实型、研究型）。LPA 对假设的类型进行统计建模。在 LPA 中，具有相同潜在特征的个体彼此相似，因为他们在一组观察变量上具有相似的反应模式。例如，一个潜在的子群体可能包括现实型和研究型兴趣（即实际、动手和解决问题）水平最高和其余兴趣水平相对较低的个体，而另一个类型的特征可能是社会型和企业型兴趣（即以人为本和企业家精神）水平相对较高。

然而，LPA 的含义比因素的组合更深入。研究表明了将职业兴趣与其他突出的生涯相关因素（如人格倾向）相结合的效用（Armstrong & Anthoney，2009；Wille & De Fruyt，2013）。例如，可能有一些独特的群体具有强烈的现实型和研究型职业兴趣，但他们的个性各不相同（例如一些具有更高或更低程度的责任心），这些共同点和差异可能结合成至少两个不同的类型。如果一组学生的类型是现实型和研究型兴趣高，并且责任心高，那么他们可能会倾向于从事实用的生涯，以及需要解决问题和顽强毅力的生涯（如工程学）。此外，他们的分数模式作为一个独特的类型，可能与其他个体的模式迥然不同。这些人的分数成为另一

321 个类型，与其他现实型和研究型职业一致，但更常见的是与更高水平的不同特质相关联，例如具有亲和力的个人倾向于专注于人的职业（如护理）。因此，在这个假设的例子中，了解学生或来访者最有可能与之相关的兴趣和人格特质的不同特征，可能会为探索和决策提供信息，并作为生涯评估的一部分。

LPA 提供了统计能力，以产生潜在的子群体，从而使从业者能够更好地理解学生和来访者生涯的复杂性和细微差别。以人为中心的方法和 LPA 对生涯评估的潜在效用跨越了多种理论和建构，例如职业兴趣（Perera & McIlveen, 2018）、人格特质（Perera et al., 2018）、生涯适应力（Perera & McIlveen, 2017）以及教育和工作环境中的生涯适应力（Hirschi & Valero, 2015）。

对生涯评估论述的告诫

生涯评估包括性格特质、特征适应和生活故事（McAdams, 1995；Rottinghaus & Miller, 2013；Savickas, 2005），是整体的，并尊重一个人在情境中的复杂性。然而，生涯评估的概念、经验、实践和伦理范围存在局限性。类型学是生涯评估中固有的。不幸的是，一种对类型学生涯评估的科学和技术话语误读认为，评估类似于诊断。诊断是一个绝对和明确的决定——某一可诊断的疾病要么存在，要么不存在。当从业者提出一个准诊断公式，即来访者"是 XYZ 类型"时，生涯评估实践是错误的，或者更糟糕的是，来访者使用分类语言将他们的生涯评估理解为"我是 XYZ 类型"。在诊断话语中重新进行生涯评估是不恰当的，并且存在伦理问题（McIlveen & Patton, 2006）。相反，生涯评估的语言应该表明所宣称和测量的生涯特质的潜在和持续的品质。因此，与其用绝对的术语（例如"我是 RIA"）来思考和表达，不如用代表建构多维性的术语来表述，例如"与 S、E 和 C 相比，我的 R、I 和 A 的分数比较高"。用绝对的术语思考和表述十分方便，然而，细微的分类错误揭示了一种认识论，这种认识论并不代表心理和教育测量的科学、技术和伦理实践。为了防止生涯评估潜在的误用和滥用，生涯评估的从业者和用户应注意用于提升生涯评估价值的语言、解读和报告评估结果，并确立干预措施建议（McIlveen & Perera，2019）。

结论

322

理论上、经验上和实践上合理地定量和定性生涯评估方法有助于对生涯学习过程和结果作出个人意义方面的评估。生涯评估在某种程度上回答了**以什么方式**和**是什么**的问题，以许多人共性和共有的可概括术语（例如性格特质和特征适应）以及个人独有的特定术语（例如生活故事）来了解一个人。生涯发展从业者面临的持续挑战是展示生涯评估科学和伦理的完整性及其在许多教育和工作场所情境中的效用。

参考文献

Adler, J. M., Dunlop, W. L., Fivush, R., Lilgendahl, J. P., Lodi-Smith, J. P., McAdams, D. P., ... Syed, M. (2017). Research methods for studying narrative identity: A primer. *Social Psychological and Personality Science, 8*, 519–527. doi:10.1177/1948550617698202

American Educational Research Association, American Psychological Association, & National Council on Measurement in Education. (2014). *Standards for educational and psychological testing*. Washington, DC: American Educational Research Association.

Armstrong, P. I., & Anthoney, S. F. (2009). Personality facets and RIASEC interests: An integrated model. *Journal of Vocational Behavior, 75*, 346–359. doi:10.1016/j.jvb.2009.05.004

Bandura, A. (2001). Social cognitive theory: An agentic perspective. *Annual Review of Psychology, 52*(1), 1–26. doi:10.1146/annurev.psych.52.1.1

Bridgstock, R. (2016). *Graduate employability 2.0: Social networks for learning, career development and innovation in the digital age.* Retrieved from http://www. graduateemployability2-0.com/wp-content/uploads/dlm_uploads/2016/09/Graduate-employability-2-0-discussion-paper.pdf

Brott, P. (2015). Qualitative career assessment processes. In M. McMahon & M. Watson (Eds.), *Career assessment: Qualitative approaches* (pp. 123–128). Rotterdam, The Netherlands: Sense.

Brown, J. L., Healy, M., Lexis, L., & Julien, B. L. (2019). Connectedness learning in the life sciences: LinkedIn as an assessment task for employability and career exploration. In R. Bridgstock & N. Tippett (Eds.), *Higher education and the future of graduate employability: A connectedness learning approach* (pp. 100–119). Cheltenham, UK: Edward Elgar.

Di Fabio, A. (2017). A review of empirical studies on employability and measures of employability. In K. Maree (Ed.), *Psychology of career adaptability, employability and resilience* (pp. 107–123). Cham, Switzerland: Springer.

Fugate, M., & Kinicki, A. J. (2008). A dispositional approach to employability: Development of a measure and test of implications for employee reactions to organizational change. *Journal of Occupational and Organizational Psychology, 81*, 503–527. doi:10.1348/096317907x241579

Fugate, M., Kinicki, A. J., & Ashforth, B. E. (2004). Employability: A psycho-social construct, its dimensions, and applications. *Journal of Vocational Behavior, 65*, 14–38. doi:10.1016/j.jvb.2003.10.005

Glosenberg, A., Tracey, T. J. G., Behrend, T. S., Blustein, D. L., & Foster, L. L. (2019). Person-vocation fit across the world of work: Evaluating the generalizability of the circular model of vocational interests and social cognitive career theory across 74 countries. *Journal of Vocational Behavior, 112*, 92–108. doi:10.1016/j.jvb.2019.01.002

Healy, M., McIlveen, P., & Hammer, S. (2018). Use of My Career Chapter to engage students in reflexive dialogue. In F. Meijers & H. Hermans (Eds.), *The dialogical self theory in education: A multicultural perspective* (pp. 173–187). Cham, Switzerland: Springer.

Hermans, H. J. M., & Hermans-Konopka, A. (2010). *Dialogical self theory: Positioning and counter-positioning in a globalizing society.* Cambridge, UK: Cambridge University Press.

Hermans, H. J. M., Konopka, A., Oosterwegel, A., & Zomer, P. (2017). Fields of tension in a boundarycrossing world: Towards a democratic organization of the self. *Integrative*

Psychological and Behavioral Science, 51, 505–535. doi:10.1007/s12124-016-9370-6

Hirschi, A., & Valero, D. (2015). Career adaptability profiles and their relationship to adaptivity and adapting. *Journal of Vocational Behavior, 88*, 220–229. doi:10.1016/j.jvb.2015.03.010

Holland, J. L. (1997). *Making vocational choices: A theory of vocational personalities and work environments* (3rd ed.). Odessa, FL: Psychological Assessment Resources.

Hoye, G., Hooft, E. A. J., & Lievens, F. (2009). Networking as a job search behaviour: A social network perspective. *Journal of Occupational and Organizational Psychology, 82*, 661–682. doi:10.1348/096317908X360675

Larson, L. M., Bonitz, V. S., & Pesch, K. M. (2013). Assessing key vocational constructs. In B. W. Walsh, M. L. Savickas, & P. J. Hartung (Eds.), *Handbook of vocational psychology: Theory research and practice* (pp. 219–248). New York, NY: Routledge.

Lengelle, R., Meijers, F., & Hughes, D. (2016). Creative writing for life design: Reflexivity, metaphor and change processes through narrative. *Journal of Vocational Behavior, 97*, 60–67. doi:10.1016/j.jvb.2016.07.012

Lengelle, R., Meijers, F., Poell, R., & Post, M. (2014). Career writing: Creative, expressive and reflective approaches to narrative identity formation in students in higher education. *Journal of Vocational Behavior, 85*, 75–84. doi:10.1016/j.jvb.2014.05.001

Lent, R. W. (2013). Social cognitive career theory. In S. D. Brown & R. W. Lent (Eds.), *Career development and counseling putting theory and research to work* (2nd ed., pp. 115–146). Hoboken, NJ: Wiley.

Lent, R. W., Ezeofor, I., Morrison, M. A., Penn, L. T., & Ireland, G. W. (2016). Applying the social cognitive model of career self-management to career exploration and decision-making. *Journal of Vocational Behavior, 93*, 47–57. doi:10.1016/j.jvb.2015.12.007

Lim, R. H., Lent, R. W., & Penn, L. T. (2016). Prediction of job search intentions and behaviors: Testing the social cognitive model of career self-management. *Journal of Counseling Psychology, 63*, 594–603. doi:10.1037/cou0000154

Maree, J. G. (Ed.). (2017). *Psychology of career adaptability, employability, and resilience*. Cham, Switzerland: Springer.

McAdams, D. P. (1995). What do we know when we know a person? *Journal of Personality, 63*, 366–396. doi:10.1111/j.1467–6494.1995.tb00500.x

McAdams, D. P., & McLean, K. C. (2013). Narrative identity. *Current Directions in Psychological Science, 22*, 233–238. doi:10.1177/0963721413475622

323

McCrae, R. R., & Costa, P. T. (2003). *Personality in adulthood: A five-factor theory perspective* (2nd ed.). New York, NY: The Guilford Press.

McIlveen, P. (2015). My Career Chapter and the Career Systems Interview. In M. McMahon & M. Watson (Eds.), *Career assessment: Qualitative approaches* (pp. 123–128). Rotterdam, The Netherlands: Sense Publishers.

McIlveen, P., Burton, L. J., & Beccaria, G. (2012). A short form of the Career Futures Inventory. *Journal of Career Assessment, 21*, 127–138. doi:10.1177/1069072712450493

McIlveen, P., & Patton, W. (2006). A critical reflection on career development. *International Journal for Educational and Vocational Guidance, 6*, 15–27. doi:10.1007/s10775-006-0005-1

McIlveen, P., & Perera, H. N. (2019). Abuse and misuse of psychometrics as a threat to vocational psychology. In J. A. Athanasou & H. N. Perera (Eds.), *International handbook of career guidance* (pp. 721–724). Cham, Switzerland: Springer.

McLarnon, M. J., Carswell, J. J., & Schneider, T. J. (2015). A case of mistaken identity? Latent profiles in vocational interests. *Journal of Career Assessment, 23*, 166–185. doi:10.1177/1069072714523251

McLean, K. C., Syed, M., Pasupathi, M., Adler, J. M., Dunlop, W. L., Drustrup, D., ... McCoy, T. P. (2019). The empirical structure of narrative identity: The initial big three. *Journal of Personality and Social Psychology, 119*, 920–944. doi:10.1037/pspp0000247

McMahon, M., Patton, W., & Watson, M. (2017). *My System of Career Influences* (2nd ed.). Brisbane, Australia: Australian Academic Press.

McMahon, M., & Watson, M. (Eds.). (2015). *Career assessment: Qualitative approaches*. Rotterdam, The Netherlands: Sense Publishers.

Meijers, F., & Hermans, H. J. M. (2018). Dialogical self theory in education: An introduction. In F. Meijers & H. J. M. Hermans (Eds.), *The dialogical self theory in education: A multicultural perspective* (pp. 1–18). Cham, Switzerland: Springer.

Meijers, F., & Lengelle, R. (2012). Narratives at work: The development of career identity. *British Journal of Guidance & Counselling, 40*, 157–176. doi:10.1080/03069885.2012.665159

Meijers, F., & Lengelle, R. (2015). Career learning: Qualitative career assessment as a learning process in the construction of a narrative identity. In M. McMahon & M. Watson (Eds.), *Career assessment: Qualitative approaches* (pp. 41–48). Rotterdam, The Netherlands: Sense Publishers.

Milot-Lapointe, F., Savard, R., & Corff, Y. L. (2018). Intervention components and working alliance as predictors of individual career counseling effect on career decision-making difficulties. *Journal of Vocational Behavior, 107*, 15–24. doi:10.1016/j.jvb.2018.03.001

National Center for O*NET Development. (2020). *O*NET OnLine.* Retrieved from https://www.onetonline.org

Nye, C. D., Su, R., Rounds, J., & Drasgow, F. (2017). Interest congruence and performance: Revisiting recent meta-analytic findings. *Journal of Vocational Behavior, 98*, 138–151. doi:10.1016/j.jvb.2016.11.002

Oliver, B., & Jorre de St Jorre, T. (2018). Graduate attributes for 2020 and beyond: recommendations for Australian higher education providers. *Higher Education Research & Development, 37*, 821–836. doi:10.1080/07294360.2018.1446415

Perera, H. N., & McIlveen, P. (2017). Profiles of career adaptivity and their relations with adaptability, adapting, and adaptation. *Journal of Vocational Behavior, 98*, 70–84. doi:10.1016/j.jvb.2016.10.001

Perera, H. N., Granziera, H., & McIlveen, P. (2018). Profiles of teacher personality and relations with teacher self-efficacy, work engagement, and job satisfaction. *Personality and Individual Differences, 120*, 171–178. doi:10.1016/j.paid.2017.08.034

Perera, H. N., & McIlveen, P. (2018). Vocational interest profiles: Profile replicability and relations with the STEM major choice and the Big-Five. *Journal of Vocational Behavior, 106*, 84–100. doi:10.1016/j.jvb.2017.11.012

Rigotti, T., Schyns, B., & Mohr, G. (2008). A short version of the Occupational Self-Efficacy Scale: Structural and construct validity across five countries. *Journal of Career Assessment, 16*, 238–255. doi:10.1177/1069072707305763

Römgens, I., Scoupe, R., & Beausaert, S. (2020). Unraveling the concept of employability, bringing together research on employability in higher education and the workplace. *Studies in Higher Education, 45*, 2588–2603. doi:10.1080/03075079.2019.1623770

Rottinghaus, P. J., Buelow, K. L., Matyja, A., & Schneider, M. R. (2012). The Career Futures Inventory–Revised: Measuring dimensions of career adaptability. *Journal of Career Assessment, 20*, 123–139. doi:10.1177/1069072711420849

Rottinghaus, P. J., & Miller, A. D. (2013). Convergence of personality frameworks within vocational psychology. In B. W. Walsh, M. L. Savickas, & P. J. Hartung (Eds.), *Handbook of vocational psychology: Theory, research, and practice* (4th ed., pp. 105–131). New York, NY: Routledge.

Saks, A. M., Zikic, J., & Koen, J. (2015). Job search self-efficacy: Reconceptualizing the construct and its measurement. *Journal of Vocational Behavior, 86*, 104–114. doi:10.1016/j.jvb.2014.11.007

Savickas, M. L. (2005). The theory and practice of career construction. In S. D. Brown & R. W. Lent (Eds.), *Career development and counseling: Putting theory and research to work* (pp. 42–70). Hoboken, NJ: John Wiley & Sons.

Savickas, M. L. (2011). *Career counseling*. Washington, DC: American Psychological Association.

Tomas, J., & Maslić Seršić, D. (2017). Searching for a job on the contemporary labour market: The role of dispositional employability. *Scandinavian Journal of Work and Organizational Psychology, 2*, 1–13. doi:10.16993/sjwop.9

Tracey, T. J. G. (2010). Development of an abbreviated Personal Globe Inventory using item response theory: The PGI-Short. *Journal of Vocational Behavior, 76*, 1–15. doi:10.1016/j.jvb.2009.06.007

Whiston, S. C., Li, Y., Goodrich Mitts, N., & Wright, L. (2017). Effectiveness of career choice interventions: A meta-analytic replication and extension. *Journal of Vocational Behavior, 100*, 175–184. doi:10.1016/j.jvb.2017.03.010

Wille, B., & De Fruyt, F. (2013). Vocations as a source of identity: Reciprocal relations between Big Five personality traits and RIASEC characteristics over 15 years. *Journal of Applied Psychology, 99*, 262–281. doi:10.1037/a0034917

Williams, S., Dodd, L. J., Steele, C., & Randall, R. (2016). A systematic review of current understandings of employability. *Journal of Education and Work, 29*, 877–901. doi:1 0.1080/13639080.2015.1102210

Yoon, H. J., Hutchison, B., Maze, M., Pritchard, C., & Reiss, A. (Eds.). (2018). *International practices of career services, credentials, and training*. Broken Arrow, OK: National Career Development Association.

第 22 章
以来访者为中心的生涯发展实践：批判性综述

芭芭拉·巴索（Barbara Bassot）

摘要 本章旨在质疑和批判"以来访者为中心"的概念，虽然这个概念在生涯工作中通常被认为是理所当然的。多年来，以来访者为中心一直是合乎伦理的生涯发展实践的核心，以至于被许多专业从业者当成既定事实。从表面上看，对其提出质疑似乎不太明智，甚至有些不可思议，但从更深层次上看，思考这个概念的缺陷及其对专业实践施加的限制以及随之而来的伦理困境十分重要。本章强调了一些与以来访者为中心和专业伦理准则相关的潜在挑战，并在最后提出了一个理论模型，该模型旨在对以来访者为中心的概念重新定位，认识到了来访者的文化、影响来访者生活的因素以及来访者做出生涯决策的劳动力市场背景。

关键词 以来访者为中心，生涯咨询，生涯发展，文化，背景

引言

20 世纪中叶，生涯发展实践开始采用以来访者为中心的方法，这一概念现已载入全球许多相关行为准则（Career Development Institute, CDI, 2019; Career Industry Council of Australia, 2019; International

Association for Educational and Vocational Guidance（IAEVG，2017）。本章使用**"生涯发展实践"**一词，是因为其有效地描述了从业者与来访者之间的人际干预，这些干预通常发生在个人层面，但也可以发生于群体中。在罗杰斯（Rogers，1951）的作品出版以及专注于个人生涯的发展性方法（Super, 1957）出现之后，以来访者为中心的概念开始出现。在此之前，生涯发展实践受到特质和因素匹配方法的巨大影响（Holland，1985；Parsons，1909），事实上，这类方法至今仍在使用，霍兰德的自我导向搜寻问卷很容易就能在网上完成（Open-Source Psychometrics Project，2019）。

326　　　以来访者为中心的概念植根于罗杰斯的人文主义个人咨询（Rogers，1951），该方法的面世具有革命性。它代表了一种独特的思维转变，即由从业者被视为专家的理论转变为强调来访者对自己看法的重要性。以来访者为中心是对精神分析和行为主义的一种反抗。在精神分析方法中，从业者被视为专家，他们解释来访者所述，并与来访者分享自己的看法（Freud，1910）。在行为主义方法中，重点是对行为进行预测和控制，这些都是习得的（Skinner，1938）。行为治疗师利用他们的专业知识设计一个方案，帮助来访者消除他们的适应不良行为。相比之下，在以来访者为中心的方法中，来访者是他们自己生活主题的专家。

　　当下，**以来访者为中心**和**以人为中心**这两个术语在个人咨询领域经常互换使用，这可能会造成混淆。虽然这两个术语密切相关，但也有必要质疑两者是否完全相同。**以来访者为中心**这一术语的使用通常包括"来访者所经历的治疗关系的观点"（Tudor & Worrall，2006，p. 2）。后来，**以人为中心**这一术语被用于代指一种更广泛的视角，人不仅指来访者，也指治疗师。**以人为中心**一词也开始在治疗之外的情境下（例如，在教育和健康领域）更广泛地使用。本章之所以使用**以来访者为中心**这一术语，是因为它更常用于生涯发展实践。

　　罗杰斯（Rogers，1951）认为，所有人都有强烈的自我实现欲望，即充分发挥自己的潜力。在这一点上，罗杰斯的著作与马斯洛 1943 年的著作及其早期关于需求层次的著作（Thorne，2012）有很多共同之处。罗杰斯认为，个人成长是咨询过程的核心，个人需要适当的条件来实现这一目标；罗杰斯还强调了同理心、一致性和无条件的积极关注等核心条件（Westergaard，2017）。这些核心条件塑造了"培养罗杰斯所谓的有自我实现倾向的人际关系环境"（Joseph，2003，p. 304）。自我实现倾向被视为每个人与生俱来的事物和激励人们成长和发展的动力。当具备这些核心条件时，具备有效咨询技能（例如积极倾听、挑战、总结和改述）的从业者可以使来访者通过对自己生活进行批判性反思，从而致力于自我实现，并带来自我实现倾向的改变。这最好用罗杰斯自己的话来表述："个人本身拥有大量资源，用以实现自我理解和改变其自我认知、基本态度和自我导向行为；如果能够提供一种能够促进心态的环境，这些资源就可以得到利用"（Rogers，1980，p. 115）。

与以来访者为中心有关的另一个关键思想是非指导性。如果来访者是他们自己生活的专家，那么咨询师不能以任何方式提出建议或指导，探寻前进道路这一责任就落在来访者身上。但是，为了做到这一点，来访者需要在该过程中全力以赴，并保持活跃的状态。没有这一保证，这一进程就不会成功。其总体目标是让来访者更加独立、更好地应对他们现在和将来面临的情况；他们绝不能以任何方式依赖咨询师。这些都由有益的人际关系环境支持，并通过一个深刻反思的过程来实现。

对以来访者为中心的概念的批判

为了批判以来访者为中心的概念，了解罗杰斯的背景十分重要。巴雷特－伦纳德（Barrett-Lennard，1998）对罗杰斯家庭的描述是"中产阶级、恪守宗教、社会观念保守"（p. 2），罗杰斯不断改进的工作成果可以视为对这一观点的回应，事实上也是对这一观点的反对。在大萧条时期，二十多岁的罗杰斯接受了更自由的方法，最终罗杰斯与父母的知识和宗教观点产生了分歧。索恩（Thorne，1990）提出，罗杰斯反对基督教至少有一部分是因为他在原罪教条方面遇到的困难，他提出的无条件积极关注的核心条件几乎可以视为与原罪理念直接对立。

在 20 世纪 50 年代的美国，以来访者为中心的方法本着乐观精神不断发展，其中包含许多积极因素（Burnard，1999）。然而，这种观点可能会忽视那些遭遇高度贫困、物资匮乏和歧视（例如，基于种族原因）的人。有鉴于此，有人认为罗杰斯的作品可能显得"过于乐观，并且强调自由和潜力"（du Plock，1996，p. 44）。它很少考虑来访者经历的困难的实际情况，同时缺乏对来访者所处环境的关注，以及这可能对来访者感知自己和所生存世界的方式产生的影响（Ryan，1995）。

以来访者为中心的概念在美国国内外已被广泛接受，特别是在英国等西方世界的某些地区。索恩（Thorne，1998）仔细追踪了这个概念在欧洲的发展，他认为，"以来访者为中心"的概念在某些地区（例如奥地利、瑞士以及斯堪的纳维亚半岛）已经广为流传，在另一些地区（例如葡萄牙和西班牙）则尚在发展过程中。索恩还指出，该概念在苏联的一部分国家中也有流传。然而，一些作家认为，由于第二次世界大战后悲观主义精神盛行，因此"以来访者为中心"这个概念在当时（甚至现在）并没有很好地传播到欧洲。罗杰斯（Rogers，1982）本人在给罗洛·梅（Rollo May）的一封信做出了公开回应，其中谈到了这一点。提及希特勒的崛起和"邪恶行为在我们的世界中如此明显地存在"的证据（p. 87），罗杰斯认为，每个人都有作恶的能力，而社会条件和个人选择这两个因素会将其转化为行动或不行动。他驳斥了以来访者为中心无法解决愤怒和敌意等负面问题这一观点。马森（1988）对以来访者为中心进行了批判，他质疑是否所有来访者的核心条件都具有可行性，例如对于因严重犯罪（如强奸）而被定罪的来访者，是否可以保持无条件的积极关注？罗杰斯（Rogers，1959）承认，咨询师与来访者的关系可能会恶化，或者由于某种原因而无法发展，他认为咨询师在与来访者合作时不会（实际上也不能）总是表现出无条件的积极关注。在这种情况下，罗杰斯将积极关注描述为"选择性的"，而不是无条件的（Rogers，1959，p. 237）。他还表示，在某些情况下，并不能一直具备同理心。在这种情况下，咨询师暂停对来访者的判断以保持中立。然而，像科里、施耐德·科里和卡拉南（Corey et al.，2007）这样的作家认为在治疗中保持中立不太可能，他们提出了一些重要的问题。例如，咨询师能否在任何情况下都把自己的价值观置于会话之外，如果可能的话，这是否具有可取性？他们指出了反身性的概念，将其描述为：咨询师有足够的自我意识，能够将自己的价值置于一旁，不妨碍来访者。如果做不到这一点，从业者需要向来访者公开表达自己的立场。正如科里等人（Corey et al.，2007，p. 9）所说："没有一种疗法是价值中立的。你需要承担伦理责任，意识到拥有或缺乏信仰如何影响你的工作，并确保你不会过度影响你的来访者。"

如前所述，罗杰斯（Rogers，1951）认为，每个人都有强烈的自我实现欲望。然而，自我实现的动力似乎因人而异，是否每个人都有这样的动力值得商榷。马斯洛（Maslow，1954）的总体论点是，满足需求是一种遗传驱动力，其中自我实现位于其需求层次理论中的顶端。马斯洛的著作受到了严厉的批评，正如内尔（Neher，1991）所指出的那样，在马斯洛的著作中，这一立场存在反论和矛盾。有些人满足于处在马斯洛金字塔的较低层，在那里他们的生理、安全和关系需求得到满足，他们不承认"自我实现"是一种"需求"。

盖勒描述了自我实现理论产生的深刻而持久的影响，即对"人类潜能运动的发展及追寻者和治疗师致力于自我探索和自我发展的亚文化"的影响（Geller，1982，p. 57）。他还认为，在当时的大环境下，这种观点很有吸引力。他认为，第二次世界大战后，由于缺乏对未来抱有希望的证据，伦理和宗教怀疑主义开始流行，许多人对社会和政治制度不再抱有幻想。他认为自我实现理论符合启蒙运动的乐观主义，启蒙运动专注的就是人性的积极因素。简而言之，它在极其困难的时期提供了一些好消息。

应用以来访者为中心存在的困难

在许多国家，自 20 世纪中叶以来，生涯发展实践一直采用以来访者为中心的方法，并且对这一概念的批评十分有限（Bassot，2011）。许多生涯发展课程包含咨询培训的重要内容，包括对罗氏方法的理解。尤其是在英国，受训者和学生经常被教授咨询技能，其中有些人使用以来访者为中心的模式（例如伊根的三个阶段），从而将技能付诸实践（Egan & Resse，2018）。这侧重于帮助来访者讲述他们的故事、探索一系列相关问题、设定目标并计划实现目标的行动。在这个过程中，来访者被视为核心，而从业者在生涯偏好和选择方面具有非指导性。

在这一点上，重要的是要强调生涯发展实践与个人咨询的不同。生涯工作中的专业人士具备良好的通用咨询技能和其他领域的专业知识，如劳动力市场趋势、准入要求和资格等。专业实践的核心是：帮助来访者采取战略性方法，使自己处于最佳位置，以便在所选领域取得成功。通常情况下，仅仅是一个工作领域就有多种可选择的途径，因此想要实现成功没那么简单或直接。很显然，有时对于来访者来说，通过某些途径比其他途径更有可能取得成功，在这种情况下，完全非指导性的想法为从业者提出了关键的伦理问题。在这里，一致性（或对来访者保持真诚）似乎要求从业者分享这些观点，但这很容易将重点转移，即从来访者作为其生活中的专家转移到从业者作为劳动力市场和教育系统的专家。在这里，可以用倾诉的方式代替提出敏感的问题。

当从业者完全不具有指导性时，如果他们不分享自己的知识，而是要求来访者自行找到所有的"答案"，从业者可能会觉得自己没有真正在帮助来访者。以来访者为中心的方法将来访者塑造成专家，但这反过来要求个人知识渊博，并且正如索尔伯格（Solberg，2011）所指出的那样，当这种知识不清楚时，可能会出现专业困境。在复杂的劳动力市场中，来访者在研究其生涯时需要支持，但是许多人在参与生涯咨询时没有足够的知识来进行此类研究。同样，由于教育和就业选择数量庞大，专业从业者也不可能对其了如指掌。同样清楚的是，当来访者掌握该过程的所有权并积极参与其中时，他很可能会在生涯发展方面取得更多成就（Amundson et al.，2002）。

在以结果为导向的环境中，以来访者为中心也存在其他明显的挑战，例如公共就业服务和以工代赈的环境中，报酬以参加工作或培训的来访者数量为基础（Lindsay & Mailand，2004）。苏丹娜和瓦茨（Sultana & Watts，2006，p. 43）强调了一种紧张关系，即"在紧张的劳动力市场中，以来访者为中心的伦理观与就业安置的必要性相悖"。在一场关于社会工作中以来访者为中心的平行辩论①中，墨菲、达根和约瑟夫（Murphy et al.，2013）认为，由于专业从业者的法定责任，以来访者为中心的方法和社会工作实践互不相容。然而，这种不相容性在生涯发展实践领域尚未表现出来。

如果学校和学院希望学生在原处继续学习，那么它们也会对以来访者为中心的态度构成挑战，因为这会最大限度地提高机构资金。这些机构还可以直接或间接地促进特定的机会（如高等教育），使自己的目标数据看起来更加乐观。在英国，盖茨比基准（Gatsby Charitable Foundation，2014，p. 7）指出："所有学生都应该了解他们可以获得的各种学习机会。这包括学术、职业途径以及在中小学、职业学校、大学和……工作场所中的学习。"在学校负责让学生获得独立的生涯发展干预后，引入这一基准是为了维护公正性。

①　平行辩论不是真正的辩论，只是两方分别陈述各自观点。——译者注

　　以来访者为中心的其他挑战在强烈关注集体的文化中十分明显。在这种文化中，人们往往认为，家庭和社群的愿望比个人的愿望更重要。很多文献都表明，生涯发展从业人士需要有强烈的文化意识。梁和哈通（Leong & Hartung，2000）对 20 世纪末出版的关于这个主题的文献的综述十分有用。最近，亚瑟的著作在这一领域变得十分引人注目（Arthur，2016；Arthur & Collins，2011），特别是其提出的文化嵌入式生涯咨询模型（Arthur，2018）。然而，苏丹娜（Sultana，2014）认为，在许多情况下，随着文化实践的加强，这些方法将有助于维持现状。这给企图促进平等的从业人员带来了重大挑战。

　　许多强调以来访者为中心重要性的专业行为准则也包括与平等问题有关的要求。国际教育和职业指导协会的伦理标准要求，从业者必须努力实现社会公正，并"认识到自己有义务倡导在教育和职业指导中提供公平的机会"，同时努力"解决压迫性社会和结构性不平等的现象"（IAEVG，2017）。一些准则进一步讨论了从业者应负起"识别并努力克服限制人们生涯发展的系统性偏见"的责任（Career Industry Council of Australia，2019，p. 17），并要求从业者积极促进平等（CDI，2019）。例如，当女性来访者表示出对刻板职业的兴趣，就会出现道德困境，因为这些职业往往使妇女陷入低薪工作。当这些来访者对美容和儿童保育等低收入领域表现出浓厚兴趣时，从业者是否应该简单地采用以来访者为中心的方法，并专注于来访者的兴趣和愿望？瓦茨（Watts，1997）将此描述为一种自由主义的方法。在英国，CDI 守则要求从业者积极促进"平等和多样性，并努力消除因偏见、刻板印象和歧视而造成的对个人成就的障碍"（CDI，2019）。这引发了一个伦理困境，因为守则的一部分要求以来访者为中心，而另一部分则鼓励从业者挑战来访者的假设，并让他们以新的方式思考自己。在这种情况下，通过拓宽来访者的视野来挑战现状似乎是合适的，瓦茨（Watts，1997）将其描述为一种渐进的方法。

331

生涯发展实践是以来访者为中心还是以机会为中心值得商榷。特别是在经济衰退时期，劳动力市场似乎可以决定人们可以实现什么（Roberts, 2009）。事实上，机会结构将永远是一个影响因素，因为雇主有雇用和解雇的权利，而来访者则没有，但有些人认为，从以来访者为中心的角度来看，个人有能力通过利用机会来塑造自己的生涯（Hall, 2002）。霍金森、斯巴克斯和霍金森（Hodkinson et al., 1996）在关于"务实理性"的著作中提到，人们在他们的"行动视野"内做出决定。这些是由文化背景、人们对自己的观念加之对周围机会的了解，以及从生活中对自己认为可以实现的目标的看法所形成。虽然霍金森及其同事的研究表明，这些"行动视野"总体上倾向于限制选择，但自那以后出现了诸多文献，表明人们可以通过不同的方式拓宽视野，例如通过指导项目（Dworking et al., 2012）和生涯项目（Hutchinson et al., 2011）。无论生涯发展实践是以来访者为中心还是以机会为中心，在专业实践中都会出现困难。面对生涯兴趣难以实现的来访者，可以通过敏感的提问来鼓励他们挑战自己的位置。

批判性反思的作用

罗杰斯（Rogers, 1959）认为，让来访者能够进行批判性反思是咨询过程的核心。批判性反思比我们日常所习惯的思维更具深度，其中有四个特定方面值得注意。第一，它本身就是一个过程，这需要时间，并且不会自动发生或突然发生。第二，它涉及评估优势、劣势、喜欢的事物和反感的事物。第三，批判性反思能培养更高层次的自我意识。第四，批判性反思是一种可以通过实践来发展的技能。

有效的生涯发展实践让来访者在考虑自己目前和可能想达到的职位时进行深刻的反思。从业者能够有效地帮助来访者进行深层次思考。这可以包括鼓励来访者反思自己对未来的感受（Boud et al., 1985；

Gibbs, 1998) 和自己可能做出的任何假设 (Argyris, 1982; Argyris & Schön, 1974), 特别是任何可能阻碍自己发展的限制性假设 (Bassot, 2017)。众所周知的几项技术 (例如, 提出开放性问题、积极倾听和总结) 可以帮助来访者参与批判性反思的过程 (Culley & Bond, 2011)。假设性问题可以特别有效地挑战来访者的认知, 使其进行更深层次的思考。所有这些技能都可以称作批判性反思的驱动力。

总结

因此, 以来访者为中心的概念在几个关键领域对生涯发展实践提出了许多挑战。以来访者为中心和促进平等之间的伦理准则冲突十分显著, 对那些不一定拥有他们所需生涯知识的来访者采用非指导性方法似乎是有问题的。还有一些问题是: 核心条件是否可以适用于每种情况, 以及是否需要认识到来访者文化背景的影响。在与时机和形势相关的机会结构中, 必须将这些情况都考虑在内, 并且需要强调批判性反思的作用。有鉴于此, 我们需要一个以批判性反思为核心的模型, 不仅要关注来访者, 还要关注他们的文化背景和他们可获得的机会。

以来访者为中心的生涯发展的批判性模型

在生涯发展实践中, 必须重新思考以来访者为中心的概念, 并提出一个更具批判性的模型。关注个人相关的事物仍然是生涯发展的一个重要方面, 但这并非适用于所有情况。为了拓宽以来访者为中心的概念, 本章提出了一种新模型 (见图 22.1), 这种模型通过承认来访者的文化背景和更广泛的机会结构, 对个人的关注进行了补充。对来访者的有效支持要求生涯发展的从业者认识到这三个方面, 并注意它们之间的关系。

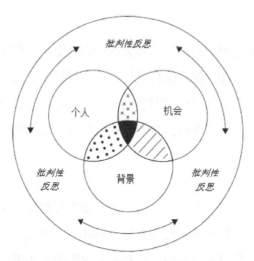

图22.1 以来访者为中心的生涯发展的批判性模型

个人

当聚焦于来访者的兴趣和愿望时，他们通常会更有动力取得成功，所以对个人的关注一直非常重要。在这里，来访者的需求、需要和愿望十分重要。来访者反思自己以及自己现在和未来的位置时，会获得更强的自我意识。这种关注有助于从业者建立同理心和高度信任，使来访者能够采取行动，从他们目前的位置向前迈进。

文化背景

没有一个来访者生活在他们的文化环境之外，这第二个方面通常会成为生涯发展实践的焦点。父母和家庭、教师以及雇主的观点都将具有影响力，社会规范也是如此，这些规范对人们做什么以及这么做的原因有更普遍且往往十分微妙的影响。对其中部分或全部的反思是该过程的重要组成部分，因为来访者经常与巨大的压力做斗争，从而妥协甚至顺从，以适应外界对他们的普遍期望。

机会

如果来访者想要成功，他们需要意识到特定机会存在于哪里，以及劳动力市场如何运作；然后他们就能够让自己处于最大的优势之中。没有这些知识，他们可能会做出对自己不利的决定，并错过进入他们选择的生涯领域的机会。抓住机会是战略性生涯决策的关键部分。

使用模型

该模型的三个要素在所有生涯发展互动中都很明显，但根据来访者的不同，它们之间的平衡会有所不同。集体主义文化认为，家庭成员对一个人的未来有很强的发言权，这种文化之下的来访者可能希望更多地关注家庭影响。那些文化背景更具个人主义特点的来访者可能希望追求自己的偏好，而较少提及他人。那些经历过困难（例如失业或裁员）的人可能希望更多地关注现有的机会。

图 22.1 所示模型的所有三个要素在圆圈的中心重叠；在这个位置，来访者在企图发展自己的生涯时，可以通过批判性反思概览这三个因素。批判性反思嵌入并围绕整个过程。从业者的关键作用是帮助来访者思考他们自己、他们文化的影响以及可用的机会，从业者运用完善的人际交往能力来作为批判性反思的驱动力。

结论

以来访者为中心的生涯发展的批判性模型表明，仅仅关注个人是不够的。仅仅以个人主义为重点，并要求来访者成为自己生涯发展的专家，可能会忽视来访者生活的更广泛的背景。批判性模型表明，我们需要通过适当关注来访者的文化背景以及他们与机会结构的关系，从而与之合作，并帮助他们在生涯思考中取得进展。

生涯发展实践是需要技巧的，需要专业人士使用以来访者为中心的批判性模型来评估三个领域中哪一个最需要关注。一些来访者在深入反思一个特定领域时需要支持，而另一些来访者在审视两个领域甚至所有三个领域时可能需要帮助。批判性反思是生涯发展实践的核心，有效利用咨询技能来实现这一反思过程至关重要。只有将这三个方面都纳入考虑范围之内，来访者才能在生涯发展方面取得最大进展。

参考文献

Amundson, N. E., Parker, P., & Arthur, M. B. (2002). Merging two worlds: Linking occupational and career counselling. *Australian Journal of Career Development, 11*, 26–35. doi:10.1177/103841620201100314

Argyris, C. (1982). *Reasoning, learning and action: Individual and organizational.* San Francisco, CA: Jossey-Bass.

Argyris, C., & Schön, D. (1974). *Theory in practice: Increasing professional effectiveness.* San Francisco, CA: Jossey-Bass.

Arthur, N. (2016). Constructivist approaches to career counselling: A culture-infused perspective. In M. McMahon (Ed.), *Career counselling: Constructivist approaches* (pp. 54–64). Abingdon, UK: Routledge.

Arthur, N. (2018). Career development theory and practice: A culture-infused perspective. In N. Arthur & M. McMahon (Eds.), *Contemporary theories of career development: International perspectives* (pp. 180–194). Abingdon, UK: Routledge.

Arthur, N., & Collins, S. (2011). Infusing culture in career counselling. *Journal of Employment Counselling, 48*, 147–149. doi:10.1002/j.2161–1920.2011.tb01098.x

Barrett-Lennard, G. T. (1998). *Carl Rogers' helping system: Journey and substance.* London, UK: SAGE.

Bassot, B. (2011). Equality: Work in progress or simply a 'pipe dream'? Insights from a social constructivist perspective. In L. Barham & B. A. Irving (Eds.), *Constructing the future: Diversity, inclusion and social justice* (pp. 5–17). Stourbridge, UK: Institute of Career Guidance.

Bassot, B. (2017). Action without action planning: The potential of the Career Thinking Session in enabling transformational career learning and development. *British Journal of Guidance and Counselling, 45*, 391–401. doi:10.1080/03069885.2017.133

5855

Boud, D., Keogh, R., & Walker, D. (1985). *Reflection: Turning experience into learning,* London, UK: RoutledgeFalmer.

Burnard, P. (1999). Carl Rogers and postmodernism: Challenges in nursing and health sciences. *Nursing and Health Sciences, 1,* 241–247. doi:10.1046/j.1442–2018.1999.00031.x

Career Development Institute. (2019). *Career Development Institute—Code of ethics.* Stourbridge, UK: Author. Retrieved from https://www.thecdi.net/write/Documents/Code_of_Ethics_update_2018-web.pdf

Career Industry Council of Australia. (2019). *Professional standards for Australian career development practitioners.* Retrieved from https://cica.org.au/wp-content/uploads/cica_prof_standards_booklet.pdf

335 Corey, G., Schneider Corey, M., & Callanan, P. (2007). *Issues and ethics in the helping professions* (7th ed.). Belmont, CA: Thomson Brooks/Cole.

Culley, S., & Bond, T. (2011). *Integrative counselling skills in action* (3rd ed.) London, UK: SAGE.

du Plock, S. (1996). The existential-phenomenological movement, 1834–1995. In W. Dryden (Ed.), *Developments in psychotherapy: Historical perspectives* (pp. 29–61). London, UK: SAGE.

Dworking, T. M., Maurer, V., & Schipani, C. A. (2012). Career mentoring for women: New horizons/expanded methods. *Business Horizons, 55,* 363–372. doi:10.1016/j.bushor.2012.03.001

Egan, G., & Resse, R. J. (2018). *The skilled helper: A problem-management and opportunity-development approach to helping.* Boston, MA: Cengage Learning.

Freud, S. (1910). *Five lectures on psycho-analysis.* Celebration of the twentieth anniversary of the foundation of Clark University, Worcester, Massachusetts. London: The Hogarth Press and The Institute of Psychoanalysis.

Gatsby Charitable Foundation. (2014). *Good career guidance.* London, UK: Author.

Geller, L. (1982). The failure of self-actualisation theory: A critique of Carl Rogers and Abraham Maslow. *Journal of Humanistic Psychology, 22,* 56–73. doi:10.1177%2F0022167882222004

Gibbs, G. (1998). *Learning by doing: A guide to teaching and learning methods.* Oxford, UK: Further Education Unit, Oxford Polytechnic.

Hall, D. T. (2002). *Careers in and out of organizations.* Thousand Oaks, CA: SAGE.

Hodkinson, P., Sparkes, A. C., & Hodkinson, H. (1996). *Triumphs and tears: Young people, markets and the transition from school to work.* London, UK: David Fulton.

Holland, J. (1985). *Making vocational choices: A theory of vocational personalities and work environments* (2nd ed.). Englewood Cliffs, NJ: Prentice-Hall.

Hutchinson, J., Rolfe, H., Moore, N., Bysshe, S., & Bentley, K. (2011). *All things being equal? Equality and diversity in careers education information, advice and guidance.* London, UK: Equality and Human Rights Commission.

International Association of Educational and Vocational Guidance. (2017). *IAEVG ethical standards.* Retrieved from https://iaevg.com/Resources#Ethical_S

Joseph, S. (2003). Why the client knows best. *The Psychologist*, 16, 304–307.

Leong, F. T. L., & Hartung, P. J. (2000). Cross cultural career assessment: Review and prospects for the new millennium. *Journal of Career Assessment, 8*, 391–401. doi:10. 1177%2F106907270000800408

Lindsay, C., & Mailand, M. (2004). Different routes, common directions? Activation policies for young people in Denmark and the UK. *International Journal of Social Welfare, 13*, 195–207. doi:10.1111/1468-2397.00069-il

Maslow, A. H. (1943). A theory of human motivation. *Psychological Review, 50*, 370–396. https://psycnet.apa.org/doi/10.1037/h0054346

Maslow, A. H. (1954). *Motivation and personality.* New York. NY: Harper and Brothers.

Masson, J. (1988). *Against therapy: Emotional tyranny and the myth of psychological healing.* London, UK: Collins.

Murphy, D., Duggan, M., & Joseph, S. (2013). Relationship-based social work and its compatibility with the person-centred approach: Principled versus instrumental perspectives. *British Journal of Social Work, 43*, 703–719. doi:10.1093/bjsw/bcs003

Neher, A. (1991). Maslow's theory of motivation: A critique. *Journal of Humanistic Psychology, 31*, 89–112. doi:10.1177/0022167891313010

Open-Source Psychometrics Project. (2019). *Holland code RIASEC test.* Retrieved from https://openpsychometrics.org/tests/RIASEC/

Parsons, F. (1909). *Choosing a vocation.* Boston, MA: Houghton Mifflin.

Roberts, K. (2009). Opportunity structures then and now. *Journal of Education and Work, 22*(5), 355–368. doi:10.1080/13639080903453987

Rogers, C. (1951). *Client-centred therapy: Its current practice, implications and theory.* Boston, MA: Houghton Mifflin.

Rogers, C. R. (1959). A theory of therapy, personality, and interpersonal relationships, as developed in the client-centered framework. In S. Koch (Ed.), *Psychology: A study of a science* (Vol. 3, pp. 184–256). New York, NY: McGraw-Hill.

Rogers, C. R. (1980). *A way of being*. Boston, MA: Houghton Mifflin.

Rogers, C. R. (1982). Reply to Rollo May's letter to Carl Rogers. *Journal of Humanistic Psychology, 22*(4), 85–89. doi:10.1177/002216788202200407

Ryan, R. M. (1995). Psychological needs and the facilitation of integrative processes. *Journal of Personality, 63*, 397–427. doi:10.1111/j.1467–6494.1995.tb00501.x

336   Skinner, B. F. (1938). *The behavior of organisms*. Cambridge, MA: B. F. Skinner Foundation.

Solberg, J. (2011). Activation encounters: Dilemmas of accountability in constructing clients as 'knowledgeable'. *Qualitative Social Work, 10*, 381–398. doi:10.1177/1473325011409478

Sultana, R. (2014). Guidance for social justice in neo-liberal time. In G. Arulmani, A. J. Bakshi, F. T. L. Leong, & A. G. Watts (Eds.), *Handbook of career development: International perspectives* (pp. 317–334). New York, NY: Springer.

Sultana, R., & Watts, A. G. (2006). Career guidance in public employment services across Europe. *International Journal for Educational and Vocational Guidance, 6*, 29–46.

Super, D. E. (1957). *The psychology of careers*. New York, NY: Harper Row.

Thorne, B. (1990). Spiritual dimensions in counselling: Editor's introduction. *British Journal of Guidance and Counselling, 18*(3), 225–232. doi:10.1080/03069889008253575

Thorne, B. (1998). The person-centred approach in Europe: Its history and current significance. In B. Thorne & E. Lambers (Eds.), *Person-centred therapy: A European perspective*. London, UK: SAGE.

Thorne, B. (2012). *Carl Rogers* (3rd ed.). London, UK: SAGE.

Tudor, K., & Worrall, M. (2006). *Person-centred therapy: A clinical philosophy*. London, UK: Routledge.

Watts, A. G. (1997). Socio-political ideologies in guidance. In A. G. Watts, B. Law, J. Killeen, J. M. Kidd, & R. Hawthorn (Eds.), *Rethinking careers education and guidance: Theory, policy and practice* (pp. 225–233). London, UK: Routledge.

Westergaard, J. (2017). *An introduction to counselling skills: Counselling, coaching and mentoring*. London, UK: SAGE.

第 23 章
生涯咨询的有效性及其促成因素

苏珊·C. 惠斯顿（Susan C. Whiston）

摘要 本章探讨了关于生涯咨询对有职业议题的个人是否有效的 337 研究。特别是，关于生涯选择议题和寻求就业的生涯咨询有相当多的实证支持。因此，从业者可以利用这些证据使管理人员、政策制定者、家长、学生和其他群体相信生涯咨询的价值。此外，本章还提供了实证证据，通过这些证据，从业者可以更加有效地与有生涯议题的人合作。该讨论主要集中在较旧和较新的元分析结果上，这些元分析涉及对效果大小有重大影响的因素或生涯咨询中的关键因素。例如，有相当多的实证表明，包括咨询师在内的个人支持可能在生涯咨询的有效性方面发挥重要作用。本章还确认并讨论了有助于有效实践的其他因素，并进一步探讨了是否需要进行附加研究，以提出提供生涯咨询的最有效方法。随着工作世界变得越来越复杂，研究人员必须继续探索最有效的策略，以帮助人们找到令人满意的、有意义的和生产力强的工作。

关键词 生涯咨询，元分析，评估，有效性，生涯选择，寻求就业

引言

本章的读者可能认识有生涯议题的人，可能想知道生涯咨询是否可以帮助这个人。对于文化背景不同的人来说，遇到与工作有关的困难并希望在解决这些问题方面获得帮助的情况并不罕见。例如，青少年对自己的职业方向表示担心，或者成年人对自己当下的就业情况不太满意（Whiston et al.，2016）。本章总结了有关生涯咨询是否有效的研究，并确定了生涯咨询的具体组成部分，研究表明，这些组成部分使生涯咨询更加有效。虽然有许多因素都可能会影响生涯咨询的有效实践（例如，生涯从业者对就业趋势的了解），但在本章中，笔者认为从业者应该考虑实效研究以及在美国发展起来的循证实践运动（Mudford et al.，2012）。在实效研究中，干预措施和来访者都会得到评估，以确定干预措施是否有用，而在循证实践中，从业者会对实效研究进行审视。然后，从业者决定是否有充足的证据来保证对来访者使用这种干预措施。笔者认为，这种方法能够给来访者带来最佳利益，因为干预措施已经过测试，对来访者确有帮助，因此，损害来访者利益的概率大大减小。罗伯逊在本书第 24 章进一步探讨了生涯发展的循证实践。

生涯咨询有效吗？

在检验生涯咨询是否有效之前，重要的是要对生涯咨询进行定义。一个常用的定义来源于波坎和奥利弗的著作（Spokane & Oliver，1983），他们使用更具包容性的术语，即**职业干预**，并将其定义为旨在促进个人生涯发展或使该个体能够做出更好的生涯相关决策的任何一种治疗或尝试。这是一个广泛的定义，不仅包括个人生涯咨询，还包括小组、研讨会和计算机辅助干预。

在研究生涯干预或咨询是否有效时，幸运的是我们可以参考悠久的研究历史，其中记录了生涯咨询的有效性（Brown, 2015；Whiston & James, 2013；Whiston & Rose, 2015）。这些综述中的绝大部分都引用了干预措施的元分析，这些干预措施主要用于帮助个人做出生涯选择。元分析是一种定量方法，研究人员从每项研究中检索有关生涯咨询有效性的信息，然后统计不同的研究结果，以检验生涯咨询的整体有效性。研究人员会检索每项研究的效应量，通常为实验组的平均值减去对照组的平均值，然后除以两个组的标准差。因此，这种效应量提供了一个指标，能够表明实验组在结果测量中的得分是否高于对照组。将这些个体效应量与其他研究的效应量进行统计组合，由此研究人员可以得出总体效应量。这个总体效应量非常重要，因为它提供了一个指标，能够表明联合实验组在结果测量方面的得分是否始终高于对照组。

如前所述，大多数关于生涯咨询的元分析研究都集中于帮助个人做出生涯决策，从这些元分析中可以得出，生涯干预的有效性各不相同，平均效应量往往在 0.30 ～ 0.40 之间（Brown & Ryan Krane, 2000；Whiston et al., 2017；Whiston et al., 1998）。最新的元分析发现，总体效应量为 0.35（Whiston et al., 2017）。该范围内的总体效应量表明，平均而言，实验组在结果测量中标准差的得分比对照组高出约三分之一。在解释平均效应量时，重要的是要考虑所使用的结果测量方法。

过去（即 20 世纪 80 年代和 20 世纪 90 年代），研究人员倾向于使用生涯成熟度和生涯已决的衡量标准（Brown & Ryan Krane, 2000；Whiston, 2002），而自 2000 年以来发表的实效研究更频繁地提及生涯决策自我效能感的衡量标准（Whiston et al., 2017）。萨维科斯（Savickas, 1984）认为，生涯成熟度泛指个人是否愿意做出明智的、适龄的生涯决定并应对生涯发展任务。生涯决策自我效能感涉及个人在做出生涯决策时的信心水平（Betz et al., 1996）。一些人批评生涯咨询的研究人员没有使用更恰当或贴近"现实世界"的结果测量，例如降低失业率或提高工作满意度（Whiston & Rahardja, 2008）。

尽管许多研究人员专注于帮助个人进行生涯决策的干预，但另一项与生涯咨询有效性有关的研究涉及帮助那些正在找工作的人。在求职干预方面，刘、黄和王（Liu et al.，2014）认为，与对照组的求职者相比，参与求职干预的求职者获得就业的概率高出 2.67 倍。这是另一种计算平均效应量的方法，这种方法涉及优势比，也提供了可靠的证据，证明求职干预往往非常有效。事实上，实效研究表明，求职干预可能非常有效，而生涯选择干预平均而言往往效果较差，由于生涯咨询中包含的组成部分不同，两组干预措施的效果也不同。

有效生涯咨询的要素

由于研究表明，生涯咨询的有效性因其组成部分或关键要素而有所不同，因此从业者似乎有责任在提供咨询时考虑这些要素。笔者认为，有关求职问题、生涯选择或决策辅导的生涯咨询的有效组成部分已经得到了充足研究。

求职咨询

对许多人来说，确保就业是影响其经济和社会福利的关键过程（无论是第一次就业还是在被解雇之后）。而另一些人可能正在寻找其他就业机会，为他们带来更加可持续和更令人满意的生活。为了帮助失业者，刘等人（Liu et al.，2014）对 47 项研究进行了元分析，以评估求职咨询的有效性，其结果为如何有效地帮助人们获得就业提供了重要参考。他们发现，那些接受有效求职咨询的人比那些没有接受服务的人获得就业的可能性高出 2.67 倍。他们认为，有效的求职咨询包含六个具体要素：教授求职技巧、提升自我表现、提高自我效能感、鼓励主动性、促进目标设定和争取社会支持。刘等人的研究结果还表明，在实践中，特别重要的是，只有当这些咨询方案同时包括求职技能和动机增强时，求职干预才会产生积极的影响。

求职咨询只有在同时包含技能发展和动机增强的情况下才有效，这一发现十分关键，会影响求职咨询的提供。在提供技能发展干预措施方面，出现了关于提高效率具体细节的见解。在六个关键要素（即传授求职技巧、提升自我表现、提高自我效能感、鼓励主动性、促进目标设定和争取社会支持）中，求职技巧教学和提升自我表现可直接适用于技能发展的一般范畴。因此，求职咨询干预似乎需要涵盖求职技能的教学，如简历撰写和建立关系网。此外，研究表明，提升自我表现（例如模拟面试）往往与技能发展领域有关。

从业人员在求职咨询的过程中，也应该将动机提升的常规内容包含在内。同样，有关特定要素的研究成果为从业者在干预生涯发展方面提供了一些帮助。从业者应考虑能够提高自我效能感的干预措施，例如让来访者确定他们的优势领域。有一点需要记住，即自我效能感涉及个人对自己能够完成特定任务或行为的信念（Bandura, 1986），因此，需要实施干预措施，以便来访者专注于提高与他们个人生涯发展密切相关的效能信念。另一个关键要素是鼓励主动性，包括鼓励参与者积极扩展所考虑的职位类型和获得相关信息的方法（例如，陌生来电）。此外，考虑到动机提升的常规内容，促进目标设定的具体要素与来访者有关。刘等人（Liu et al., 2014）还发现，争取社会支持是求职咨询的关键要素。支持是生涯咨询实效研究中的一个永恒主题（本章后续会讨论到）。再者，尽管一些从业者可能认为压力也许会阻碍求职活动，但压力管理干预措施并未被视作关键要素之一。

在求职干预有效性的评估中，刘等人的另一个发现是，并非所有求职者都平等地从求职干预中受益。例如，他们发现，比起中年求职者，求职干预往往更能帮助年轻和年长的求职者。刘等人推测，年轻和年长的员工可能对求职的了解和接触较少，因此可能从学习求职技能中获得更多益处。这些研究者还发现，与没有特殊需要的求职者相比，有特殊需要的求职者似乎从求职援助中受益更多。这一研究结果强调了向那些有特殊需要但可能不容易获得这些服务的人提供求职咨询，以及在易于获得服务的地点提供服务的重要性。此外，刘等人发现，干预的有效性与失业时间有关，即失业时间较长的人往往比失业时间较短的人获得的积极成果更少。其他研究也支持，有必要对那些经历过长期失业的人采取不同干预措施（Toporek & Cohen，2017）。

生涯选择咨询

在讨论与生涯选择相关的咨询的关键要素之前，笔者承认，个人可用的机会结构在世界各个国家都有所不同（Whiston et al.，2016），并非所有人都能轻松选择他们认为有意义的工作（Blustein et al.，2019；Duffy et al.，2016）。这种关于如何帮助个人进行生涯决策的讨论并不是要削弱社会宣传工作的重要性，也不是要减少为那些在社会中被边缘化的人提供更多机会的迫切需要。另一个问题与我们将生涯咨询研究推广到边缘化社群的能力有关，因为许多关于如何帮助人们做出生涯决策的研究都是以大学生为对象的（Whiston et al.，2017）。研究人员持续使用大学生样本，可能是因为在许多高校科研人员的研究环境下，很容易接触到大学生。这也可能与许多研究人员和从业者较为细微的偏见有关，他们喜欢和有积极性、有能力和能动性强的人合作，而这正是许多大学生的特质。因此，应大力鼓励读者进行更多的研究，对通常情况下服务不到的人群进行生涯干预评估，这些人得到的机会结构通常不如大学生多。

与生涯选择咨询的关键组成部分相关的研究难以厘清，因为两个元分析的结果稍有不同。布朗和瑞安（Brown & Ryan Krane，2000）提到了瑞安（Ryan，1999）的论文结果，其中瑞安进行了一系列元分析，研究了生涯干预是否影响了职业兴趣一致性、职业认同、生涯成熟度、生涯决策自我效能感、环境支持感知、生涯障碍感知和生涯选择目标等方面的结果。对于不熟悉职业兴趣一致性结果测量标准的读者，这些研究通常衡量的是兴趣量表结果与职业方向指标之间的相关度。惠斯顿等人（Whiston et al.，2017）重复了布朗和瑞安的研究，并对先前列出的每项结果进行了单独的元分析（他们还发现了少数研究使用结果期望作为结果测量标准）。惠斯顿等人对最近的研究（即 1996 年至 2015 年间发表的研究）进行了元分析，而布朗和瑞安则对 1996 年之前发表的研究进行了元分析。

342

　　布朗和瑞安（Brown & Ryan Krane，2000）以及惠斯顿等人（Whiston et al.，2017）都对生涯选择咨询中影响这些有效性指标的要素很感兴趣，他们分析了 18 个特定因素中哪些因素有助于得到更大的效应量。在布朗和瑞安的案例中，有足够多的研究对 18 个特定因素进行了调节分析，并且以生涯成熟度作为结果测量标准，而在惠斯顿等人的分析中，有足够多的研究进行了调节分析，并且以生涯决策自我效能感作为结果测量标准。可能正是这种结果测量方法的差异可以解释布朗和瑞安在关键要素中发现的差异，并解释惠斯顿等人发现的那些因素，这些将在后文进行探讨。

　　布朗和瑞安（Brown & Ryan Krane，2000）确定了生涯咨询中的五个关键要素：工作手册和书面练习、个性化诠释和反馈、会话中的生涯信息探索、建模，以及提供支持（这些将在后面详细描述）。有趣的是，他们发现，不含任何关键要素的咨询得到的效应量仅为 0.22，而加入一种、两种和三种关键要素的效应量分别为 0.45、0.61 和 0.99。在布朗和瑞安进行的元分析类型中，效应量表示实验组和对照组之间的平均差异。因此，0.22 的效应量很小，意味着实验组的标准差不到对照组的四分之一，而 0.99 的效应量意味着实验组几乎比对照组大了整整一个标准差。布朗等人（Brown et al.，2003）探讨了这种效应量急剧增加的原因：是由于更长的治疗（即含有更多的要素），还是与布朗和瑞安发现的特定要素有关？为了验证这一假设，他们对随机生成的其他要素组合进行检查，并测试了更多地添加任意要素是否更好。有趣的是，当分析这些其他要素时，没有出现任何模式，并且较之于关键要素相结合的情况，效应量也没有显著增加。

以下讨论概述了布朗和瑞安（Brown & Ryan Krane, 2000）在生涯选择咨询中的五个关键要素，对此有兴趣的读者可以阅读布朗等人（Brown et al., 2003）的著作，他们对这些要素进行了全面的审视。关于**工作手册和书面练习**的关键要素，一些研究人员推测，让个人写下他们的回答比简单地口头陈述更能激励人们给出更有条理的回应，并更加仔细地思考其含义。布朗等人建议，如果从业者让来访者专注于对职业或职业领域进行比较（且来访者比较年轻），并且在过程接近尾声时让来访者写下具体目标及实现策略，则可以改进工作手册和书面练习。笔者认为，职业心理学家应该开始研究不同的书面练习方法，以便为不同的发展水平开发以经验为基础的书面练习。另一种可能的情况是，随着我们更好地了解神经功能，我们可以构建书面练习，使它们与促进有效生涯决策的潜在认知过程相对应。

在生涯咨询中，生涯评估历来都发挥着重要作用（Osborn & Zunker, 2015）。布朗和瑞安（Brown & Ryan Krane, 2000）提出的第二个关键要素是**个性化诠释和反馈**，这表明标准化的评估结果应该与每个来访者单独讨论。咨询师向来访者提供个性化诠释和反馈，这可以帮助来访者写下目标和计划。由于在群体中诠释结果时，很难解读来访者对生涯评估结果的理解，所以从业者提供单独的评估结果这一决定似乎是很明智的。此外，当提供个性化诠释时，从业者更容易对来访者的非语言反应做出回应。然而，有一些证据与之相矛盾。惠斯顿和罗斯（Whiston & Rose, 2013）得出结论，尽管有研究表明，来访者显然更喜欢个性化的生涯评估诠释，但其他研究表明，个性化和群体诠释并没有差异。某些生涯评估（例如，人格量表）可能采用个性化诠释，而其他评估可以以小组的形式诠释。当然，对于特定的个性化或群体诠释方法的有效性，还需要进行更多的研究。

布朗等人（Brown et al., 2003）还证实了**会话中生涯信息探索**这一关键要素。虽然许多生涯咨询师经常要求来访者获取职业信息，但并非所有咨询师在会话期间都始终让来访者获得该信息。此外，具有较大效应量的研究让来访者所做的不仅仅是阅读职业信息；这些研究涉及来访者积极参与并分析职业信息的干预措施（Brown et al., 2003）。在会话期间使用职业信息这一点与笔者的生涯咨询经验一致，其中来访者经常难以彻底消化职业信息，有时还会错过相关信息。此外，在会话中探索职业信息与戈尔、博贝克、宾斯和谢恩（Gore et al., 2006）的发现一致，即在让来访者自己去探索时，他们使用电脑的生涯探索系统的时间往往比系统设计者预期的要短得多。因此，通过在一次会话中处理职业信息，咨询师可以控制职业信息的探索程度，并关注来访者对该职业信息的反应。

建模可能是布朗和瑞安（Brown & Ryan Krane, 2000）提出的关键要素中人们最不了解的一个，因为这种要素涉及生涯决策过程的建模。咨询师应为来访者提供机会，让他们了解他人的成功经验（包括过去的参与者和演讲嘉宾）。该要素鼓励咨询师在建模过程中透露自己的生涯决策经验。需要注意的是，在有效生涯决策的建模过程中，建模人员的个人特征（例如种族、民族和性别）与咨询的参与者相似时，建模往往更有效。

布朗和瑞安（Brown & Ryan Krane, 2000）确定的最后一个关键要素是**提供支持**。提供支持涉及让咨询师协助来访者专注于积极的方面，认识到他们的社交网络，并确定该关系网中会支持来访者实现生涯目标的人。任何人只要从具有个人意义的人那里获得过生涯决定的实质性支持，都会明白这一关键因素的重要性。这一要素不是简单地评估支持网络的程度，而是涉及确定会对生涯决定起支持作用的人。

如前所述，惠斯顿等人（Whiston et al., 2017）重复了布朗和瑞安

344

（Brown & Ryan Krane，2000）的元分析，他们发现了生涯选择咨询中与之不同的关键要素。需要注意的是，由于没有足够的最新研究使用生涯成熟度作为结果评估，所以惠斯顿等人在调节分析中使用了生涯决策自我效能感作为结果。惠斯顿等人发现，其中三种要素具有最大的相关效应量，即咨询师支持、价值澄清和心理教育干预。咨询师支持的相关效应量为 0.83，而价值澄清和心理教育干预的效应量分别为 0.52 和 0.51。咨询师支持的效应量特别值得注意，因为它表明，在强调咨询师支持的干预中，参与的来访者的得分比没有接受咨询的来访者大了几乎一整个标准差。价值澄清和心理教育干预的效应量并不大，但仍表明干预组的得分略高于对照组标准偏差的一半。为了理解与**咨询师支持**相关的发现，理解惠斯顿等人对该变量的编码系统十分重要。只有当研究人员在生涯干预的描述中，明确而直接地提到干预提供者非常关注对参与者的情感支持时，编码团队才会对咨询师支持进行编码。

笔者建议，关于咨询师支持的这一发现可以与惠斯顿、罗西耶和巴伦（Whiston et al.，2016）的结果一起解释，后者研究了个人生涯咨询中工作同盟与咨询结果之间的关系。生涯咨询文献一直使用工作同盟中更流行的概念之一，也就是博尔丁（Bordin，1979）的三方模型（Masdonati et al.，2014；Perdrix et al.，2010）。博尔丁提出，工作同盟由三个因素构成：目标协议、任务协议以及来访者与咨询师之间的纽带。

345 　　在总结这一领域的研究时，惠斯顿、罗西耶等人发现，一般来说，在生涯咨询过程中，工作同盟会增多。他们还发现，工作同盟与各种结果测量之间的大部分相关性都十分显著，其数值徘徊在 0.30 左右，这与心理治疗中工作同盟与结果之间的相关性的有关发现是一致的。重要的是，大量心理治疗研究人员得出结论，与其他治疗技术相比，工作同盟对结果的积极影响作用最大（Gelso & Carter，1994；Horvath et al.，2011）。生涯研究人员应该探索，在生涯咨询中工作同盟是否发挥了显著的主导作用。在最近一项有趣的研究中，米洛特拉波因特、索瓦尔和勒科夫（Milot-Lapointe et al.，2018）发现，书面练习与个性化诠释和反馈仅在工作同盟处于平均或较高水平时对生涯决策困难有显著影响。

惠斯顿等人（Whiston et al.，2017）发现的生涯选择咨询的第二个关键要素涉及**价值澄清活动**。从历史上看，对价值观的探索一直是生涯咨询过程的一部分（Pope et al.，2014）。正如哈里斯－鲍尔比（Harris-Bowlsbey，2014）所建议的那样，生涯咨询过程应该包含全面探索来访者的价值观，并认识到价值观受到文化的巨大影响。因此，从业者应谨慎行事，不要无意中影响对来访者价值观的探索，在来访者与咨询师文化背景不同的咨询中尤其如此。笔者发现，对价值观的探索和澄清是生涯咨询中最具价值的方面之一，因为看到这种现象往往是令人欣慰的：来访者与他们的价值体系做斗争，并能意识到如果职业方向与价值观一致，他们明显会生活得更好。

惠斯顿等人（Whiston et al.，2017）发现的第三个关键要素是由瑞安（Ryan，1999）提出的**有关选择目标实现过程的心理教育**。心理教育过程涉及生涯选择的决心、确定性、承诺或满意度中的步骤，当对该过程进行干预时，这一要素得到了编码。瑞恩专门为基于认知信息处理理论的干预要素编码（Sampson et al.，2004）。特别是，采用惠斯顿等人元分析的许多研究向参与者传授了 CASVE 模型中的步骤（沟通、分析、综合、评估和执行）。

布朗和瑞安（Brown & Ryan Krane，2000）的建模关键要素和惠斯顿等人（Whiston et al.，2017）关于"选择目标实现过程"的心理教育关键要素之间可能存在某种联系（Ryan，1999，p. 117）。我们应该记住，布朗和瑞安的要素涉及生涯决策过程的建模，而惠斯顿等人的心理教育要素涉及选择目标实现的教学，这通常涉及生涯决策过程的教学。因此，这两个要素都反映了需要关注来访者获得做出生涯决策的过程。这些技能可能尤其重要，因为个人可以期望在他们的生活广度内做出多个

346

生涯决定（Whiston et al.，2016），并且拥有一个做出这些决定的有效过程可能被证明是特别有益的。赫克特林格和加蒂（Hechtlinger & Gati，2019）描述和评估了一个旨在减少功能失调的生涯决策信念的研讨会，可供对生涯决策干预特别感兴趣的从业者参考。有趣的是，这个研讨会对女性比对男性更有效。

在总结有助于有效生涯咨询的关键因素时，记录各种形式的支持被确定为关键因素的次数十分重要。支持似乎在生涯决策过程中至关重要，在求职过程中也意义重大。根据布朗和瑞安（Brown & Ryan Krane，2000）以及刘等人（Liu et al.，2014）的研究结果可以得出，咨询师应该建构干预，以便每个来访者确定在生涯发展过程中会支持他们的特定个人（即支持他们的求职过程或支持他们的生涯决定）。从业者似乎在生涯咨询过程中也起着关键作用，正如惠斯顿等人（Whiston et al.，2017）发现，咨询师支持是生涯选择咨询中最重要的关键要素。

对生涯选择咨询关键要素的讨论进行总结时，重要的是要承认生涯咨询的要素可能因咨询的目标而异（即生涯成熟度或生涯决策的自我效能感）。正如舒伯、萨维科斯和舒伯（Super et al.，1996）所指出的那样，成年后很难评估生涯成熟度，对于成年人来说更好的术语可能是生涯适应力。因此，与生涯成熟度相关的结果可能更适合青少年，对他们来说，生涯成熟度的评估往往更合理（Savickas，1984）。因此，举例来说，与成年人相比写作练习可能更适合青少年。同样，当目标是生涯决策的自我效能感时，对生涯决策模型的价值探索和传播可能更为合适。虽然笔者建议干预措施要以结果（生涯成熟度与生涯决策的自我效能感）为基础，但最后呼吁使用更直接的生涯咨询结果（例如就业稳定性和学校保有率）测量方法进行更多研究，而不是用更模糊的自我效能感概念。

生涯咨询模式的不同

在审查生涯干预的有效性时，一些从业人员和管理人员对咨询模式是否存在差异很感兴趣。例如，从业者有大量客户时，提供单独的生涯咨询可能很耗时，所以从业者可能想了解以团体形式提供干预措施的有效性。一直以来，个人生涯咨询已被发现是最有效的（Whiston, 2002；Whiston et al., 1998, 2017），然而这些结果基于少量的研究而得出。惠斯顿等人（Whiston et al., 2017）发现，至少在研究数量方面，存在以团体形式提供生涯干预的趋势。虽然惠斯顿等人发现个人生涯咨询的效应量略大于团体咨询，但他们也发现团体干预的平均效应量为 0.59，大于总体平均效应量 0.35。因此，对于难以提供个人生涯辅导的从业者来说，以团体形式提供生涯辅导可能是一个有效的选择。

在比较生涯咨询模式这一领域，最重要的研究可能是惠斯顿、布雷切森和史蒂芬斯（Whiston et al., 2003）进行的元分析。虽然他们没有在咨询模式方面发现很多差异，但他们确实发现了有一种差异值得注意。惠斯顿等人发现，无咨询师的干预效果明显**低于**其他任何咨询模式。他们还发现，如果在咨询时使用电脑的生涯指导系统，那么该系统的效果会显著提高。这一发现可能具有实际意义，因为一些组织（例如学校）可能会将资金用于计算机系统，而不是投资于生涯从业者，即使这项研究表明从业者在增强来访者体验方面发挥着重要作用。

研究建议

在设计一项研究以评估生涯咨询的有效性时，研究人员应该考虑如何衡量有效性以及该措施是否可以评估有意义的东西。瓦茨和登特（Watts & Dent, 2006）明确表示，我们需要投入更多的时间和资源来研究生涯指导服务的生产率。工业中的生产率是根据每单位投入的产出率来衡量，这是确定结果是否值得付出代价或做出干预的基础。生产率可能取决于个人的身份：监督提供生涯服务的人、生涯咨询专业人员，还是正在接受服务的来访者。对于许多管理者或政策制定者来说，问题可能不是一个人是否提高了生涯决策的自我效能感。他们更感兴趣的可能是生涯咨询是否产生更多的宏观结果，例如就业、大学保留、高等教育安置，或其他检查干预的成本效益性的结果。因此，我们鼓励研究人员对生涯咨询的有效性进行更多的研究，并选择能够表明生涯咨询产生真正有意义结果的结果测量方法。

除了使用对多个利益相关者有意义的结果外，维尔布鲁根、德赖斯和范·拉尔（Verbruggen et al., 2017）认为，用于评估生涯干预的结果应与生涯咨询的目标相匹配。这些作家挑战了"一致性神话"，其中研究人员假设相同的结果适用于所有来访者（例如所有来访者都需要变得更加坚决）。他们表示，根据来访者的目标评估职业干预有效性这样的呼声已存在了40年（Oliver, 1979；Watts & Kidd, 1978）。此外，他们发现咨询目标与相关结果测量的得分之间存在关系，即当结果测量与来访者的目标一致时，来访者倾向于认为干预更有帮助。维尔布鲁根等人建议研究人员使用完全个性化的结果标准，并且要基于来访者的初始目标，以便更好地衡量有效性的水平。

惠斯顿和拉哈贾（Whiston & Rahardja, 2008）呼吁生涯咨询研究人员制定操作手册，但这种手册的发展始终较为缓慢。在干预研究中，研究人员必须证明参与者确实接受了与干预设计实施方式一致的预期干预，这通常被称为**治疗保真度**。通常会制定治疗手册以指导从业者提供预期的干预措施。萨维科斯（Savickas, 2015）已经开发了一本用于人生设计咨询的手册，尽管这是一个振奋人心的趋势，但生涯领域的治疗手册数量十分有限。我们鼓励其他理论家、研究人员和从业者开发额外的治疗手册，这可以促进对已定义的干预措施进行评估。

笔者对研究的最后一项建议是有必要在国际上扩大调查范围，并且要触及通常没有接受过生涯咨询的团体。惠斯顿等人（Whiston et al., 2017）发现，越来越多的生涯干预研究在国际上进行，但大部分研究仍在北美进行。中国香港地区的中年男性和冰岛乡下的青年女性的生涯发展需求可能会有所不同。即使在同一个国家，存在的问题也是多样的，据此，许多研究人员主张为不同群体提供多元文化生涯咨询（Flores & Bike, 2014；Flores & Heppner, 2002）。在多元文化能力方面，维斯皮亚、菲茨帕特里克、福阿德、坎塔姆内尼和陈（Vespia et al., 2010）发现，生涯顾问倾向于认为自己高于平均水平。然而，需要注意的是，我们相信一个人在文化上有能力，并不能意味着这个人确实在文化上有能力。笔者再次呼吁应该对文化能力进行更多研究，并更多地了解在什么情况下对谁有效（Fretz, 1981；Whiston & James, 2013）。

结论

有大量证据表明，生涯咨询干预是有效的，特别是如果咨询的目标是协助来访者找工作或选择生涯方向。就求职干预而言，这些干预措施应包括求职技能和动机增强，以保证其有效性。由于两种元分析的研究发现并不相同（Brown & Ryan Krane, 2000；Whiston et al., 2017），所以生涯选择咨询的关键要素有些不太明确。至关重要的是，两项元分析都发现，提供支持十分关键，但是支持的来源各不相同。布朗和瑞安认为，咨询师应该协助来访者识别那些会支持来访者生涯发展方向的人，而惠斯顿等人发现，咨询师在生涯咨询过程中对来访者的直接支持效果最为显著。咨询师还可以考虑在他们的生涯咨询中加入其他影响效应量的关键要素。最后，我们鼓励研究人员对帮助个人解决与工作有关的问题进行更多研究。

349

参考文献

Bandura, A. (1986). The explanatory and predictive scope of self-efficacy theory. *Journal of Social and Clinical Psychology, 4,* 359–373. doi:10.1521/jscp.1986.4.3.359

Betz, N. E., Klein, K. L., & Taylor, K. M. (1996). Evaluation of a short form of the Career Decision-Making Self-Efficacy Scale. *Journal of Career Assessment, 4,* 47–57. doi:10.1177/106907279600400103

Blustein, D. L., Kenny, M. E., Di Fabio, A., & Guichard, J. (2019). Expanding the impact of the psychology of working: Engaging psychology in the struggle for decent work and human rights. *Journal of Career Assessment, 27,* 3–28. doi:10.1177/1069072718774002

Bordin, E. S. (1979). The generalizability of the psychoanalytic concept of the working alliance. *Psychotherapy: Theory, Research & Practice, 16,* 252–260. doi:10.1037/h0085885

Brown, S. D. (2015). Career intervention efficacy: Making a difference in people's lives. In P. J. Hartung, M. L. Savickas, & W. B. Walsh (Eds.), *APA handbook of career intervention: Volume 1. Foundations* (pp. 61–77). Washington, DC: American Psychological Association.

Brown, S. D., & Ryan Krane, N. E. (2000). Four (or five) sessions and a cloud of dust: Old assumptions and new observations about career counselling. In S. D. Brown & R. W. Lent (Eds.), *Handbook of counseling psychology* (3rd ed., pp. 740–766). New York: Wiley.

Brown, S. D., Ryan Krane, N. E., Brecheisen, J., Castelino, P., Budisin, I., Miller, M., & Edens, L. (2003). Critical ingredients of career choice interventions: More analyses and new hypotheses. *Journal of Vocational Behavior, 62,* 411–428. doi:10.1016/S0001-8791(02)00052-0

Duffy, R. D., Blustein, D. L., Diemer, M. A., & Autin, K. L. (2016). The psychology of working theory. *Journal of Counseling Psychology, 63,* 127–148. doi:10.1037/cou0000140

Flores, L. Y., & Bike, D. H. (2014). Multicultural career counseling. In F. T. L. Leong, L. Comas-Díaz, G. C. Nagayama Hall, V. C. McLoyd, & J. E. Trimble (Eds.), *APA handbook of multicultural psychology: Volume 2. Applications and training* (pp. 403–417). Washington, DC: American Psychological Association.

Flores, L. Y., & Heppner, M. J. (2002). Multicultural career counseling: Ten essentials for training. *Journal of Career Development, 28*, 181–202. doi:10.1023/A:1014018321808

Fretz, B. R. (1981). Evaluating the effectiveness of career interventions. *Journal of Counseling Psychology, 28*, 77–90. doi:10.1037/0022-0167.28.1.77

Gelso, C. J., & Carter, J. A. (1994). Components of the psychotherapy relationship: Their interaction and unfolding during treatment. *Journal of Counseling Psychology, 41*, 296–306. doi:10.1037/0022-0167.41.3.296

Gore, P. A., Bobek, B. L., Robbins, S. B., & Shayne, L. (2006). Computer-based career exploration: Usage patterns and a typology of users. *Journal of Career Assessment, 14*, 421–436. doi:10.1177/1069072706288939

Harris-Bowlsbey, J. (2014). The role of values in career choice and development. In M. Pope, L. Y. Flores, & P. J. Rottinghaus (Eds.), *The role of values in careers* (pp. 37–47). Charlotte, NC: Information Age Publishing.

Hechtlinger, S., & Gati, I. (2019). Reducing dysfunctional career decision-making beliefs: Gender differences in the effectiveness of a group intervention. *Journal of Counseling Psychology, 66*(4), 449–460. doi:10.1037/cou0000330

Horvath, A. O., Del Re, A. C., Fluckiger, C., & Symonds, D. (2011). Alliance in individual psychotherapy. *Psychotherapy, 48*, 9–16. doi:10.1037/a0022186

Liu, S., Huang, J. L., & Wang, M. (2014). Effectiveness of job search interventions: A meta-analytic review. *Psychological Bulletin, 140*, 1009–1041. doi:10.1037/a0035923

Masdonati, J., Perdrix, S., Massoudi, K., & Rossier, J. (2014). Working alliance as a moderator and a mediator of career counseling effectiveness. *Journal of Career Assessment, 22*, 3–17. doi:10.1177/1069072713487489

Milot-Lapointe, F., Savard, R., & Le Corff, Y. (2018). Intervention components and working alliance as predictors of individual career counseling effect on career decision-making difficulties. *Journal of Vocational Behavior, 107*, 15–24. doi:10.1016/j.jvb.2018.03.001

Mudford, O. C., McNeill, R., Walton, L., & Phillips, K. J. (2012). Rationale and standards of evidence in evidence-based practice. In P. Sturmey & M. Hersen (Eds.), *Handbook of evidence-based practice in clinical psychology: Volume 1. Child and adolescent disorders* (pp. 3–26). Hoboken, NJ: Wiley.

Oliver, L. W. (1979). Outcome measurement in career counselling research. *Journal of Counselling Psychology, 6*, 217–226. doi:10.1037/0022-0167.26.3.217

Osborn, D. S., & Zunker, V. G. (2015). *Using assessments results for career development* (9th ed.). Belmont, CA: Cengage.

350

Perdrix, S., de Roten, Y., Kolly, S., & Rossier, J. (2010). The psychometric properties of the WAI in a career counseling setting: Comparison with a personal counseling sample. *Journal of Career Assessment, 18,* 409–419. doi:10.1177/1069072710374583

Pope, M., Flores, L. Y., & Rottinghaus, P. J. (2014). *The role of values in careers.* Charlotte, NC: Information Age Publishing.

Ryan, N. E. (1999). *Career counseling and career choice goal attainment: A meta-analytically derived model for career counseling practice.* Doctoral dissertation, Loyola University, Chicago.

Sampson, J. P., Jr., Reardon, R. C., Peterson, G. W., & Lenz, J. G. (2004). *Career counseling and services: A cognitive information processing approach.* Pacific Grove, CA: Brooks/Cole.

Savickas, M. L. (1984). Career maturity: The construct and its measurement. *Vocational Guidance Quarterly, 32,* 222–231. doi:10.1002/j.2164-585X.1984.tb01585.x

Savickas, M. L. (2015). *Life-design counseling manual.* Retrieved from http://vocopher. com/LifeDesign/LifeDesign.pdf

Spokane, A. R., & Oliver, L. W. (1983). Outcomes of vocational intervention. In S. H. Osipow & W. B. Walsh (Eds.), *Handbook of vocational psychology* (pp. 99–136). Hillsdale, NJ: Erlbaum.

Super, D. E., Savickas, M. L., & Super, C. M. (1996). The life-span, life-space approach to careers. In D. Brown & L. Brooks (Eds.), *Career choice and development* (3rd ed., pp. 121–178). San Francisco: Jossey-Bass.

Toporek, R. L., & Cohen, R. F. (2017). Strength-based narrative résumé counseling: Constructing positive career identities from difficult employment histories. *Career Development Quarterly, 65,* 222–236. doi:10.1002/cdq.12094

Verbruggen, M., Dries, N., & Van Laer, K. (2017). Challenging the uniformity myth in career counseling outcome studies: Examining the role of clients' initial career counseling goals. *Journal of Career Assessment, 25,* 159–172. doi:10.1177/1069072716657797

Vespia, K. M., Fitzpatrick, M. E., Fouad, N. A., Kantamneni, N., & Chen, Y. (2010). Multicultural career counseling: A national survey of competencies and practices. *Career Development Quarterly, 59,* 54–71. doi:10.1002/j.2161-0045.2010.tb00130.x

Watts, A. G., & Dent, G. (2006). The "P" word: Productivity in the delivery of career guidance services. *British Journal of Guidance & Counselling, 34,* 177–189. doi:10.1080/03069880600583204

Watts, A. G., & Kidd, J. M. (1978). Evaluating the effectiveness of careers guidance: A review of the British research. *Journal of Occupational Psychology, 51*, 235–248.

Whiston, S. C. (2002). Application of the principles: Career counseling and interventions. *The Counseling Psychologist, 30*, 218–237. doi:10.1177/0011000002302002

Whiston, S. C., Brecheisen, B. K., & Stephens, J. (2003). Does treatment modality affect career counseling effectiveness? *Journal of Vocational Behavior, 62*, 390–410. doi:10.1016/S0001-8791(02)00050-7

Whiston, S. C., Fouad, N., & Juntunen, C. (2016). *Guidelines for integrating the role of work and career into professional psychology practice.* Washington, DC: American Psychological Association. Retrieved from https://www.apa.org/practice/guidelines/role-work-career.pdf

Whiston, S. C., & James, B. N. (2013). Career choice promotion. In S. D. Brown & R. W. Lent (Eds.), *Career development and counseling: Putting theory and research to work* (2nd ed., pp. 565–594). Hoboken, NJ: Wiley.

Whiston, S. C., Li, Y., Mitts, N. G., & Wright, L. (2017). Effectiveness of career choice interventions: A meta-analytic replication and extension. *Journal of Vocational Behavior, 100*, 175–184. doi:10.1016/j.jvb.2017.03.010

Whiston, S. C., & Rahardja, D. (2008). Vocational counseling process and outcome. In S. D. Brown & R. W. Lent (Eds.), *Handbook of counseling psychology* (4th ed., pp. 444–461). New York: Wiley.

Whiston, S. C., & Rose, C. S. (2013). Test administration, interpretation, and communication. In C. Wood & D. G. Hays (Eds.), *A counselor's guide to career assessment instruments* (6th ed., pp. 101–111). Broken Arrow, OK: National Career Development Association.

Whiston, S. C., & Rose, C. S. (2015). Career counseling process and outcome. In M. L. Savickas, W. B. Walsh, & P. J. Hartung (Eds.), *APA handbook of career interventions* (pp. 43–60). Washington, DC: American Psychological Association.

Whiston, S. C., Rossier, J., & Barón, P. M. H. (2016). The working alliance in career counseling: A systematic overview. *Journal of Career Assessment, 24*, 591–604. doi:10.1177/1069072715615849

Whiston, S. C., Sexton, T. L., & Lasoff, D. L. (1998). Career-intervention outcome: A replication and extension of Oliver and Spokane (1988). *Journal of Counseling Psychology, 45*, 150–165. doi:10.1037/0022-0167.45.2.150

第 24 章
生涯发展的循证实践

彼得·J. 罗伯逊（Peter J. Robertson）

摘要 要让从业者和服务能最好地满足其服务用户的需求，证据是必不可少的。循证实践的概念已引入生涯发展领域，但将其隐含的医学模式直接应用于社会层面的生涯发展研究是存在问题的。评估生涯发展干预措施的有效性在方法层面极具挑战性，在确定所选成果指标的概念和定义方面尤其如此。在政策和实践中使用研究证据，需要对其进行整合并将研究结果传达给从业者和利益相关者。政策的制定和实践都是政治过程，在该过程中，研究证据对于决策而言是必要的，但并不足以影响决策。科学研究得出的知识内容如果不结合多层次的背景因素，几乎不能直接应用于生涯发展实践中。为了更好地给实践提供信息，研究得出的证据应与当地常识、从业者经验和用户意见相结合。因此，本章提出了一个简单的生涯发展干预循证综合模型。此模型适用于反思型从业者。

关键词 生涯发展干预，生涯服务，评估，循证实践，成果，研究

引言

本章介绍了循证实践的概念，对其含义进行了探讨，并强调了生涯发展研究中的关键问题。本章面临的首要问题是如何界定生涯成果，这

是尝试评估生涯发展干预服务有效性的必经之路。其次，从如何识别良好研究这一挑战出发，探索产生证据的研究方法。另一个挑战在于如何收集和整合研究证据，从而为实践提供信息。

在解决了以上这些研究中的关键问题之后，如何使用这些研究证据是本章关注的下一个重点。本章简要讨论了研究得出的证据如何为政策制定的过程提供信息，还讨论了其影响力的局限性。在实践方面，仅凭研究证据不足以构成实践的"基础"；相反，从业者必须将其与其他类型的知识相结合，比如对实践背景的理解以及服务用户的观点。本章对于证据的定义采用的是生涯发展行业中更广泛的循证实践概念，而非准医学概念上证据的定义。本章提出了反思实践模型，该模型能够将研究证据与背景知识及服务用户的观点相结合。

354

只有一部分研究直接涉及生涯发展服务的有效性。许多研究侧重于从各种角度观察、描述和理解生涯。描述性研究可以发挥重要作用，但本章的重点仍然主要放在评估性研究上。评估性研究指各种针对生涯发展服务活动的有效性的研究（Killeen, 2004），这些服务包括生涯咨询、生涯评估、生涯教育和相关的就业支持。为简洁起见，这些活动统称为"干预"。

循证实践：一个有争议的领域

20 世纪后期，**循证实践**一词在医学培训中影响广泛（例如，Evidence-Based Medicine Working Group, 1992）。由于治疗与科学知识库之间的脱节，无效或过时的手术方法仍被广泛使用。为应对这一问题，**循证实践**一词应运而生。这个词语传播到其他健康和助人行业，也传播到了教育和管理领域。循证实践被定义为"认真、明确和审慎地使用当前的最佳证据来做出有关用户福利的决策……"（Webb, 2001, p. 61）。整个过程包括五个阶段（Nevo & Slonim-Nevo, 2011）：（1）制定一个实践问题，（2）寻找最佳可用证据，（3）评估证据，（4）应用研究结果，（5）评估最终成果。这个过程具有较好的逻辑性和简洁性，但它有一个明显的缺点。豪格和普兰特（Haug & Plant，2016）指出，循证实践的理性主义说辞可以用来质疑其他可能有用观点的理性程度。可见，对研究证据基础的依赖并非毫无问题。

从业者的角色和身份

医生的从业模式无疑是"科学界从业者"，这也是主流心理学专业身份的一个特征。尽管很少有研究明确指出生涯发展专业的模式（一个例外是 Bernes et al.，2007），但它隐含在一些生涯咨询文献中，在这些文献中可以找到对生涯发展行业进行描述的准临床语言。普罗大众，特别是那些从社会学或教育的角度探索该领域的人，普遍不会接受这样的情况：科学家－从业者模式与生涯发展工作相关。当基德、基利恩、贾维斯和欧弗（Kidd et al.，1994）问及（生涯）指导是否是一门应用科学时，他们受到了比姆罗斯和贝恩（Bimrose & Bayne，1995）的质疑，后者认为这是一个不恰当的问题，并提出"反思型从业者"的概念更加恰当。

证据与理论

循证实践的论述倾向于忽视理论，或者暗示证据可以独立于理论基础而存在。所有研究都以概念为出发点，而问题在于，这个出发点提出的假设是明确的还是尚未明确的。生涯发展已经成为一个理论研究成果丰硕的领域（参见本书第 8 章和第 9 章），但一些观点比其他观点更符合循证实践的说辞。在早期的职业指导差异主义方法中，科学理性主义被接受的程度最高：心理测量评估是为职业选择提供建议的信息来源。循证往往偏向于那些支持实证主义的心理学分支所衍生出的方法。例如，支持实证心理学的理论学者倡导根植于社会认知方法的生涯发展方法。

这种方法所具备的循证是该领域所有方法中最令人印象深刻的（Betz，2007；Gainor，2006）。其他一些方法在产生证据方面往往不那么有力，但这本身并不能证明这些方法效果不佳。

研究证据不能存在于哲学范式之外：它需要本体论和认识论的假设，且这些假设最好是明确的。生涯发展的许多实证研究都采用了传统的或广义的实证主义观点。近年来，尽管本体论假设通常情况下并非是明确的，但反实证主义方法的应用仍有所增加，包括建构主义和后现代认识论（Rudolph et al.，2019）。一些方法试图超越实证主义和反实证主义之间的鸿沟，例如，豪格和普兰特（Haug & Plant，2016）以及罗伯森（Robertson，2017）倡导批判现实主义观点的价值和相关性，将现实主义本体论与多层次、多视角理解的可能性相结合。

所有评估生涯发展干预措施的尝试所面临的核心挑战是：什么是"好的"生涯成果，以及如何将其与"坏"的生涯成果进行区分。这是一个概念性问题，但同时也是一个道德问题。对于这个问题所给出的任何答案都会反映出一种基于价值观的选择，并可能受到不同道德立场的质疑。此外，还有一些假设问题与因果机制有关。生涯干预是一种可以带来改变（变得更好）的尝试，这种尝试需要一种"变化理论"（Andrews & Hooley，2018）或一系列行动，由此这项干预可以产生一些影响。这种变化理论既涉及目的，也涉及手段。

证据的目的和所有权

证据的存在并不独立于社会或刻意的真空环境，而是由带有目的的参与者生成的。这两者的一个常见的区别是：一个是判断服务有效性的评估，而另一个是旨在生成信息从而改进服务的评估。借用教育术语，这两者被描述为总结性与形成性评估（Nassar-McMillan & Conley，2011）。有些项目不会反复进行，所以存在对其进行最终评估的可能性，但许多服务正在进行，因此这两种评估在实践中的区别可能会有些模

糊。证据最重要的用途也许是为生涯发展干预措施的设计提供信息。这
种说法可以在个体从业者层面、服务层面，或从顶层上为公共政策提供
信息。类似的证据可用于从业者的培训。

证据的一种可能用途与提供生涯发展支持的组织的质量保证和绩
效管理流程有关（Almeida et al., 2014；Plant, 2004；Watts & Dent,
2006），这两者都可以进行内部或外部评估，评估可以是自愿的，也可
以由政府或资助机构强制要求。在寻求有关投入（可用资源）、过程（行
为或干预措施）或最终成果的信息时，评估的差异有所体现（Baudouin
et al., 2007；Hiebert et al., 2014）。评估倾向于依赖易于获取的投入和
过程信息（Plant, 2012）；干预措施的最终成果是最令人感兴趣的评估
维度，但在如何定义和获得干预效果上面对的问题也最多。

生涯发展干预的成果

在如何定义生涯发展以及如何识别好的成果，或如何将其区别于坏
的成果方面，评估存在一些难题（Maguire, 2004）。为使干预的成果概
念化，人们提出了许多方法，这些方法中嵌入了概念和范式假设。根据
文献中常用的区分方法，可以概述其可能使用的范围。

层次分析

层次分析反映了成果概念化的主要区别，不同渠道的资料都强调
了这一点，特别是休斯和格拉提翁的研究（Hughes & Gration, 2009a,
2009b）。大多数情况下，这种区别体现在个人、机构和社会分析层次。
胡利（Hooley, 2014）区分了五个层次的结果：个人、机构、社群、国
家和国际层面。层次越高，与政策的相关性越强。

短期和长期成果

生涯发展干预可能很简短，但随后的过程会随着时间的推移而展开。一些研究者（例如，Hughes & Gration，2009a，2009b）发现，对即时、中期和长期成果做出区分是有效的。从这个角度来看，这种观点隐含着一个因果链，即将服务交付事件与最终结果联系起来。柯克帕特里克（Kirkpatrick，1994）的培训评估法就运用了这个因果链，该方法已被几位研究者改编以适用于生涯发展服务（Athansou，2007；Hooley，2014；Watts & Dent，2006）。柯克帕特里克确定了四个层次的成果：对服务的反馈（用户满意度）、学习成果、行为改变、结果（经济和社会成果）。更高层次分析的成果可能是生涯发展干预带来的长期成果。事实上，生涯发展干预在任何层面的所有影响都可能在中长期范围内展开，这表明评价性研究设计需要考虑时间这一因素。但由于存在实践方面的挑战，该领域的纵向研究十分罕见。

定义定量的或定性的成果

在生涯发展领域中，关于定量方法和定性方法的优缺点存在争议（Perry et al.，2009）。在使用定量方法的情况下，所有体现干预措施有效性的尝试都必须找到一种方法将成果变得可操作化以进行测量。在工作和组织心理学中，这种挑战被称为"标准问题"。一些成果无法直接体现，必须使用间接测量方式。弗雷茨（Fretz，1981）提出了一系列可能用于生涯研究的标准，现在可用的概念数量已经大大增加，因此选择标准变得更加困难。邓尼特（Dunnette，1963）提出了可信度较高的一种说法，他认为工业心理学应该拒绝单一标准，而提倡多个标准，这种说法得到了生涯服务评估领域相关研究者的赞成（Clarke，1980；Fretz，1981；Oliver，1979）。考虑到生涯的复杂性，这一建议似乎是合理的，它可能会减少定量方法的局限性。在理想情况下，多个标准应该与干预的性质和目标相关（Watts & Kidd，1978）。

357

马奎尔（Maguire, 2004）认为，从业者对其服务用户的定性成果更感兴趣。定性方法在生涯研究中具有巨大潜力（参见 Blustein et al., 2005），特别是在探索过程与结果之间的关系这一方面。但在已发表的文献中，这种关系的代表性仍有不足（Stead et al., 2012）。为报告定性方法制定一致性的标准，从而使结果具有可重复性，将有助于提升这种理论的接受度（Lee et al., 1999）。研究问题通常是探索性的，因此服务用户不需要预先确定对其生涯成果的意义。

主观和客观成果

在探索生涯成功的文献中，主观成功和客观成功之间是有区别的（Ng et al., 2005；Poole et al., 1993）。客观的成功是由薪酬和等级状态等指标来衡量的。主观成功是指个人对自己生涯的评价。有时在"软"结果和"硬"结果之间也有类似的区别，前者涉及主观和／或定性衡量标准（如生涯自我效能感），后者涉及客观定量衡量（如工作成果的实现）。这种区别能用于积极的劳动力市场背景，服务于失业者，其中政府资助机构倾向于要求就业支持服务取得"硬性成果"，帮助人们摆脱社会救济进入工作岗位。但对于那些面临多重就业障碍，即使没有获得工作成果，仍然可以获得收益（例如自信）的人来说，这种区分方法可能无法体现参与这些政府帮扶项目的好处。出于这个原因，人们已经在探索衡量软结果和"达成路径"的可靠方法（Barnes & Wright, 2019）。

成果类别

将生涯成果概念化有不同的方式，可以分为经济、教育、心理和社会成果。

经济方面的成果

这一重要类别的成果适用于对个人、机构和国家层面进行量化。

许多研究者已经对计量经济评估进行了探索（Hooley & Dodd, 2015；Hughes et al., 2002；Killeen, 1992；Mayston, 2002）。多德和珀西在本书第2章详细讨论了这一领域，因此这里不再赘述。

教育方面的成果

由于生涯发展与教育密切相关，因此教育方面的成果在相关研究中占有重要地位也就不足为奇了。典型的成果指标可能包括学习动机、资格获取、发展、辍学率的降低。在学术和职业教育项目中，获得生涯干预对学术表现和职业教育项目所产生影响的广义方法，与根植于将生涯发展理解为自身教育过程的更具体方法之间可以进行明确的区分。在英国文献中，关注生涯指导的学习成果一直是一种有影响力的方法（Kidd & Killeen, 1992；Killeen & Kidd, 1991）。相关研究已经证明，学习成果的衡量往往与干预的直接目标和服务提供者的意图密切相关（Killeen, 2004），因此是评价生涯指导的一个非常有吸引力的目标。这种方法的流行可以从"生涯管理技能"框架的影响中看出，例如在美国、加拿大和澳大利亚等国发现的"蓝图"模型。这些提供了一种将学习成果概念化的方法（Baudouin et al., 2007；Hooley, 2014）。

心理方面的成果

大量的态度、情绪和行为变量已被用作成果指标，特别是在生涯咨询研究中，包括一些源于心理治疗的构念。可用的衡量指标有求职活动、工作满意度、信心、自我效能感和生涯适应力等。罗伯森（Robertson, 2013）提出了一个案例，认为应将心理健康作为衡量干预成果的一个重要子类别。

社会成果

其他类别未涵盖的各种社会理想成果可归于此类。这一类别在定义

上存在巨大挑战（Maguire，2004），因此发展得不太好。在政策层面，
社会公平是预期成果的一个重要类别（Watts，2008）。研究者还提出了
在生活质量方面进行衡量，例如，伊斯顿和范拉尔（Easton & van Laar，
2014）建议测量干预后的工作生活质量。此外，罗伯逊在本书中提出，
干预所带来的另一个社会成果是刑事罪犯的再犯情况有所减少。

评估证据的质量

研究的说服力不可避免地有所不同。最有说服力的评估研究是，研
究者有足够信心将这些被检测到的效应归因于干预措施。在医学中，采
用证据层次已经不足为奇，研究设计根据它们在多大程度上能够将因果
关系归因于治疗来将证据分配到特定层次。用于药物实验的大型随机对
照试验（randomised controlled trials，RCT）是"双盲实验"，研究人员
和参与者都不知道谁正在接受治疗或使用安慰剂。双盲的随机对照试验
被视为最佳研究设计方式，如果研究达不到随机对照试验的要求，则认
为其可信度较低。休斯和格拉提翁（Hughes & Gration，2009a，2009b）
将这一概念用于生涯指导干预，提出了一个五级证据层次结构，将具有
强大反事实的研究设计定位在更高层次。

采用临床药物实验的方法来评估咨询干预这一点也受到了质疑
（Timulak，2008）。研究者很早就已经认识到在生涯发展环境中使用实
验方法所存在的问题（Killeen，1996）。在生涯发展研究中，实行证据
等级制度让随机对照试验优于其他实验设计，这一方法也受到了批评
（Hiebert et al.，2014）。尽管准实验设计可能有效，但是在现实生活中
的生涯服务交付环境中，实验研究并不容易进行。可能不存在尽如人意
的对照组和安慰剂组。实验样本通常与实际的用户群体不同，从而导致
系统偏差。

随机对照试验设计要求向实验组的成员提供标准的"治疗"干预。

但由于个人生涯发展工作需要适应个人要求，所以很难标准化。不同的来访者可能需要不同的生涯信息，他们也可能会在生涯咨询中提出不同的问题。干预服务通常是为个人量身定制的，甚至团体干预通常也包括个人要素。更重要的是，生涯发展项目通常是一系列活动（Hooley，2014），而不是单一孤立的"治疗"。这使得生涯发展干预在医学研究的术语中成为"复杂干预"，因为它们倾向于以适合个人的方式将多种方式结合起来（Medical Research Council，2008）。研究设计的过程因而具有挑战性，并且难以分离干预措施的影响或识别"有效成分"。生涯研究中干预方法的报告缺乏清晰度和标准化，这也对干预成果的解释造成了阻碍。

　　证据的层次结构似乎表明，体现用户观点的定性研究所提供的证据水平最为薄弱，例如休斯和格拉提翁在这两篇文献中所采用的那样（Hughes & Gration，2009a，2009b）。这种观点没有认识到评估的一个重要视角，即定性研究的潜力，例如比姆罗斯和巴尔内斯（Bimrose & Barnes，2006）对成人指导成果的纵向研究。如果将实验研究归类为"黄金标准"，那么社会研究设计的多样性可能会被边缘化。例如卡什夫帕克德尔和珀西（Kashefpakdel & Percy，2017）所表达，大型数据集的事后分析可以提供重要信息。多元方法非常有前景，而且"三角互证"可用于从多个方向处理问题（Haug & Plant，2016）。从更普遍的方面来看，教育评估概念可能最适合生涯服务的性质和体制背景。

360

整理和综合研究证据为政策和实践提供信息

　　寻找并评估最有效的证据是循证实践的关键要素。但严格执行这一点对于大多数从业者来说过于耗时。因此，证据的总结就成了研究文献和实践之间的重要桥梁。

证据整理中的偏差

学术研究在一个为研究人员的研究提供奖励（和惩罚）的制度网络中进行（Briner & Walsh, 2013）。这未必能产生良好的证据基础。研究人员往往会因为在高层次的学术期刊上发表文章而获得奖励，这导致了两个关键问题。首先是发表偏差，如果证据表明干预是成功的，就更有可能被发表。其次，研究人员在与从业者进行实际沟通时往往得不到回报。研究者可能没有动力清楚地解释如何在他们的研究中使用干预措施，这使得他们难以在实践中应用或在另一项研究中复制这些干预措施。

服务交付环境的评估也充斥着微观政治问题。事实上，评估也被视为是一种权力关系的表达，它可能为不同参与者的不同目的而服务（Killeen, 1996）。例如，服务机构可以利用评估来证明其存在或受资助的合理性（Plant, 2012），因此它们可能强烈倾向于"证明"其工作的有效性。评估研究如果不能对其服务工作产生积极影响，就可能没有发展前景。而当研究结果可用时，又可能不会以可搜索和检索的方式得到发表。

学术证明的正式综合：元分析和文献综述

元分析是一种用于整合多个定量研究结果的统计方法。元分析像是创建了一个更庞大样本的研究，以便更好地检测干预措施的效应量。效应量是了解结果变量中实验组和对照组之间平均差的一种统计方法。当个别研究样本太小或它们的结果相互矛盾时，元分析法有可能识别出"什么有效"。当然，元分析法也存在缺点（Walker et al., 2008），那就是它容易受到发表偏差的影响。此外，在选择纳入研究上也可能会产生偏差。有些方法可能只包括完整的随机对照试验，或者它们可能对要纳入的研究设定严格的报告要求。纳入研究的结果异质性也可能是一个问题。使用元分析的研究人员知道这些缺点，并且通常会采取一些方法来缓解。

元分析对生涯发展的文献做出了重要贡献，特别是奥利弗和斯波坎（Oliver & Spokane, 1988）、惠斯顿、塞克斯顿和拉索夫（Whiston et al., 1998）以及布朗等人（Brown et al., 2003）的研究。从广义上讲，元分析证据表明，生涯发展干预是有效的（Whiston et al., 2017）。惠斯顿在本书第 23 章详细探讨了这个主题。元分析本质上仅适用于采用传统统计报告的定量研究。因此，元分析并不适用于定性研究。目前已经有一些为定性文献开发的元合成技术（Walsh, 2005），但这些做法还尚未投入使用。

文献综述提供了已发表证据的综合性阐述，它们可能在目的、范围、方法、严谨性和可用性方面有所不同。近年来的趋势是将这种"系统性"文献综述视为一种更好的分析方法。这种方法可以定义检索词并指定要搜索的学术文献数据库，还在分析之前为研究明确了纳入或不纳入的标准。在医学界，证据的层级具有强大的影响力，促使人们采用科克兰组织所信奉的系统综述方法（Higgins & Green, 2008）。结果是引入了以随机对照试验为首要条件的严格的纳入标准。学者已经尝试对生涯发展干预措施进行系统的综述，涉及劳动力发展（Hughes et al., 2005）、客户满意度（Hooley et al., 2015）、学习和工作进展（Neary et al., 2015）、对生涯管理技能的影响（Mackay et al., 2015）、教育和企业的连接（Hallam et al., 2015），以及学校的生涯教育（Hughes et al., 2016）。

考虑到生涯发展证据基础的性质，我们有理由认为，系统综述不仅排除了一些有用的研究，而且排除了大多数相关研究，这是因为完整的随机对照试验设计在文献中很少见。正如科克兰的姊妹组织——坎贝尔合作组织所提出的，在考虑社会干预（而非医疗干预）时，有充分的理由纳入一些其他类型的研究设计（Shadish & Myers, 2004）。胡利（Hooley, 2014）采用了一种更开放包容的方法，对终身指导的证据进行了广泛的回顾。

362

为从业者和决策者提供证据总结

学术文献的正式综合（Formal syntheses）并不一定易于阅读。让最终用户更容易获得文献材料是一项有价值的尝试。英国的国家指导研究论坛（National Guidance Research Forum, NGRF）认真地做出了尝试，该论坛旨在通过在线门户网站使研究成果触手可及，并建立了一个将生涯发展从业者与研究者联系起来的兴趣社区（Bimrose et al., 2005），但不幸的是，该论坛已经不再更新。同样也是在英国，国际指导研究中心（Bowes et al., 2005）和生涯与企业公司（Collins & Barnes, 2017）也提供了总结研究成果的公开简报。

对"事实"和"证据"自信的认定比研究人员谨慎的含糊其词更具吸引力。马克·萨维科斯（由 Hughes & Gration, 2009b 概述）提出了"生涯专家必知的十个关键事实"。这些观点看起来似乎很有道理，但其证据基础并不强，而且其中大多数与干预措施没有直接关系。这很容易将生涯发展经历中的描述性知识与生涯发展干预措施有效性的知识混为一谈。相对于专家共识，依靠独立作者的权威性这一优点也应纳入考虑。格斯特和泽尔斯特拉（Guest & Zijlstra, 2012）提出，在拥有强有力的证据基础的领域中，工作心理学家和组织心理学家的一致程度格外地低。胡利（Hooley, 2014）为终身指导服务设计确定了十项原则，这一独立作者的综合观点更具说服力。在这种情况下，结论的证据基础十分清晰，这些原则在服务层面上具有广泛的适用性，因此它们与从业者和决策者都息息相关。

国家政策的证据

大约在世纪之交，当生涯发展行业开始与国际层面的政策制定者密切接洽时，他们接收到的信息大致是"拿出证据来"（Baudouin & Hiebert, 2007；Hiebert et al., 2014）。在有证据证明其能产生实际或潜在积极影响的情况下，资金申请的力度更强。虽然缺乏证据可能是政策制定者驳回生涯服务和专业机构的理由，但有证据并不能确保其成功地发挥作用。虽然证据对影响政策制定者有帮助，但其他因素也很重要，例如来自公众或新闻 / 媒体和政治意识形态的压力（Watts，1996，2008）。即使证据有说服力，研究成果的传达也有几个步骤，包括将研究成果转化为实践、推进实践以及将实践制度化为服务（Ali et al.，2017）。

　　麦卡锡和博尔贝利 – 佩奇在本书第 6 章探讨了公共政策发展问题。人们对哪种证据最能为政策提供信息这一问题关注相对较少。由于证据基础具有局限性，可能无法向政策制定者提供他们喜欢的明确答案。现有证据的性质及其与政策目标的相关性都需要明确的阐释。研究必须优先于政策这一观念可能会受到质疑，相反，两者可平行探索和发展（Hooley，2017）。

363

　　生涯咨询的有效性通常在小规模研究或具体方法的案例研究中进行探讨。把注意力集中在极少数人身上，就能相对容易地证明其积极效果。资源聚焦方法可能有其一席之地，但是，当人们想要寻求一个在国家层面大规模实施的方法时，它们也有局限性。如果它们花费的成本太多或对利益相关者（如雇主）提出过高的要求，那么干预措施的可扩展性和可持续性将受到质疑。干预措施的成本效益问题在文献中受到的关注相对较少，但也有例外（Killeen，2004；Athanasou，2007；Perry et al.，2009；Watts & Dent，2006；Plant，2012）。

　　国际比较是可以为政策提供信息的重要知识类别，国际生涯发展和公共政策中心（International Centre for Career Development and Public Policy，ICCDPP）一直走在分享这方面知识的最前沿。国际基准测试无疑具有很大的价值，但它偶尔会与国际来源的影响证据混为一谈（Richard，2005）。人们认为了解其他国家是最佳实践，这和那些影响生涯成果有效性的评估证据实践不是一回事。从国际比较中确实可以得出一般性的教训（Watts，2014），但是从一个环境中分离出特定的生涯实践并将其置于完全不同的文化和制度背景下是有问题的（Sultana，2009，2017）。

在为政策提供信息方面，国内比较或许也同样有用。联邦制国家往往在不同的州或省有不同的生涯服务安排，这就有可能在广泛一致的文化环境中对各种方法进行评价性比较。曾有人尝试过对英国四个构成国下属政府中的服务进行比较（Watts，2006），但总的来说，这种政策评估方法没有得到充分利用。

为生涯发展建立循证实践模型

这里有一个关键问题：应该采用多精确的证据概念？在工作和组织心理学的背景下，布里纳有效地扩展了循证实践的定义："通过认真、明确和审慎地使用四个信息来源来做出决策：从业者的专业知识和判断、当地背景的证据、对现有最佳研究证据的批判性评估，以及可能受决策影响之人的观点。"（Briner et al.，2009，p. 19）研究证据可能在文献中最引人注目，但在布里纳的方法中，其他实践的知识来源也很重要。

这存在着巨大的方法论挑战，生涯发展的主体、背景和政治性质意味着研究证据往往十分片面，时常是地方性的，有时还存在争议。声称实践可以基于证据的说法可能有些极端。事实上，生涯发展真实的循证实践几乎是不为人知的。邦德等人（Bond et al.，2001）在精神病患者职业复原中的就业支持是一个罕见的例外，它表现出强有力的医学观点。一些人认为，循证实践的概念表现出对社会干预更为温和和现实的愿望（Nevo & Slonim-Nevo，2011）。无论术语如何，有效的实践需要整合不同来源的信息（Athanasou，2007），而正式的研究证据可能只是其中一个因素。布里纳的方法提供了一种简单的前进之路，他强调需要根据研究证据来进行实践，同时借鉴情境知识和服务用户的视角。

考虑到扩大知识类型的需要，向一种简单但务实的循证实践模式前进是可能实现的。图24.1对此进行了概述。

在这种方法中，从业人员整合了广泛的相关信息来用于信息判断。然后，可以基于这些判断使服务设计得以实施和评估，并将评估结果用于完善干预措施。添加的情境知识和用户呼声需要一些详细说明。

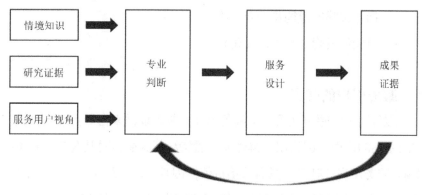

图24.1 循证实践的综合模型

情境知识

生涯知识总是与社会经济和政治环境联系在一起。文化背景在生涯发展中很重要（Sultana，2017）。地方机构环境也可以成为有效性的重要决定因素。用户群体也各不相同，他们的特征可能与干预的性质相互作用，所以遇到的问题通常是："对谁有效"（Flynn，1994；Whiston et al.，2017）或"何时何地会有效"。这给实验研究带来了一个问题：随机对照试验设计可能具有较高的内部一致性，但通常在生态有效性上不高，即在一种情况下有效的方法在另一种情况下不一定有效。训练有素、经验丰富的从业者有丰富的背景知识可以使用。这可能包括对以下方面的理解：

365

- 公共政策环境

- 当地劳动力市场和教育结构

- 实践中当地的机构背景

- 可用资源、成本和相关限制

- 服务用户群体，其需求、关注点、常见问题和可能的回应

- 当地利益相关者的期望

- 指导实践的道德和专业原则

- 可能涉及隐性知识的文化背景

服务用户的呼声

服务用户的呼声从另一个视角出发，收集证据来指导实践。其具有实用主义的价值，因为用户群体如何看待和体验服务对其有效性有重要影响。服务用户的呼声还具有政治价值，因其可能反映了服务的民主化，并承认用户的权利，否则用户可能会被边缘化或成为政策的"对象"。从基本的用户反馈，到让用户在服务设计和管理方面有发言权，都可能在用户参与的范围之内，但进行更深入的商讨可能会有困难，因为用户可能无法理解从业者对其需求和服务性质的理念。讽刺的是，作为一个以来访者为中心的职业，生涯发展服务几乎不敢深入理解其服务用户的观点并让他们参与决策（Haug & Plant, 2016；Plant, 2012；Plant & Haug, 2018）。这一缺陷值得认真反思。

模型的应用

该提议旨在采用一种反思性实践的方法，利用循证基础并将其与更广泛的实用知识相结合。其提出的模型也与行为研究方法一致，在服务改进周期完成的情况下迭代使用时尤其如此。行为研究（McAter, 2013）代表了一种重要但未被充分利用的提升服务的方法。行为研究

可以由个体从业者进行，也可以是从业者集体进行，或与用户合作进行。从业者－研究人员可以解决与其背景和来访者群体密切相关的问题，并为消除学术界与实践之间的差距做出贡献。消除差距的程度还与这一专业的身份和地位问题有关（Neary & Hutchinson，2009）。

366

结论

循证对生涯发展行业至关重要。它应对干预措施设计和从业人员的培训做出指导。虽然循证影响力还不足，但其对于影响政策制定者必不可少。循证也同样存在问题，它提出了如何将生涯概念化以及如何定义生涯成果的难题。这在方法论上存在着巨大的挑战。循证实践的概念具有启发性，但其衍生的医学模型在转化为生涯发展环境时具有局限性。采用情境敏感和综合模型的循证实践是一种更为现实的追求。为了做出决策，研究和评估证据将始终与实践环境中其他类型的知识相结合，而这些知识应包括了解服务用户的背景和观点。这种方法将循证实践与反思型从业者的概念紧密结合起来。在生涯发展行业中，促进文化研究是一个非常可取的发展方向，前提是要从实用主义的角度认识到研究在实践中的局限性，以及其他类型知识的价值。

参考文献

Ali, S. R., Flanagan, S., Pham, A., & Howard, K. (2017). Translating the career development knowledge base for practitioners and policy makers. In V. S. H Solberg & S. R. Ali (Eds.), *The handbook of career and workforce development: Research, practice, and policy* (pp. 227–242). New York, NY: Routledge.

Almeida, N., Marques, A., & Arulmani, G. (2014). Evaluation of the quality of career guidance centers. In G. Arulmani, A. Bakshi, F. Leong, & A. Watts (Eds.), *Handbook of career development: International perspectives* (pp. 659–670). New York, NY: Springer.

Andrews, D., & Hooley, T. (2018). *The career leader's handbook.* Bath, UK: Trotman.

Athanasou, J. (2007). *Evaluating career education and guidance.* Victoria, Australia: ACER Press.

Barnes, S-A., & Wright, S.A. (2019). *The feasibility of developing a methodology for measuring the distance travelled and soft outcomes for long-term unemployed people participating in active labour market programmes.* Luxembourg: Publications Office of the European Union.

Baudouin, R., Bezanson, L., Borgen, B., Goyer, L., Hiebert, B., Lalande, V., ... Turcotte, M. (2007). Demonstrating value: A draft framework for evaluating the effectiveness of career development interventions. *Canadian Journal of Counselling, 41,* 146–157.

Baudouin, R., & Hiebert, B. (2007). Introduction to special issue on evidence-based practice in career development. *Canadian Journal of Counselling, 41,* 127–129.

Bernes, K. B., Bardick, A. D., & Orr, D. T. (2007). Career guidance and counselling efficacy studies: An international research agenda. *International Journal of Educational and Vocational Guidance, 7,* 81–96. doi:10.1007/s10775-007-9114-8

Betz, N. E. (2007). Career self-efficacy: Exemplary recent research and emerging directions. *Journal of Career Assessment, 15,* 403–422. doi:10.1177/1069072707305759

Bimrose, J., & Barnes, S-A. (2006). Is career guidance effective? Evidence from a longitudinal study in England. *Australian Journal of Career Development, 15,* 19–25. doi:10.1177/103841620601500205

Bimrose, J., Barnes, S., Brown, A., Attwell, M., Malloch, M., Hughes, D., ... Marris, L. (2005). *Bridging the gap between research & practice: Development of the UK National Guidance Research Forum website.* Retrieved from: https://www.researchgate.net/publication/242184801_Bridging_the_Gap_between_Research_Practice_Development_of_the_UK_National_Guidance_Research_Forum_website

Bimrose, J., & Bayne, R. (1995). Effective professionals engaged in reflective practice: A response to Kidd et al. *British Journal of Guidance and Counselling, 23,* 395–399. doi:10.1080/03069889508253697

Blustein, D., Kenna, A., Murphy, K., DeVoy, J., & DeWine, D. (2005). Qualitative research in career development: Exploring the center and margins of discourse about careers and working. *Journal of Career Assessment, 13,* 351–370. doi:10.1177/1069072705278047

Bond, G., Becker, D., Drake, R., Rapp, C., Meisler, N., Lehman, A., ... Blyer, C. (2001). Implementing supported employment as an evidence-based practice. *Psychiatric*

367

Services, 5, 313–322. doi:10.1176/appi.ps.52.3.313

Bowes, L., Smith, D., & Morgan, S. (2005). *Reviewing the evidence base for careers work in schools: A systematic review of research literature into the impact of career education and guidance during Key Stage 3 and Key Stage 4 on young people's transitions*. Derby, UK: Centre for Guidance Studies (CeGS) University of Derby.

Briner, R. B., Denyer, D., & Rousseau, D. M. (2009). Evidence based management: Concept clean up time? *The Academy of Management Perspectives, 23*, 19–32.

Briner, R. B., & Walsh, N. D. (2013). The causes and consequences of a scientific literature we cannot trust: An evidence-based practice perspective. *Industrial and Organizational Psychology, 6*, 269–312. doi:10.1111/iops.12046

Brown, S. D., Ryan Krane, N. E., Brecheisen, J., Castelino, P., Budisin, I., Miller, M., & Edens, L. (2003). Critical ingredients of career choice interventions: More analyses and new hypotheses. *Journal of Vocational Behavior, 62*, 411–428. doi:10.1016/S0001-8791(02)00052-0

Clarke, L. (1980). *The practice of vocational guidance: A critical review of the research in the UK*. London, UK: HMSO.

Collins, J., & Barnes, A. (2017). *Careers in the curriculum: What works?* London, UK: The Careers & Enterprise Company.

Dunnette, M. D. (1963). A note on the criterion. *Journal of Applied Psychology, 47*, 251–254.

Easton, S., & van Laar, D. (2014). The assessment of quality of working life in career guidance and counseling. In G. Arulmani, A. Bakshi, F. Leong, & A. Watts (Eds.), *Handbook of career development: International perspectives* (pp. 645–658). New York, NY: Springer.

Evidence-Based Medicine Working Group. (1992). Evidence-based medicine: A new approach to teaching the practice of medicine. *The Journal of the American Medical Association, 268*, 2420–2425. doi:10.1001/jama.1992.03490170092032

Flynn, R. J. (1994). Evaluating the effectiveness of career counselling: Recent evidence and recommended strategies. *Canadian Journal of Counselling and Psychotherapy, 28*, 4. Retrieved from https://cjc-rcc.ucalgary.ca/article/view/58507

Fretz, B. R. (1981). Evaluating the effectiveness of career interventions. *Journal of Counseling Psychology, 2*, 77–90.

Gainor, K. A. (2006). Twenty-five years of self-efficacy in career assessment and practice. *Journal of Career Assessment, 14*, 161–178. doi:10.1177/1069072705282435

Guest, D. E., & Zijlstra, F. R. H. (2012). Academic perceptions of the research evidence base in work and organizational psychology: A European perspective. *Journal of Occupational and Organisational Psychology, 85,* 542–555. doi:10.1111/j.2044–8325.2012.02057.x

Hallam, R., Morris, M., Hooley, T., Neary, S., & Mackay, S. (2015). *The role of brokerage within career guidance: A review of the literature.* Oxford, UK: SQW/University of Derby.

Haug, E. H., & Plant, P. (2016). Research-based knowledge: Researchers' contribution to evidence-based practice and policy making in career guidance. *International Journal of Educational and Vocational Guidance, 16,* 137. doi:10.1007/s10775-015-9294-6

Hiebert, B., Schober, K., & Oakes, L. (2014). Demonstrating the impact of career guidance. In G. Arulmani, A. Bakshi, F. Leong, & A. Watts (Eds.), *Handbook of career development: International perspectives* (pp. 671–686). New York, NY: Springer.

Higgins, J. P. T., & Green, S. (2008). *Cochrane handbook for systematic reviews of interventions.* Chichester, UK: John Wiley.

Hooley, T. (2014). *The evidence base on lifelong guidance.* Jyväskylä, Finland: University of Jyväskylä—European Lifelong Guidance Policy Network (ELGPN).

Hooley, T. (2017). Moving beyond 'what works': Using the evidence base in lifelong guidance to inform policy making. In K. Schroder & J. Langer (Eds.), *Wirksamkeit der Beratung in Bildung, Beruf und Beschäftigung* (The effectiveness of counselling in education and employment; pp. 25–35). Bielefeld, Germany: W. Bertelsmann Verlag.

368   Hooley, T., & Dodd, V. (2015). *The economic benefits of career guidance.* London, UK: Careers England.

Hooley, T., Neary, S., Morris, M., & Mackay, S. (2015). *Customer satisfaction with career guidance: A review of the literature.* Oxford, UK: SQW/University of Derby.

Hughes, D. M., Bimrose, J., Barnes, S. A., Bowes, L., & Orton, M. (2005). *A systematic literature review of research into career development interventions for workforce development.* Derby, UK: Centre for Guidance Studies, University of Derby.

Hughes, D. M., Bosley, S., Bowes, L., & Bysshe, S. (2002). *The economic benefits of guidance.* Derby, UK: Centre for Guidance Studies, University of Derby.

Hughes, D. M., & Gration, G. (2009a). *Literature review of research on the impact of careers and guidance-related interventions.* Reading, UK: CfBT Education Trust/DMH Associates. Retrieved from https://warwick.ac.uk/fac/soc/ier/ngrf/effectiveguidance/improvingpractice/curriculum/cfbt_ei_literature_review_2009.pdf

Hughes, D. M., & Gration, G. (2009b). *Evidence and impact: Careers and guidance-related interventions.* Reading, UK: CfBT Education Trust/DMH Associates. Retrieved from https://warwick.ac.uk/fac/soc/ier/ngrf/effectiveguidance/improvingpractice/curriculum/cfbt_evidence_and_impact_-_resources_2010.pdf

Hughes, D., Mann, A., Barnes, S-A., Baldauf, B., & McKeown, R. (2016). *An international literature review: Careers education.* London, UK: Education Endowment Foundation/Bank of America Merrill Lynch.

Kashefpakdel, E. T., & Percy, C. (2017). Career education that works: An economic analysis using the British Cohort Study. *Journal of Education and Work, 30,* 217–234. doi:10.1080/13639080.2016.1177636

Kidd, J. M., & Killeen, J. (1992). Are the effects of career guidance worth having? Changes in practice and outcomes. *Journal of Occupational and Organisational Psychology, 65,* 219–234. doi:10.1111/j.2044-8325.1992.tb00500.x

Kidd, J. M., Killeen, J., Jarvis, J., & Offer, M. (1994). Is guidance an applied science? The role of theory in the career guidance interview. *British Journal of Guidance and Counselling, 22,* 385–403. doi:10.1080/03069889408253683

Killeen, J. (1992). The evidence. In J. Killeen, M. White, & A. G. Watts (Eds.), *The economic value of careers guidance* (pp. 39–76). London, UK: Policy Studies Institute/NICEC.

Killeen, J. (1996). Evaluation. In A. G. Watts, B. Law, J. Killeen, J. M. Kidd, & R. Hawthorn (Eds.), *Rethinking career education and guidance* (pp. 331–348). London, UK: Routledge.

Killeen, J. (2004). Evaluation: Principles and starting points. *Career Research and Development: The NICEC Journal, 11,* 3–23.

Killeen, J., & Kidd, J. M. (1991). *Learning outcomes of guidance: A review of research* (Research Paper No. 85). Sheffield, UK: Employment Department.

Kirkpatrick, D. L. (1994). *Evaluating training programs: The four levels.* San Francisco, CA: Berrett-Koehler.

Lee, T. W., Mitchell, T. R., & Sablynski, C. J. (1999). Qualitative research in organizational and vocational psychology 1979–1999. *Journal of Vocational Behaviour, 55*(2), 161–187. doi:10.1006/jvbe.1999.1707

Mackay, S., Morris, M., Hooley, T., & Neary, S. (2015). *Maximising the impact of careers services on career management skills: A review of the literature.* Oxford, UK: SQW/University of Derby.

Maguire, M. (2004). Measuring the outcomes of career guidance. *International Journal for Educational and Vocational Guidance, 2–3,* 179–192. doi:10.1007/s10775-005-1022-1

Mayston, D. (2002). *Assessing the benefits of career guidance.* Derby, UK: Centre for Guidance Studies, University of Derby.

McAter, M. (2013). *Action research in education.* London, UK: SAGE.

Medical Research Council. (2008). *Developing and evaluating complex interventions: New guidance.* London, UK: MRC. Retrieved from http://www.mrc.ac.uk/Utilities/Documentrecord/index.htm?d=MRC004871

Nassar-McMillan, A., & Conley, A. H. (2011). Programme evaluation toolbox: Effective evaluation principles and consideration in career practice. *Journal of Educational and Vocational Guidance, 11,* 211–220. doi:10.1007/s10775-011-9206-3

Neary, S., Hooley, T., Morris, M., & Mackay, S. (2015). *The impact of career guidance on progression in learning and work: A review of the literature.* Oxford, UK: SQW/University of Derby.

Neary, S., & Hutchinson, J. (2009). More questions than answers: The role of practitioner research in professional practice. In H. Reid (Ed.), *Constructing the future: Career guidance for changing contexts* (pp. 42–50). Stourbridge, UK: Institute of Career Guidance.

Nevo, I., & Slonim-Nevo, S. (2011). The myth of evidence-based practice: Towards evidence-informed practice. *The British Journal of Social Work, 41,* 1176–1197. doi:10.1093/bjsw/bcq149

Ng, T. W., Eby, L. T., Sorensen, K. L., & Feldman, D. C. (2005). Predictors of objective and subjective career success: A meta-analysis. *Personnel Psychology, 58,* 367–408. doi:10.1111/j.1744–6570.2005.00515.x

Oliver, L. W. (1979). Outcome measurement in career counselling research. *Journal of Counselling Psychology, 26,* 217–226. doi:10.1037/0022-0167.26.3.217

Oliver, L. W., & Spokane, A. R. (1988). Career intervention outcome: What contributes to client gain? *Journal of Counselling Psychology, 35,* 447–462.

Perry, J. C., Dauwalder, J. P., & Bonnett, H. R. (2009). Verifying the efficacy of vocational guidance programs: Procedures, problems, and potential directions. *The Career Development Quarterly, 57,* 348–357. doi:10.1002/j.2161-0045.2009.tb00121.x

Plant, P. (2004). Quality in career guidance: Issues and methods. *International Journal for Educational and Vocational Guidance, 4,* 141–157. doi:10.1007/s10775-005-1023-0

Plant, P. (2012). Quality assurance and evidence in career guidance in Europe: Counting what is measured or measuring what counts? *International Journal for Educational*

369

and Vocational Guidance 12, 91–104. doi:10.1007/s10775-011-9195-2

Plant, P., & Haug, E. H. (2018). Unheard: The voice of users in the development of quality in career guidance services. *International Journal of Lifelong Education, 37*, 372–383. doi:10.1080/02601370.2018.1485058

Poole, M. E., Langan-Fox, J., & Omodie, M. (1993). Contrasting subjective and objective criteria as determinants of perceived career success: A longitudinal study. *Journal of Occupational and Organisational Psychology, 66*, 39–54. doi:10.1111/j.2044–8325.1993.tb00515.x

Richard, G. V. (2005). International best practices in career development: Review of the literature. *International Journal for Educational and Vocational Guidance, 5*, 189–201. doi:10.1007/s10775-005-8799-9

Robertson, P. J. (2013). The well-being outcomes of career guidance. *British Journal of Guidance and Counselling, 41*, 254–266. doi:10.1080/03069885.2013.773959

Robertson, P. J. (2017). Bhaskar and Sen: Two foundations on which to build a new approach to career guidance and life planning. *Indian Journal of Career and Livelihood Planning, 6*, 22–28. http://iaclp.org/indian_journal_of_career_and_livelihood_planning/journal_vol_6

Rudolph, C. W., Zacher, H., & Hirschi, A. (2019). Editorial: Empirical developments in career construction theory. *Journal of Vocational Behavior, 111*, 1–6. doi:10.1016/j.jvb.2018.12.003

Shadish, W., & Myers, D. (2004). *Research design policy brief*. Oslo, Norway: The Campbell Collaboration.

Stead, G. B., Perry, J. C., Munka, L. M., Bonnett, H. R., Shiban, A. P., & Care, E. (2012). Qualitative research in career development: Content analysis from 1990 to 2009. *International Journal of Educational and Vocational Guidance, 12*, 105–122. doi:10.1007/s10775-011-9196-1

Sultana, R. G. (2009). *Career guidance policies: Global dynamics, local resonances*. Derby, UK: International Centre for Guidance Studies, University of Derby.

Sultana, R. G. (2017). Contexts matter. In R. G. Sultana (Ed.), *Career guidance and livelihood planning across the Mediterranean: Challenging transitions in South Europe and the MENA region* (pp. 19–53). Rotterdam, the Netherlands: Sense.

Timulak, L. (2008). *Research in psychotherapy and counselling*. London, UK: SAGE.

Walker, E., Hernandes, A. V., & Kattan, M. W. (2008). Meta-analysis: Its strengths and limitations. *Cleveland Clinic Journal of Medicine, 75*, 431–439.

Walsh, D. (2005). Meta-synthesis method for qualitative research: A literature review.

Journal of Advanced Nursing, 50, 204–211. doi:10.1111/j.1365–2648.2005.03380.x

Watts, A. G. (1996). Socio-political ideologies in guidance. In A. G. Watts, B. Law, J. Killeen, J. M. Kidd, & R. Hawthorn (Eds.), *Rethinking career education and guidance* (pp. 351–365). London, UK: Routledge.

Watts, A. G. (2006). Devolution and diversification: Career guidance in the home countries. *British Journal of Guidance & Counselling, 34*(1), 1–12. doi:10.1080/03069880500472227

Watts, A. G. (2008). Career guidance and public policy. In J. A. Athanasou & R. Van Esbroeck (Eds.), *International handbook of career guidance* (pp. 341–353). Dordrecht, the Netherlands: Springer.

Watts, A. G. (2014). Cross-national reviews of career guidance systems: Overview and reflections. *Journal of the National Institute for Career Education and Counselling, 32,* 4–14.

Watts, A. G., & Dent, G. (2006). The 'P' word: Productivity in the delivery of career guidance services. *British Journal of Guidance and Counselling, 34,* 177–189. doi:10.1080/03069880600583204

Watts, A. G., & Kidd, J. M. (1978). Evaluating the effectiveness of careers guidance: A review of the British research. *Journal of Occupational Psychology, 51,* 235–248.

Webb, S. A. (2001). Some considerations on the validity of evidence-based practice in social work. *British Journal of Social Work, 31,* 57–79. doi:10.1093/bjsw/31.1.57

Whiston, S., Sexton, T. L., & Lasooff, D. L. (1998). Career-intervention outcome: A replication and extension of Oliver and Spokane (1988). *Journal of Counseling Psychology, 45,* 150–165. doi:10.1037/0022-0167.45.2.150

Whiston, S. C., Rossier, J., & Hernandez Barón, P. M. (2017). Evidence-based practice in career and workforce development interventions. In V. S. H. Solberg & S. R. Ali (Eds.), *The handbook of career and workforce development, research, practice, and policy* (pp. 39–56). New York, NY: Routledge.

370

主题索引

(索引中所有页码为页边码)